Herausgeber: Wassilios E. Fthenakis

Autoren: Wassilios E. Fthenakis, Astrid Wendell, Marike Daut, Andreas Eitel & Annette Schmitt

Natur-Wissen schaffen – Band 4

Frühe technische Bildung

Bestellnummer 50289

Deutsche Telekom Stiftung

Bildungsverlag EINS

Universität Bremen

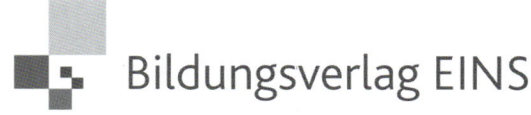

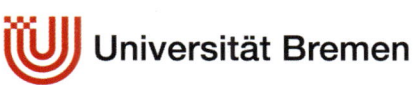

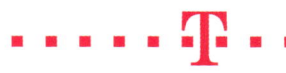

Herausgeber: Wassilios E. Fthenakis
Autoren: Wassilios E. Fthenakis, Astrid Wendell, Marike Daut, Andreas Eitel, Annette Schmitt

Bitte zitieren als:
Fthenakis, W. E., Wendell, A., Daut, M., Eitel, A. & Schmitt, A. (2009). *Natur-Wissen schaffen. Band 4: Frühe technische Bildung*. Troisdorf: Bildungsverlag EINS.

In diesem Band wird aus Gründen der besseren Lesbarkeit und zur Vereinfachung von der Berufsgruppe der Erzieherinnen gesprochen; in diesen Fällen sind die männlichen Kollegen selbstverständlich immer mitbedacht.

Bildquellenverzeichnis:
Bildungsverlag EINS, Troisdorf: S. 48, 51, 57, 59, 60, 62, 67, 83, 101 (oben), 102 (unten), 103 (oben), 144, 155 (oben), 163, 170, 171, 174, 176, 221; Bildungsverlag EINS, Troisdorf/Oliver Wetterauer: S. 86, 87 (unten), 88, 89 (rechts), 90, 91 (oben), 95, 96 (oben), 97, 101 (unten), 102 (oben) 106 (unten), 108, 143, 145; Deutsche Telekom Stiftung: S. 5, 115 (oben); Effenberger, Kathrin, KTH St. Johannes Arsten, Bremen: S. 199, 201, 202, 203, 204, 205; © Fotolia.com: S. 161 (Mat Hayward); Kaucher, Jürgen: S. 96 (unten); Merthan, Bärbel, pädagogische Fachkraft in Post-Murnau/Bayern: S. 142, 149, 150, 166, 168, 169; Projekt „Natur-Wissen schaffen"/Andreas Eitel: Umschlagfoto, S. 11, 14, 16, 18, 20, 21, 22, 24, 26, 28, 31, 33, 35, 38, 41, 43, 45, 49, 52, 55, 64, 66, 70, 72, 75, 77, 79, 81, 84, 87 (oben), 89 (links), 91, 93, 99, 106 (oben), 107, 109, 110, 111, 112, 113, 114, 115 (unten), 116, 119, 120, 122, 123, 124, 127, 128, 130, 135, 136, 137, 139, 147, 152, 154, 155 (unten), 156, 159, 160, 164, 173, 178, 180, 181, 207, 208, 210, 211, 212, 214, 217; Sambale, Eva: S. 172; Franz Gerlach: S. 12; Sulger, Silvia, pädagogische Fachkraft der evangelischen Kindertagesstätte Überlingen: S. 179, 184; Wilson, Brigitte, pädagogische Fachkraft der evangelischen Kindertagesstätte Freilassing: S. 185, 186, 189, 190, 191, 193, 194, 195, 196

Sie finden uns im Internet unter:
www.bildungsverlag1.de
www.bildung-von-anfang-an.de

Bildungsverlag EINS GmbH
Sieglarer Straße 2, 53842 Troisdorf

ISBN 978-3-427-**50289**-0

© Copyright 2009: Bildungsverlag EINS GmbH, Troisdorf
Das Werk und seine Teile sind urheberrechtlich geschützt. Jede Nutzung in anderen als den gesetzlich zugelassenen Fällen bedarf der vorherigen schriftlichen Einwilligung des Verlages.
Hinweis zu § 52a UrhG: Weder das Werk noch seine Teile dürfen ohne eine solche Einwilligung eingescannt und in ein Netzwerk eingestellt werden. Dies gilt auch für Intranets von Schulen und sonstigen Bildungseinrichtungen.

Inhaltsverzeichnis

Vorwort von Dr. Klaus Kinkel und Dr. Ekkehard Winter
(Deutsche Telekom Stiftung) — 5

Vorwort von Prof. Dr. Dr. Dr. Wassilios E. Fthenakis
(Projekt „Natur-Wissen schaffen") — 6

1 **Bildung von Anfang an: Technische Bildung früh beginnen** — 11
   1.1 Warum technische Bildung im Elementarbereich? — 13
   1.1.1 Was verlangen die Bildungspläne? — 13
   1.1.2 Herangehensweisen und Ziele im Bildungsbereich Technik — 16
   1.2 Allgemeine Prinzipien der Bildung im Elementarbereich — 22
   1.2.1 Das Verständnis von Entwicklung — 23
   1.2.2 Das Verständnis von Bildung — 24
   1.2.3 Das Bild vom Kind — 33
   1.2.4 Grundsätze der Planung und Umsetzung von Bildungsprozessen — 35

2 **Um was es in der technischen Bildung geht: Grundpositionen** — 45
   2.1 Technik in der Umwelt entdecken und kommunizieren — 46
   2.2 Anregende Lernumgebung — 48
   2.3 Positive Grundhaltung und Selbstwirksamkeit — 50
   2.4 Soziale und kulturelle Aspekte von Technik — 50
   2.5 Kreativität und Problemlöseorientierung — 51
   2.6 Motorische und handwerkliche Kompetenzen entwickeln — 53
   2.7 Umgang mit Erklärungen im Bildungsbereich Technik — 53
   2.8 Sicherheit — 54

3 **Was Kinder früh wissen, können und lernen: Entwicklungspsychologische Grundlagen** — 57
   3.1 Wahrnehmung, Erkundung und motorische Entwicklung — 58
   3.1.1 Visuelle Wahrnehmung — 59
   3.1.2 Hören — 61
   3.1.3 Motorische Entwicklung: Auge-Hand-Koordination — 61
   3.1.4 Entwicklung des Werkzeuggebrauchs — 62
   3.2 Entwicklung des Problemlösens und schlussfolgernden Denkens — 64
   3.2.1 Problemlösen — 65
   3.2.2 Schlussfolgerndes Denken — 66
   3.3 Die Entwicklung bereichsspezifischen Wissens — 67
   3.3.1 Die Entwicklung des kausalen Denkens — 69
   3.3.2 Die Entwicklung begrifflichen Wissens — 70
   3.3.3 Physikalischer Wissensbereich — 73
   3.4 Überblick über die entwicklungspsychologischen Grundlagen — 76

4	**Bildungsziele im Bereich Technik**	77
4.1	Erfahrungen mit Anwendungen und technische Grundkenntnisse	78
4.1.1	Erfahrungen mit technischen Anwendungen im Alltag machen	78
4.1.2	Erfahrungen mit Anwendungen: Umgang mit Materialien	109
4.1.3	Erfahrungen mit Anwendungen: Umgang mit Werkzeugen	113
4.1.4	Entwerfen, Bauen und Konstruieren	116
4.2	Auswirkungen und Folgen von Technik	117
5	**Bildungsprozesse ko-konstruktiv gestalten: Projektmethode und metakognitive Gespräche**	119
5.1	Was zeichnet die Projektmethode aus?	123
5.2	Wie erfolgt die Festlegung eines Projektthemas?	124
5.3	Planung und Vorbereitung eines Projektes	126
5.4	Durchführung eines Projektes	128
5.5	Abschluss eines Projektes	131
6	**Projekte im Bildungsbereich Technik: Beispiele aus der Praxis**	135
6.1	Projektbeispiel 1: Von der Apfelschälmaschine bis zum Fahrrad: Zahnradbetriebene Maschinen	142
6.2	Projektbeispiel 2: Auseinandernehmen eines PC	152
6.3	Projektbeispiel 3: Handy, Telefon und Tastaturen	161
6.4	Projektbeispiel 4: Technik auf dem Spielplatz	170
6.5	Projektbeispiel 5: Emma, die Lokomotive	176
6.6	Projektbeispiel 6: Kinderbaustelle	185
6.7	Projektbeispiel 7: Turnen, spielen und experimentieren mit der schiefen Ebene	197
7	**Was es noch zu bedenken gibt: Übergreifende Perspektiven**	207
7.1	Anregungen zur Vernetzung	208
7.2	Anregungen zum Umgang mit individuellen Unterschieden und Vielfalt	210
8	**Kooperationen**	217
9	**Literatur**	221
9.1	Verzeichnis der Bildungspläne der Bundesländer	231
9.2	Deutscher Bildungsserver	233

Vorwort

Dr. Klaus Kinkel und Dr. Ekkehard Winter

Die Deutsche Telekom Stiftung engagiert sich für den Bildungsstandort Deutschland. Mit unseren Programmen und Projekten konzentrieren wir uns auf die Themenfelder Mathematik, Informatik, Naturwissenschaften und Technik (MINT), weil wir davon überzeugt sind, dass diese Bereiche besonderer Förderung bedürfen. Für ein rohstoffarmes Land wie unseres gilt: Wir müssen die hier liegenden Potenziale voll ausschöpfen, um langfristig eine starke Technologienation zu bleiben.

Mit ihren Aktivitäten beginnt die Stiftung dort, wo Bildung erstmalig institutionell stattfindet: in den Kindertageseinrichtungen. So unterstützen wir im Projekt „Natur-Wissen schaffen" Erzieherinnen und Erzieher dabei, Kindern Kompetenzen in Mathematik, Naturwissenschaften, Technik und im Umgang mit Medien zu vermitteln. In enger Zusammenarbeit mit Kita-Fachkräften erarbeiten wir Hilfen für die tägliche Praxis. Ein Beispiel dafür ist die vorliegende Handreichung zur **technischen Bildung**. Sie ist Bestandteil einer Reihe von Materialien, die dazu dienen, die Vorgaben der Länder-Bildungspläne konkret im Kita-Alltag umzusetzen.

Darüber hinaus unterstützen wir die Erzieherinnen und Erzieher mit einem Konzept zum Einsatz von Portfolios und Fortbildungen in unseren Schwerpunktthemen. Wir ermutigen sie, innovative Konzepte zu entwickeln, umzusetzen und Erfahrungen an andere interessierte Einrichtungen weiterzugeben.

Als gemeinnützige Stiftung legen wir Wert darauf, dass möglichst viele Erzieher und Lehrer, aber auch Eltern und vor allem die Kinder von unseren Erfahrungen und Erkenntnissen profitieren.

Unser Ziel ist es, mit den Modellvorhaben der Deutsche Telekom Stiftung zum Nachdenken und Nachmachen anzuregen. Wir freuen uns, wenn Ihnen unsere Materialien dazu Anlass bieten.

Dr. Klaus Kinkel	**Dr. Ekkehard Winter**
Vorsitzender	Geschäftsführer

Vorwort

Prof. Dr. Dr. Dr. Wassilios E. Fthenakis

Schon von Geburt an erleben Kinder die Errungenschaften von Technik. Ihre frühsten sinnlichen Erfahrungen beinhalten das Berühren, Riechen, Hören und Sehen von Produkten, die Ergebnisse technischer Aktivitäten darstellen. Lange bevor Kinder mit Spielzeug spielen und mit beweglichen Teilen, z. B. Rädern, experimentieren, lernen sie unterschiedliche Materialien kennen wie Plastik, Holz oder Stoff. Sie fangen an, damit zu bauen und zu konstruieren und für sie alltägliche Probleme zu lösen: Wie kann ein Dach eines Hauses gebaut werden, damit es nicht wieder einstürzt? Forschungsergebnisse zeigen, dass Kinder Problemlöser von Anfang an sind und in der Auseinandersetzung mit technischen Fragestellungen diese Kompetenzen weiter entwickeln. Der Aufbau und die Stabilisierung dieser Fähigkeiten und Kenntnisse liefert die Grundlage für das spätere Verstehen komplexer Sachverhalte und Phänomene und damit letztlich die Fähigkeit, sich in einer hoch technisierten Welt zurecht zu finden.

Die Chancen und Möglichkeiten des Bildungsbereiches Technik spiegeln sich auch in vielen Bildungsplänen der Länder wider, in denen die Vertiefung des technischen Verständnisses als Bildungsziel thematisiert wird. Allerdings wird dieser Bildungsbereich von Bundesland zu Bundesland teilweise unterschiedlich konzeptualisiert und inhaltlich ausgelegt. Zudem lassen viele der Bildungspläne die Fachkräfte im Stich, wenn es um konkrete Hinweise zur Umsetzung auf Einrichtungsebene geht.

Anliegen dieser Handreichung

Anliegen des vorliegenden Bandes ist es, diese Lücke zwischen den häufig allgemein gehaltenen Anforderungen der Bildungspläne und konkreten Handlungskonzepten der Fachkräfte zu schließen: Dazu wurden alle in Deutschland verfügbaren Bildungspläne systematisch analysiert, um auf einer Metaebene alle in diesen Plänen enthaltenen Bildungsziele und -inhalte zu erfassen. Diese Analyse wird durch Erkenntnisse und Erfahrungen aus dem Ausland ergänzt und unter Einbeziehung von Forschungsergebnissen reflektiert und bereichert. Damit entsteht jeweils ein Rahmenkonzept, das eine umfassende, länderübergreifende Konzeptualisierung ermöglicht. Die Fachkraft erhält somit die Sicherheit, die Ansprüche des Bildungsplanes in ihrem Wirkungsbereich einzulösen und die Umsetzung in ein breites, fachlich fundiertes Konzept einzubetten.

Eine professionelle Transformation des Bildungsplanes von einem Orientierungs- zu einem Einrichtungsplan bedarf jedoch weiterer Informationen und Hilfen. In der Handreichung wird deshalb der gegenwärtige Forschungsstand referiert, der zum Verständnis der kindlichen Entwicklung und der Organisation von Bildungsprozessen erforderlich ist. Der Ansatz der Ko-Konstruktion und weitere pädagogische Grundsätze und Prinzipien, die das pädagogische Handeln und die Qualität der Interaktion mit dem Kind begleiten sollen, werden explizit dargestellt. Didaktisch-pädagogische Ansätze, die es der Fachkraft ermöglichen, Bildungsprozesse entwicklungsangemessen zu organisieren und individuell zu gestalten, ergänzen die Handreichungen. Da die Organisation von Bildungsprozessen nicht weiterhin erfahrungsgeleitet, sondern fachlich begründet erfolgen soll, werden zudem spezifische pädagogische und allgemeine Ansätze vorgestellt, die zur Optimierung kindlicher Entwicklung und kindlicher Lernprozesse beitragen können. Damit erhält die

Fachkraft eine professionelle, fachlich abgesicherte Hilfe, wie sie in dieser Form bislang nicht zur Verfügung stand.

Diese Vorgehensweise wird exemplarisch in diesem Band verdeutlicht: Auf der Grundlage der internationalen Forschung wird die Entwicklung technischen Verständnisses dargestellt; die für die Umsetzung von Bildungsplänen notwendigen pädagogisch-didaktischen Ansätze werden referiert; und die Grundsätze und Prinzipien, die das pädagogische Handeln und die Qualität der Interaktion zum Kind kennzeichnen sollen, werden explizit dargelegt. Die Handreichung liefert für die Fachkräfte vor Ort ein begründetes und umfassendes Rahmenkonzept für die Organisation von Bildungsprozessen in diesem Bildungsbereich, das ihnen Orientierung und Sicherheit gibt. Konkrete Praxisbeispiele zur Umsetzung bereichern die Handreichung und zeigen Wege der Implementation der frühen technischen Bildung auf.

Damit kann eine Grundlage vorgelegt werden, die Fachkräfte insgesamt bei der fachlich begründeten Umsetzung der Bildungspläne unterstützt: Denn die über diese Handreichung zu einem spezifischen Bildungsbereich gewonnenen Erkenntnisse können auf weitere Lernbereiche übertragen und auch dort genutzt werden.

Die „Bildungsphilosophie" des Projektes „Natur-Wissen schaffen"

Die Grundlage für die Gestaltung von Bildungsprozessen ist stets eine bestimmte „Philosophie", an der sich das pädagogische Handeln orientiert. Eine solche gemeinsame „Bildungsphilosophie" liegt allen Handreichungen zugrunde, die in der Reihe „Natur-Wissen schaffen" erscheinen, sie bildet den übergreifenden Rahmen, der die einzelnen Beiträge aus dem Projekt „Natur-Wissen schaffen" verbindet.

Diese Bildungsphilosophie durchzieht die jeweiligen Ausführungen zu den Bildungsbereichen Mathematik, Naturwissenschaften, Technik und Medien. Sie wird in allen Kapiteln aufgegriffen und in Bezug auf den jeweiligen Bildungsbereich verdeutlicht. Zusätzlich wird die gemeinsame Bildungsphilosophie in einem eigenen Abschnitt in allgemeiner, in allen Handreichungen weitgehend identischer Form expliziert. Auf diese Weise wird die Grundlage des pädagogischen Handelns für die Fachkräfte durchschaubar und reflektierbar. Zudem wird ihnen damit die Übertragung auf andere Bildungsbereiche erleichtert und sie erhalten einen schlüssigen Rahmen, innerhalb dessen sie ihr professionelles Handeln bereichsübergreifend organisieren und reflektieren können.

Ebenfalls grundlegend für alle Handreichungen zu den fokussierten Bildungsbereichen Mathematik, Naturwissenschaften, Medien und Technik ist die Projektmethode in Verbindung mit dem metakognitiven Ansatz. Aus diesem Grund wird auch dieses methodisch-didaktische Konzept in allen Handreichungen der Reihe „Natur-Wissen schaffen" in weitgehend übereinstimmender Weise ausgeführt, um es anschließend an Beispielen für den jeweiligen Bildungsbereich zu konkretisieren.

Das Projekt „Natur-Wissen schaffen"

Diese Veröffentlichung ist Bestandteil einer Publikationsreihe, die im Rahmen des Projektes „Natur-Wissen schaffen" der Deutsche Telekom Stiftung entstanden ist. Das Projekt verfolgt das Ziel, einen Beitrag zur Stärkung von Bildungsqualität in den Tageseinrichtungen und im Übergang zur Grundschule zu leisten, insbesondere in den Bildungsbereichen Mathematik, Naturwissenschaften, Technik und Medien. Es leistet einen substantiellen Beitrag zur Umsetzung der Bildungspläne in diesen Bereichen und trägt damit zur Stärkung der Bildungsqualität im Elementarbereich bei. In der ersten Phase des Projektes (September 2006 bis August 2008) wurden unter dieser Zielsetzung drei Teilprojekte bearbeitet:
- *Teilprojekt 1:* Entwicklung von Handreichungen für die Umsetzung von Bildungsplänen in den Bereichen Mathematik, Naturwissenschaften, Technik und Medien
- *Teilprojekt 2:* Entwicklung von Portfolios zur Dokumentation von Bildungsprozessen und zur Reflexion der pädagogischen Arbeit
- *Teilprojekt 3:* Dokumentation innovativer Beispiele aus der elementarpädagogischen Praxis

In den ersten Veröffentlichungen des Projektes „Natur-Wissen schaffen", die in diesen Teilprojekten entstanden sind, steht die bildungsinstitutionelle Perspektive im Mittelpunkt, d. h. es werden vor allem Bildungsprozesse in Kindertageseinrichtungen betrachtet. Dies ist in der dringenden Notwendigkeit begründet, Fachkräfte zeitnah bei der fachlich fundierten Umsetzung der Bildungspläne zu unterstützen. Dies ist das zentrale Ziel des Projektes „Natur-Wissen schaffen" in der Projektphase I, die mit Erscheinen der vorliegenden Publikationsreihe abgeschlossen ist.

Zukünftig ist zu betonen, dass die Organisation von Bildungsprozessen nicht nur für Institutionen des Elementarbereichs oder generell für die klassischen Bildungsinstitutionen reserviert bleibt, sondern dass vergleichbare Bildungsprozesse an vielen anderen Bildungsorten – in erster Linie in der Familie – stattfinden können. Diese Perspektive wird im Besonderen in einer zweiten Projektphase (September 2008 bis August 2011) aufgegriffen. Der Bildungsort Familie soll durch ein Handbuch für Eltern gestärkt werden. Daneben werden die Materialien aus Phase I systematisch in der Praxis eingeführt, und es wird ein Ausbildungsmodul zur Professionalisierung von pädagogischen Fachkräften entwickelt. Damit sind drei weitere Teilprojekte geplant:

- *Teilprojekt 4:* Einführung der Handreichungen und Portfolios
- *Teilprojekt 5*: Entwicklung eines Ausbildungsmoduls
- *Teilprojekt 6*: Stärkung des Bildungsorts Familie

Weitere Informationen zum Projekt „Natur-Wissen schaffen" finden sich auf der Homepage www.natur-wissen-schaffen.de.

Mehrperspektivenansatz im Projekt „Natur-Wissen schaffen"

Bei Veröffentlichungen im Elementarbereich ist es notwendig, nicht nur die Perspektive von Wissenschaft und Fachpraxis einzubeziehen, sondern neben Forschungserkenntnissen, Erfahrungen aus der Praxis und der Perspektive der Fachkräfte auch die der Familie, anderer Bildungsorte und vor allem der Kinder zu berücksichtigen. Besonders in zukünftigen Veröffentlichungen soll dieser „Mehrperspektiven-Ansatz" verfolgt und umgesetzt werden: Handreichungen werden dann nicht mehr vornehmlich die Perspektive der Fachkräfte, sondern gleichwertig auch die Perspektive der Eltern und Kinder einbeziehen.

Danksagungen

Einen unverzichtbaren Beitrag haben die Fachkräfte der 25 Piloteinrichtungen geleistet, die mit kritischem Blick, aus der Perspektive der Praxis, diese Arbeit mehrfach begutachtet haben. Ihnen und insbesondere den Fachkräften, die aktiv an der Erarbeitung der Praxisbeispiele mitgearbeitet haben, danke ich sehr herzlich.

In einer Kooperation mit dem Staatsinstitut für Frühpädagogik in München (IFP) begleiteten Mitarbeiterinnen aus dem IFP die Entwicklung der Handreichungen. Mein besonderer Dank gilt hier Frau PD Dr. Fabienne Becker-Stoll, der Leiterin des Staatsinstituts für Frühpädagogik, sowie den IFP-Mitarbeiterinnen Frau Eva Reichert-Garschhammer und Frau Dagmar Winterhalter-Salvatore, die die Entwicklung der Handreichung durch ihre fachliche Expertise kontinuierlich begleitet und bereichert haben.

Eine wesentliche Unterstützung hat die Arbeit durch die fachliche Begutachtung der Experten und Expertinnen Frau Dr. Kirsten Bohnen, Frau Dr. Irmgard Maria Burtscher, Herrn Prof. Dr. Lutz Fiesser, Frau Dr. Susanne Koerber und Frau Dr. Karen Rieck erfahren. Ihnen gilt mein besonderer Dank.

Ebenso geht mein Dank an die Mitglieder des Beirats des Projektes „Natur-Wissen schaffen". Durch ihre fachliche Perspektive und vielfältigen Anregungen konnten die Inhalte dieses Bandes weiterentwickelt und optimiert werden.

Der Universität Bremen, der Universitätsleitung und Verwaltung, insbesondere ihrem Rektor, Herrn Prof. Dr. Wilfried Müller, den Fachbereichen 11 und 12 und dem Zentrum für Weiterbildung danke ich herzlich für die freundliche Aufnahme, Unterstützung und kollegiale Zusammenarbeit.

Ein solches Projekt konnte nur durch die finanzielle Unterstützung der Deutsche Telekom Stiftung ermöglicht werden. Ihr gilt mein aufrichtiger Dank für diese Unterstützung und ihr Engagement für die

Stärkung von Bildungsprozessen im Elementarbereich. Insbesondere danke ich Herrn Dr. Klaus Kinkel, dem Vorsitzenden der Deutsche Telekom Stiftung, Herrn Dr. Ekkehard Winter, ihrem Geschäftsführer, und ganz besonders Herrn Thomas Schmitt, dem für das Projekt zuständigen Mitarbeiter, dessen unermüdlicher Einsatz wesentlich zum Gelingen des Projektes beigetragen hat, sowie weiteren Mitgliedern der Stiftung, die hier namentlich nicht genannt werden.

Dieser Band wurde durch Frau Dr. Astrid Wendell bearbeitet. Frau Dipl.-Päd. Marike Daut, Herr Dipl.-Päd. Andreas Eitel, Frau PD Dr. Annette Schmitt und Frau Dr. Franziska Fellenberg waren an der Erarbeitung von Projektbeispielen und den pädagogischen Grundlagen beteiligt, Frau Dr. Marion Wulf hat die Entstehung dieser Arbeit mit vielfältigen Anregungen begleitet. Ihnen gilt mein herzlicher Dank für die konstruktive und kollegiale Kooperation. Kontinuierlich und zuverlässig unterstützt wurde die Arbeit von Frau Andrea Baitz (Projektassistenz) und Frau Dana Prielipp (studentische Hilfskraft), auch ihnen gilt mein Dank.

Der Bildungsverlag Eins hat seine lange Erfahrung und Kompetenz bei der Gestaltung der Handreichung bereitgestellt und in bewährter Art und Weise zu ihrem Gelingen beigetragen.

Den Fachkräften vor Ort wünsche ich eine spannende und gewinnbringende Lektüre dieser Arbeit verbunden mit der Hoffnung, dass sie fachliche Begründungen für und eine Erweiterung ihres Handlungskonzeptes bieten wird, die zur Stärkung von Bildungsqualität und damit zu besseren Bildungschancen für unsere Kinder beitragen.

Prof. Dr. Dr. Dr. Wassilios E. Fthenakis
Leiter des Projektes „Natur-Wissen schaffen" der Deutsche Telekom Stiftung an der Universität Bremen

1
Bildung von Anfang an: Technische Bildung früh beginnen

1   Bildung von Anfang an: Technische Bildung früh beginnen

Kinder erleben Technik von Anfang an

Kinder wachsen in einer hoch technisierten Welt auf und erleben die Errungenschaften der Technik von Anfang an. Diese Errungenschaften haben im Laufe der Jahre viele Probleme der Menschheit gelöst und ihr das Leben erleichtert. Kinder erfahren früh, dass Wasser aus der Leitung kommt, sie erleben im Haushalt Geräte, die die Arbeit erleichtern, sie fahren Bus und Bahn und auch beim Spielzeug und bei Medien, z. B. Fernseher, Computer oder Telefon, kommen technische Errungenschaften zur Anwendung.

Was ist Technik?

Die Technik ist ein wichtiger Lebensbereich, den die Menschen sich selbst geschaffen haben. Sie haben auf diese Weise ihr Leben gestaltet und das, seitdem es Menschen gibt: Unsere Vorfahren begannen damit, die ersten Werkzeuge herzustellen und Hütten zu bauen, die Technik hat also eine lange Entwicklung. Die Produkte der Technik werden somit von Menschen gemacht und für bestimmte Zwecke verwendet: bei der Arbeit, zur Lebenserhaltung und in der Freizeit. Die Menschen haben Werkzeuge, Maschinen und Anlagen entwickelt, mit denen diese Produkte hergestellt werden. In der Technik werden naturwissenschaftliche Erkenntnisse, vor allem aus dem Bereich der Physik, im Hinblick auf die *Lösung bestimmter Probleme* und damit für die Herstellung von Produkten umgesetzt. Seit der Herstellung der ersten Werkzeuge hat eine rasante Entwicklung stattgefunden, die auch vom Stand der Naturwissenschaften bestimmt wurde:

- Städte und Gewerbegebiete prägen unsere Landschaft mit Häusern, die aus Stein, Holz, Beton, Glas und Metall gebaut werden und in denen die Menschen leben und arbeiten.
- Städte und Landschaften sind verbunden durch Straßen, Schienen und Kanäle, auf ihnen werden Personen und Güter transportiert.
- Die Technik ermöglicht eine weltweite Kommunikation durch Telefon, Rundfunk, Fernsehen und Internet.
- Nahrungsmittel werden mit hoch technisierten Maschinen angebaut, geerntet und verarbeitet.
- In der Medizin werden technische Geräte verwendet, die es bei schwierigen Erkrankungen möglich machen, Leben zu retten.

Zu den Denk- und Arbeitsweisen der Technik gehören das Formulieren von Aufgabenstellungen, das Entwickeln von Lösungen, das Herstellen, Testen, Optimieren, das Nutzen und Entsorgen der Produkte.

(Duden Technik, 2004)

1.1 Warum technische Bildung im Elementarbereich?

Alles Leben ist Problemlösen. Alle Organismen sind Erfinder und Techniker, gute oder weniger gute, erfolgreich oder weniger erfolgreich im Lösen von technischen Problemen. So ist es bei den Tieren, zum Beispiel den Spinnen. Die menschliche Technik löst menschliche Probleme, etwa Kanalisierung, Wasser- oder Nahrungsmittelbeschaffung und Speicherung, wie es zum Beispiel schon die Bienen tun.[1]

Technik ist somit ein wichtiger Aspekt unseres Lebens, und Jungen und Mädchen wachsen nicht nur in dieser Umwelt auf, sondern haben schon früh ein natürliches Interesse, sich mit unterschiedlichen Materialien und mit den Gebrauchsmöglichkeiten und Funktionen technischer Geräte zu beschäftigen – sie drücken auf die Knöpfe der Fernbedienung, sie schalten das Licht ein und wieder aus, sie möchten die Toilettenspülung betätigen, sie sind fasziniert davon, Fahrzeuge und Maschinen zu beobachten, sie spielen mit diesen Dingen und bauen und konstruieren. Dieses frühe Interesse der Kinder an technischen Phänomenen aus dem Alltag und ihre Erfahrungen werden aufgegriffen und durch eine technische Bildung wird dazu beizutragen, dass einfache technische Zusammenhänge den Kindern durchschaubar und begreifbar werden. Das Lernen der Kinder knüpft somit an ihr Vorwissen, ihr Verstehen und ihre körperliche Entwicklung an und stellt das Kind mit seinen Kompetenzen in den Mittelpunkt. Auf diese Art und Weise können die Lernschritte auf die individuellen Niveaus der kognitiven Entwicklung und Erfahrungen der Kinder abgestimmt werden, sodass eine entwicklungsangemessene Interaktion stattfindet.[2]

Das Interesse an Alltagsphänomenen aufgreifen

Durch die Bildung im Bereich Technik wird es den Kindern einerseits ermöglicht, sich in unserer technisch geprägten Alltagswelt besser zurechtfinden, andererseits werden sie auf diese Art und Weise auf die sich schnell entwickelnde technologisierte Welt von morgen vorbereitet. Dabei lernen sie, dass ein zentraler Aspekt der Technik das Problemlösen ist. Dieses wiederum schafft einen Ausgangspunkt für die Beschäftigung mit Technik im Elementarbereich, denn auch Kinder sind Problemlöser von Anfang an und damit kleine Tüftler und Techniker! Bei ihrer Auseinandersetzung mit der Umwelt finden sie ständig neue Möglichkeiten und probieren Dinge aus, um ihre Vorhaben zu erreichen und Probleme zu lösen. Sie setzen schon als Babys ihre Sinne ein, um Gegenstände anzufassen, zu erreichen und zu greifen, sie versuchen Gegenstände zu bewegen und erleben wie ein Ball wegrollt. Kinder bauen Brücken und Häuser mit den unterschiedlichsten Materialien und Kanäle in Sandkästen. Aber warum sickert das Wasser im Sand weg und wie kann man das verhindern? Wenn Kinder solche Probleme allein oder in Interaktion mit anderen lösen, dann sind sie Tüftler, Entdecker und Techniker und stärken dabei ihre kognitiven und motorischen Kompetenzen. Die Kinder lernen, kreative und autonome Problemlöser zu werden, als Individuen und als Mitglieder einer Gruppe.[3] Die Kinder entwickeln im Rahmen einer technischen Bildung neben technischen Inhalten also auch Basiskompetenzen wie motorische Fertigkeiten, Problemlöse- und kognitive Kompetenzen wie genaues Beobachten, Beschreiben und Kommunizieren.

Zentraler Aspekt von Technik: Probleme lösen

Um ihr Wissen und die Kompetenzen in diesem Bereich zu vertiefen, ist es wichtig, dass die Kinder untereinander und mit den Erwachsenen in Interaktion treten: die Kinder lernen durch Fragen, durch das Äußern ihrer Ideen, durch Probieren und Experimentieren. Die Kinder erreichen Fortschritte, indem schrittweise mehr Struktur in ihre Untersuchungen eingeführt wird und immer stärker Kontexte einbezogen werden, die über die unmittelbaren Erfahrungen der Kinder hinausgehen.[4]

Vertiefung des Verständnisses in der Interaktion

1.1.1 Was verlangen die Bildungspläne?

Die Möglichkeiten und Chancen, die eine Bildung im Bereich Technik für die Kompetenzentwicklung der Kinder bieten, und deren Wichtigkeit für den Alltag und das Zurechtfinden und Mitgestalten in unserer Gesellschaft haben dazu geführt, dass dieses Thema auch in vielen Bildungs- und Orientierungsplänen der

Technische Bildung als neue Herausforderung

---

1 Popper, 2002, S. 257
2 Siraj-Blatchford & MacLeod-Brudenell, 1999, S. 69
3 Hope, 2004
4 Siraj-Blatchford & MacLeod-Brudenell, 1999

Bundesländer aufgegriffen wird. Diese Tatsache stellt für viele pädagogische Fachkräfte eine Herausforderung dar, weil bisher nicht systematisch an dieses Thema herangegangen wurde. Als problematisch für die Umsetzung der in den Bildungs- und Orientierungsplänen der Länder angegebenen Ziele stellt sich zudem heraus, dass bezüglich der Inhalte teilweise nur Stichpunkte angegeben werden, welche Themenbereiche und Aspekte für diesen Bildungsbereich relevant sind.

Das Basteln, Bauen und kreative Gestalten hat in vielen Einrichtungen eine lange Tradition und hier findet oft bereits Bildung im Bereich Technik statt, ohne dass es den Kindern und Fachkräften bewusst ist. In den meisten Einrichtungen gibt es folglich sehr viele Anknüpfungspunkte, durch die inhaltliche Konzepte im Bereich Technik angelegt und weiterentwickelt werden können. Dabei geht es auch immer darum, sich bewusst zu machen, wo technische Bildung stattfindet und wie in der Interaktion das Wissen vertieft werden kann. Die Kinder lernen, die eigene Phantasie, Kreativität und ihre Ideen einzubringen, auszudrücken und im Sinne eines Problemlöseprozesses umzusetzen.[1]

Die Analyse der Bildungspläne bildet einen Bezugsrahmen

Um einen Bezugsrahmen für die Umsetzung technischer Themen und Ziele zu schaffen, der für das gesamte Bundesgebiet Gültigkeit hat, wurden alle bundesdeutschen Bildungs- und Orientierungspläne[2] hinsichtlich des Bereiches Technik gesichtet. In der Mehrzahl der Pläne wird der Bereich Technik erwähnt, allerdings unterschiedlich differenziert. So gibt es im Hessischen Bildungsplan einen Bereich, der sich ausschließlich mit Zielen und Inhalten im Bereich Technik beschäftigt und sehr ausführlich darauf eingeht. Die meisten anderen Bundesländer behandeln die Bereiche Technik und Naturwissenschaften zusammen. Das erscheint einerseits auch sinnvoll, weil im Bereich Technik viele naturwissenschaftliche Erkenntnisse zur Anwendung kommen und es somit viele Überschneidungen zum Thema Naturwissenschaften gibt. Andererseits werden bei der Zusammenfassung dieser beiden Bildungsbereiche auch viele Aspekte ausgeklammert, die sich auf den Bereich Technik beziehen: Insbesondere der für die technische Bildung wichtige und entscheidende Problemlöseprozess, der auch beim Entwerfen, Bauen und Konstruieren eine zentrale Rolle spielt, wird auf diese Weise vernachlässigt. Ergänzt wurde diese Analyse der Bildungspläne durch internationale Curricula und Fachbeiträge.

Tabelle 1 gibt einen Überblick darüber, welche Inhalte, Themen und Ziele sich nach der Analyse der Bildungspläne ergeben haben.

1 Newton, 2005
2 In den unterschiedlichen Bundesländern werden unterschiedliche Bezeichnungen verwendet, z. B. Bildungsplan, Rahmenplan, Orientierungsplan, Bildungsprogramm, Rahmenrichtlinien. In diesem Band wird der Begriff „Bildungsplan" verwendet (siehe auch Verzeichnis der Bildungspläne der Bundesländer, S. 231). Die Bildungspläne sind online über den Deutschen Bildungsserver verfügbar: http://www.bildungsserver.de/zeigen.html?seite=2027.

Kapitel 1 | Bildung von Anfang an: Technische Bildung früh beginnen

Symbolischer und sprachlicher Ausdruck

- Beschreiben von Beobachtungen
- Sprachliche Ausdrucksfähigkeit entwickeln
- Neue Begriffe lernen

Technische Grunderfahrungen

1. **Erfahrungen mit Anwendungen machen**

- Erfahrungen mit technischen Anwendungen im Alltag und in den verschiedenen Lebenswelten der Kinder:
  - Technik in der Kita und zu Hause
  - Technik auf dem Spielplatz
  - Technik auf, an und unter der Straße
- Umgang mit Materialien
- Umgang mit Werkzeugen
- Entwerfen, Bauen und Konstruieren

Das Kind als Entdecker, kreativer Tüftler und Problemlöser

Vertiefung des technischen Verständnisses

2. **Technische Grundkenntnisse erwerben**

- Technische Geräte auseinandernehmen
- Rad und Wellrad
- Hebel und schiefe Ebene
- Flaschenzug und Reibung
- Gleichgewicht
- Energiegewinnung und Stromversorgung
- Sicherheit und Gefahren im Umgang mit Technik

3. **Auswirkungen und Folgen von Technik**

- Folgen für die Lebensbedingungen der Menschen
- Auswirkungen auf die Umwelt

Bildung für eine nachhaltige Entwicklung

- Ökologisches Verantwortungsgefühl
- Wechselwirkung von Umwelt, Wirtschaft und Sozialem

Tabelle 1: Bildungsziele im Bereich Technik – Überblick über die Ergebnisse der Bildungsplananalyse

Kapitel 1 | Bildung von Anfang an: Technische Bildung früh beginnen

Grunderfahrungen als Ausgangspunkt für Vertiefungen

Im folgenden Abschnitt werden die Bildungsziele kurz, im *Kapitel 4 „Bildungsziele im Bereich Technik"* ausführlich beschrieben. Neben den Zielen werden auch verschiedene Ebenen, und damit auch verschiedene Herangehensweisen an technische Themen, deutlich, sie reichen von Grunderfahrungen bis zur Vertiefung des technischen Verständnisses. Auch darauf wird im Folgenden eingegangen.

1.1.2 Herangehensweisen und Ziele im Bildungsbereich Technik

Das Lernen der Kinder im Bereich Technik kann auf verschiedenen Ebenen stattfinden und durch verschiedene Herangehensweisen gekennzeichnet sein:

Die Herangehensweisen an die inhaltlichen Themen reicht von **Grunderfahrungen** in der Auseinandersetzung mit der technischen Umwelt und technischen Phänomenen durch selbstständige Erkundung der Kinder bis zu geplanten und strukturierten Lernprozessen durch die pädagogische Fachkraft, z. B. in Form von Untersuchungen und Projekten zur **Vertiefung des technischen Verständnisses**. Dabei spielt der sprachliche und symbolische Ausdruck eine zentrale Rolle.

In der Tabelle 1 werden die Erfahrungen mit Anwendungen und der Umgang mit Werkzeug und Materialien als Grunderfahrungen bezeichnet. Diese Grunderfahrungen können Ausgangspunkt für die Vertiefung des technischen Verständnisses sein und auf diese Weise werden technische Grundkenntnisse erworben. Die aufgeführten technischen Grundkenntnisse sind aber nicht die einzige Möglichkeit, das Wissen zu vertiefen, sie stellen lediglich Beispiele dar. Dieser Aspekt ist bei den folgenden Ausführungen zu bedenken.

Grunderfahrungen mit allen Sinnen

Wenn Kinder ihre Umgebung erkunden, machen sie neue, sinnliche Erfahrungen, durch die sie aktiv Wissen konstruieren und neue Verbindungen herstellen.[1] Bei jüngeren Kindern spielen die sinnlichen Erfahrungen eine zentrale Rolle, aber auch bei älteren Kindern ist die Erkundung einer Situation der erste Schritt. **Grunderfahrungen** sind also jene Erfahrungen, die Kinder machen, wenn sie mit Objekten und Materialien interagieren, ausprobieren, was passiert, und die Kinder ein Gefühl für ein Phänomen bekommen. Sie nehmen Objekte, Materialien, technische Geräte wahr und erkunden sie mit ihren Sinnen. Schon während der ersten zwei Lebensjahre bietet das freie Erkunden und Untersuchen den Kindern die Möglichkeit, die Muskelkoordination und alle Sinne zu entwickeln.[2] In ihrem Lebensumfeld können Kinder so viele technische Phänomene kennenlernen. Die Erkundung der Umwelt kann von den Kindern selbst initiiert, aber auch durch andere Kinder und Erwachsene angeregt werden.

Im Hinblick auf die angegebenen Bildungsziele können die Kinder viele Grunderfahrungen mit technischen Anwendungen im Alltag machen. Dieses reicht von der Benutzung der Fernbedienung bis zum Ausprobieren der Wippe. Das Wahrnehmen und Erkunden sind die ersten Schritte in der Interaktion mit technischen Phänomenen.

Eine anregende Lernumgebung ist wichtig

Wichtig für das Erkundungsverhalten der Kinder ist eine interessante und anregende Lernumgebung (= Umwelt, Alltag) mit vielen Materialien und Geräten, die für Kinder ungefährlich und interessant sind, die sie einladen, sie anzusehen, zu ertasten und zu hören. Eltern und pädagogische Fachkräfte können den Kindern ein entwicklungsangemessenes Setting bieten, je nachdem, welche Materialien sie auswählen und wo und wie sie die Materialien den Kindern zur Verfügung stellen (ausführlich wird auf die Lernumgebung im *Kapitel 2: Um was es in der technischen Bildung geht: Grundpositionen* eingegangen).

1 Lind, 2005
2 Harlan & Rivkin, 2004; Lind, 2005

Technische Bildung für Jungen und Mädchen

Insbesondere beim Thema Technik ist eine geschlechtersensible Herangehensweise von besonderer Bedeutung. Im Vorschulalter ist das Interesse an Naturwissenschaften und Technik sowohl bei Jungen als auch bei Mädchen noch stark ausgeprägt, auch wenn sich schon früh in der kindlichen Entwicklung geschlechtstypische Interessen bzw. Aktivitäten zeigen:[1] Mädchen und Jungen beschäftigen sich am längsten und liebsten mit Spielzeug, das für ihr eigenes Geschlecht als typisch angesehen wird.[2] Dieses Verhalten lässt sich schon bei Kindern vor dem dritten Lebensjahr beobachten und ist bis zum Alter von fünf Jahren deutlich ausgeprägt.[3] Bei beiden Geschlechtern nimmt das Interesse auf diesen Gebieten nach der Grundschulzeit jedoch ab und bei Mädchen sinkt das Interesse besonders stark.[4]

Es stellt sich also die Frage, was man bereits im Vorschulalter tun kann, damit auch Mädchen Interesse an Technik und Naturwissenschaften entwickeln bzw. nicht verlieren. In den Bildungsplänen der Länder wird die Geschlechterthematik in unterschiedlicher Art und Weise behandelt, in der Regel wird deren Umsetzung jedoch meist nicht genau definiert.[5] Gerade wenn es um die frühkindliche Bildung im Bereich Technik geht, ist jedoch eine geschlechtersensible Pädagogik besonders wichtig, damit die Mädchen ihr Interesse an diesen Bereichen nicht zunehmend verlieren. Jungen sollten dagegen auch das Interesse an „jungen-untypischen" Aspekten der Technik (z. B. Puppenwagen) entfalten können. Zusätzlich zum Schaffen von Gelegenheiten, sich mit geschlechtsuntypischen Spielsachen und Themen zu beschäftigen, indem man zum Beispiel die entsprechenden Materialien bereitstellt[6], ist es Aufgabe der pädagogischen Fachkraft, den Alltag der Kinder aktiv so mit zu gestalten, dass die Entwicklungspotenziale von Jungen und Mädchen gleichermaßen gefördert werden. Auf die Umsetzung wird noch an verschiedenen Stellen eingegangen, z. B. in *Kapitel 7*.

Technische Grunderfahrungen

1. **Erfahrungen mit Anwendungen machen**
   - Erfahrungen mit technischen Anwendungen im Alltag und in den verschiedenen Lebenswelten der Kinder:
     - Technik in der Kita und zu Hause
     - Technik auf dem Spielplatz
     - Technik auf, an und unter der Straße
   - Umgang mit Materialien
   - Umgang mit Werkzeugen
   - Entwerfen, Bauen und Konstruieren

Ziele, die unter den ersten Oberbegriff (1: Erfahrungen mit Anwendungen machen) fallen, spielen in den meisten Bildungsplänen eine Rolle: So gehören die **Erfahrungen mit technischen Anwendungen** dazu, wie Fahrzeuge und technische Geräte aus dem Alltag der Kinder, die in verschiedenen Bereichen des Lebens zur Anwendung kommen, z. B. Haushaltsgeräte, Telefon, Kassettenrekorder und Computer.

Geräte und Maschinen anwenden

Ziel ist es, den Kindern Zeit und Gelegenheit zu geben, sich mit solchen technischen Geräten im Rahmen ihrer Alltagshandlungen auseinanderzusetzen und deren Gebrauchsmöglichkeiten und Funktionen wahrzunehmen. Es geht also darum, aufmerksam und neugierig den Alltag mit den Kindern im Hinblick auf technische Phänomene zu erleben.

Das Wissen, das sich Kinder aneignen, soll sich an ihren Fragen und Problemen orientieren, die sie sich in ihrem täglichen Erleben und ihrer Aktivität stellen. Der Aufbau und die Stabilisierung erster technischer

---

1 *Todt, 2000*
2 *Huston, 1983; Ruble & Martin, 1998*
3 *Miller, Trautner & Ruble, 2006*
4 *Langeheine, Häußler, Hoffmann, Rost & Sievers, 2000*
5 *Niesel, 2008b*
6 *MacNaughton, in Vorbereitung; MacNaughton & Williams, 2003*

Kenntnisse und Fähigkeiten liefert die Grundlage für das spätere Verstehen komplexer Sachverhalte und Phänomene. Zudem ist es in diesem Zusammenhang sehr wichtig, dass Kinder eine positive Grundhaltung gegenüber technischen Inhalten aufbauen, denn eine positive Herangehensweise an technische Themen ist bedeutend für das Weiterlernen in dieser Domäne.

Technische Bildung beinhaltet den Umgang mit Werkzeug und Materialien

Das Lernen im Bereich Technik beschränkt sich jedoch nicht auf das Bedienen und die Gebrauchsmöglichkeiten technischer Geräte. Der Begriff der Technik ist im Alltagsverständnis häufig ausschließlich mit hochkomplexen Technologien wie Maschinen in Fabriken, Computer, Hubschrauber, Roboter, Raumstationen, Mobiltelefone und Fernseher assoziiert. Im Elementarbereich besteht jedoch ein großer Teil der technischen Bildung im **Umgang mit Werkzeugen, Materialien und dem Entwerfen, Bauen und Konstruieren**. Auf diese Art und Weise können die Kinder einen Einstieg in die Thematik bekommen. Kinder können viele Dinge in ihrem Umfeld verstehen, sie können Dinge entwerfen, selbst machen und Probleme schon mit einer kleinen Anzahl von Werkzeugen und Materialien lösen. So erfahren Kinder etwas über den Problemlöseprozess, den Technik letztlich ausmacht, nämlich das beabsichtigte und vorsätzliche Benutzen von hergestellten und gefundenen Gegenständen, um Antworten auf die Probleme von menschlichen Bedürfnissen und Wünschen zu finden.[1]

Dieser weitere, zentrale Bereich der technischen Bildung wird ebenfalls in mehreren Bildungsplänen (z. B. Bayern, Hessen, Mecklenburg-Vorpommern, Thüringen, Bremen, Nordrhein-Westfalen) aufgegriffen. Bei **Erfahrungen in der Anwendung und im Umgang mit verschiedenen Materialien** sollen die Kinder eine große Bandbreite an natürlichen und hergestellten Materialien kennenlernen, deren Qualitäten und Charakteristiken erleben und verstehen, welche Bedeutung diese Materialien im Alltag haben.

Kommunikation spielt eine entscheidende Rolle

Bei diesen Erfahrungen spielt auch der **symbolische und sprachliche Ausdruck** eine zentrale Rolle: Die Kinder können üben, die Eigenschaften von Materialien und Objekten zu beschreiben und zu vergleichen; sie können ihre Erkenntnisse kommunizieren, indem sie über ihre Arbeit reden oder sie durch Zeichnungen oder einfache grafische Darstellungen wie Bilder, Karten und Tabellen darstellen.

Zur technischen Bildung gehören weiterhin die **Erfahrungen in der Anwendung von verschiedenen Werkzeugen**. Dabei geht es zum einen um die Hand als Werkzeug zum Greifen, Festhalten, Drücken. Die

1 Hope, 2004, S. 5

Kapitel 1 | Bildung von Anfang an: Technische Bildung früh beginnen

Kinder lernen, dass auch Messer, Gabel und Löffel als Werkzeuge benutzt werden können. Zum anderen sollen die Kinder auch „richtige" Werkzeuge kennenlernen, dazu gehören beispielsweise Hammer, Nägel, Schraubenzieher und Hobel. Die Kinder lernen die Handhabung dieser Werkzeuge und den verantwortungsvollen Umgang damit und stärken so ihre (fein)motorischen Kompetenzen und ihre Hand-Augen-Koordination. Dieser Bereich überschneidet sich somit zu der Anwendung von Materialien, denn mit Werkzeugen kann man verschiedene Materialien bearbeiten.

Umgesetzt werden können die Erfahrungen mit Materialien und Werkzeugen beim **Entwerfen, Bauen und Konstruieren**. Diese Tätigkeiten spielen eine besondere Rolle bei der Stärkung der Problemlösekompetenzen und der Kreativität von Kindern (vgl. auch den *Abschnitt 2.5: Kreativität und Problemlöseorientierung*). Denn wenn Kinder etwas bauen möchten, können sie auch Materialien und Werkzeuge verwenden, die sie noch nicht kennen, sodass sie mit neuen Sachverhalten und Problemen konfrontiert sind. Sie haben dann die Möglichkeit, Ideen zu entwickeln, Neues auszuprobieren und kreative Lösungen für die Probleme zu finden.

Ideen entwickeln und problemlöseorientiert umsetzen

Insbesondere das **Entwerfen** wurde als eine Tätigkeit lange unterschätzt. Dabei können bei dieser Tätigkeit neben der Problemlösekompetenz und Kreativität auch motorische und kommunikative Fertigkeiten gestärkt werden. Das Entwerfen beinhaltet sowohl logisches als auch kreatives Denken.[1] Von Bedeutung ist, dass die Kinder über die Gründe für ihre Tätigkeit nachdenken. Sie können lernen, ihre Arbeit zu planen und ihre Ergebnisse zu beurteilen.[2]

Beim **Bauen und Konstruieren** benutzen Kinder Werkzeuge, Materialien und Komponenten, sie lernen die Anwendung und das Auswählen, welches Werkzeug, welche Materialien und Techniken zusammen und zur Aufgabe passen. Bei diesem Prozess können sie verschiedene Materialien ausmessen, markieren, ausschneiden und modellieren. Ziel ist häufig, die Komponenten und Materialien zusammenzufügen oder zu kombinieren. So können verschiedene Techniken wie Kleben, Heften, Zusammenschrauben und Festnageln geübt werden. Sehr wichtig ist in diesem Kontext, dass die Kinder dabei das sichere Arbeiten lernen. Nach der Planung und Umsetzung des Vorhabens ist ein weiterer Aspekt, dass die Kinder überprüfen, ob sie ihr Vorhaben erreicht haben.[3] Jedoch sollte gerade bei jüngeren Kindern der Schwerpunkt auf dem Prozess des Bauens und Konstruierens und nicht auf dem Produkt liegen.

Der Prozess hat eine große Bedeutung

Das Bauen und Konstruieren kann auf verschiedenen Ebenen stattfinden. Die Kinder sammeln Grunderfahrungen, aber anhand dieser Aktivitäten kann auch das technische Verständnis vertieft werden. Darauf wird im folgenden Abschnitt genauer eingegangen.

Vertiefung des Verständnisses durch Interaktion

In ihrem Lebensumfeld können Kinder also von Geburt an viele technische Phänomene, Materialien und Werkzeuge mit ihren Sinnen erfahren und durch praktische Aktivitäten kennenlernen. Aus diesen Erfahrungen ergeben sich Fragen der Kinder, sie wollen die Phänomene, mit denen sie sich beschäftigen, genauer verstehen. Wenn diesen Fragen systematisch nachgegangen wird, dann findet eine **Vertiefung des technischen Verständnisses** statt. Im Kapitel 1.1.1 über die Bildungsziele werden technische Grundkenntnisse exemplarisch aufgeführt, die eine Vertiefung der Grunderfahrungen darstellen können. Wichtig ist, dass es auch viele weitere Möglichkeiten gibt!

Um eine Vertiefung und Erweiterung des Wissens zu erreichen, zur Bewusstwerdung, dass es sich hierbei um technische Prinzipien und Gesetzmäßigkeiten handelt, und zum Erlernen von neuen Begriffen, ist es notwendig, dass das, was die Kinder erleben, kommuniziert, diskutiert und reflektiert wird. Die pädagogische Fachkraft und andere Kinder nehmen dabei eine **aktive Rolle** ein, sie sind Lernpartner, das Erlebte wird kommuniziert, die Kinder und Erwachsenen tauschen sich darüber aus, was sie erfahren haben. Kinder brauchen in diesem Prozess andere, die mit ihnen gemeinsam einer Frage nachgehen, die manchmal auch Geduld, Mühe und Anstrengung bedeutet. Auf diese Art und Weise werden die (Alltags)erfahrungen der Kinder genutzt, um Wissen aufzubauen und sie dabei zu unterstützen, ein vertieftes Verständnis zu erlangen.

1 *Penfold, 1988, S. 133*
2 *Siraj-Blatchford & MacLeod-Brudenell, 1999, S. 94*
3 *Newton, 2005, S. 17; S. 19*

Kapitel 1 | Bildung von Anfang an: Technische Bildung früh beginnen

Wissen ko-konstruieren

Dieses Vorgehen entspricht somit einer ko-konstruktivistischen Sichtweise, wo Kinder und Erwachsene gemeinsam Wissen und Sinn konstruieren (vergleiche *Kapitel 1.2*). Die Vertiefung des technischen Verständnisses hängt also immer auch davon ab, welches Vorwissen und Interesse die Kinder haben, es geht nicht um die Vermittlung von Wissen, sondern um die gemeinsame Erarbeitung. So können Kinder in der Auseinandersetzung mit anderen verschiedene Sichtweisen kennenlernen und mithilfe sprachlicher Begriffe Verallgemeinerungen bilden und das gemeinsame Prinzip erschließen. Beispielsweise erleben Kinder bei verschiedenen Anwendungen Zahnräder; sie erleben das Prinzip, probieren und experimentieren damit und eine Vertiefung des Verständnisses kann dadurch stattfinden, dass den Kindern deutlich wird, dass trotz der unterschiedlichen Funktionen all diesen Geräten das gleiche technische Prinzip zugrunde liegt (vgl. auch das Projektbeispiel 1 zum Thema Zahnräder im *Kapitel 6.1*). Im Kapitel über die Bildungsziele wird ausgehend von verschiedenen Grunderfahrungen aufgezeigt, wie eine Vertiefung des technischen Verständnisses aussehen kann. Damit erhält die Fachkraft eine Hilfestellung, Lerngelegenheiten zu planen und anzubieten, die dem Lern- und Entwicklungsstand jedes Kindes entsprechen – und zwar auch dann, wenn die Kinder einer Gruppe sehr unterschiedliche Lernstände mitbringen.

Individuelle Gestaltung von Bildungsprozessen

Wenn sich die Gruppe beispielsweise im Themenkreis „Zahnräder" mit den Anwendungsmöglichkeiten von Salatschleuder und Korkenzieher beschäftigt, können die jüngeren Kinder beim Schleudern von Salat helfen, selbst das Schleudern probieren und sich die Zahnräder genau ansehen. Ältere Kinder können das, was sie sehen, genau beschreiben *(sprachlicher Ausdruck)*, das dahinterliegende Prinzip herausfinden, nach Geräten Ausschau halten, bei denen das gleiche Prinzip zur Anwendung kommt, ein Modell davon nachbauen oder zeichnen *(Vertiefung des technischen Verständnisses)*.

Vertiefung des technischen Verständnisses

2. Technische Grundkenntnisse erwerben
- Technische Geräte auseinandernehmen
- Rad und Wellrad
- Hebel
- Schiefe Ebene
- Flaschenzug
- Reibung
- Gleichgewicht
- Energiegewinnung und Stromversorgung
- Sicherheit und Gefahren im Umgang mit Technik

3. Auswirkungen und Folgen von Technik
- Folgen für die Lebensbedingungen der Menschen
- Auswirkungen auf die Umwelt

---

2. Technische Grundkenntnisse erwerben

Fragen und Themen systematisch nachgehen

Bei diesen vielfältigen Erfahrungen, die Kinder machen, können somit **technische Grundkenntnisse** erlangt und so das technische Verständnis vertieft werden. Wenn die Kinder sich beispielsweise mit der Anwendung von technischen Geräten beschäftigen, können Ideen und Fragen der Kinder aufgegriffen werden, wie dieses Gerät von innen aussieht. Das pädagogische Team und auch die Kinder selbst schauen, ob sie alte Geräte zu Hause haben, die auseinandergenommen werden können. Bei dem Auseinandernehmen können die Kinder Werkzeuge verwenden und anwenden, einzelne ausgebaute Teile können genau untersucht werden. Im Anschluss daran kann versucht werden, das Gerät, wenn es kaputt war, zu reparieren, wieder zusammenzusetzen oder mit den Teilen und Komponenten neue Geräte zu erfinden.

Beispiele für technische Grundkenntnisse sind auch einfache, physikalische Prinzipien, die die Grundlage der Technik bilden. Das Rad und der Hebel, das Wellrad und der Flaschenzug, die schiefe Ebene sind hier zu nennen, ebenso Phänomene wie Reibung, Gleichgewicht und Wärme. Alle diese Aspekte finden vielfältige Verwendung im Alltag, das Prinzip der Reibung lässt sich an jeder Rutsche auf einem Spielplatz anwenden und erkunden, das Prinzip des Gleichgewichtes und Hebels an einer Wippe und die beiden wichtigsten Bauelemente der Technik, nämlich der Hebel und das Rad, sind in einer Schubkarre vereint, die Kinder vom Spielen, Erwachsene vielleicht bei der Gartenarbeit, kennen und schätzen gelernt haben. Zu den technischen Grundkenntnissen gehören die Energiegewinnung und Stromversorgung wie auch die Sicherheit und Gefahren im Umgang mit Technik.

3. Auswirkungen und Folgen von Technik

Kinder erleben aber nicht nur die Erleichterung durch Technik und technische Errungenschaften in ihrem Alltag, sondern sie sind auch mit den **Folgen vieler technischer Errungenschaften** wie Lärmbelästigung, Abgase und Abwässer bereits früh konfrontiert.[1] In diesem Zusammenhang lässt sich an verschiedene Themen aus anderen Bereichen anknüpfen: Z. B. welche Lösungen stellt die technische Forschung selbst wieder zur Verfügung zur Lösung solcher Probleme wie Abgase, Lärmbelästigung und Abwässer (Klärwerk, besondere Vorrichtungen bei Autos, die Abgase filtern)? Auch das Thema Umweltverschmutzung und Umwelt generell lässt sich an solche Themen anschließen. Kinder lernen, wie sie sich umweltschonend verhalten, was sie tun können, um bewusst Umweltverschmutzung zu vermeiden und die Folgen zu lindern (z. B. Müll sammeln!).

Technik hat auch negative Auswirkungen

> **Bildung für eine nachhaltige Entwicklung**
> - Ökologisches Verantwortungsgefühl
> - Wechselwirkung von Umwelt, Wirtschaft und Sozialem

Damit ist ein weiteres wichtiges Bildungsziel angesprochen, das sich insbesondere im Bildungsbereich Technik vertiefen lässt: Die Kinder lernen, die Umwelt als unersetzlich und verletzbar wahrzunehmen. Die Kinder entwickeln ein ökologisches Verantwortungsgefühl und lernen, die Umwelt zu schützen und die natürlichen Lebensgrundlagen für nachfolgende Generationen zu erhalten. Dabei spielen auch Wechselwirkungen von Umwelt, Wirtschaft und Sozialem eine Rolle. Bei Fragen des wirtschaftlichen Wohlergehens sind Fragen der sozialen Gerechtigkeit, der Menschenwürde, Demokratie und ökologischen Verträglichkeit zu berücksichtigen. Dieser Aspekt der Umweltbildung wird seit der Konferenz der Vereinten Nationen in Rio de Janeiro 1992 unter dem Begriff „**Bildung für eine nachhaltige Entwicklung**" gefasst

---

1 Hessisches Sozialministerium & Hessisches Kultusministerium, 2007, S. 83

und sollte bei Themen im Bereich Technik Berücksichtigung finden.[1] Die Leitidee einer Bildung für nachhaltige Entwicklung besteht darin, Menschen die notwendigen Kompetenzen und Einstellungen zu vermitteln, um für zukünftige Generationen eine lebenswerte Welt zu erhalten.

> **Symbolischer und sprachlicher Ausdruck**
> - Beschreibungen von Beobachtungen
> - Sprachliche Ausdrucksfähigkeit entwickeln
> - Neue Begriffe lernen

Bei allen diesen Themen, die im Bereich der Technik relevant sind, spielt immer auch **der symbolische und sprachliche Ausdruck** eine zentrale Rolle. Dieses kommt auch in den Bildungsplänen zum Ausdruck. Ein wichtiges Bildungsziel ist somit, dass die Kinder lernen, das zu beschreiben, was sie beobachten und tun, Begriffe zu finden und somit ihren Wortschatz und ihre sprachliche Ausdrucksfähigkeit zu entwickeln und zu stärken.

Zusätzlich zu diesen inhaltlichen Themen und Verknüpfungen zu verschiedenen Bildungsbereichen eignet sich der Bereich Technik auch dazu, neben der Sprache **weitere Basiskompetenzen der Kinder zu stärken**: Dazu gehören Selbstwirksamkeit und Selbstvertrauen, kognitive Kompetenzen wie Problemlösefähigkeit und der Umgang mit Fehlern, Kreativität und motorische Fertigkeiten. Darauf wird im *Kapitel 2: Grundpositionen* näher eingegangen.

1.2 Allgemeine Prinzipien der Bildung im Elementarbereich

Die „Bildungsphilosophie" durchzieht die Handreichung

Die Grundlagen für pädagogisches Handeln bildet immer eine bestimmte „Philosophie". Sie ist eine Grundhaltung, die unter anderem Vorstellungen beinhaltet, über welche Fähigkeiten und Möglichkeiten Menschen verfügen, wie Bildungsprozesse ablaufen und welche Ziele und Inhalte mit pädagogischem Handeln angestrebt und erreicht werden sollen. Diese Grundhaltung bestimmt die konkrete Planung und Umsetzung des pädagogischen Handelns.

Auch dieser Handreichung liegt eine bestimmte „Philosophie" zugrunde, die in allen Kapiteln deutlich wird. Zunächst wird diese Philosophie in einer allgemeinen Form – so, wie sie in jedem Bildungsbereich gilt – erläutert. Dies soll dazu anregen, die eigenen Vorstellungen zum Bild vom Kind, zum Verständnis von Bildung und dem eigenen pädagogischen Handeln zu reflektieren. Gleichzeitig geben die allgemeinen Prinzipien – die „Philosophie" – Fachkräften eine Orientierung, um den Anforderungen der Bildungspläne gerecht zu werden. Denn die Bildungspläne verlangen Bildungsangebote in verschiedenen Bereichen – von Sprache über Bewegung bis zu Mathematik und noch einige mehr. Fachkräfte stehen damit vor der herausfordernden Aufgabe, diese einzelnen Bildungsbereiche bereichsübergreifend umzusetzen und nicht durch unverbundene Einzelaktivitäten. Eine übergreifende Bildungsphilosophie hilft ihnen dabei, verschiedene Bildungsbereiche umzusetzen und dabei doch das gesamte Bildungsgeschehen im Blick zu behalten, da die allgemeinen Grundsätze für alle Bildungsbereiche gelten und sie wie eine Klammer zusammenhalten.

Bildungsbereiche ganzheitlich umsetzen

---

[1] *Bayerisches Staatsministerium für Arbeit und Sozialordnung, Familie und Frauen & Staatsinstitut für Frühpädagogik, 2007; Stoltenberg, 2008*

Die allgemeinen Prinzipien der Bildung im Elementarbereich beziehen sich auf vier zentrale Themen, die die Planung und Umsetzung von Bildungsprozessen leiten:
1. Das Verständnis von Entwicklung
2. Das Verständnis von Bildung
3. Das Bild vom Kind
4. Grundsätze der Planung und Umsetzung von Bildungsprozessen.

1.2.1 Das Verständnis von Entwicklung

Die Vorstellung darüber, von welchen Faktoren die Entwicklung eines Kindes bestimmt wird, beeinflusst das pädagogische Handeln maßgeblich. Unter Entwicklung versteht man ganz allgemein die prozesshafte Veränderung eines Ausgangszustands in einen neuen, dauerhaften Zustand.[1]

Es lassen sich vier theoretische Grundvorstellungen von Entwicklung unterscheiden:[2] *endogenistische Theorien, exogenistische Theorien, Selbstgestaltungstheorien* und *interaktionistische Theorien.* Kennzeichnend für diese unterschiedlichen Vorstellungen ist, dass sie dem Kind und seiner Umwelt bei Entwicklungsprozessen entweder eine aktive oder eine passive Rolle zuschreiben. Es geht also um die Frage, ob das Kind aktiver Gestalter seiner Entwicklung ist oder ob die Entwicklung des Kindes von inneren und äußeren Einflüssen bestimmt wird.

Endogenistische Theorien (Selbstentfaltungstheorien) sehen Entwicklung als Prozess, der von den Anlagen eines Menschen bestimmt wird. Entwicklung stellt die Entfaltung eines angelegten „Plans des Werdens"[2] dar. In diesem Fall hat sowohl die Umwelt als auch das Kind selbst eine passive Rolle im Entwicklungsprozess. Nur in bestimmten sensiblen Perioden wirken sich äußere Einflüsse auf das „genetische Entwicklungsprogramm"[3] aus. Eine solche Vorstellung von Entwicklung schränkt die Möglichkeiten pädagogischer Einflussnahme stark ein.

Die Anlagen, also die Gene, bestimmen die Entwicklung

Exogenistische Theorien gehen davon aus, dass die Entwicklung von Menschen von äußeren Einflüssen bestimmt wird. Durch verschiedene Reize wie bspw. Belohnung und Bestrafung soll das Verhalten beeinflusst werden. Diese Theorien stehen mit einem behavioristischen Menschenbild in Verbindung, das das Verhalten des Menschen als weitgehend durch die Umwelt formbar sieht. Diese Vorstellung liegt beispielsweise auch dem Instruktionsansatz[4] (Vermittlungsansatz) zugrunde. Kennzeichnend für diesen Ansatz ist, dass Lehren und Lernen in einer Umgebung stattfindet, die von einem aktiven Lehrenden (Erwachsener) gestaltet wird. Eine solche Lernumgebung findet sich beispielsweise häufig im schulischen Kontext, wenn Frontalunterricht praktiziert wird. Der Lehrende hat die Aufgabe Wissensinhalte so zu präsentieren, dass der Lernende sie verstehen kann. Dem Lernenden (Kind) kommt dabei eine passive Rolle zu. Lernen wird als ein nach bestimmten Regeln ablaufender Prozess der Informationsverarbeitung verstanden, der sich durch entsprechende Gestaltung der Instruktion (Anleitung) durch den Lehrenden steuern lässt.

Entwicklung wird von äußeren Einflüssen bestimmt

Im Gegensatz dazu sehen *Selbstgestaltungstheorien* den Menschen als aktiven Gestalter seiner Entwicklung, der bestimmte Ziele verfolgt und Einfluss auf seine Umwelt nimmt. Ihr gesamtes Erleben konstruieren Menschen auf der Grundlage von Erfahrungen. Die Verarbeitung dieser Erfahrungen folgt internen Kriterien. Solche Kriterien sind zum Beispiel bereits zuvor gemachte Erfahrungen und vorhandenes Wissen. Diese Vorstellung liegt auch dem Selbstbildungsansatz zugrunde, der Kinder als aktive Konstrukteure ihrer Entwicklung sieht. Die Umwelt nimmt dagegen eine passive Rolle im Entwicklungsprozess ein.

Der Mensch ist aktiver Mitgestalter

Interaktionistische Theorien schreiben sowohl dem Menschen als auch seiner Umwelt eine aktive Rolle im Entwicklungsprozess zu. Der Mensch hat als aktiver Mit-Gestalter ebenso Einfluss auf seine Entwicklung

Aktive Rolle des Menschen und der Umwelt

1, 2 *Montada, 2002*
3, 4 *Montada, 2002, S. 6*
5 *Krapp & Weidenmann, 2001*

wie auch der soziale und kulturelle Kontext, in dem die Entwicklung stattfindet. Entwicklung vollzieht sich durch eine wechselseitige Auseinandersetzung zwischen Menschen und ihrer sozialen bzw. kulturellen Umwelt. Dabei kommt es sowohl auf Seiten des Menschen als auch auf Seiten der Umwelt zu Veränderungen, die dann auch wieder Auswirkungen auf weitere Entwicklungsprozesse haben. Dem Ansatz der Ko-Konstruktion, nach dem Lern- und Entwicklungsprozesse gemeinsam von Kind und Fachkraft gestaltet werden, liegt ebenfalls diese interaktionistische Vorstellung von Entwicklung zugrunde.

	Die Umwelt ist aktiv	**Die Umwelt ist passiv**
Das Kind ist aktiv	Interaktionistische Theorien: Ansatz der Ko-Konstruktion	Selbstgestaltungstheorien: Selbstbildungsansatz
Das Kind ist passiv	Exogenistische Theorien: (kooperativer) Vermittlungsansatz	Endogenistische Theorien: Selbstentfaltungsansatz

Einteilung nach Montada[1]

1.2.2 Das Verständnis von Bildung

Bildung als lebenslanger Prozess

Bildung dient der menschlichen Entwicklung und bringt diese voran. Bildung wird als lebenslanger Prozess gesehen („lebenslanges Lernen"), das heißt, dass auch Erwachsene immer wieder ihr Wissen verändern, ihren Verstehenshorizont erweitern und Sinn konstruieren. Wie auch Kinder entwickeln sie ihr Bild von der Welt ständig weiter. Aber wie sehen die Prozesse aus, in denen wir Sachverhalten einen bestimmten Sinn zuschreiben und in denen wir für bestimmte Sachverhalte Verständnis entwickeln?

Anregung zur Reflexion: Was bedeutet für Sie „Bildung"?
• Wie gelangen Kinder zu ihrer Sicht auf die Welt? Wie erschließen sie sich die Bedeutung von einem Sachverhalt? • Was sind für Sie die Ziele von Bildung im Elementarbereich? • Welche Konsequenzen ergeben sich aus Ihrem Bildungsverständnis für die pädagogische Arbeit?

---

1 Montada, 2002, S. 5

Lern- und Entwicklungsprozesse aus konstruktivistischer Perspektive

Der *Konstruktivismus* beschreibt Kinder als aktive Konstrukteure ihres Wissens. Konstruktionsprozesse werden von der individuellen Erfahrung und dem Vorwissen des Einzelnen bestimmt. Das, was wahrgenommen wird, ist von bisherigen Erfahrungen und von dem Vorwissen einer Person abhängig. Eine Gegebenheit kann von unterschiedlichen Personen verschieden wahrgenommen werden, obwohl es sich um einen identischen „optischen Reiz" handelt. Bei dem Vorgang der Wahrnehmung handelt es sich also um eine subjektive Tätigkeit und nicht um ein objektives Geschehen, das unabhängig von der Person, die etwas wahrnimmt, immer zum gleichen Ergebnis führt. Unsere Wahrnehmung ist demnach kein Abbildungssystem, das wie eine Kamera die Umwelt aufnimmt, sondern beinhaltet einen Konstruktionsprozess, der von den individuellen Erfahrungen und dem Wissen des Einzelnen bestimmt wird. Menschen konstruieren ihr gesamtes Erleben auf der Grundlage interner Kriterien.[1]

Kinder als aktive Konstrukteure ihres Wissens

Die sozialkonstruktivistische Sicht

Auf dieser Auffassung baut das sozialkonstruktivistische Verständnis von Lernen und Bildung auf, das auch dieser Handreichung zugrunde liegt. Aus dieser Perspektive wird die soziale Interaktion als Schlüssel zur Wissens- und Sinnkonstruktion betrachtet.[2]

Soziale Interaktion als Schlüssel zur Wissens-Konstruktion

Lernen und Bildung werden als sozialer Prozess verstanden, in dem beide (oder auch: mehrere) Beteiligte aktiv sind. Diesem Verständnis nach werden „Wissen" und „Sinnverständnis" in einem sozialen Prozess ausgehandelt und festgelegt – also „sozial konstruiert". In diesen Prozess gehen die individuelle Erfahrung und das Vorwissen des Einzelnen ein, aber auch in hohem Maße die sozialen und in einer Kultur geteilten Überzeugungen und Sichtweisen. Das Verständnis von Welt und Wissen entsteht also durch ein wechselseitiges Aufeinander-Einwirken von Menschen und ist immer eingebettet in ein kulturell geprägtes Weltverständnis.[3]

Das Beispiel über die Kategorien, die afrikanische Pflanzer benutzen (siehe Kasten Beispiel: *Sinnkonstruktion im sozialen Kontext*) zeigt, in welchem Zusammenhang die Sinnkonstruktion des Einzelnen mit seinem sozialen bzw. kulturellen Umfeld steht.

> **Beispiel: Sinnkonstruktion im sozialen Kontext**
>
> Bei einem Versuch, an dem afrikanische Pflanzer vom Stamm der Kpelle teilnahmen, ging es darum, Gegenstände in sinnvolle Kategorien zu ordnen. Die Versuchsteilnehmer hatten eine Reihe von Nahrungsmitteln (z. B. Orange, Kartoffel) und Werkzeuge (z. B. Messer, Hacke) zur Auswahl.
>
> Der Versuch zeigte, dass die Versuchsteilnehmer die Gegenstände mehrheitlich in funktionale Kategorien zusammenstellten, d. h., sie ordneten beispielsweise der Orange das Messer zu, weil man die Orange mit dem Messer aufschneiden kann. Der Kartoffel ordneten sie die Hacke zu, weil diese notwendig ist, um die Kartoffeln aus der Erde zu holen. Im Vergleich dazu ist es für westliche Kulturen charakteristisch, die Gegenstände nach abstrakten Kategorien, wie zum Beispiel Nahrungsmittel und Werkzeuge, zu ordnen.
>
> Auf den zufälligen Einwurf des Versuchsleiters, wie denn ein Dummkopf die Gegenstände ordnen würde, legten die Pflanzer die Gegenstände in die Kategorien Nahrungsmittel und Werkzeuge zusammen.
>
> (Miller, 1993, S. 360)

Der soziale und kulturelle Kontext ist auch für Lern- und Entwicklungsprozesse von Kindern von zentraler Bedeutung. So eignen sich Kinder die in einer Gesellschaft vorherrschenden kulturellen „Werkzeuge" wie Sprache, Schrift oder Zahlen sowie die dominierenden sozialen Gepflogenheiten in sozialen Interaktionen mit „erfahreneren" Mitgliedern ihrer Kultur an. Diese lassen sie einfühlsam beim Umgang mit diesen Werk-

Die Bedeutung des sozialen und kulturellen Kontextes

---
1 Gisbert, 2004; Lindemann, 2006
2 Gisbert, 2004
3 Grundpositionen des Sozialkonstruktivismus vgl. Laucken, 1998

Kapitel 1 | Bildung von Anfang an: Technische Bildung früh beginnen

zeugen mitmachen und unterstützen sie – z. B. wenn Erwachsene mit dem jungen Kind zusammen ein Bilderbuch „lesen" oder das Mehl für den Kuchen abwiegen. Die eine Gesellschaft bestimmenden Werte und Normen haben ebenfalls Einfluss auf den Bildungsprozess und damit auf die Lern- und Entwicklungsprozesse des Kindes.[1]

Die soziokulturelle Theorie von Wygotski

In der Entwicklungspsychologie hat diese Sichtweise vor allem der russische Psychologe Lew Wygotski (1896–1934) in seiner sozio-kulturellen Theorie ausgeführt. Nach dieser Theorie sind es soziale und kulturelle Faktoren, die den Lernprozess des Kindes und seine Entwicklung entscheidend beeinflussen. Voraussetzungen für Lernprozesse sind soziale Interaktionen des Kindes mit kompetenten Partnern und die Teilnahme an kulturellen Handlungsweisen. Nach Wygotski gehen alle für den Menschen typischen, höheren geistigen Funktionen aus dem sozialen und kulturellen Kontext hervor. Der soziale und kulturelle Kontext wird als bestimmender Bestandteil der Entwicklung gesehen und gleichzeitig als Mittel, mit der diese Entwicklung gestaltet wird. Um die individuelle Entwicklung eines Kindes verstehen und unterstützen zu können, ist es notwendig, die sozialen und kulturellen Strukturen zu berücksichtigen, denen das Kind angehört.[2] Mit diesem Wissen über den sozialen und kulturellen Hintergrund eines Kindes kann die Fachkraft ihre Interaktion mit dem Kind individuell gestalten.

Interaktion wird als zentral für die Wissenskonstruktion gesehen

Die Sicht des Kindes auf die Welt und sein Wissen stellen sich demnach als Ergebnis eines Prozesses dar, der durch die Interaktion der Kinder mit anderen Menschen bestimmt wird. Kinder bilden ihr Verständnis von der Welt, indem sie sich mit anderen über Dinge austauschen. Das Zuweisen einer Bedeutung und die Sinngebung von Dingen geschehen in Auseinandersetzung mit anderen. Ausgangspunkt ist die Annahme, dass die Welt und das Wissen über die Welt bzw. der Sinn und die Bedeutung von Dingen in einem gemeinsamen Prozess von Menschen ko-konstruiert und festgelegt werden. Das Verständnis von Welt entsteht ebenso wie das Wissen durch ein wechselseitiges Aufeinander-Einwirken von Menschen und Gesellschaft. Diese Sichtweise bezeichnet man als sozial-konstruktivistische Perspektive. Ziel von Lernen kann es dabei nicht sein, bereits vordefinierte Lernergebnisse zu erreichen.[3]

Der Ansatz der Ko-Konstruktion

Lernen als kooperative und kommunikative Aktivität

Demzufolge kann das Lernen von Kindern auch nicht als Weitervermittlung von bereits bestehendem, „fertigem" Wissen verstanden werden, sondern als kooperative und kommunikative Aktivität, an der Kinder und Erwachsene aktiv beteiligt sind und bei der gemeinsam Sinn konstruiert wird und Kompetenzen neu aufgebaut werden. Diese Vorgehensweise wird als Ko-Konstruktion bezeichnet. Bildung stellt sich als Ergebnis sozialer Prozesse dar, die sich in der Interaktion zwischen einzelnen Personen vollziehen. Diese sozialen, interaktionalen Prozesse werden durch die Eigenaktivität des Kindes mitgeprägt. Das Kind ist von Geburt an in soziale Beziehungen eingebettet, die sein Lernen anregen und zum Teil überhaupt erst möglich machen.[4]

Hinsichtlich des Spracherwerbs von Kindern zeigt sich deutlich, was damit gemeint ist, Bildung als sozialen Prozess zu verstehen: Beim Spracherwerb sind Kinder auf einfühlsame Interaktionspartner angewiesen, die ihre (zunächst unvollkommenen) sprachlichen Äußerungen deuten, ihnen Sinn verleihen und auf das Kind abgestimmt reagieren (bspw. wenn das Kind Silben äußert und die Mutter übersetzt: „Ah, du willst das Bällchen haben" und ihm das Bällchen gibt).[5] Im Prinzip das Gleiche gilt für Wissensbereiche, die im Laufe

---

1 Fthenakis, 2004
2 Bodrova & Leong, 2007; Gisbert, 2004; Miller, 1993
3 Fthenakis, 2004; Gisbert, 2004
4 Fthenakis, 2004
5 Bruner, Herrmann & Aeschbacher, 2002

der Kulturgeschichte entstanden sind, wie zum Beispiel auch das Zahlensystem: Lernen in diesen durch den sozialen und kulturellen Kontext bestimmten Bereichen gelingt Kindern nur mit entsprechender Unterstützung durch Interaktionspartner.[1]

Das ko-konstruktive Prinzip im Bildungsbereich Technik

Das ko-konstruktive Prinzip ist eine durchgängige Idee der technischen Bildung: Ziel ist es, mit Kindern im Dialog technisches Verständnis zu entwickeln. Dabei geht es darum, in der Umwelt gemeinsam technische Phänomene zu entdecken, sie zu hinterfragen und zu erforschen. Beim Bauen und Konstruieren werden in einem gemeinsamen Prozess Probleme gelöst und handwerklich umgesetzt.

Im *Kapitel 6: Projekte im Bildungsbereich Technik: Beispiele aus der Praxis* wird das ko-konstruktive Prinzip anhand von Praxisbeispielen verdeutlicht.

Wenn man davon ausgeht, dass sich die Zuweisung von Sinn und der Aufbau von Wissen in sozialen Prozessen vollziehen, ergeben sich für die pädagogische Arbeit folgende Konsequenzen: Den Ausgangspunkt pädagogischer Aktivitäten bildet eine liebevoll und anregend gestaltete Lernumgebung als Grundlage für die Gestaltung effektiver, ko-konstruktiver Interaktionen bzw. Lernprozesse. Hierbei geht es darum, eine kommunikative und anregende Umgebung zu schaffen, in der sich die Kinder sicher und geborgen fühlen und in der sie mit anderen in Austausch treten können. Optimal ist es, wenn die Kinder an der Gestaltung dieser Lernumgebung beteiligt werden. Es reicht dann aber nicht aus, sich primär auf bei den Kindern einsetzende Selbstbildungsprozesse zu verlassen, wie es der *Selbstbildungsansatz* vorsieht.

Eine Lernumgebung, in der Kinder sich sicher und geborgen fühlen

Ansatz der Ko-Konstruktion in Abgrenzung zum Selbstbildungsansatz (nach Gisbert, 2004)

Selbstbildungsansatz		Ansatz der Ko-Konstruktion
Konstruktivistische Sicht auf Lernen und Entwicklung: Alles Wissen wird vom Kind in Abhängigkeit von seinen kognitiven Fähigkeiten konstruiert.	**Wie finden Lernen und Entwicklung statt?**	Sozial-konstruktivistische Sicht auf Lernen und Entwicklung: Lernen und Entwicklung vollziehen sich in sozialer Interaktion.
Dekontextualisierter Bildungsbegriff, der unabhängig vom sozialen und historischen Kontext ist.	**Bildungsbegriff**	Kontextualisierter Bildungsbegriff, der dem sozialen und kulturellen Kontext der Kinder entscheidenden Einfluss auf Bildungsprozesse einräumt; die Bildungsprozesse müssen an den Kontext angepasst werden, in dem sie stattfinden.
„Erwachsene müssen die Eigenständigkeit der Kinder im Umgang mit ihrer Welt ertragen, sie soweit mittragen, dass Kinder ihre eigenständigen Möglichkeiten einsetzen und produktiv weiterentwickeln können" (Schäfer, 2001, S. 11). → Schwerpunkt liegt auf der Frage, wie die Lernumgebung gestaltet werden muss, damit die Selbstbildungsprozesse des Kindes angeregt werden.	**Pädagogische Konsequenzen**	Eine angemessene Gestaltung von Interaktionsprozessen zwischen Kind und Erwachsenem bzw. der Kinder untereinander von Geburt an steht im Mittelpunkt. → Schwerpunkt liegt auf der Frage, wie Interaktionsprozesse gestaltet werden müssen, damit sie eine entwicklungs- und kompetenzfördernde Wirkung entfalten können.

1 Stern, 2004

Kapitel 1 | Bildung von Anfang an: Technische Bildung früh beginnen

Für die Entwicklung des Kindes kommt vor allem der *Gestaltung von Interaktionsprozessen* zwischen Kind und Erzieherin eine entscheidende Bedeutung zu.[1]

Anregung von geteilten Denkprozessen

Als weiterer Faktor, der für eine Unterstützung der Kinder in ihrer Entwicklung bedeutsam ist, wurde die Anregung *„geteilter Denkprozesse"* identifiziert. Bei diesen „geteilten Denkprozessen" geht es darum, dass zwei oder mehr Personen gemeinsam einen gedanklichen Weg einschlagen, um ein Problem zu lösen oder um sich eine Bedeutung zu erschließen. Wichtig ist, dass beide Seiten – Fachkraft und Kind bzw. Kinder – etwas zum Denkprozess beitragen und dabei ihr Verständnis über einen Sachverhalt entwickeln, äußern und erweitern. Bei dieser Ko-Konstruktion von Sinn und Bedeutung gilt es, die Interessen der Kinder und ihre Fragen zum Ausgangspunkt zu machen. Es hat sich gezeigt, dass in besonders effektiv arbeitenden Tageseinrichtungen für Kinder die Hälfte aller von den Kindern angeregten Handlungen, die eine intellektuelle Herausforderung beinhalten, von einer Fachkraft aufgenommen und begleitet werden, um gemeinsam geteilte Denkprozesse anzuregen.[2]

Merkmale ko-konstruktiver Bildungsprozesse

Wissen und Bedeutung in sozialen Prozessen gemeinsam erarbeiten, dabei sind sowohl das Kind als auch seine Umwelt aktiv (Fachkraft, andere Kinder)
- Erforschung von Bedeutung steht im Vordergrund
- Verschiedene Perspektiven kennenlernen
- Zusammen mit anderen Probleme lösen
- Momentanen Verstehenshorizont erweitern
- Eigene Ideen entwickeln und ausdrücken, diese dann mit anderen austauschen und diskutieren

---

1 *Sylva et al., 2004*
2 *Sylva et al., 2004*

Die Gestaltung von Bildungsprozessen im Sinne der Ko-Konstruktion setzt bei der Fachkraft eine bestimmte Haltung voraus: Dazu gehört, den Bildungsprozess nicht alleine steuern zu wollen, sondern die Ideen und Interessen der Kinder ernst zu nehmen und einzubeziehen. Es ist notwendig, sich neugierig auf einen gemeinsamen Prozess mit den Kindern einzulassen und sich für diesen Prozess ausreichend Zeit zu nehmen bzw. den Kindern ausreichend Zeit zu geben, ihr Verständnis auszudrücken. Nicht vorschnell einzugreifen und zu warten, bis von den Kindern Hilfe eingefordert wird, sind – neben aktivem Zuhören – ebenfalls Punkte, die bei ko-konstruktiven Bildungsprozessen von Bedeutung sind.[1]

Die Ideen und Interessen der Kinder ernst nehmen

Die Fachkraft passt das Niveau ihres Eingreifens dem Entwicklungsstand und den Bedürfnissen des Kindes an. Es werden drei unterschiedliche Niveaus von pädagogischen Interventionen unterschieden, die auch für Ko-Konstruktionsprozesse gelten: Auf der untersten Stufe findet Ko-Konstruktion im Kontakt der Kinder untereinander statt, wenn beispielsweise im gemeinsamen Spiel Wissen und Symbolsysteme erworben und aufgebaut werden. Auf der mittleren Stufe werden ko-konstruktive Lernprozesse durch die Fachkraft angeregt, indem sie beispielsweise gemeinsam mit den Kindern spielt und so ihr Spiel bereichert. Auf der obersten Stufe findet Ko-Konstruktion statt, indem die Fachkraft Bildungsprozesse gemeinsam mit einem Kind gestaltet, d. h. mit ihm eine enge partnerschaftliche Kooperation eingeht und den Ko-Konstruktionsprozess an den spezifischen Bildungsbedürfnissen des Kindes ausrichtet.[2]

Verschiedene Niveaus der Ko-Konstruktion

Demnach ist die Art und Weise, wie sich die Beziehung zwischen Kind und Fachkraft gestaltet, für das Gelingen ko-konstruktiver Bildungsprozesse von sehr großer Bedeutung.

Bildungsvision, Kompetenzbereiche, Bildungsbereiche[3]

Die Ausführungen zur Art und Weise, wie sich Lern- und Entwicklungsprozesse vollziehen, sind verknüpft mit einer aus fünf Dimensionen bestehenden Bildungsvision. Diese Bildungsvision beschreibt, welche Zielsetzung Bildungsaktivitäten verfolgen, die von Fachkräften und Kindern gemeinsam gestaltet werden. Die fünf Dimensionen sind:

- starke Kinder
- kommunikationsfreudige und medienkompetente Kinder
- kreative, fantasievolle und künstlerische Kinder
- lernende, forschende und entdeckungsfreudige Kinder
- verantwortungsvoll und wertorientiert handelnde Kinder

Bildungsvision: lernende, forschende und entdeckungsfreudige Kinder

Diesen Dimensionen werden Bildungsbereiche zugeordnet, die sich besonders gut eignen, um diese Bildungsvision zu verwirklichen.[4] Der Bildungsvision „Kommunikationsfreudige und medienkompetente Kinder" werden beispielsweise die Bildungsbereiche Medien sowie Sprache und Literacy zugeordnet. Die Bildungsbereiche Mathematik, Naturwissenschaften und Technik stehen mit der Bildungsvision „lernende, forschende und entdeckungsfreudige Kinder" in Verbindung.

Ausgehend von dem dargestellten Bildungsverständnis lassen sich neben den bildungsbereichsbezogenen Bildungszielen (vgl. Kapitel 4) vier Kompetenzbereiche beschreiben. Diese Kompetenzbereiche setzen sich aus Basiskompetenzen zusammen. Unter Basiskompetenzen versteht man „Persönlichkeitscharakteristika [...], die das Kind befähigen, mit anderen Kindern und Erwachsenen zu interagieren und sich mit den Gegebenheiten in seiner dinglichen Umwelt auseinanderzusetzen".[5] Eine Umsetzung der Bildungsvision

---

1 *Mülders, Petersein, Schmahl & Wilhelm, 2007*
2 *van Kuyk, 2003*
3 *Für eine ausführliche Darstellung siehe: Bayerisches Staatsministerium für Arbeit und Sozialordnung, Familie und Frauen & Staatsinstitut für Frühpädagogik, 2007; Hessisches Sozialministerium & Hessisches Kultusministerium, 2007*
4 *Zur Beziehung zwischen Bildungsvisionen, Kompetenzbereichen und Bildungsbereichen siehe Abbildung „In welchem Verhältnis stehen Bildungsvisionen, Kompetenzbereiche und Bildungsbereiche?", S. 30*
5 *Bayerisches Staatsministerium für Arbeit und Sozialordnung, Familie und Frauen & Staatsinstitut für Frühpädagogik, 2007; S. 55*

Kapitel 1 | Bildung von Anfang an: Technische Bildung früh beginnen

mit ihren fünf Dimensionen erfolgt durch die Stärkung dieser Basiskompetenzen. Die Stärkung der Basiskompetenzen stellt das Leitziel von Bildung dar, das bei der Umsetzung der einzelnen Bildungsbereiche immer zu berücksichtigen ist. Die vier Kompetenzbereiche sind:

1) Individuumsbezogene Kompetenzen
- Personale Kompetenzen, z. B. Selbstwertgefühl bzw. positives Selbstkonzept
- Motivationale Kompetenzen
- Emotionale Kompetenzen
- Kognitive Kompetenzen
- Körperbezogene Kompetenzen

2) Kompetenzen zum Handeln im sozialen Kontext
- Soziale Kompetenzen
- Entwicklung von Werten und Orientierungskompetenz
- Fähigkeit und Bereitschaft zur Verantwortungsübernahme
- Fähigkeit zur demokratischen Teilhabe

3) Lernmethodische Kompetenz („Lernen wie man lernt")

4) Kompetenter Umgang mit Veränderungen und Belastungen

Die Kompetenzbereiche „Lernmethodische Kompetenz" und „Kompetenter Umgang mit Veränderungen und Belastungen" sind zusammengesetzte Kompetenzen aus den individuumsbezogenen Kompetenzen und den Kompetenzen zum Handeln im sozialen Kontext.

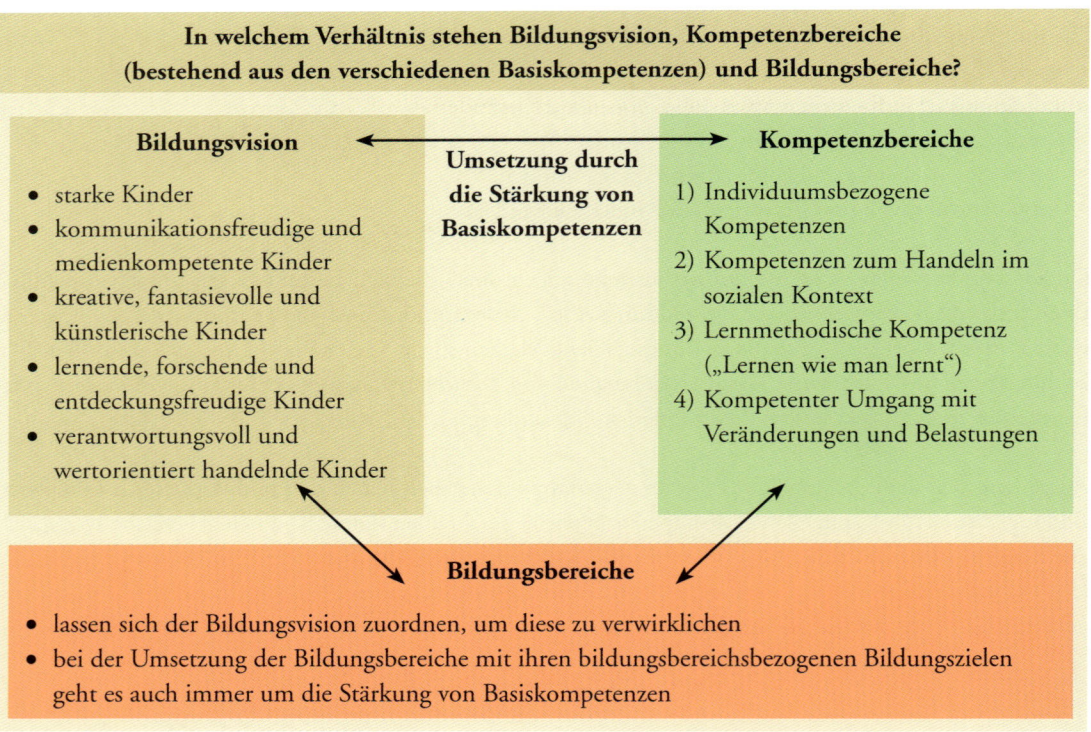

Individuumsbezogene Kompetenzen

Durch die Stärkung *individuumsbezogener Kompetenzen* und durch die Stärkung von *Kompetenzen zum Handeln im sozialen Kontext* soll es dem Kind möglich werden, sich selbst zu organisieren und sich ein Bild über seine Stärken und Schwächen zu machen, um so ein gesundes Selbstwertgefühl zu entwickeln. Auf der einen Seite geht es darum, dem Kind möglichst viel Freiraum für seine Entwicklung zu bieten und gleichzeitig auch Gelegenheiten zu schaffen, in denen das Kind erproben kann, in sozialer Mitverantwortung zu handeln. Damit ist gemeint, dass das Kind seine Handlungen hinsichtlich der Konsequenzen für sich selbst und für andere reflektiert sowie anschließend seine Handlungsplanung daran ausrichtet.

Im Kompetenzbereich *lernmethodische Kompetenz* geht es darum, zu lernen, wie man lernt, bzw. um die Stärkung von Kompetenzen, die den Erwerb von Wissen fördern. Um das zu erreichen, werden beim Lernen soziale und individuelle Formen von Metakognition und Selbststeuerung eingesetzt. Der Aufbau lernmethodischer Kompetenzen ist hinsichtlich einer Vorbereitung auf lebenslanges Lernen unverzichtbar. Aufgrund des sich ständig weiterentwickelnden und sich verändernden Wissens ist es gar nicht möglich, zu einem bestimmten Zeitpunkt sämtliches Wissen aufzubauen, das in Zukunft benötigt wird. Man kann aber Kinder dabei unterstützen, ein Verständnis für ihr eigenes Lernen zu entwickeln. Das schließt beispielsweise die Stärkung der Fähigkeit ein, über das eigene Denken nachzudenken sowie passende Lernstrategien anzuwenden, um so das eigene Lernen zu steuern und zu regulieren. Im *Kapitel 5 Bildungsprozesse ko-konstruktiv gestalten: Projektmethode und metakognitive Gespräche* wird auf diese Thematik und mögliche Formen der Umsetzung in der pädagogischen Praxis näher eingegangen.

Lernmethodische Kompetenzen

Definition Metakognition – lernmethodische Kompetenz

Unter *Metakognition* wird allgemein das Nachdenken über das eigene Denken verstanden. Die eigenen kognitiven Prozesse werden zum Gegenstand der Reflexion und der bewussten Steuerung gemacht. Die Bewusstheit dieser Prozesse ist ein wesentliches Merkmal von Metakognition.

Metakognition umfasst zwei Aspekte:
- Wissen über die eigenen kognitiven Vorgänge
- Kontrolle bzw. Regulierung dieser Vorgänge

Lernmethodische Kompetenz befähigt das Individuum, diejenigen Lern- und Lösungswege (Lernstrategien) für Probleme und Herausforderungen auszuwählen, mit denen das Individuum persönlich am besten lernt und Probleme bewältigt. Voraussetzung für diese Kompetenz sind metakognitive Fähigkeiten.

Zentrale pädagogische Frage:
Wie lässt sich bei Kindern ein Nachdenken über das eigene Denken anregen?
Wie kann die lernmethodische Kompetenz von Kindern gestärkt werden, um Lernprozesse effektiver zu gestalten?

(Gisbert, 2004; Hasselhorn, 2006)

> **Stärkung lernmethodischer Kompetenzen im Bildungsbereich Technik**
>
> Neben der Vertiefung des technischen Verständnisses geht es in der technischen Bildung auch um die Stärkung lernmethodischer Kompetenzen. Wenn Kinder technische Phänomene erkunden und gemeinsam Fragen nachgehen, dann erlangen sie neues Wissen. Auch beim Bauen entwickeln sie neue handwerkliche und motorische Kompetenzen. Wenn gemeinsam mit den Kindern überlegt und reflektiert wird, **WIE** sie neues Wissen konstruiert und erlangt haben, dann erwerben sie lernmethodische Kompetenzen, z. B.: Wie haben wir herausgefunden, wie eine Waage funktioniert? Wie hast du das hinbekommen, dass das Dach vom Haus nicht herunter fällt?
>
> Von großer Bedeutung ist damit auch im Bildungsbereich Technik, dass Kindern bei ihren forschenden Aktivitäten bewusst wird, **DASS SIE LERNEN**, **WAS SIE LERNEN** und **WIE SIE LERNEN**.
>
> Anhand von Praxisbeispielen in *Kapitel 6* wird dieser Aspekt für den Bildungsbereich Technik verdeutlicht.

Umgang mit Veränderungen und Belastungen

Für die Stärkung des *kompetenten Umgangs mit Veränderungen und Belastungen* bilden Ergebnisse der Resilienzforschung[1] den Ausgangspunkt. Resilienzforschung beschäftigt sich damit, wie es Kindern trotz schwieriger Lebensumstände gelingt, sich gesund und positiv zu entwickeln. Es geht dabei um die Frage, welche Bedingungen psychische Gesundheit und Stabilität bei Kindern erhalten und unterstützen, die besonderen Belastungen ausgesetzt sind. Es hat sich gezeigt, dass die Resilienz (psychische Widerstandsfähigkeit) von Kindern keine angeborene unveränderbare Fähigkeit ist, sondern von personalen und sozialen Ressourcen des Kindes abhängig ist. Personale Faktoren sind beispielsweise vorhandene Problemlösefähigkeiten, ein hohes Selbstwertgefühl oder eine hohe Sozialkompetenz. Zu den sozialen Ressourcen zählen zum Beispiel die stabile Beziehung zu einer verlässlichen Bezugsperson sowie ein offenes, wertschätzendes und unterstützendes Erziehungsklima. Verfügen Kinder über diese Ressourcen, gelingt es ihnen mit Belastungen und Veränderungen angemessen umzugehen. Ziel von Bildung ist es also, die Kompetenzen der Kinder zu stärken, die sie zu einem konstruktiven Umgang mit Veränderungen und Belastungen befähigen. Entscheidend ist dabei für den Aufbau dieser Kompetenzen die Qualität der Beziehung von Kindern und Fachkräften bzw. von Kindern und ihren Eltern.

> **Bildungsverständnis – Zusammenfassung**
>
> - Bildung gestaltet sich als sozialer, lebenslanger Prozess.
>   - → Bildung findet in gemeinsamer Interaktion als kommunikativer und kooperativer Prozess statt.
>   - → Der Gestaltung von Interaktionen zwischen Kind und Fachkraft bzw. der Kinder untereinander kommt im pädagogischen Handeln entscheidende Bedeutung zu.
> - Bildung dient der kindlichen Entwicklung und bringt diese voran.
> - Kinder ko-konstruieren ihr Wissen bzw. Sinn und Bedeutung auf der Grundlage ihrer bisherigen Erfahrungen und in Auseinandersetzung mit Interaktionspartnern in ihrer sozialen Umgebung.
>   - → Es findet keine Vermittlung von bereits feststehendem „fertigem" Wissen statt.
> - Kinder und Erwachsene sind aktiv am Bildungsprozess beteiligt.
> - Bildungsprozesse sind in den sozialen und kulturellen Kontext, in dem sie ablaufen, eingebunden und von diesem abhängig.
> - Übergeordnete Bildungsziele sind auf den Aufbau und die Stärkung von Basiskompetenzen und Werthaltungen ausgerichtet.
>   - → Das schließt eine Erziehung der Kinder zu verantwortungsvollem Handeln ein: gegenüber sich selbst, gegenüber anderen und im Hinblick auf die Umwelt (Bildung für nachhaltige Entwicklung).

---

1 Wustmann, 2007

Kapitel 1 | Bildung von Anfang an: Technische Bildung früh beginnen

Das beschriebene Verständnis von Bildung und Erziehung deckt sich mit dem Konzept einer Bildung für nachhaltige Entwicklung[1], das Bildung als Zusammenhang von Sachwissen, Wertorientierung und Gestaltungskompetenz begreift. Unter Gestaltungskompetenz wird eine an Werten orientierte Handlungsfähigkeit verstanden. Die Leitidee einer Bildung für nachhaltige Entwicklung besteht darin, Kompetenzen und Einstellungen zu stärken, die notwendig sind, um für zukünftige Generationen eine lebenswerte Welt zu erhalten.

1.2.3 Das Bild vom Kind

Ausgesprochene oder unausgesprochene Grundlage jedes pädagogischen Ansatzes bzw. jedes pädagogischen Handelns ist ein bestimmtes Bild vom Kind. Von diesem Bild vom Kind hängt es ab, nach welchen Kriterien pädagogisches Handeln geplant und gestaltet wird.

> **Anregung zur Reflexion: Wie beschreiben Sie Ihr „Bild vom Kind"?**
>
> - Welche Fähigkeiten schreiben Sie Kindern von Geburt an zu?
> - Welche Rechte haben Kinder?
> - Welche Stellung nehmen Kinder bei der Gestaltung von Bildungsprozessen ein?
> - Wie werden sie an der Gestaltung dieser Prozesse beteiligt?

Das Bild vom Kind, das dieser Handreichung zugrunde liegt, sieht Kindheit als Lebensphase, die hinsichtlich der geistigen, körperlichen und seelischen Entwicklung als besonders produktiv und bedeutsam gilt.[2] Unter Berücksichtung von Erkenntnissen der Säuglings- und Kleinkindforschung werden Kinder als kompetent angesehen. Sie verfügen über vielfältige Kompetenzen und beginnen direkt nach der Geburt damit, ihre Umwelt zu erforschen.[3]

Das kompetente Kind

1 Deutsche Unesco-Kommission, 2007; Stoltenberg, 2008
2 Kluge, 2006
3 Dornes, 2004

Kapitel 1 | Bildung von Anfang an: Technische Bildung früh beginnen

Das „kompetente" Kind im Bildungsbereich Technik

Schon Säuglinge beginnen mit der Erforschung ihrer (technischen) Umwelt, von Beginn an verfügen sie über motorische Fertigkeiten und wenden in der Interaktion mit der Umwelt Problemlösestrategien an. Ausführlich wird auf diese Kompetenzen im *Kapitel 3: Was Kinder früh wissen, können und lernen: Entwicklungspsychologische Grundlagen* eingegangen.

Das Kind als soziales Wesen

Wie bereits erwähnt, sind Kinder von Geburt an in soziale Interaktionen eingebettet. Sie haben das Bedürfnis, eine Beziehung zu anderen Personen aufzubauen und mit ihnen in Kommunikation zu treten. Durch Kommunikation und Interaktion mit ihren Bezugspersonen und mit ihrer Umwelt bringen die Kinder ihre Persönlichkeit und ihre Fähigkeiten in die Gemeinschaft ein. Dabei haben die Kinder einen entscheidenden Anteil an ihren Lern- und Entwicklungsprozessen. Kinder werden als gleichwertige Partner in sozialen und pädagogischen Interaktionen gesehen. Sie sind aktive Ko-Konstrukteure ihres Wissens und stehen im Austausch mit ihrer sozialen Umwelt.

Das aktive und motivierte Kind

Diese aktive Beteiligung entspricht dem Bedürfnis der Kinder nach dem Erleben von Kompetenz und Wirksamkeit, nach Autonomie und Selbstbestimmung sowie dem Bedürfnis nach sozialer Eingebundenheit.[1] Kinder zeigen also eine starke Tendenz, sich mit anderen Menschen in einer sozialen Umgebung verbunden zu fühlen, in dieser Umgebung effektiv zu wirken und sich dabei als selbstbestimmt und initiativ zu fühlen. Dabei sind Kinder hoch motiviert und neugierig.[2]

Das Kind als Individuum

Jedes Kind zeichnet sich durch eine eigene Persönlichkeit aus. Es beschreitet individuelle Wege, um ein Verständnis für seine Umwelt aufzubauen und Dingen eine Bedeutung, einen Sinn zu verleihen. Die pädagogisch Handelnden werden dem durch die Individualisierung von Bildungsprozessen bei der gemeinsamen Gestaltung der Interaktionen gerecht. Die Ausdrucksformen des Kindes sind unterschiedlich, vielfältig und kreativ. Seine Entwicklung stellt sich demnach als ein komplexes und individuell verlaufendes Geschehen dar. Um diesem Sachverhalt gerecht zu werden, empfiehlt es sich, die Entwicklung eines Kindes als individuellen Prozess zu betrachten und die Entwicklungsschritte jedes einzelnen Kindes in den Fokus zu nehmen.[3]

Kinder haben Rechte

Kinder haben Rechte, die es zu achten gilt. Zu diesen Rechten gehört auch das Recht auf eine bestmögliche Bildung von Anfang an, so wie es im Übereinkommen der Vereinten Nationen über die Rechte des Kindes festgelegt ist.[4] Das schließt ein, Kindern die Möglichkeit zu bieten, ihre Persönlichkeit und ihre Begabung voll zur Entfaltung zu bringen sowie ihre sozialen Kompetenzen weiterzuentwickeln. In diesem Zusammenhang steht Kindern auch ein Recht auf Mitsprache bei der Gestaltung ihrer Lern- und Entwicklungsprozesse zu. Das geht mit einer Stärkung der kindlichen Autonomie und der sozialen Mitverantwortung einher. Zu den Rechten der Kinder gehört außerdem, emotionale Zuwendung und Vertrauen zu empfangen.[5]

Bild vom Kind – Zusammenfassung

- Kinder verfügen über vielfältige Kompetenzen.
- Kinder haben das Bedürfnis, zu anderen Personen eine Beziehung aufzubauen und mit ihnen in Kommunikation zu treten.
- Kinder gestalten ihre Bildungsprozesse aktiv mit, sie sind aktive Ko-Konstrukteure ihres Wissens.
- Kinder sind neugierig, sie möchten lernen und ihre Umwelt erkunden.

---

1 *Deci & Ryan, 1993*
2 *Bayerisches Staatsministerium für Arbeit und Sozialordnung, Familie und Frauen & Staatsinstitut für Frühpädagogik, 2007; Deci & Ryan, 1993; Krieg, 2004*
3 *Bayerisches Staatsministerium für Arbeit und Sozialordnung, Familie und Frauen & Staatsinstitut für Frühpädagogik, 2007; Stenger, 2001*
4 *Der Bundesminister für Frauen und Jugend Bonn, 1993; Nutbrown, 2004*
5 *Bayerisches Staatsministerium für Arbeit und Sozialordnung, Familie und Frauen & Staatsinstitut für Frühpädagogik, 2007; Krieg, 2004*

Kapitel 1 | Bildung von Anfang an: Technische Bildung früh beginnen

> **Bild vom Kind – Zusammenfassung**
>
> - Jedes Kind zeichnet sich durch eine eigene Persönlichkeit aus.
> - Die Entwicklung jedes Kindes ist ein komplexes und individuell verlaufendes Geschehen, dem ein Vergleich der Kinder untereinander nicht gerecht wird.
> - Kinder haben Rechte, u. a.
>   - das Recht auf bestmögliche Bildung von Anfang an,
>   - das Recht auf Entfaltung ihrer Persönlichkeit,
>   - das Recht auf Mitsprache bei der Gestaltung von Lern- und Entwicklungsprozessen sowie
>   - das Recht auf emotionale Zuwendung und kognitive Anregung.

1.2.4 Grundsätze der Planung und Umsetzung von Bildungsprozessen

Die gerade beschriebenen Grundhaltungen haben Auswirkungen auf die Planung und Umsetzung pädagogischer Arbeit: Für die Entwicklung des Kindes kommt vor allem der *Gestaltung von Interaktionsprozessen* zwischen Kind und Erzieherin eine entscheidende Bedeutung zu. Untersuchungen zeigen, dass die Qualität der Erzieherin-Kind-Interaktion besonders für die Stärkung der Sozialkompetenz der Kinder wichtig ist.[1]

Bedeutung von Interaktionsprozessen

> **Anregung zur Reflexion: Welche Grundsätze legen Sie Ihrer pädagogischen Arbeit zugrunde?**
>
> - An welchen Grundsätzen richten Sie die Planung und Umsetzung Ihrer pädagogischen Arbeit aus?
> - Welche Schlussfolgerungen ziehen Sie aus Ihrem Bild vom Kind für Ihre pädagogische Arbeit?
> - Welche Konsequenzen hat Ihr Bildungsverständnis für die Planung und Umsetzung Ihrer pädagogischen Arbeit?

a) Gestaltung der Beziehung zwischen Fachkraft und Kind

Die Beziehung zwischen Kind und Fachkraft bildet die Grundlage für die Gestaltung von Bildungsprozessen in der Kindertageseinrichtung. Dabei verhält sich die Fachkraft dem Kind gegenüber sensitiv (einfühlsam, unterstützend) und responsiv (geht auf das Kind ein und interagiert aktiv mit ihm). Die Beziehung zwischen Fachkraft und Kind ist durch eine Wertschätzung gekennzeichnet, die von Seiten der Fachkraft an keine Bedingungen geknüpft ist. So wird eine sichere Beziehung etabliert und damit ein geeigneter Rahmen für die Lern- und Entwicklungsprozesse des Kindes geschaffen. Das Kind findet eine Umgebung vor, in der es sich sicher und geborgen fühlen kann. Die Qualität der Beziehungen zwischen Kindern und Erwachsenen und der Kinder untereinander ist maßgeblich für das Wohlbefinden der Kinder in der Einrichtung und damit auch für die Bildungsqualität.[2]

Die Beziehung bildet die Grundlage von Bildungsprozesssen

---

1 Sylva et al., 2004
2 Fthenakis, 2003; Fthenakis, 2007b; Hoenisch & Niggemeyer, 2003

> **Ausgewählte Forschungsbefunde zur Bedeutung der Interaktion zwischen Fachkraft und Kind:**
>
> Das Schlüsselmerkmal einer qualitativ hochwertigen Betreuung liegt in der Erzieherin-Kind-Interaktion begründet.[1] In internationalen Studien konnten deutliche Zusammenhänge zwischen dem Ausmaß an Interaktion zwischen Kind und Erzieherin und der Entwicklung des Kindes festgestellt werden:[2]
>
> - Die angemessene Ausgestaltung der sprachlichen Interaktion zwischen Betreuer und Kind ist ein wesentlicher Prädiktor der kindlichen Entwicklung.[3]
>
> - Gefühlsbetonte und informative sprachliche Interaktionen zwischen der Betreuungsperson und dem Kind scheinen die Entwicklung verbaler und kognitiver Fertigkeiten zu beschleunigen.[4]
>
> - Engagierte und sensible Betreuer fördern das explorative Verhalten des Kindes sowie die Beziehungen zu Gleichaltrigen.[5]
>
> - Zwischen der Quantität an verbaler Stimulation sowie realen Möglichkeiten zum Austausch von Informationen und der sprachlichen Entwicklung[6] sowie der Entwicklung sozialer Kompetenz besteht ein Zusammenhang.[7]
>
> - Kinder, deren Kontakt zur Erzieherin eingeschränkt ist, erkunden ihre Umwelt weniger aktiv und verbringen mehr Zeit mit ziellosem Umherwandern.[8] Sie befinden sich im Spiel sowie in der sprachlichen Entwicklung auf niedrigeren Entwicklungsebenen.[9]
>
> - Kinder unter der Aufsicht von sensitiven und responsiven Erzieherinnen entwickeln mit höherer Wahrscheinlichkeit eine sichere Bindung zur Erzieherin.[10] Dieses Ergebnis ist deshalb von Bedeutung, da Kinder nur in einem sicheren und fürsorglichen Rahmen lernen können.[11]
>
> - Kindergartenkinder unter der Aufsicht von sensitiven und responsiven Erzieherinnen sind stärker an der aktiven Erkundung ihrer Umwelt beteiligt, was wiederum deren Lernmöglichkeiten erhöht. Sie zeigen mehr positive Verhaltensweisen in der Beziehung zu Gleichaltrigen,[12] mehr Sozialkompetenz[13] sowie eine fortgeschrittenere Sprach- und/oder kognitive Entwicklung.[14] Diese Ergebnisse treffen nicht nur für die institutionelle, sondern auch für familiäre Betreuungsformen zu.

b) Akzeptanz und Wertschätzung des Kindes in seinem Sosein

Bedingungslose Wertschätzung des Kindes

Das Sosein des Kindes wird als Wert an sich anerkannt und wertgeschätzt, ohne es an irgendwelche Bedingungen zu knüpfen. Es geht darum den Kindern uneingeschränkte Wertschätzung sowie Einfühlungsvermögen entgegenzubringen. Kinder haben das Recht, mit ihren individuellen Voraussetzungen und Eigenheiten wahrgenommen und anerkannt zu werden.[15]

c) Lernen mit allen Sinnen, Gefühlen und intellektuellen Fähigkeiten

Das Lernen von Kindern lässt sich nicht in verschiedene Teilbereiche aufteilen, in denen unabhängig voneinander Lernen stattfindet. Kinder lernen und entwickeln sich als gesamte Persönlichkeit. Bei der gemeinsa-

---

1 Howes & Galinsky, 1995
2 Goelman & Pence, 1988; Lamb et al., 1988; McCartney, 1984
3 McCartney et al., 1982
4 McCartney et al., 1982
5 Anderson et al., 1981
6 McCartney, 1984; Rubenstein & Howes, 1983
7 Golden et al., 1978; Phillips, McCartney & Scarr, 1987
8 Lamb et al., 1988
9 Whitebook, Howes & Phillips, 1990
10 Galinsky et al., 1994; Helburn, 1995
11 Howes & Galinsky, 1995
12 Anderson et al., 1981; Whitebook et al., 1990
13 Holloway & Reichhart-Erikson, 1988; Whitebook et al., 1990
14 Carew, 1980; Helburn, 1995
15 Preissing, 2003; Schwarzer & Posse, 1986

men Gestaltung von Bildungsaktivitäten geht es darum, die gesamte Entwicklung des Kindes zu unterstützen, indem alle Sinne, Emotionen und intellektuellen Fähigkeiten des Kindes angesprochen werden.[1]

d) Bereichsübergreifende Zugänge schaffen

Aus Sicht der Fachkraft geht es zum einen darum, eine Verarbeitung des Inhalts in verschiedenen Formen anzuregen, bei der alle Sinne (Sehen, Hören, Fühlen, Riechen, Schmecken) angesprochen werden, und zum anderen darum, den Kindern bereichsübergreifende Zugänge zum Thema zu ermöglichen. Mit bereichsübergreifenden Zugängen ist zunächst einmal das Einbeziehen verschiedener Bildungsbereiche gemeint (z. B. Naturwissenschaften, Mathematik, Sprache und Bewegung), aber auch, dass Themen mit dem Blick fürs Ganze in einen größeren Zusammenhang eingebettet werden. Dabei wird die Bearbeitung jedes Bildungsbereichs genutzt, um alle Basiskompetenzen des Kindes und damit seine gesamte Entwicklung zu unterstützen.[2]

Mit allen Sinnen lernen

Ganzheitlichkeit wird aus zwei Perspektiven betrachtet und verstanden als ...
... *Lernen mit allen Sinnen, Gefühlen und intellektuellen Fähigkeiten:* Kinder lernen als „gesamte" Person → *Ganzheitlichkeit bezogen auf die gesamte Entwicklung des Kindes*   *(Perspektive des Kindes)*
... *Schaffen bereichsübergreifender Zugänge und verschiedener Bezüge zu einem Thema:* Themen werden in einen größeren Zusammenhang eingebettet, *dabei sollen alle Kompetenzen des Kindes gestärkt werden (Basiskompetenzen und bildungsbereichsbezogene Kompetenzen)* → *Ganzheitlichkeit bezogen auf die Gestaltung von Bildungsaktivitäten (Perspektive der Fachkraft)*

Um zu verdeutlichen, auf welche Perspektive sich der Begriff „Ganzheitlichkeit" bezieht, wird in dieser Handreichung entweder von einem Lernen mit allen Sinnen, Gefühlen und intellektuellen Fähigkeiten gesprochen oder davon, bereichsübergreifende Zugänge zu ermöglichen bzw. Themen in einen größeren Zusammenhang einzuordnen.

Ganzheitliches Lernen mit allen Sinnen im Bildungsbereich Technik
Lernen mit allen Sinnen, Gefühlen und intellektuellen Fähigkeiten: Wenn Kinder sich z. B. mit dem Thema **Telefon** beschäftigen, dann sehen sie das Telefon nicht nur, sie fassen es an, sie hören die Geräusche, die das Telefon macht, und sie sprechen darüber, was sie in Bezug auf dieses Thema erleben und lernen. Der Bildungsbereich Technik eignet sich sehr gut, dieses ganzheitliche Lernen gemeinsam mit Kindern umzusetzen.
Herstellung bereichsübergreifender Zugänge und verschiedene Bezüge zu einem Thema: Wenn Kinder das Thema **Telefon** erkunden, dann können viele Bezüge zu anderen technischen Themen hergestellt werden: Die Kinder erleben die verschiedenen Materialien, aus denen Telefone gebaut werden. Sie beschäftigen sich mit dem Thema Kommunikation und welche Entwicklungen es hier gegeben hat. Die Kinder haben die Möglichkeit, das technische Prinzip des Telefons selbst mit einem Schnurtelefon nachzubauen.
Das Thema Telefon wird auf diese Weise in einem größeren Zusammenhang gesehen, es werden z. B. nicht nur isoliert die Materialien des Telefons betrachtet, sondern auch seine Funktion und Bedeutung für das Leben der Menschen.

---

[1] Bayerisches Staatsministerium für Arbeit und Sozialordnung, Familie und Frauen & Staatsinstitut für Frühpädagogik, 2007; Veidt, 1997; Zitzelsperger, 1989
[2] Bayerisches Staatsministerium für Arbeit und Sozialordnung, Familie und Frauen & Staatsinstitut für Frühpädagogik, 2007

Kapitel 1 | Bildung von Anfang an: Technische Bildung früh beginnen

> Darüber hinaus bestehen viele Verknüpfungen zu anderen Bildungsbereichen. Beispielsweise lernen die Kinder Zahlen kennen und vertiefen durch die Tastatur ihr Verständnis für Zahlensymbole (**Bildungsbereich Mathematik**), sie bauen ein Telefon nach (**Bildungsbereich Bewegung und Motorik**), sie erstellen Bilder von einem Telefon (**Bildungsbereich Kunst**), sie beschäftigen sich mit dem Thema Akustik (**Bildungsbereich Naturwissenschaften**), sie kommunizieren und lernen neue Begriffe wie Tastatur, Plastik und Kommunikation (**Bildungsbereich Sprache**). So werden neben technischen Inhalten auch Basiskompetenzen gestärkt.
>
> Weitere Beispiele zur Umsetzung des bereichsübergreifenden Prinzips finden sich im *Kapitel 4* über die Bildungsziele und im *Kapitel 6* über die Projektbeispiele.

e) Bildungsprozesse individuell gestalten

Kinder lernen unterschiedlich

Um den Bedürfnissen des einzelnen Kindes gerecht werden zu können, werden Bildungsprozesse individuell gestaltet. Denn jedes Kind lernt auf unterschiedliche Weise und erreicht Ziele auf seinem eigenen Weg. Die gemeinsame Planung von Bildungsaktivitäten geht von den Stärken und Interessen der einzelnen Kinder aus und folgt dem Prinzip der inneren Differenzierung. Bei dem Prinzip der inneren Differenzierung geht es darum, auf das Kind abgestimmte Bildungsaktivitäten zu gestalten und eine individuelle Lernbegleitung zu ermöglichen. Eine Differenzierung der Bildungsaktivitäten kann sich beispielsweise auf den Inhalt, das Komplexitätsniveau, die Ziele, die vorgesehene Zeit oder genutzte Materialien beziehen.

Kinder benötigen individuelle Hilfestellung

Auch der Umfang, in dem die Fachkräfte den Kindern Hilfestellung geben, ist individuell auf die Bedürfnisse des Kindes und die aktuelle Lernsituation auszurichten. Dadurch wird es möglich, auf individuelle Unterschiede einzugehen und jedes Kind in seiner Entwicklung optimal zu unterstützen. Grundlage dafür sind Beobachtung und Dokumentation individueller Bildungsverläufe, da hier Interessen, Themen, Lernwege und Bedürfnisse des Kindes sichtbar werden.[1]

Die individuelle Gestaltung von Bildungsprozessen stellt zudem ein entscheidendes Merkmal entwicklungsangemessener Bildungsaktivitäten dar. Individuell gestaltete Bildungsaktivitäten haben das Ziel, Kinder zu unterstützen, den nächsten Schritt in ihrer Entwicklung voranzugehen. Sie sollen den Kindern Herausforderungen bieten und Lern- und Entwicklungsprozesse im Sinne der Ko-Konstruktion ermöglichen. Ziel von individuell gestalteten Bildungsprozessen ist es, der Persönlichkeit jeden Kindes gerecht zu werden, sie wertzuschätzen und sich dabei den fortschreitenden und sich verändernden Lern- und Entwicklungsprozessen des Kindes anzupassen.[2]

---

1 Siehe Band 6: Portfolios im Elementarbereich der Reihe „Natur-Wissen schaffen"
2 Bayerisches Staatsministerium für Arbeit und Sozialordnung, Familie und Frauen & Staatsinstitut für Frühpädagogik, 2007; Gronlund & Engel, 2001; Jugendministerkonferenz & Kultusministerkonferenz, 2004; National Association for the Education of Young Children, 1997

Kapitel 1 | Bildung von Anfang an: Technische Bildung früh beginnen

Individuell gestaltete Bildungsprozesse im Bildungsbereich Technik

Der Bildungsbereich Technik bietet vielfältige Möglichkeiten, gemeinsam mit Kindern Bildungsprozesse individuell zu gestalten. Die in *Kapitel 4* aufgeführten Bildungsziele gelten nicht als Standards oder Normen, die für alle Kinder gültig sind. Ganz im Gegenteil: Das Kind mit seinen **individuellen** Kompetenzen, seinen Wünschen und Interessen steht im Mittelpunkt des Bildungsgeschehens. Die Bildungsziele bieten den Rahmen, das Thema Technik auf verschiedenen Komplexitätsebenen zu erforschen. Ein Beispiel dafür ist das Projektbeispiel 1 im Kapitel 6.1. Bei der Erforschung des Themas Fahrrad und Gangschaltung bekommen die Kinder bei der Benutzung des Fahrrades individuelle Hilfestellung. Die Projektmethode ist eine Lernmethode, die die Individualisierung von Bildungsprozessen unterstützt. Sie wird ausführlich im *Kapitel 5: Bildungsprozesse ko-konstruktiv gestalten: Projektmethode und metakognitive Gespräche* dargestellt und im *Kapitel 6: Projekte im Bildungsbereich Technik: Beispiele aus der Praxis* durch Praxisbeispiele illustriert *(vgl. auch den Unterpunkt in diesem Kapitel: „Entwicklungsangemessenheit")*.

f) Verschiedenheit nutzen, Vielfalt wertschätzen

Verschiedenheit (Diversität) wird als gegeben gesehen und sie stellt eine normale menschliche Erfahrung dar. Verschiedenheit bezieht sich sowohl auf individuelle Unterschiede, beispielsweise hinsichtlich des Entwicklungstempos von Kindern, wie auch auf kulturelle Vielfalt, die sich aus unterschiedlicher Herkunft oder Religion ergibt. Diese Verschiedenheit wird akzeptiert, wertgeschätzt und für das Miteinander genutzt.

Verschiedenheit bereichert jede Gemeinschaft und kann genutzt werden, um vielfältige Lerngelegenheiten zu schaffen. Dazu ist eine Reflexion von Unterschieden notwendig, die sich aus der Altersmischung in Gruppen, dem Geschlecht des Kindes, aus dem kulturellen und sozialen Hintergrund sowie aus den besonderen Bedürfnissen von Kindern – beispielsweise im Hinblick auf hochbegabte Kinder oder Kinder mit Entwicklungsrisiken – ergeben.[1]

Verschiedenheit bereichert die Gemeinschaft

Bereits bei der Erstellung von Bildungsplänen im Elementarbereich wird Verschiedenheit als positiv eingeschätzt und als Quelle für reichhaltige Lernerfahrungen gesehen. Diesem Verständnis folgend berücksichtigt beispielsweise der neuseeländische Bildungsplan „Te Whariki" die kulturelle Tradition der Maori und die der Pakeha (westliche Einwanderer) gleichermaßen. Kulturelle Unterschiede werden in diesem Fall nicht verneint, sondern angemessen berücksichtigt und konstruktiv einbezogen.[2] Nach Derman-Sparks[3] verfolgt ein Bildungsplan, der Verschiedenheit schätzt und als Bereicherung sieht, folgende Ziele: Den Aufbau einer zuverlässigen Selbst-Identität, einen angemessenen und empathischen Umgang mit Menschen unterschiedlicher Herkunft, eine kritisch-nachdenkliche Haltung gegenüber Vorurteilen sowie den Aufbau von Standfestigkeit und Einsatzwille im Kontakt mit vorurteilsbehafteten Haltungen. Wie eine vorurteilsbewusste Bildung und Erziehung gestaltet werden kann, wird im Infokasten auf S. 40 näher ausgeführt.

Verschiedenheit nutzen und Vielfalt wertschätzen im Bildungsbereich Technik

Die Wertschätzung der Verschiedenheit, die im neuseeländischen Bildungsplan deutlich wird, gilt auch für den Bereich Technik. Die kulturellen Einflüsse auf die technische Entwicklung der Maori und Pakeha werden für den Bildungsbereich Technik gleichermaßen berücksichtigt. Das Thema Technik eignet sich, die Einflüsse einer Kultur auf die technische Entwicklung zu verstehen und Vielfalt als eine Bereicherung zu erleben. Ausführlich wird auf diesen Punkt im *Abschnitt 2.4 Soziale und kulturelle Aspekte von Technik* eingegangen.

---

1 *Bayerisches Staatsministerium für Arbeit und Sozialordnung, Familie und Frauen & Staatsinstitut für Frühpädagogik, 2007; Fthenakis, 2007b*
2 *Smith, 2004*
3 *Derman-Sparks, 1992*

> ### Vorurteilsbewusste Bildung und Erziehung nach Preissing[1]
>
> Unterscheidungskategorien in der Gesellschaft, in die Kinder eingeordnet werden, sind:
> - sozialer Status, Staatsangehörigkeit, Geschlecht, ethnische Zugehörigkeit, sexuelle Orientierung, individuelle Besonderheiten.
>
> Diese Unterscheidungskategorien werden mit bestimmten Wertigkeiten und Erwartungen verknüpft und haben Einfluss auf den Umgang mit Kindern.
>
> Voreingenommenheiten, die mit diesen Unterscheidungskategorien in Zusammenhang stehen, können negative Auswirkungen auf das Selbstkonzept von Kindern haben.
>
> *Eine vorurteilsbewusste Bildung und Erziehung:*
>
> - stellt eine gleichberechtigte Begegnung mit dem Ziel in den Mittelpunkt, gemeinsam die Qualität des Zusammenlebens zu verbessern,
> - thematisiert bestehende Unterschiede und unterstützt die Kinder, den kulturellen Reichtum und die Vielfalt einer Gesellschaft zu erschließen,
> - macht sich bewusst, wie die Bezugsgruppe die Identität des Kindes prägt,
> - nimmt in den Blick, wie die Fachkräfte in ihrer Wahrnehmung der individuellen Eigenschaften eines Kindes beeinflusst werden, weil das Kind und seine Familie zu einer in der Gesellschaft diskriminierten Gruppe gehört,
> - schenkt jedem Kind individuelle Anerkennung, Beachtung und Wertschätzung, damit es seine Stärken zum Ausdruck bringen kann,
> - sorgt dafür, dass sich jedes Kind mit seiner Familie in der Kita auf- und angenommen fühlt,
> - stellt die Hierarchie zwischen den Kulturen in Frage und sorgt dafür, dass sich jedes Kind mit seiner Familienkultur und seiner Sprache in der Kita zugehörig fühlen kann,
> - ermöglicht es Mädchen und Jungen, sich in vielen Dingen auszuprobieren, um auf diese Weise einer frühen geschlechtsspezifischen Selbstbegrenzung entgegenzuwirken,
> - regt Fachkräfte zu einem Austausch über ihre eigene kulturelle Herkunft und ihre Gruppenzugehörigkeit an.

g) Demokratisches Grundverständnis und Beteiligung der Kinder

Kinder lernen Grundsätze von Demokratie

In einer demokratischen Gesellschaft ist es selbstverständlich, dass auch Bildungsprozesse nach den Grundsätzen eines demokratischen Zusammenlebens gemeinsam gestaltet werden. Zu diesen Grundsätzen gehört, dass die Menschenrechte des Einzelnen geachtet und geschützt werden. Die Unantastbarkeit der individuellen Freiheit stellt einen weiteren Grundsatz eines demokratischen Zusammenlebens dar, wie auch ein Recht auf Gleichheit, wozu auch die Gleichheit hinsichtlich der Bildungschancen gehört.

Zur Vorbereitung der Kinder auf ein Leben in einer demokratischen Gesellschaft gehört es, ihre Entscheidungsfähigkeit, ihre Fähigkeit zur demokratischen Teilhabe und Mitgestaltung sowie ihre Fähigkeit zur Verantwortungsübernahme zu stärken. Eine angemessene Vorbereitung der Kinder kann allerdings nur dann gelingen, wenn die Bildungsprozesse selbst auch nach demokratischen Grundsätzen gestaltet und umgesetzt werden.

Die Bildungsprozesse werden dementsprechend gemeinsam von Fachkraft und Kind gestaltet. Sie zeichnen sie dadurch aus, dass die Kinder Vorschläge einbringen können, dass sie bei anstehenden Entscheidungen

1 Preissing, 2003

echte Wahlmöglichkeiten haben, dass den Kindern entwicklungsangemessen Verantwortung übertragen wird und dass ihnen verschiedene Handlungsmöglichkeiten offen stehen.

Zudem werden im Hinblick auf die gemeinsame Gestaltung von Bildungsprozessen demokratische Werte umgesetzt, wie Gleichberechtigung, Partizipation, Kooperation, Achtung des Menschen und die Unantastbarkeit der Freiheit. Wenn Kinder die Gelegenheit erhalten, ihr eigenes Leben sowie ihr soziales Umfeld mit zu gestalten, kommt es zu einer Beteiligung der Kinder an der Gemeinschaft und damit auch zu einer Unterstützung ihrer Entwicklung.[1]

Demokratisches Grundverständnis und Beteiligung der Kinder im Bildungsbereich Technik

Die Projektmethode ist auch im Bildungsbereich Technik eine geeignete Methode, um Kinder **aktiv** an der **Planung**, **Gestaltung** und **Durchführung** ihrer Bildungsprozesse zu beteiligen. Die Kinder bringen ihre Ideen ein, z. B. was sie bauen möchten, sie machen Vorschläge, welche Materialien sie verwenden möchten, und bringen Lösungsvorschläge ein. Sie bringen sich auf diese Weise aktiv ein und äußern ihre Meinung und Perspektive. In diesem Zusammenhang lernen sie auch Abstimmungsverhalten und den Umgang mit Mehrheitsentscheidungen. In den *Projektbeispielen im Kapitel 6* wird ausführlich auf die Umsetzung dieses Prinzips eingegangen.

h) Stärken der Kinder nutzen

Der Fokus der Fachkräfte richtet sich auf die Stärken, Fähigkeiten und Interessen des Kindes (Kompetenzorientierung) statt auf seine Schwächen (Defizitperspektive). Die Fachkraft knüpft an den Kompetenzen und Stärken des Kindes an, um Schwierigkeiten zu überwinden und nächste Entwicklungsschritte anzubahnen.[2]

Jedes Kind hat Stärken

In diesem Zusammenhang sind auch Ergebnisse der Resilienzforschung interessant. Diese zeigen, dass die Widerstandsfähigkeit von Kindern gegenüber Belastungen und schwierigen Lebensbedingungen von drei Faktorengruppen abhängig ist, die sich gegenseitig beeinflussen. Diese Faktorengruppen sind die Merkmale des Kindes, die Merkmale seiner Familie sowie die seines sozialen Umfelds. Zu den entscheidenden Merkmalen auf Seiten des Kindes zählen seine personalen Ressourcen, wie zum Beispiel vorhandene Basiskompetenzen. Eine Stärkung von Basiskompetenzen begünstigt demnach eine höhere Widerstandsfähigkeit gegenüber Stress- und Risikosituationen. Nach dem Resilienzparadigma wird eine effektive Förderung von Basiskompetenzen möglich, indem man an den Ressourcen und Stärken jedes einzelnen Kindes ansetzt, ohne mögliche Probleme und Schwierigkeiten zu unterschätzen oder außer Acht zu lassen.[3]

i) Entwicklungsangemessenheit

Entwicklungsangemessenheit meint, Bildungsaktivitäten so zu gestalten, dass sie der sozialen, kognitiven, emotionalen und körperlichen Entwicklung des einzelnen Kindes gerecht werden. Einen Ausgangspunkt bilden allgemeine fachliche Erkenntnisse über die Lern- und Entwicklungsprozesse von Kindern. Aber: Aus Erkenntnissen der Entwicklungspsychologie lassen sich noch nicht zwingend Schlüsse über den Entwicklungsstand des *einzelnen* Kindes ziehen. Denn Kinder lernen in unterschiedlichem Tempo, haben individuelle Stärken und Schwächen und Interessen und ihr soziokultureller Hintergrund bestimmt mit, welche Fragen und Themen in ihrer Lebenswelt bedeutsam sind. Kenntnisse über Lern- und Entwicklungsprozesse

Kenntnis des Entwicklungsstandes des Kindes

---

1 Kelly, 2004
2 Fthenakis, 2007b
3 Wustmann, 2003

von Kindern, über die individuellen Eigenschaften und Erfahrungen der Kinder sowie über den sozialen und kulturellen Kontext sind einem Wandel unterworfen. Deshalb ist es notwendig, dass die Fachkräfte ihr Wissen darüber immer wieder auf den neuesten Stand bringen.[1]

Neben dem fachlichen Wissen über Lern- und Entwicklungsprozesse von Kindern braucht die Fachkraft für eine entwicklungsangemessene Gestaltung von Bildungsprozessen zudem spezielles Wissen über die Stärken, Interessen und Bedürfnisse jedes einzelnen Kindes in der Gruppe sowie über den sozialen und kulturellen Kontext, in dem die Kinder leben. Denn Bildungsprozesse entwicklungsangemessen zu gestalten bedeutet, dass sie *dem Entwicklungsstand des einzelnen Kindes in seinem Kontext* entsprechen (und nicht dem eines durchschnittlichen „Normkindes" einer bestimmten Altersgruppe). Entwicklungsanmessene Bildungsangebote sind damit immer auch individuell gestaltete Angebote (siehe Abschnitt *Bildungsprozesse individuell gestalten*).

j) Bildungsorte öffnen und verknüpfen

Die Familie als wichtiger Bildungsort

Neben der Kindertagesstätte, die den Kindern zahlreiche Bildungsgelegenheiten bietet, ist die Familie der wichtigste Bildungsort des Kindes. Gerade im Zusammenleben in der Familie finden grundlegende Bildungsprozesse statt, die einen starken Einfluss auf die Persönlichkeitsentwicklung der Kinder haben. Um der Bedeutung des Bildungsorts Familie gerecht zu werden, ist es notwendig, dass die Einrichtung mit den Eltern eine partnerschaftliche Kooperation im Sinne einer Bildungspartnerschaft eingeht.

Neben einer Verknüpfung der Bildungsorte Kindertagesstätte und Familie geht es auch darum, die Einrichtung für das soziale, kulturelle und wirtschaftliche Umfeld zu öffnen, um auf diese Weise Kindern Lernen nicht nur in isolierten „Kinderwelten" zu ermöglichen. Ein solches Lernen an allen Orten, die zur Lebenswelt von Kindern gehören, erleichtert den Kindern das Erschließen von Sinnzusammenhängen und hilft ihnen dabei, ihre gesamte Lebenswirklichkeit zu verstehen.[2]

Vernetzung der Bildungsorte im Bildungsbereich Technik

Für den Bildungsbereich Technik bedeutet diese Vernetzung, dass Kinder sich nicht nur in der Einrichtung mit technischen Themen beschäftigen, sondern auch an anderen Lernorten. Die Kinder und pädagogischen Fachkräfte beziehen die Eltern mit ein, indem die Kinder auch zu Hause Fragen und Aktivitäten weiter nachgehen. Technische Phänomene erleben Kinder zunächst zu Hause, in der Küche, im Bad, im Umgang mit Medien. Viele Eltern arbeiten in technischen Berufen und können als Experten zu bestimmten Themen einbezogen werden. Vernetzung findet auch statt, wenn Kinder in der Gemeinde oder näheren Umgebung Exkursionen vornehmen, z. B. zur Feuerwehr, zum Bäcker, zur Bücherei. Auf diese Aspekte wird auch im *Kapitel 6: Projekte im Bildungsbereich Technik: Beispiele aus der Praxis* und im *Kapitel 7.1: Anregungen zur Vernetzung* eingegangen.

---

k) Kinder lernen spielend

Spiel stellt für Kinder eine grundlegende Form des Lernens dar. Im Spiel setzen sich Kinder mit Phänomenen ihrer Umwelt auseinander, verarbeiten Erfahrungen und erweitern ihr Wissen. Spielen gibt Kindern die Möglichkeit, mit anderen zu interagieren, soziale Beziehungen aufzubauen, Gefühle auszudrücken, aber auch ihre Kompetenz zur Selbstregulation zu entwickeln. Im Spiel erweitern die Kinder ihre symbolische Ausdrucksfähigkeit, übernehmen neue Rollen, erproben neu erworbene Kompetenzen und lösen Probleme.

Spiel und Lernen lassen sich nicht trennen

Spielen und Lernen sind als Einheit zu betrachten. Durch Spiel- und Lernprozesse verschaffen sich Kinder ein Verständnis für sich selbst und für ihre Umwelt, dabei treten sie mit ihrer Umgebung in Austausch. Das Spiel der Kinder ist sowohl als Ausgangspunkt von Aktivitäten zu sehen, die von den Fachkräften geplant und begleitet werden, als auch als wesentlicher Bestandteil dieser Aktivitäten. Fachkräfte können zum Bei-

---

1 Bayerisches Staatsministerium für Arbeit und Sozialordnung, Familie und Frauen & Staatsinstitut für Frühpädagogik, 2007; National Association for the Education of Young Children, 1997
2 Arbeitsstab Forum Bildung in der Geschäftsstelle der Bund-Länder-Kommission für Bildungsplanung und Forschungsförderung, 2001; Colberg-Schrader, 2003

spiel durch die Beobachtung der Spielaktivitäten von Kindern ihre Interessen und Fragen wahrnehmen und diese dann zum Ausgangspunkt für die gemeinsame Planung von Projekten machen.[1]

Spiel und Lernen im Bildungsbereich Technik

Spielen und Lernen lassen sich auch im Bildungsbereich Technik nicht voneinander trennen: Wenn Kinder ihr Spielzeug, z. B. Fahrzeuge und Puppenwagen, benutzen, dann sammeln sie auch gleichzeitig Grunderfahrungen mit technischen Prinzipien wie dem Rad. Im *Kapitel 2: Grundpositionen*, im *Kapitel 4: Bildungsziele* und im *Kapitel 6: Projektbeispiele* wird einerseits darauf eingegangen, wie spielerische Aktivitäten der Kinder Ausgangspunkt für die Vertiefung technischer Themen sein können, und anderseits, wie spielerische Aktivitäten den gesamten Bildungsprozess begleiten.

I) Lernen in und anhand von Alltagserfahrungen

Lernen und Alltagserfahrungen von Kindern lassen sich nicht trennen, Lernprozesse vollziehen sich nicht nur in speziellen Kontexten und an speziellen Inhalten, sondern in und anhand von alltäglichen Situationen, die das Leben von Kindern bestimmen. Für das pädagogische Handeln der Fachkraft ist es entscheidend, diese sich in alltäglichen Situationen bietenden Lerngelegenheiten zu nutzen und gemeinsam mit den Kindern bestimmte Lerninhalte in den Mittelpunkt zu stellen sowie den Lernprozess explizit zu thematisieren, um auf diese Weise lernmethodische Kompetenzen zu stärken.

Alltagserfahrungen bilden den Ausgangspunkt für Bildungsprozesse

Lernen in und anhand von Alltagserfahrungen im Bildungsbereich Technik

Bildungsaktivitäten und Projekte im Bereich Technik greifen Alltagserfahrungen – z. B. das Bedienen von technischen Geräten – der Kinder auf und vertiefen diese. Die Erfahrungen der Kinder werden auf diese Weise in lebensweltliche Erfahrungen und Sinnbezüge eingebettet. Dem *Kapitel 4: Bildungsziele* liegt das Prinzip des Lernens anhand von Alltagserfahrungen zugrunde. Es wird anhand von Beispielen aufgezeigt, welche Alltagserfahrungen der Kinder in einem ko-konstruktiven Prozess zu technischen Grundkenntnissen vertieft werden können. Auch im *Kapitel 2: Grundpositionen* wird dieser Aspekt näher erläutert.

---

1 Bayerisches Staatsministerium für Arbeit und Sozialordnung, Familie und Frauen & Staatsinstitut für Frühpädagogik, 2007; National Association for the Education of Young Children, 1997; Pramling Samuelsson & Carlsson, 2007

m) Positives Fehlerverständnis

Fehler sind ein wichtiger Bestandteil des Lernprozesses

Kinder deuten entwicklungsbedingt Phänomene anders als Erwachsene und sie drücken ihr Verständnis von Dingen auf zahlreiche unterschiedliche Arten aus. Die Reggio-Pädagogik spricht in diesem Zusammenhang von den 100 Sprachen eines Kindes. Kindern steht es zu, zunächst eine eigene Denkweise zu entwickeln, die aus Erwachsenensicht anfangs noch unvollkommen erscheinen mag und durch vermeintliche Fehler gekennzeichnet ist. Diese aus Erwachsenensicht vermeintlichen Fehler gehören zum Lernprozess.[1] Sie sind als ein nützliches Phänomen zu verstehen, das den Ausgangspunkt für eine gemeinsame Reflexion des geäußerten Verständnisses bildet. Durch eine solche Reflexion erhalten die Kinder Anregungen, ihr Verständnis zu hinterfragen und gegebenenfalls zu verändern. Voraussetzung dafür ist, dass Erwachsene Kinder in ihrem Denken ernst nehmen und vor allem daran interessiert sind, was Kinder schon alles können und nicht daran, was sie nicht können.

Ein behutsames Reagieren auf vermeintlich falsche Äußerungen schließt ein Nachfragen ein, was sich ein Kind bei seiner Äußerung gedacht hat, um die Sichtweise des Kindes besser nachvollziehen zu können. Eine anschließende gemeinsame Reflexion von Lösungswegen unterstützt die Kinder in ihrem Lernen.[1]

Positives Fehlerverständnis im Bildungsbereich Technik

Irrtümer und Fehler gehören als selbstverständlicher Teil zum gemeinsamen, forschenden Lernen. Im Umgang mit technischen Themen machen Kinder auch die Erfahrungen, dass Ideen nicht so umgesetzt werden können, wie sie sich das vorgestellt haben, und ein Ergebnis nicht den Erwartungen entspricht. Das gibt Kindern die Möglichkeit, den Umgang mit Frustationen und Fehlern zu lernen und sie als wichtigen Teil des Lernprozesses anzusehen. Und dann überlegen und erneut ausprobieren, wie man ein Problem aus einer anderen Perspektive lösen kann: Woran kann es gelegen haben, dass das Dach von dem Haus immer wieder zusammenfällt? Können wir andere Materialien benutzen? Wen können wir fragen, wer kann uns weiter helfen?

---

1 *Bayerisches Staatsministerium für Arbeit und Sozialordnung, Familie und Frauen & Staatsinstitut für Frühpädagogik, 2007; National Association for the Education of Young Children, 1997; Spiegel & Selter, 2004*

Kapitel 2 | Um was es in der technischen Bildung geht: Grundpositionen

2
Um was es in der technischen Bildung geht: Grundpositionen

2 Um was es in der technischen Bildung geht: Grundpositionen

Durch die Beschäftigung mit technischen Inhalten erweitern die Kinder ihr Wissen über das Funktionieren und die Prinzipien von Geräten und Maschinen und sie entwickeln Kompetenzen durch das Entwerfen, Bauen und Konstruieren. Sie lernen auf diese Weise auch effektivere und systematischere Wege, sich dieses Wissen zu erforschen und diese Kompetenzen anzueignen (lernmethodische Kompetenzen).

Das, was im Folgenden als Grundpositionen im Bereich Technik beschrieben wird, zeigt auf und vertieft, wie die Grundsätze der Planung und Umsetzung pädagogischer Arbeit (vgl. *Kapitel 1.2*) im Bereich Technik umgesetzt werden können. Die Umgebung, in der Kinder aufwachsen, die Phänomene, die sie im Alltag erleben, und ihre spielerischen Aktivitäten bieten viele Möglichkeiten, die Interessen der Kinder aufzugreifen und im Bereich Technik zu lernen. Lernprozesse vollziehen sich also in und anhand von alltäglichen Situationen, die aufgegriffen und vertieft werden können. Kinder lernen spielend, und das trifft auch auf den Bereich Technik zu: Beispielsweise bietet das Spielzeug von Kindern mit Rädern und Rollen Ausgangspunkte zur Vertiefung, beim Spielen im Außenbereich gibt es viele Möglichkeiten, Dinge in Bewegung zu bringen, Kräfte zu erfahren und zu erleben, wie Probleme im Bereich der Technik gelöst werden. Kinder lernen am besten, wenn ihre Aktivitäten in einem bedeutungsvollen Kontext stattfinden, der in Bezug zu ihrem Alltag und zu ihren Erfahrungen steht. Das Aufgreifen der Interessen, Fragen und Ideen der Kinder und z. B. die Berücksichtigung von Ereignissen im Umfeld der Kinder, sowohl zu Hause als auch in der Gemeinde, gewährleisten, dass sie eine Bedeutung für die Kinder haben und dass hier Verbindungen zwischen dem Alltag und Technik hergestellt werden können.[1]

Auf diese Weise werden auch Basiskompetenzen gestärkt, die nicht nur im Bildungsbereich Technik relevant sind, sondern für die kognitive, soziale und emotionale Entwicklung der Kinder eine wichtige Rolle spielen.

Die Übersicht auf S. 47 zeigt, welche Basiskompetenzen das im Besonderen sind, und gibt einen Überblick über die Grundpositionen, die in den folgenden Abschnitten näher erläutert werden.

2.1 Technik in der Umwelt entdecken und kommunizieren

Technische Phänomene bewusst wahrnehmen

Für Kinder ist es wichtig, sich in Form von sinnlicher und praktischer Aktivität mit ihrer Umwelt auseinander zu setzen; Kinder lernen mit allen Sinnen und ein wichtiger Aspekt ist, dass verschiedene Sinne angesprochen werden. Genauso bedeutsam ist jedoch das Reden, Nachdenken und Phantasieren darüber.[2] Denn um das **technische Potential von solchen Aktivitäten zu erkennen** und deutlich zu machen, ist es notwendig, mit den Kindern in Interaktion zu treten: Andere Personen, sowohl Erwachsene als auch Kinder, spielen beim Lernen eine entscheidende Rolle, sie ermutigen die Kinder, über ihre Ideen zu sprechen, sie denken gemeinsam mit den Kindern über ihre Aktivitäten und Untersuchungen nach. Wenn Kinder beispielsweise wippen, dann kann ihnen in diesem Zusammenhang bewusst werden, dass es um Gleichgewicht geht und sie können aufmerksam dafür werden, wo ihnen das gleiche Prinzip des Hebels noch begegnet. Oder beim Bauen eines Hauses aus Bausteinen kann gemeinsam überlegt werden, wie die Kinder verschiedene Probleme, auf die sie beim Bauen gestoßen sind, gelöst haben oder welche sie noch gemeinsam lösen möchten. So kann zusammen überlegt, reflektiert und diskutiert werden, was die Kinder umgesetzt, herausgefunden und gelernt haben. Kinder haben intuitive Theorien über verschiedene Phänomene, auch im Bereich der Technik, und das bedeutet, dass es beim Lernen im Bereich Technik nicht nur darum geht, sich neues Wissen anzueignen, sondern auch darum, vorhandenes Wissen zu „überdenken", zu diskutieren, zu reflektieren und neue Ideen in praktischen Aktivitäten zu gestalten.[3]

---

1 *Glauert, 1998*
2 *Glauert, 1998, S. 84*
3 *Glauert, 1998*

Kapitel 2 | Um was es in der technischen Bildung geht: Grundpositionen

2.1 Technik in der Umwelt entdecken und kommunizieren

Durch Interaktion das technische Potential von Aktivitäten erkennen

Basiskompetenzen, z. B. Wahrnehmen, Beobachten, Sprache

2.2 Anregende Lernumgebung

Im Innen- und Außenbereich der Einrichtung Möglichkeiten zur Erkundung bieten

Basiskompetenzen, z. B. Wahrnehmen, Beobachten, motorische Kompetenzen

2.3 Positive Grundhaltung und Selbstwirksamkeit

Beim Bauen etwas Eigenes schaffen und das den eigenen Kompetenzen zuschreiben

Basiskompetenzen, z. B. Selbstbewusstsein, Selbstwirksamkeit, Interesse

2.8 Sicherheit

Gemeinsam mit den Kindern Sicherheitsregeln besprechen und festlegen

Basiskompetenzen, z. B. Verantwortung für das eigene Handeln, Akzeptieren und Einhalten von Regeln

Grundposition in der technischen Bildung

2.4 Soziale und kulturelle Aspekte von Technik

Technik als praktische Problemlösung mit vorhandenen Möglichkeiten jenseits der Anwendung naturwissenschaftlicher Erkenntnisse

Basiskompetenzen, z. B. Problemlösen, Einfühlungsvermögen

2.7 Umgang mit Erklärungen im Bildungsbereich Technik

Erklärungen gemeinsam mit den Kindern konstruieren

Basiskompetenzen, z. B. lernmethodische Kompetenz

2.6 Motorische und handwerkliche Kompetenzen entwickeln

Mit Werkzeugen und Materialien experimentieren und bauen

Basiskompetenzen, z. B. Motorik, Feinmotorik, Auge-Hand-Koordination

2.5 Kreativität und Problemlöseorientierung

Ideen entwickeln, äußern und umsetzen

Basiskompetenzen, z. B. Problemlösen, Kreativität, Sprache

Sprache

Die Bildung im Bereich Technik ermöglicht es den Kindern, anderen ihre Ideen zu beschreiben, zu erklären und mit ihnen darüber zu diskutieren.[1] Damit wird nicht nur die lernmethodische Kompetenz der Kinder bei der Auseinandersetzung mit technischen Inhalten gestärkt, sondern auch der sprachliche und symbolische Ausdruck. So schafft die pädagogische Fachkraft nicht nur verschiedene Gelegenheiten, in denen Kinder über konkrete Situationen nachdenken können, sondern ermutigt die Kinder, ihre Gedanken dazu in Worte zu fassen. Die pädagogische Fachkraft bringt die Kinder zum Reflektieren und Reden; sie erzählen, beschreiben und erklären das, was sie sehen und was sie gedanklich beschäftigt.[2]

Neue Begriffe und Wörter lernen

1 *Newton, 2005, S. 1*
2 *Pramling Samuelsson & Carlsson, 2007*

Bei jüngeren Kindern spielt die Sprache eine andere Rolle als bei älteren Kindern. Für jüngere Kinder sind sinnliche Erfahrungen mit Gegenständen und Phänomenen von großer Bedeutung und die Kinder sind dabei häufig ganz auf ihre Handlungen konzentriert. Die Kinder lernen, diese Handlungen zu versprachlichen, und in Interaktion mit der Erzieherin werden neue Begriffe und technische Fachwörter eingeführt, die den Wortschatz der Kinder erweitern. Ältere Kinder können bereits detaillierte Beobachtungen und Beschreibungen vornehmen, bei ihnen ist der Erkenntnisprozess untrennbar mit sprachlicher Interaktion verbunden. Zum einen erweitern die Kinder in der Interaktion mit der pädagogischen Fachkraft ihren Wortschatz um Fachbegriffe, z. B. durch Hauptwörter wie „Zahnrad" oder „Gewicht" oder Adjektive wie „rutschig" oder „schwer". Wenn Kinder ihre Beobachtungen und Gedanken verbalisieren, Vergleiche anstellen, Vermutungen anstellen und Ideen äußern, wird die sprachliche Ausdrucksfähigkeit der Kinder gestärkt.[1]

Und natürlich kommen auch in vielen Geschichten, die erzählt werden, beim Vorlesen und Phantasieren technische Phänomene vor, die Ausgangspunkt für die weitere Beschäftigung mit dem Thema sein können.

(Kompetenzbereich Individuumsbezogene Kompetenzen → Kognitive Kompetenzen und soziale Kompetenzen → *Sprache, vgl. Kapitel 1.2*)

2.2 Anregende Lernumgebung

Die Umgebung erkunden

Eine für die Kinder interessante Lernumgebung, sowohl im Innern der Einrichtung als auch im Außenbereich, mit sichtbaren und anfassbaren Gegenständen und Geräten, kann Ausgangspunkt für technische Erfahrungen und Erkundungen sein. Die Materialien müssen nicht teuer und aufwendig sein: Viele finden sich im Haushalt und im Alltag der Kinder, es gilt, die Sammlungen so zusammenzustellen, zu gestalten und zur Verfügung zu stellen, dass sie für Kinder interessant und spannend sind. Wichtig ist, dass sie Interesse und Spaß haben, sich mit den Materialien auseinanderzusetzen, zu konstruieren und zu bauen. Bei der Zusammenstellung der Materialien steht an erster Stelle, dass die Materialien und Geräte sicher und altersangemessen sind, damit sie das Interesse und die Neugier der Kinder wecken und die Kinder sich nicht verletzen können.

1 *Jampert, Zehnbauer, Leuckefeld & Best, 2006*

Außenbereich der Einrichtung und Umgebung

Außerdem lohnt es sich im Außenbereich der Einrichtung (z. B. Geräte auf dem Spielplatz) und in der unmittelbaren Umgebung der Einrichtung nach Orten Ausschau zu halten, die für die Kinder interessant sind und denen sie im Alltag nicht selbstverständlich begegnen. Gibt es z. B. in der Nähe eine Baustelle, ein Wasserwerk, einen Recycling-Hof, einen Bauernhof, einen Hafen? Aber auch der Bäcker und die Autowerkstatt um die Ecke bieten technische Phänomene, die gemeinsam erkundet werden können. Im Bereich Technik ergeben sich somit vielfältige Möglichkeiten für Exkursionen; auch in vielen Museen können die Kinder Anregungen für die Beschäftigung mit technischen Themen bekommen.

Innenbereich der Einrichtung

Im nachfolgenden Überblick sind einige Beispiele für Materialien und Ausgangspunkte für Erfahrungen im Bereich Technik in der Einrichtung angegeben. Im *Kapitel 4.1* über Materialien und Werkzeuge wird noch ausführlicher darauf eingegangen.

Materialien finden sich in jedem Haushalt

Materialien – Innenbereich

Recycelte Materialien:
Behälter aus verschiedenen Materialien und Größen, z. B. Pappkartons, Plastiktöpfe, verschiedene Papiere und Stoffe

Materialien für Collagen:
Stoffe, Fäden, Garne und Borten

Objekte mit verschiedenen Eigenschaften:
z. B. durchsichtig, halb-durchsichtig, undurchlässig; glatt, rau, uneben; stretchig, biegsam, magnetisch, schwimmend, sinkend

Materialien für das Messen, Markieren und Beobachten:
Vergrößerungsgläser, Ausrüstungen zum Messen: Skalen, Stoppuhren, Eieruhren, Thermometer, Waagen, Lineale, Messbehälter

Werkzeuge:
siehe dazu den Abschnitt über Werkzeuge im *Kapitel 4.1.3*

(Siraj-Blatchford & MacLeod-Brudenell, 1999, S. 132/133; Glauert, 1998; Hope, 2004; Newton, 2005)

Funktionsräume

Als Funktionsräume werden Aktivitätszentren in der Einrichtung bezeichnet, durch die den Kindern für unterschiedliche Tätigkeiten ein optimaler Raum zur Verfügung gestellt werden soll, beispielsweise ein Bewegungsraum, eine Werkstatt oder ein Forscherzimmer. Die Einrichtung solcher Funktionsräume und auch die Nutzung von bisher unbeachteten Flächen wie den Flur, Nebenräume oder die Küche erweitern das Raumangebot und damit die Möglichkeiten der Erkundung für die Kinder beträchtlich, wenn sie mit kindgerechten Materialien eingerichtet und ausgestattet sind.[1] Die Kinder können so ihrem Wunsch zu erkunden, zu forschen und zu experimentieren nachgehen. Bei der Einrichtung solcher Räume ist wichtig, dass die Kinder beteiligt werden, ihre Ideen und Interessen aufgegriffen und bei der Umsetzung berücksichtigt werden (vgl. auch das *Projektbeispiel 6.2*).

---

1 *Knauf, Düx, Schlüter & Gärtner, 2007, S. 163*

2.3 Positive Grundhaltung und Selbstwirksamkeit

Selbstwirksamkeit als Basis für Selbstvertrauen

Lernen motiviert Kinder, wenn Erfolge und Fortschritte sichtbar werden, wenn Dinge bewirkt werden, wenn Ereignisse kontrolliert werden können, wenn Zuversicht und Vertrauen in die eigenen Fähigkeiten besteht. Wenn Kinder im Bildungsbereich Technik solche Erfahrungen machen, dann wirkt sich das positiv auf das Erleben von Selbstwirksamkeit aus. Unter Selbstwirksamkeit versteht man die Überzeugung, dass Aufgaben aufgrund eigener Fähigkeiten und Kompetenzen bewältigt werden können und diese Überzeugung bildet eine entscheidende Grundlage für das Selbstvertrauen.

Beim Entwerfen, Bauen und Konstruieren geht es z. B. darum, die eigenen Ideen ernst und wichtig zu nehmen und diese umzusetzen. Kinder schaffen so etwas Eigenes und können Fortschritte im Prozess erleben. Bei diesem Lernprozess ist es aber zusätzlich und gleichzeitig für die Kinder notwendig, Risiken einzugehen, indem neue Materialien und Techniken ausprobiert und Ideen ausgedrückt werden. Dabei kann es auch zu Fehlern, Rückschritten und zum Scheitern kommen. Die Kinder lernen, dass dieses einen ganz wichtigen Teil des Lernprozesses darstellt und diese Informationen, also das, was nicht geklappt hat, für den weiteren Prozess genutzt werden können. Auch auf diese Weise können sie sich als selbstwirksam erleben, wenn sie lernen mit Frustrationen umzugehen und diese für ihr weiteres Vorgehen nutzen und schließlich ihr Ziel erreichen.[1]

Wenn Kinder sich in diesem Bereich als selbstwirksam erleben, sie Erfahrungen sammeln und sich Wissen aneignen, dann sind sie motiviert, sich weiter mit dem Thema zu beschäftigen. Auf diese Weise kann einerseits das Interesse an diesem Thema gestärkt werden, andererseits bauen die Kinder eine positive Grundhaltung technischen Inhalten gegenüber auf, die für das weitere Lernen in diesem Bereich bedeutsam ist.

(Kompetenzbereich Individuumsbezogene Kompetenzen → Personale und motivationale Kompetenzen → Selbstbewusstsein und Selbstwirksamkeit, vgl. Kapitel 1.2)

2.4 Soziale und kulturelle Aspekte von Technik

Durch technische Bildung andere Kulturen verstehen

Technik geht über die Anwendung von naturwissenschaftlichen Erkenntnissen hinaus, denn es gibt im Bereich Technik ein Problemlösen, das nicht auf naturwissenschaftlichen Erkenntnissen beruht. Dieses lässt sich aus historischer Perspektive erklären. Früher war Technik nicht die Anwendung von naturwissenschaftlichen Prinzipien, sondern der Versuch, praktische Probleme mit den vorhandenen Möglichkeiten zu lösen: Schon in der Steinzeit vor 2 Millionen Jahren haben die Menschen Technik verwendet. Und auch Völker, die jagen, verwenden Technik. Sie weben und sägen, bauen Unterkünfte, Jagdwerkzeuge und Geräte, um den Boden zu bearbeiten. Deutlich herausgehoben wird dieser Aspekt beispielsweise im neuseeländischen Bildungsplan, der die Entwicklung im Bereich Technik der Maori (Ureinwohner Neuseelands) und der von westlichen Einflüssen geprägten Bevölkerung gleichermaßen wertschätzt:[2]

„Das Design der polynesischen Kultur wurde lange durch die natürliche Umgebung inspiriert und zeigte sich an Gebäuden, Werkzeugen, Geräten und Kleidung. ... Die grundlegenden Design-Techniken kamen aus Polynesien und wurden in Neuseeland angepasst. ... Eine neue Umgebung bietet neue Materialien und das wiederum hat zu der Entwicklung von neuen Techniken, Technologien und Fertigkeiten geführt. Über die letzten acht Jahrhunderte haben Generationen von kreativen Köpfen damit experimentiert und Techniken und Design weiterentwickelt."[3]

---

1 *Siraj-Blatchford & MacLeod-Brudenell, 1999*
2 *Hope, 2004; New Zealand Ministry of Education, 2001, zit. nach Hope, 2004, S. 8*
3 *New Zealand Ministry of Education, 2001, S. 30, zit. nach Hope, 2004, S. 8*

Die kulturelle Entwicklung von Menschen ist somit eng an die technische Entwicklung gekoppelt. Um das Leben der Menschen aus früheren Zeiten besser zu verstehen, lernen die Kinder Werkzeuge, Geräte und Techniken aus dieser Zeit kennen, z. B.:

Wie haben die Ägypter ihre Pyramiden gebaut?
Wie haben sie ihr Getreide gewässert?
Wie haben sie Leinenkleidung hergestellt?

Die Steinzeitmenschen hatten keinen Fernseher. Was haben sie am Nachmittag und abends gemacht?
Sie hatten keine Waschmaschinen. Wie haben sie ihre Wäsche gewaschen?
Sie hatten keine Handys. Wie haben sie kommuniziert?

Auf diese Weise können Kinder im Bildungsbereich Technik ein kulturelles Verständnis erlangen und lernen, sich in andere Kulturen einzufühlen. Anstoß können mitgebrachte Werkzeuge und Gegenstände aus aller Welt sein. Auch Nahrung (z. B. unterschiedliche Techniken der Aufbewahrung und Zubereitung) und Feste aus anderen Ländern können Anlass sein, sich mit diesen Themen auseinander zu setzen. Fragen nach Unterkunft, Transport und Landwirtschaft schaffen ein globales Verständnis und zeigen gleichzeitig, auf wie viele verschiedene Arten tägliche menschliche Bedürfnisse und Probleme gelöst werden.

So entwickeln Kinder ein Bewusstsein dafür, dass es neben den Problemlösungen für alltägliche Dinge in unserer westlichen Kultur auch noch Lösungen gibt, die anders aussehen.

Auf diese Weise eignet sich die Bildung im Bereich Technik auch dazu, mit Kindern aus verschiedenen Kulturen zu kommunizieren, auch wenn sie die deutsche Sprache noch nicht so gut beherrschen. Die Kinder können durch Zeichnungen, Fotos, durch das Bauen und Konstruieren von Modellen zeigen, wie (Puppen)-Kleidung, Modelle für Häuser und Dörfer, die Nahrung und Feste in ihren Heimatländern aussehen.

2.5 Kreativität und Problemlöseorientierung

Problemlösekompetenzen

Der Bildungsbereich Technik ist besonders geeignet, Problemlösekompetenzen der Kinder zu stärken. Zum einen vollziehen Kinder Problemlöseprozesse von anderen Menschen nach. Sie erleben bei der Beschäftigung mit technischen Entwicklungen und Errungenschaften, vor welchen Problemen Menschen aus vorherigen Generationen und anderen Kulturen standen und wie sie sie gelöst haben. Das betrifft zum Beispiel die Fortbewegung der Menschen. Sie haben das Problem, große Distanzen zu überwinden, durch den Bau von Fahrrädern, Kutschen, Autos, Zügen und Flugzeugen gelöst. Aber auch für jede einzelne dieser Erfindungen waren viele kleine und große Problemlöseschritte notwendig, mit denen sich die Kinder auseinandersetzen und die sie erforschen und austüfteln können. Sie lernen auf diese Weise auch etwas über die Prinzipien im Bereich der Naturwissenschaften, die für viele Erfindungen die Grundlage sind.

Kinder entwickeln Ideen und setzen diese um

Zum anderen versuchen Kinder selbst, technische Probleme zu lösen. Sie entwickeln, planen und kommunizieren Ideen. Sie verwenden für die Umsetzung Werkzeuge und Materialen, um ihr Vorhaben umzusetzen. In diesem Prozess überprüfen sie kontinuierlich, ob sie ihr Ziel erreichen.[1]

1 Hope, 2004

Um diese Prozesse zu fördern, ist von entscheidender Bedeutung, dass die Kinder experimentieren, offen für neue und verschiedene Möglichkeiten sind, dass sie lernen, neue Wege mit alten zu verbinden und Probleme auf verschiedene Art und Weise zu sehen. Auch der Umgang mit Fehlern kann in diesem Bereich gelernt werden: Beim Prozess des Problemlösens gibt es Schwierigkeiten und Sackgassen, die durch eigene Ideen oder mithilfe anderer Personen gelöst werden können. Dieses stärkt das eigene Durchhaltevermögen, die Zuversicht und das Vertrauen in die eigenen Fähigkeiten.

(Kompetenzbereich Individuumsbezogene Kompetenzen → Kognitive Kompetenzen → *Problemlösen, vgl. Kapitel 1.2*)

Kreativität

Kreative Lösungen entwickeln

Sowohl beim Entwerfen als auch in Bezug auf technische Phänomene allgemein ist die Kreativität der Kinder gefragt: Sie erkunden und explorieren, sind offen für verschiedene Möglichkeiten und haben Ideen. Sie versuchen, eine Situation oder ein Problem auf verschiedene Art und Weise zu sehen, sie suchen Innovation, sie sind einfallsreich und kreativ in der Problemlösung und Umsetzung. Kreativität im Bereich Technik bedeutet also nicht nur, gute Ideen zu haben, sondern eine Vorstellung darüber zu entwickeln, wie eine Problemlösung umgesetzt werden kann. Kreativität im Bereich Technik unterscheidet sich somit zur Kreativität im Bereich Kunst. In der Kunst ist die Intention, etwas auszudrücken, z. B. eine Beobachtung oder ein Gefühl, und dieses in Form eines Bildes, einer Skulptur oder eines anderen Mediums darzustellen und zu kommunizieren. In der Technik dagegen ist das Ziel, eine Lösung zu finden, die in diesem speziellen Fall funktioniert und von einem selbst oder anderen genutzt werden kann. Diese Lösung kann schön aussehen, sie kann dekorativ im Hinblick auf die Farbe, die Proportionen und die Form sein, aber wenn sie nicht funktioniert, dann erfüllt sie nicht ihren Zweck. Die Nützlichkeit ist also das Wesentliche im Bereich Technik.

Dieses kann jedoch zu einem Widerspruch führen, wenn gerade im Elementarbereich der Prozess im Vordergrund steht und weniger das Produkt. Die Kinder sollten ermutigt werden, neue Ideen auszudrücken und diese auch umzusetzen, auch wenn diese zunächst ganz unrealistisch erscheinen. Die Kinder lernen erst, zwischen Phantasie und Realität zu unterscheiden, und damit, was umzusetzen ist und was nicht.[1]

Wenn es also um die Entwicklung von Kreativität im Bereich Technik geht, kann es sein, dass das Produkt nicht den Vorstellungen entspricht. Andererseits können verschiedene Vorgaben dazu führen, dass das Produkt den Vorstellungen entspricht, aber keine kreativen Prozesse dazu geführt haben. Da es im Bereich Technik beim Entwerfen, Bauen und Konstruieren sowohl um die Umsetzung von handwerklichen Fähigkeiten als auch um Kreativität geht, lässt sich dieser Widerspruch prinzipiell nicht lösen, sondern kann nur in Bezug auf das einzelne Kind und die individuelle Situation gelöst werden.[2]

(Kompetenzbereich Individuumsbezogene Kompetenzen → Kognitive Kompetenzen → *Kreativität, vgl. Kapitel 1.2*)

---

1 Hope, 2004
2 Hope, 2004

2.6 Motorische und handwerkliche Kompetenzen entwickeln

Im Bildungsbereich Technik entwickeln Kinder ihre Auge-Hand-Koordination, ihre handwerklichen Kompetenzen und ihre Fähigkeit zur Erkundung der Umwelt weiter. Wenn ein Kind zum Beispiel die Schere verwendet und damit Papier schneiden kann, versucht es, die Schere auch bei anderen Materialen anzuwenden. So erweitert es sein Wissen über verschiedene Materialien und gleichzeitig entwickelt es motorische Kompetenzen weiter.

Die handwerklichen Fertigkeiten der Kinder, ihr Gebrauch von Werkzeugen im Speziellen, hängen von verschiedenen feinmotorischen Kompetenzen ab. Werkzeuge wie Scheren, Feilen, Sägen, Handbohrer und Lineale müssen mit unterschiedlichen Kräften angefasst, gedreht, gedrückt, geschoben und gezogen werden, wozu es beispielsweise auch der Hand-Augen-Koordination bedarf. Die Hand-Augen-Koordination kann sich durch eine Vielzahl von Aktivitäten entwickeln, z. B. beim Verfolgen von Spuren und Formen und dem Schneiden entlang von Linien bei einfachen Formen.[1]

Grob- und feinmotorische Kompetenzen entwickeln

Die Konstruktion mit Materialien aus Baukästen erfordert ebenfalls diese Fertigkeiten. Sie entwickeln sich weiter, wenn Kinder die Möglichkeit haben zu üben. Die Entwicklung der Feinmotorik, z. B. das Schneiden mit der Schere, das Messen und das Zusammenkleben, ist in Teilen abhängig von der Entwicklung der Grobmotorik, z. B. dem Klettern und Gleichgewicht halten. Wenn Kinder handwerklich tätig sind und bauen, dann entwickeln sie auch ihr räumliches Vorstellungsvermögen weiter, sie lernen die Eigenschaften Größe, Form und Beschaffenheit von Gegenständen und Materialien kennen und finden Begriffe dafür. Für Technik und Konstruktion sind sowohl Intuition, räumliche Orientierung, handwerkliche Fertigkeiten als auch Sprache, logische und mathematische Operationen erforderlich.[2]

Detaillierter werden diese Aspekte im *Kapitel 3* über entwicklungspsychologische Grundlagen der technischen Bildung ausgeführt.

(Kompetenzbereich Individuumsbezogene Kompetenzen → Körperbezogene Kompetenzen → *Motorik*, vgl. Kapitel 1.2)

2.7 Umgang mit Erklärungen im Bildungsbereich Technik

Bei den Herangehensweisen an technische Themen wird deutlich, dass es verschiedene Wege gibt, sich diesen Inhalten zu nähern. Wichtig dabei ist, dass das forschende, erkundende Lernen im Vordergrund steht. Das gemeinsame Forschen und Tüfteln stellt ein Lernsetting dar, in dem die zentralen Ideen des Ko-Konstruktivismus verwirklicht werden können: Kinder und Erwachsene erschließen sich gemeinsam ihr Wissen und Verständnis. Kinder erhalten dabei Anregungen für ihre eigenen Lösungswege und versuchen etwas herauszubekommen. Das Bild vom Kind entspricht dem eines Tüftlers, Entdeckers und Problemlösers. Auf die Frage, was sie in einem technischen Projekt mit ihren Kindern gelernt habe, antwortet eine pädagogische Fachkraft: „Den Kindern Zeit zu lassen, selbst auf Fragen zu kommen, es auszuhalten, dass sie eigene Antworten und Lösungen finden, auch wenn sie uns auf den ersten Blick unrealistisch erscheinen. Und selbst so zu denken wie die Kinder, frei und ohne Hemmung, dass etwas falsch sein könnte."[3]

Erklärungen gemeinsam entwickeln

Im Bereich der Technik und der Naturwissenschaften ist die Versuchung groß, den Kindern bei Fragen schnell eine vorgefertigte Erklärung zu geben, eine Untersuchung vorzuführen und ihnen Wissen zu vermitteln. Dabei wird jedoch das Kind in seinem Forscherdrang gebremst, selbst durch eigene Untersuchung

---

1 Stewart, 1990, S. 24
2 Craft, 1997, S. 52, zit. nach Siraj-Blatchford & MacLeod-Brudenell, 1999, S. 34; vgl. auch Band 2: Frühe mathematische Bildung der Reihe „Natur-Wissen schaffen"
3 Bildungswerk der Bayerischen Wirtschaft e. V., 2007, S. 98

etwas herauszubekommen und kreativ bei der Lösung von Problemen zu sein. Dieses gilt sowohl für Fragen, um Zusammenhänge oder Prinzipien zu verstehen, als auch beim Entwerfen, Bauen und Konstruieren. Zentral ist, dass das Kind seine Ideen und Hypothesen und Überlegungen äußert, von der Fachkraft dazu ermutigt wird und sie offen und wertschätzend diesen Äußerungen des Kindes gegenübersteht. Die Fachkraft fragt genauer nach, wie das Kind zu dieser Erklärung gekommen ist und wie gemeinsam herausgefunden werden kann, ob diese Hypothese das Phänomen erklärt. Auf diese Art und Weise werden die Vorstellungen der Kinder aufgegriffen und berücksichtigt. Kinder haben intuitive Theorien über bestimmte Phänomene (vgl. auch das *Kapitel 3* über die entwicklungspsychologischen Grundlagen), d.h. einzelne Aussagen sind in ein Gesamtbild integriert, das nicht den Theorien Erwachsener entspricht und somit Fehlvorstellungen darstellt.

Erfragt man diese Theorien und Hypothesen der einzelnen Kinder nicht, sondern korrigiert einzelne Aussagen, kann das dazu führen, dass die Kinder das neue Wissen in ihre Fehlvorstellungen integrieren und damit letztlich resistent gegenüber den neuen Inhalten sind. Wenn sie jedoch erleben, dass sie ihre Hypothesen überprüfen und mit anderen darüber sprechen, stärkt das ihre Motivation und Selbstwirksamkeit. Es ermöglicht ihnen, sich kompetent zu fühlen, verschiedene Wege auszuprobieren, an einem Problem dran zu bleiben und sich nicht entmutigen zu lassen.

Das gleiche gilt natürlich auch für die Fachkraft! Es geht darum, dass sie sich als Lernpartnerin der Kinder versteht. Sie ist weder Ingenieurin, Physikerin noch Chemikerin, sondern Ko-Konstrukteurin. Entscheidend ist nicht, dass sie alle Erklärungen „parat hat", sondern viel wichtiger, dass sie mit den Kindern nachforscht. Auch ihre Ideen und Hypothesen werden nicht immer richtig sein, sie wird nicht alle Fragen beantworten können, sondern Ziel ist es, mit den Kindern gemeinsam etwas herauszufinden, in Büchern nachzuschauen, andere Personen zu fragen usw.

Dieser Umgang der Fachkräfte mit Erklärungen ist insbesondere zentral für das Kapitel über die bereichsspezifischen Bildungsziele. Hier sind einige Erklärungen aufgeführt mit dem Ziel, der Fachkraft einen Einblick in die Themen zu geben und sie für Forschungsfragen und Erklärungen zu interessieren. Die Erklärungen sind nicht dazu gedacht, sie den Kindern zu „vermitteln".

2.8 Sicherheit

Sicherheitsregeln gemeinsam erarbeiten

Die Bildung im Bereich Technik beinhaltet praktische Aktivitäten, bei denen die Kinder ermutigt werden, ihre eigenen Ideen umzusetzen und Kompetenzen im Umgang mit Geräten, Materialien und Werkzeugen zu erlangen. Folglich geht es einerseits darum, den Kindern solche Erfahrungen zu ermöglichen, andererseits ist es in erster Linie erforderlich, für eine sichere und ungefährliche Umgebung zu sorgen. Das betrifft zum einen die Aufbewahrung und Sicherung von Materialien und Werkzeugen, aber auch der Umgang mit diesen. Es ist notwendig, gemeinsam mit den Kindern Sicherheitsregeln zu erarbeiten, ihnen zu zeigen, wie sicher mit bestimmten Geräten umgegangen wird, und sie auf mögliche Gefahren hinzuweisen.

Aufbewahrung und Sicherung von Materialien und Werkzeugen

Die pädagogischen Fachkräfte treffen die Entscheidung, welche Materialien und Werkzeuge den Kindern frei zugänglich sind und welche außerhalb der Reichweite der Kinder aufbewahrt werden. Solche Werkzeuge, die regelmäßig verwendet werden und mit deren Benutzung die Kinder vertraut sind, wie zum Beispiel runde Bastelscheren und Locher, können so aufbewahrt werden, dass die Kinder Zugang dazu haben. Andere Werkzeuge wie Bohrer, Sägen und Ahlen dagegen sollten so verwahrt werden, dass die Kinder sie nur unter Aufsicht verwenden können.

Sicherheitsregeln im Umgang mit Werkzeug

Der sichere Umgang mit verschiedenen Werkzeugen sollte auf jeden Fall durch eine Fachkraft eingeführt werden: Kinder lernen, dass eine sichere Handhabung von Werkzeugen dafür sorgt, dass keine Verletzungen passieren. Voraussetzung dafür ist auch, dass die Werkzeuge ordnungsgemäß funktionieren: Eine regelmäßige Überprüfung der Werkzeuge und Materialien ist somit notwendig, um Gefahren zu verhindern. Die Kinder müssen wissen, welche Werkzeuge sie allein und welche nur unter Aufsicht verwendet werden dürfen. Die Fachkraft sollte gemeinsam mit den Kindern überlegen, welches Werkzeug sich für einen bestimmten Zweck am besten eignet; wenn Kinder beispielsweise versuchen, Löcher mit einer Schere in Plastik zu bohren, dann kann dieses zum Abrutschen und zu Verletzungen führen.

3
Was Kinder früh wissen, können und lernen: Entwicklungspsychologische Grundlagen

3 Was Kinder früh wissen, können und lernen: Entwicklungspsychologische Grundlagen

In den Bildungs- und Orientierungsplänen wird betont, dass bereits Kinder im Elementarbereich über die kognitiven Voraussetzungen verfügen, sich mit technischen Themen auseinanderzusetzen. Was aber genau ist damit gemeint, welche Denkprozesse können bei Kindern einerseits vorausgesetzt werden, um sich mit technischen Inhalten zu beschäftigen, und welche Denkprozesse entwickeln sich andererseits gerade bei der Beschäftigung mit diesen Themen? In der Technik geht es darum, wie das Leben und die Arbeit der Menschen durch die Lösung von bestimmten Problemen verbessert werden kann. Insofern spielt das Problemlösen eine zentrale Rolle.

Im Bereich der technischen Bildung spielen jedoch nicht nur das Denken über Inhalte (also zum Beispiel das Problemlösen) und die Inhalte selbst (z. B. physikalische Grundprinzipien wie Zahnräder) eine Rolle, sondern in der Technik geht es auch um die Anwendung von Geräten und das selbstständige Lösen von technischen Problemen durch elementares Konstruieren, Bauen und Tüfteln. Hierfür sind wiederum (fein-)motorische Fähigkeiten von Bedeutung, deren Entwicklung eng mit der Entwicklung der Wahrnehmung und der Kognition verbunden ist.

Im Folgenden wird zunächst auf die Entwicklung der Wahrnehmung und der Motorik eingegangen. Sie bildet nicht nur die Grundlage für das Bauen und Konstruieren im Bereich Technik (z. B. Werkzeuggebrauch), sondern auch für das Sammeln von Grunderfahrungen, also die Erkundung und das Explorieren der Umwelt, der Maschinen und Geräte *(Kapitel 3.1: Wahrnehmung, Erkundung und motorische Entwicklung)*.

Im Anschluss daran wird auf die Entwicklung des Problemlösens eingegangen *(Kapitel 3.2: Entwicklung des Problemlösens und schlussfolgernden Denkens)* und schließlich wird näher erläutert, wie sich das inhaltliche Wissen im Bereich Physik entwickelt, das eine ebenso wichtige Grundlage für die Entwicklung des Denkens liefert *(Kapitel 3.3: Entwicklung bereichsspezifischen Wissens)*.

Klein- und Vorschulkinder können mehr als früher angenommen wurde

> **Aktuelle entwicklungspsychologische Befunde**
>
> Eine zentrale Erkenntnis der entwicklungspsychologischen Forschung der letzten Jahre ist, dass Klein- und Vorschulkinder schon sehr viel mehr können als bisher angenommen wurde, dieses trifft insbesondere auch auf die Entwicklung des Denkens zu. Das **Denken (Kognitionen)** *umfasst Prozesse und Fähigkeiten, die Kinder dazu befähigen, Informationen über ihre Umgebung zu gewinnen.* Dazu gehören sowohl **grundlegende Prozesse** wie Wahrnehmung, Aufmerksamkeit, Lernen, Einprägen und Erinnern (Gedächtnis), die schon bei Neugeborenen funktionieren, als auch **höhere geistige Fähigkeiten** wie Begriffsbildung, Schlussfolgern und Problemlösen.[1]
>
> Es gibt eine Reihe von Forschungsergebnissen für diese grundlegenden und höheren Denkprozesse, die beantworten, wie sich das kindliche Denken entwickelt.

3.1 Wahrnehmung, Erkundung und motorische Entwicklung

Kinder lernen mit allen Sinnen

Kinder lernen mit allen Sinnen, sie sehen, hören, riechen und verwenden ihre Hände zum Ertasten ihrer Umwelt. Auch im Bildungsbereich Technik sammeln die Kinder auf diese Art und Weise **Grunderfahrungen**. Die Kinder nehmen ihre Umwelt wahr, erkunden sie und interagieren so mit ihr. Aber ab wann können Kinder ihre Sinne gleichermaßen einsetzen wie Erwachsene? In diesem Abschnitt wird auf die Entwicklung des Erkundungsverhaltens von Kindern durch die **Wahrnehmung mit den Augen** *(Abschnitt 3.1.1)*, und mit den **Ohren** *(Abschnitt 3.1.2)* eingegangen. Im Anschluss daran wird die eng mit der Wahrnehmung verknüpfte Entwicklung motorischer Kompetenzen näher ausgeführt: Die Entwicklung der **Auge-Hand-**

---

1 Goswami, 2001; Sodian, 2007

Koordination *(Abschnitt 3.1.3)*, und schließlich wird auf die Entwicklung des **Werkzeuggebrauchs** *(Abschnitt 3.1.4)* eingegangen.

Das Explorationssystem (Erkundungssystem)

Die Wahrnehmung spielt eine wichtige Rolle und ist der erste Schritt in einer Situation, wenn Kinder ihre Umwelt explorieren oder erkunden. Das aktive Schauen und Hören, z. B. durch Augen- und Kopfbewegungen und das Betasten mit dem Mund und den Händen, bringt grundlegende Bewegungsaktivitäten hervor. Das Explorationssystem ist auch bei dem Erwerb von neuen Bewegungsaktivitäten involviert und trägt zur Steuerung von aktuellen Bewegungen bei.

Das Explorationssystem hat somit eine entscheidende Bedeutung für die Entwicklung des Kindes. Es bildet sich schon früh heraus; wichtige Bewegungen, mit denen Kinder ihre Umwelt erkunden, sind bereits wenige Monate nach der Geburt vorhanden (Krist, 2006, S. 216).

Insbesondere die Wahrnehmung mit den Augen (**visuelle Wahrnehmung**) steht am Beginn der Entwicklung im Vordergrund. Auch wenn das visuelle System bei der Geburt in vielerlei Hinsicht noch unausgereift ist,[1] so zeigen neuere Studien doch, dass die visuellen Fähigkeiten von Babys sehr viel weiter entwickelt sind, als früher vermutet wurde.[2]

3.1.1 Visuelle Wahrnehmung

Wahrnehmen als Voraussetzung für Lernen

Die Sehschärfe ist eine der wichtigsten Grundvoraussetzungen für das Erkennen der Welt und für eine angemessene Steuerung unserer Handlungen. In den ersten zwei bis drei Monaten sind Säuglinge nicht in der Lage, feine Details zu sehen, die Sehschärfe ist zu diesem Zeitpunkt sehr schwach. Bis zum Alter von sechs Monaten verbessert sie sich jedoch erheblich und mit einem Jahr hat sich die Sehschärfe etwa um das 45-fache erhöht und praktisch das optimale Niveau des Erwachsenenalters erreicht.[3] Wie aber nehmen Kinder Objekte und Gegenstände in der Umwelt wahr? Sind sie dazu ebenfalls in gleicher Weise wie Erwachsene in der Lage?

Form- und Objektwahrnehmung

Kinder erkunden schon früh Gegenstände

Hinsichtlich der Objektwahrnehmung (dreidimensional) belegen mittlerweile viele Untersuchungen[4], dass Säuglinge in einer gegenständlichen Erfahrungswelt leben, die in ihren Grundzügen derjenigen von Erwachsenen entspricht. Dieses ist bereits der Fall, bevor sie gezielt greifen oder sich fortbewegen können. Nichtsdestotrotz gibt es in den ersten Lebensmonaten Entwicklungsveränderungen: Im Alter von drei Monaten werden zwei Gegenstände, wenn zwischen ihnen ein Abstand besteht, als getrennt wahrgenommen. Wenn die Gegenstände sich jedoch berühren, dann nehmen Kinder diese als einen einzigen wahr, auch wenn die beiden Gegenstände unterschiedlich aussehen, z. B. hinsichtlich Form und Farbe. Mit circa vier Monaten, also bereits einen Monat später, nutzen die Kinder auch Informationen über die **Ähnlichkeit oder Unähnlichkeit von Oberflächen**, um zu unterscheiden, ob es sich um einen oder um zwei Gegen-

---

1 siehe Atkinson & Braddick, 1989
2 Goswami, 2001
3 Banks & Salapatek, 1983; Dobson & Teller, 1978; Wilkening & Krist, 2002
4 z. B. Spelke, 1990

stände handelt. Nach einer Untersuchung von Needham[1] geht die Entwicklung dieser Kompetenz Hand in Hand mit der sich entwickelnden Fähigkeit zur aktiven Exploration (Erkundung) von Gegenständen, die für das Sammeln von Grunderfahrungen im Bereich der Technik, zum Beispiel bei der Erkundung von verschiedenen Materialien, von entscheidender Bedeutung ist.

In diesen Bereichen kommt es in den folgenden Monaten zu einer rasanten Entwicklung, sodass die Kinder zunehmend in der Lage sind, die Grenzen von Objekten an der gleichen Stelle wahrzunehmen wie Erwachsene. Im Alter von acht Monaten nutzen sie dazu auch ihr intuitives physikalisches Wissen über Objekte.[2] Neben der **räumlichen Trennung von Objekten** spielt auch die **Bewegungsinformation** eine große Rolle: Bereits wenige Monate alte Säuglinge nehmen zwei Gegenstände als voneinander getrennt wahr, wenn sie sich aufeinander zu bewegen, selbst wenn sie sich berühren.

Informationen verschiedener Sinne werden aufeinander bezogen

Weitere Befunde belegen, dass sich die Wahrnehmung von Objekten schon bei Säuglingen im Alter von vier Monaten nicht auf die Wahrnehmung mit den Augen beschränkt.[3] Sie nehmen Objekte nicht allein durch das Sehen wahr, sondern sie beziehen die Informationen, die sie aus den verschiedenen Sinnesmodalitäten wie Hören und Tasten erhalten, aufeinander. Diese Fähigkeit bezeichnet man in der Entwicklungspsychologie als **intermodale Wahrnehmung,** bezogen auf den Bildungsbereich Technik ist damit das ganzheitliche Lernen der Kinder gemeint. Schon wenige Monate alte Säuglinge sind in der Lage, Informationen, die sie über den Tastsinn bekommen, in visuelle Informationen zu übertragen: Wenn sie Objekte in einer Untersuchungsbedingung nur mit dem Mund oder der Hand ertasten, sind sie anschließend in der Lage, diese Objekte wieder zu erkennen.[4] Im Alter von zwei bis drei Monaten können sie Gegenstände allein durch Betasten voneinander unterscheiden.[5]

---

1 *Needham, 2000*
2 *Huettel & Needham, 2000; Needham & Baillargeon, 1997, zit. nach Wilkening & Krist, 2002, S. 406*
3 *Krist, Natour, Jäger & Knopf, 1998; Lewkowicz & Lickliter, 1994, zit. nach Wilkening & Krist, 2002, S. 406*
4 *Gibson & Walker, 1984; Meltzoff & Borton, 1979; Streri, 1993; Wilkening & Krist, 2002, S. 407*
5 *Streri, 1987*

3.1.2 Hören

Das Hören ist einer der wichtigsten Sinne, wir können über weite Entfernungen hören und im Gegensatz zu den Augen können wir auch Ereignisse wahrnehmen, die neben oder hinter uns stattfinden. Die Fähigkeit zu hören ist auch zentral für die Sprachenwicklung und bildet die Grundlage der zwischenmenschlichen Kommunikation über die Sprache.[1] Inzwischen belegen eine Reihe von Untersuchungen, dass Kinder schon während der Schwangerschaft, so ca. ab der 28. Schwangerschaftswoche, hören können und bereits vier Tage nach der Geburt die Stimme ihrer Mutter von anderen Stimmen unterscheiden. Viele Befunde sprechen dafür, dass Kinder über angeborene Wahrnehmungsmechanismen verfügen, sie sind bereits vor der Geburt für den Klang menschlicher Stimmen sensitiv und verfügen über grundlegende Fähigkeiten der Lautwahrnehmung. Bereits sechs Monate alte Kinder unterscheiden sich in ihrer Differenzierungsfähigkeit beim Hören kaum mehr von Erwachsenen außer bei den niederen Frequenzen.[2]

Kinder können auch recht früh ein Schallereignis im Raum lokalisieren. Die Information für Lokalisation im Raum ist die Zeitdifferenz, mit der ein Schallereignis das linke oder rechte Ohr erreicht. Bereits mit sechs Monaten können sie Abweichungen von circa 15 Winkelgraden von der Gesichtsfeld-Mittellinie feststellen und bereits ein Jahr später ist die Präzision drei- bis viermal höher. Da sich der Abstand der Ohren mit zunehmendem Alter der Kinder verändert, muss auch die Zeitdifferenz den wachstumsbedingten Körperveränderungen angepasst werden.

Schon von Geburt an setzen Kinder ihre Sinne ein, um die Umwelt wahrzunehmen. Dabei ist es wichtig, dass sie auf Gegenstände und Objekte in ihrer Umwelt treffen, die sie mit verschiedenen Sinneskanälen erkunden können. Auf diese Weise entwickeln sie z. B. die Fähigkeit weiter, Gegenstände aufgrund unterschiedlicher Oberflächen voneinander zu unterscheiden und Informationen aus verschiedenen Sinneskanälen aufeinander zu beziehen (= intermodale Wahrnehmung). Dazu gehört auch das Tasten mit den Fingern, der Hand und dem Arm, das in der Entwicklungspsychologie zur motorischen Entwicklung gezählt wird. Für den Bildungsbereich Technik bilden diese Kompetenzen auch die Grundlage für den Umgang und die Unterscheidung von verschiedenen Materialien und Werkzeugen und für das Bauen und Konstruieren.

So dient Kindern die Wahrnehmung auch dazu, passende Aktivitäten und Bewegungen zu wählen und zu steuern. Sensorische (= durch Tasten) und perzeptive (= durch Sehen) Informationen werden dazu genutzt, um motorische Abläufe durchzuführen und an die jeweilige Situation anzupassen. Als eine solche Fertigkeit, bei der die Wahrnehmung und die eigenen Bewegungen eine Rolle spielen, gilt die Auge-Hand Koordination, auf die im Folgenden näher eingegangen wird.[3]

Die Auge-Hand-Koordination ist Voraussetzung für den Werkzeuggebrauch

3.1.3 Motorische Entwicklung: Auge-Hand-Koordination

Mit Auge-Hand-Koordination ist also die Fähigkeit gemeint, Informationen, die durch das Sehen gewonnen werden, dazu zu benutzen, um Arm-, Hand- oder Fingerbewegungen zu steuern. Wenn Kinder ihre Umwelt erkunden, dann ermöglicht diese Fähigkeit ihnen, Gegenstände zu greifen und sie zu ertasten. Dieser Bereich ist gut erforscht und es handelt sich dabei um einen Sonderfall der intermodalen Informationsverarbeitung. Diese Fähigkeit, also die effektive Verarbeitung sensorischer (durch Ertasten gewonnener) und perzeptiver (durch Sehen gewonnener) Informationen, ist grundlegend für motorische Abläufe und entwickelt sich langsamer als die einzelnen Wahrnehmungsfähigkeiten.

Untersuchungen zeigen, dass bereits bei **Neugeborenen** eine einfache Form der Augen-Hand-Koordination vorhanden ist. Neugeborene fixieren ein Ziel, indem die Armbewegung grob in die Richtung geht. Mit etwa **vier bis fünf Monaten** sind sie dann in der Lage, sich diesem Ziel mit einer Handbewegung anzunähern. In

---

1 *Wilkening & Krist, 2002, S. 397*
2 *Olsho, Koch, Halpin & Carter, 1987, zit. nach Wilkening & Krist, 2002, S. 399*
3 *Wilkening & Krist, 2002, S. 397*

diesem Alter beziehen Kinder auch schon Informationen durch die Körperwahrnehmung mit ein (z. B. beim Greifen nach bewegten Objekten).

Im ersten Lebensjahr lernen die Kinder das Zugreifen

Beim Zugreifen sind in der zweiten Hälfte des ersten Lebensjahres dramatische Entwicklungsfortschritte zu verzeichnen. Im Alter von **9 bis 10 Monaten** erreicht sie einen vorläufigen Höhepunkt: Säuglinge passen das Ausmaß des Handöffnens der Größe des zu greifenden Objektes an. Sie sind in der Lage, ihre Finger je nach Form des Objekts unterschiedlich auszurichten. Die Kinder können Daumen und Zeigefinger so koordinieren, dass ein kleiner Gegenstand zuverlässig aufgehoben werden kann.[1]

Die Entwicklung der Auge-Hand-Koordination ist jedoch mit der Perfektionierung des Greifens nicht abgeschlossen. Der Umgang mit Werkzeugen, wie etwa dem Löffel beim Essen oder der Schere beim (Aus)schneiden, erfordern, dass sich die Fähigkeit zur Koordination von Auge und Hand weiter entwickelt.

Dabei ist dieser Erwerb von motorischen Fertigkeiten eng mit Aspekten der Wahrnehmung und Kognition gekoppelt, weshalb man in der Regel auch von perzeptiv-motorischen Fertigkeiten spricht. Die kognitive Komponente umfasst einerseits einen Lernprozess, bei dem Nachahmung von Vorbildern und die Umsetzung sprachlicher Anweisungen eine wichtige Rolle spielt, andererseits die erworbene motorische Handlungskompetenz selbst.

Die Entwicklung der Motorik ist eng mit dem Denken verbunden

Beim Ausschneiden einer Vorlage sind neben den eben genannten Aspekten aber auch Planungs- und Entscheidungsprozesse von Bedeutung, diese Fähigkeiten entwickeln sich bei wachsenden kognitiven Fertigkeiten ebenfalls weiter. Alle diese Komponenten tragen dazu bei, dass sich die perzeptiv-motorischen Fertigkeiten im Laufe der Kindheit kontinuierlich verbessern.[2]

3.1.4 Entwicklung des Werkzeuggebrauchs

Wenn Kinder das Greifen und Zugreifen beherrschen, dann beginnen sie im zweiten Lebensjahr damit, motorische Kompetenzen aufzubauen, die sie im Alltag benötigen. Dazu gehören das Essen mit Löffel und

---

1 *Wilkening & Krist, 2002, S. 411*
2 *Wilkening & Krist, 2002, S. 411*

Gabel, das selbständige Anziehen, das Binden der Schuhe, die Benutzung von Scheren und anderen Werkzeugen, auch das Malen und Schreiben und der Umgang mit Bällen.[1]

Eines der ersten Werkzeuge, das Kinder einzusetzen lernen, ist der Löffel. Zwar können die meisten Babys erst mit circa 14 Monaten selbständig essen, sie versuchen und probieren dieses jedoch schon vor Ende des ersten Lebensjahres. Für die Kinder stellt es sich bei dem Lernprozess als schwierig heraus, die Verlagerung von der Hand in den vorderen Teil des Löffels bzw. des Werkzeuges vorzunehmen. Ziel ist es, dass dieser vordere Teil wie ein Teil des eigenen Körpers gesteuert werden kann, man spricht in diesem Zusammenhang auch von einer *Werkzeugtransformation*.[2] Diese Werkzeugtransformationen werden im Laufe der Entwicklung auf spielerisch-erkundende Art und Weise erworben. Wie genau diese Entwicklung stattfindet, darüber gibt es bisher keine systematischen Untersuchungen, jedoch gibt es eine richtungsweisende Untersuchung, die zeigt, wie Kinder das Werkzeug in die Hand nehmen, die gegebene Aufgabensituation berücksichtigen und somit bereits Problemlöseverhalten zeigen. Deshalb wird exemplarisch im nachfolgenden Kasten die Untersuchung ausführlich dargestellt.

> **Exkurs: Ausführliche Beschreibung der Untersuchung von McCarty, Clifton und Collard[3]**
>
> Das Ziel dieser Untersuchung war zu erfassen, welche Handlungen Babys und Kleinkinder in einer Problemlöse-Situation wählen. Dazu wurden Kinder im Alter von 9, 14 und 19 Monaten untersucht, wie sie einen Löffel greifen und benutzen.
>
> Es wurde vermutet, dass sich in den Verhaltensweisen der Kinder zeigt, welche Vorstellung sie von dem Problem haben und für welche Lösung sie sich entscheiden. Einige Strategien führen zu ineffektiven Lösungen, andere Strategien dagegen vermeiden Probleme dadurch, dass im Voraus geplant wird. Wenn die Kinder durchgängig effektive Verhaltensweisen zeigen, deutet das darauf hin, dass sie über eine geeignete Strategie verfügen.
>
> Den Kindern wurde jeweils ein Löffel mit Apfelmus auf einer Vorrichtung präsentiert, dabei wies der Löffel unterschiedliche Positionen auf: Manchmal zeigte der Griff des Löffels nach rechts und manchmal nach links. Wenn die Kinder davor saßen, war die angemessene Strategie, um den Apfelmus in den Mund zu führen, so nach dem Löffel zu greifen, dass die Hand den Griff erreicht, der Daumen in Richtung des Apfelmus zeigt und der Kopf des Löffels so zum Mund geführt werden kann.
>
> *Ergebnisse*
> Die neun Monate alten Kinder tendierten dazu, mit ihrer bevorzugten Hand (es wurde vorher erhoben, ob die Kinder Rechts- oder Linkshänder waren) nach dem Löffel zu greifen; diese Strategie führte manchmal zum Erfolg, manchmal führte sie aber auch dazu, dass die Kinder den Griff und nicht den Apfelmus in den Mund führten. Das Gleiche gilt auch für die vierzehn Monate alten Kinder, auch sie tendierten dazu, den Löffel mit ihrer bevorzugten Hand zu erreichen. Sie unterschieden sich jedoch von den neun Monate alten Kindern dadurch, dass sie, wenn nötig, Korrekturen vornahmen, bevor sie den Löffel in den Mund nahmen: Sie führten nie den Griff in den Mund, sondern immer den Apfelmus. Die neunzehn Monate alten Kinder dagegen tendierten dazu, nicht die bevorzugte Hand zu verwenden, sondern stattdessen diejenige Hand, mit der sie ihr Ziel am besten erreichen konnten, je nachdem, in welche Richtung der Griff des Löffels zeigte.

In der Untersuchung wird deutlich, dass eine Entwicklung beim Greifen des Löffels stattfindet: Am Anfang greift das Kind seiner Gewohnheit nach, dann ist es in der Lage, seine Strategie zu korrigieren, und schließlich sind die Handlungen voll geplant: Das Kind schaut sich die genaue Position des Löffels an und löst das Problem, wie es den Apfelmus in den Mund bekommt, bevor es nach dem Löffel greift. Dabei benutzt es auch die nicht bevorzugte Hand. Diese Strategie ist effektiv in Bezug auf die Handlung und sie erfordert ein Nachdenken vor jeder Ausführung. Dieser letzte Schritt ist entscheidend bei der Planung von

---

[1] *Krist, 2006, S. 204*
[2] *Heuer, 1983*
[3] *McCarty, Clifton & Collard, 1999*

Verhaltensweisen, weil dadurch die Korrektur von Fehlern nicht notwendig ist. Je öfter die Handlung ausgeführt wird, desto stärker wird sie automatisiert.

Kinder versuchen immer effektivere Strategien zu finden

Die Ergebnisse zeigen, dass es sich bei dem Gebrauch von Werkzeugen um einen Entwicklungsprozess handelt, bei dem Kinder versuchen, immer effizientere und ökonomischere Lösungen einer Aufgabe zu finden.[1] Das Lernen findet einerseits durch einfache Verstärkung statt: Die Kinder werden für die richtige Handlung durch den Apfelmus „belohnt". Andererseits variieren die Kinder ihre Handlungen. Sie bleiben nicht bei einer einmal entdeckten erfolgreichen Strategie stehen, sondern sie probieren spontan weitere Strategien aus und entwickeln schließlich auf diese Art und Weise noch effizientere Strategien.[2] Kinder optimieren ihre psychomotorischen Aktivitäten einerseits, indem sie immer wieder die gleichen Aufgaben durchführen. Anderseits brauchen sie Möglichkeiten, in ihrer Umgebung neue Aktivitäten auszuprobieren, um so zu neuen Bewegungsmustern zu kommen. Diese Art der Erkundung spielt somit vermutlich nicht nur im Säuglingsalter eine Rolle, sondern auch beim Erwerb von Kompetenzen im Umgang mit Werkzeug.

Chen und Siegler[3] konnten in einer Untersuchung zeigen, dass bei der Weiterentwicklung des Werkzeuggebrauchs auch Hilfestellungen und Hinweise von Erwachsenen eine zentrale Rolle spielen. So konnten bereits Kinder im Alter von 21 Monaten, die in einer Problemlösesituation von sich aus keine Werkzeuge anwandten, dieses nach Hinweisen von Erwachsenen erfolgreich tun.

Die gerade beschriebenen Untersuchungen zeigen, wie sich der Werkzeuggebrauch entwickelt. Gleichzeitig wird deutlich, dass Kinder bereits im Alter von einem Jahr aktive Problemlöser sind. Sie brauchen einerseits in ihrer Umgebung Möglichkeiten, ihre Kompetenzen immer wieder zu erproben und neue Aktivitäten auszuprobieren. Andererseits brauchen sie Vorbilder, andere Kinder und Erwachsene, die sie durch Hinweise in diesem Prozess unterstützen, sodass gemeinsam neue Kompetenzen aufgebaut werden. Da gerade im Bereich Technik dieser Problemlöseprozess von entscheidender Bedeutung ist, wird im Folgenden noch detaillierter auf die Entwicklung des Problemlösens eingegangen.

3.2 Entwicklung des Problemlösens und schlussfolgernden Denkens

Säuglinge verfügen sogar schon früher über Schlussfolgerungs- und Problemlösekompetenzen, als in der Untersuchung von McCarty, Clifton und Collard gezeigt werden konnte: In zahlreichen Experimenten von Baillargeon und anderen konnte dieses schon bei fünf Monate alten Kindern nachgewiesen werden. Für die Weiterentwicklung von Problemlösekompetenzen sind verschiedene kognitive Prozesse Voraussetzung wie Wahrnehmung, Sprache, Gedächtnis und Begriffsentwicklung. Im Folgenden wird zunächst allgemein auf das **Problemlösen** von Kindern eingegangen, im Anschluss daran werden spezifische Problemlöseprozesse wie **schlussfolgerndes Denken** beschrieben, die Kinder häufig nutzen und deren Weiterentwicklung dazu beiträgt, dass auch die Problemlösekompetenz effektiver wird.[4]

---

1 *Krist, 2006, S. 205*
2 *Krist, 2006, S. 218*
3 *Chen & Siegler, 2000, zit. nach Sodian, 2008, S. 453*
4 *Siegler, 2001*

3.2.1 Problemlösen

Von einem **Problem** spricht man dann, wenn das zur Verfügung stehende Verhalten nicht ausreichend ist, um eine Aufgabe zu lösen. Newell und Simon[1] definieren ein Problem folgendermaßen: „Eine Person ist mit einem Problem konfrontiert, wenn sie etwas wünscht und nicht sofort weiß, welche Serie von Handlungen sie ausführen muss, um es zu erhalten." **Problemlösung** beinhaltet dann eine **Strategie**, die es ermöglicht, das Problem zu überwinden und somit das Ziel zu erreichen.

Unter einer **Problemlösestrategie** werden also nach Wellman[2] „vorsätzliche und überlegte (bedachte) Mittel zur Zielerreichung" verstanden. Wenn solche Strategien zum ersten Mal eingesetzt werden, sind sie in der Regel bewusst und es ist viel Anstrengung notwendig. Bei häufiger Verwendung können Strategien automatisiert werden, sodass sie nicht mehr bewusst sind.

Problemlösestrategien können automatisiert werden

In mehreren Untersuchungen konnte belegt werden, dass Kinder unter drei Jahren bereits **Strategien** beim Problemlösen einsetzen, wie auch in der Untersuchung von McCarty, Clifton und Collard[3] zur motorischen Entwicklung von Kindern gezeigt werden konnte. Willatts et al.[4] konnten Strategien bei bereits Zweijährigen feststellen. In einer Versuchsanordnung wurden Kinder mit einer drehbaren Plattform konfrontiert, auf der ein Spielzeug platziert wurde. Wenn das Kind den Gegenstand, der vom Kind weggedreht ist, erhalten möchte, besteht die angemessene Strategie darin, die Plattform zu drehen. Die Strategien, die die Kinder anwandten, lassen sich vier Gruppen zuordnen:
1) Versuch, den Gegenstand direkt zu erreichen, z. B. durch auf den Tisch klettern oder zu dem Gegenstand hinlaufen.
2) Versuche, die Plattform durch Ziehen oder Stoßen zu bewegen.
3) Die Plattform teilweise drehen.
4) Drehung der Plattform mit erfolgreichem Ergreifen des Gegenstandes.

Die Kinder versuchten meistens zunächst die einfache Strategie, das direkte Erreichen, wechselten dann zu etwas schwierigeren Methoden und kamen schließlich auf die komplexe Strategie des angemessenen Heranholens. Fast die Hälfte der Kinder versuchte mehrere Male, das Problem zu lösen, wandte dabei aber nicht die gleiche Strategie an. Dieser Wechsel ist ein Hinweis auf ein zielgerichtetes Problemlöseverhalten. Wenn sich die Strategien verbessern, dann führt das insgesamt zu einer Weiterentwicklung der Problemlösekompetenzen. Bei der Weiterentwicklung von solchen Strategien trägt auch die Interaktion mit Erwachsenen und anderen Kindern, ihre Vorbildfunktion und ihre Hilfestellung maßgeblich bei, wie weiter oben durch die Untersuchung von Chen und Siegler[5] gezeigt werden konnte (vgl. *Abschnitt 3.1.4 über die Entwicklung des Werkzeuggebrauchs*).

Kooperatives Problemlösen

Kinder zeigen nicht nur sehr früh zielgerichtetes Problemlöseverhalten, sie sind auch schon im Alter von 18 Monaten in der Lage, kooperativ Probleme zu lösen, wie in einer Untersuchung festgestellt werden konnte.[6] Ein Versuchsleiter war bei der Lösung eines Problems auf die Hilfe der Kinder angewiesen. Es zeigte sich, dass die Kinder die Absicht des Versuchsleiters sehr schnell verstanden, ohne dass er ihnen sagte, dass er ihre Hilfe benötigte. Kinder setzen also schon im zweiten Jahr Mittel ein, um die Probleme anderer zu lösen, nicht nur ihre eigenen. Diese Fähigkeit spielt eine wichtige Rolle bei der Entwicklung von menschlicher Kooperation.[7]

Schon kleine Kinder können Probleme kooperativ lösen

---

1 *Newell & Simon, 1972, S. 72, zit. nach Oerter & Dreher, 2002, S. 470*
2 *Wellman, 1988, S. 25*
3 *McCarty et al., 1999*
4 *Willatts, Domminney & Rosie, 1989, zit. nach Oerter & Dreher, 2002, S. 471*
5 *Chen & Siegler, 2000, zit. nach Sodian, 2008, S. 453*
6 *Warneken & Tomasello, 2006, zit. nach Sodian, 2008, S. 453*
7 *Sodian, 2008*

3.2.2 Schlussfolgerndes Denken

Schlussfolgerndes Denken gehört zu unserem Alltag und ist eine grundlegende Fähigkeit, mit deren Hilfe bereits der Säugling aus Konsequenzen, die sein Verhalten hat, auf zukünftige schließt. Kinder versuchen so, Regelmäßigkeiten zu finden und damit Ordnung in ihre Umwelt zu bringen. Schlussfolgern stellt somit auch einen Teil des Problemlöseprozesses dar.

Allgemein bedeutet schlussfolgerndes Denken, dass man von etwas Gegebenem zu etwas Neuem kommt. Dabei kommt dem Wissen über ähnliche Probleme, die schon gelöst wurden, beim Lösen von neuen Problemen eine große Bedeutung zu. Man spricht in diesem Zusammenhang vom „Denken in Analogien", dieses spielt beim Lösen von alltäglichen und wissenschaftlichen Problemen eine große Rolle.

Denken in Analogien erleichtert die Problemlösung

Ab welchem Zeitpunkt können Kinder analoge Schlussfolgerung ziehen? In einer Untersuchung von Chen, Sanchez und Campbell[1] gelingt die Nutzung von Analogien schon 10 bis 13 Monate alten Babys. Die Kinder konnten die Erfahrungen bei der Lösung eines Problems bei weiteren ähnlichen Problemen anwenden. Auch drei- und vierjährige Kinder nutzen solche Analogien bei der Problemlösung: Aufgaben wie „Vogel: Vogelnest = Hund: x" lösen die meisten Vierjährigen richtig. Analoges Schließen stellt also schon bei Kleinkindern einen bedeutsamen Lernmechanismus dar.[2]

Früher ging man davon aus, dass diese Art des Denkens erst auf der Stufe des formal-operativen Denkens nach Piaget möglich ist, also im Alter von elf bis zwölf Jahren. Verschiedene Autoren[3] grenzen sich jedoch inzwischen explizit davon ab.

Das Ableiten von Schlussfolgerungen aus vorgegebenen Fakten ist eine wichtige Komponente des **wissenschaftlichen Denkens.** Bei dieser Art des Denkens geht es darum, Hypothesen aufzustellen und zu überprüfen, Bedingungszusammenhänge aufzuspüren, Voraussagen zu machen oder für das Auftreten bestimmter Ereignisse Wahrscheinlichkeiten festzulegen.

---

1 *Chen, Sanchez & Campbell, 1997, zit. nach Sodian, 2008, S. 455*
2 *Sodian, 2008*
3 *z. B. Donaldson, 1982 für das deduktive Schließen oder Goswami, 1992 für das analoge Schließen*

Die Befunde zeigen, dass Kinder von Beginn an aktive Problemlöser sind. Bei der Beschäftigung mit Problemen im Bereich Technik können Kinder Kompetenzen wie bspw. „Denken in Analogien" anwenden und weiterentwickeln. So stärken sie ihre Problemlösekompetenzen, die die Grundlage für weitere Denkprozesse bilden und die sie auch dazu befähigen, Probleme im Alltag in anderen Bereichen zu lösen. Das gilt auch für das gemeinsame Lösen von Problemen mit anderen.

3.3 Die Entwicklung bereichsspezifischen Wissens

Anhand ausgewählter Forschungsbefunde wurde in den vorherigen Abschnitten gezeigt, dass Kinder von Geburt an über Kompetenzen verfügen, mit ihrer Umwelt zu interagieren. Die dafür grundlegenden Kompetenzen wie motorische Fertigkeiten und Problemlösestrategien entwickeln sich weiter, wenn Kinder die Möglichkeit haben, Geräte, Materialien und Werkzeuge zu erkunden und in Interaktion mit anderen Wissen zu konstruieren.

Im Bereich der Technik spielen aber nicht nur diese Kompetenzen eine Rolle, sondern auch naturwissenschaftliche Erkenntnisse, die z. B. bei der technischen Problemlösung zur Anwendung kommen. Im Abschnitt über die Bildungsziele werden diese Erkenntnisse als technische Grundkenntnisse beschrieben, die eine Vertiefung der Grunderfahrungen darstellen. Diese Erkenntnisse stellen Wissen dar, das für Kinder die Grundlage für Erklärungen bestimmter Phänomene im Bereich Technik bildet.

Die neuere entwicklungspsychologische Forschung hat gezeigt, dass die Aneignung solchen Wissens eine zentrale Rolle bei der Entwicklung des Denkens spielt. So konnte nachgewiesen werden, dass es sich bei vielen Entwicklungsschritten im Denken von Kindern um eine Zunahme des ihnen zur Verfügung stehenden Wissens handelt.[1] Daraus wurde die Schlussfolgerung gezogen, dass kognitive Fähigkeiten, Fertigkeiten und Strategien nicht isoliert von der sich entwickelnden **Wissensbasis** untersucht werden können. Der Wissensbasis wird somit eine wichtige Bedeutung beigemessen; sie wird wiederum in verschiedene **Wissensbereiche (= Inhaltsbereiche = Domänen)** unterteilt.

Die Wissensbasis wird in Bereiche eingeteilt

Welche Wissensbereiche sind nun besonders relevant und fundamental für die Entwicklung des Denkens? Mit einem fundamentalem Wissensbereich ist Wissen gemeint, das die Grundlage für die Bildung von weiterem Wissen (z. B. Begriffe) bildet und so die Voraussetzung für ein besseres Verständnis darstellt. Es wird davon ausgegangen, dass es Begriffe und Wissen gibt, die mehr Einfluss auf die Entwicklung haben. Aus entwicklungspsychologischer Perspektive ist es beispielsweise wichtiger, den Begriff „Objekt" zu kennen als zu wissen, dass Autos öfter schwarz als lila sind.[2]

Als solche **fundamentalen Wissensbereiche** haben sich die **physikalische, die psychologische und die biologische Domäne** erwiesen, also gerade auch ein naturwissenschaftlicher Inhaltsbereich, der für die technische Bildung relevant ist.

---

1 *Goswami, 2001*
2 *Wellman & Gelman, 1998*

Psychologisches, physikalisches und biologisches Wissen sichert das Überleben

Dieses lässt sich aus der Entwicklungsgeschichte des Menschen erklären, denn diese Bereiche sind besonders wichtig für das Überleben und die tägliche Interaktion zwischen Menschen. Das Wissen über andere Menschen und deren Verhalten ist wichtig für das Zusammenleben, die Partnersuche und das Aufziehen von Kindern (psychologische Domäne). Das Wissen in der biologischen Domäne, z. B. über Pflanzen und Tiere, ist erforderlich für die Nahrungssuche und sichert die Erhaltung der Gesundheit. Das physikalische Wissen schließlich erlaubt Vorhersagen über die Auswirkungen von eigenen Handlungen und den Handlungen von Anderen. Ebenfalls ermöglicht es den **Gebrauch von Werkzeugen und ist wichtig für das Bauen**, um nur einige Beispiele zu nennen. Damit sichert dieses Wissen letztlich auch das Überleben.[1] Für den Bildungsbereich Technik ist der Wissensbereich Physik zentral, deshalb wird darauf schwerpunktmäßig im *Abschnitt 3.3.3 „Physikalischer Wissensbereich"* eingegangen.

Bereichsspezifische Ansätze thematisieren die Wissensbasis

Theorien, die sich mit der Entwicklung der Wissensbasis und den einzelnen Wissensbereichen beschäftigen, heißen **bereichsspezifische Theorien der kognitiven Entwicklung.** Die kognitive Entwicklung wird in diesen neueren Ansätzen und Theorien somit auch im Hinblick auf das sich entwickelnde Verständnis wichtiger Inhaltsbereiche gesehen. Dabei wird insbesondere der Frage nachgegangen, **wie das Wissen in diesen Inhaltsbereichen organisiert ist** und **wie es sich im Laufe der Entwicklung verändert**.[2]

„Theorie-Theorien": Theorien über Alltagstheorien

Eine besondere Rolle spielen dabei die „**Theorie-Theorien**". Diese nehmen an, dass unser **Wissen** in intuitiven Alltagstheorien organisiert ist, die aber in wesentlichen Aspekten wissenschaftlichen Theorien ähneln. Sowohl wissenschaftliche als auch alltägliche Theorien ermöglichen es Menschen, die Welt zu erklären und zu strukturieren. Sie geben eine Definition, welche Phänomene zu einem bestimmten Gegenstandsbereich gehören.

Beispiele für Alltagstheorien von Kindern:[3]

- „Wenn ein Ball aus einem fahrenden Auto fallen gelassen wird, dann fällt er senkrecht auf den Boden."[4]
- „Styropor wiegt nichts, weil es beim Fühlen auf der Hand nicht schwer ist."

Begriffe spielen eine zentrale Rolle für die kognitive Entwicklung

Was beinhalten solche Theorien, bzw. wie sind sie aufgebaut? In diesen Theorien spielen **Begriffe** eine zentrale Rolle. (Ausführlich wird auf die Entwicklung von Begriffen im *Abschnitt 3.3.2 „Die Entwicklung begrifflichen Wissens"* eingegangen.) Es wird jedoch davon ausgegangen, dass zu einem Begriff nicht nur Verbindungen zu bestimmten Merkmalen gehören, sondern auch **Annahmen über die Welt**.

Was sind Begriffe?

Begriffe beinhalten Eigenschaften, Ereignisse, Zustände, Individuen und abstrakte Ideen. Begriffe sind eingebettet in größere Wissensstrukturen und können nicht als isolierte Strukturen verstanden werden.[5] Ein Beispiel dafür ist der Begriff Auto, der in unserem Gedächtnis in Zusammenhang mit einer Reihe von Merkmalen abgespeichert ist („Merkmalsassoziationen", z. B. hat vier Räder, braucht Benzin, man kann damit fahren etc.) und somit eine Wissenseinheit bildet. Solche Wissenseinheiten können sich auf ein einzelnes Individuum (z. B. Elvis Presley) oder auf eine Kategorie (Autos, Lastwagen, Bagger) beziehen.[6] Diese Wissenseinheiten sind wiederum in größere Wissensbereiche integriert, die schon erwähnte physikalische, biologische und psychologische Domäne. Diese begrifflichen Systeme werden auch als intuitive (Alltags)Theorien bezeichnet.[7]

---

1 *Mähler, 1999; Wellman & Gelman, 1998*
2 *Wellman & Gelman, 1998*
3 *Sodian, 1998; Sodian, 2008; Vosniadou, 1991*
4 *Sodian, 2008*
5 *Gelman & Kalish, 2006*
6 *Sodian, 2002*
7 *Sodian, 2002*

Wellman und Gelman[1] bezeichnen diese Annahmen deshalb auch als theoretische Annahmen, weil sie miteinander zusammenhängende Vorhersagen und Erklärungen für einen bestimmten Phänomenbereich, z. B. den der Physik, erlauben. Es wird also angenommen, dass **kausale Erklärungen** und **Verbindungen** einen wesentlichen Teil unseres begrifflichen Wissens ausmachen;[2] die Neigung von Kindern nach Ursachen zu suchen, trägt zur Bildung von Begriffen bei. Kausale Erklärungen liefern Antworten auf die „Wieso-, Weshalb-, Warum-Fragen" der Kinder. Z. B. in Bezug auf die Frage „Warum fährt ein Auto?" verwenden die Kinder einerseits den Begriff „Auto", andererseits sind sie auf der Suche nach Erklärungen, die sie dann mit diesem Begriff verknüpfen und gemeinsam abspeichern.

Kausale Erklärungen sind Teil des begrifflichen Wissens

Im Folgenden wird zunächst näher auf die Entwicklung des kausalen Denkens *(Abschnitt 3.3.1)* eingegangen, anschließend wird die Entwicklung von Begriffen *(Abschnitt 3.3.2)* weiter ausgeführt.

Physikalisches Wissen, das sich aus Begriffen und damit zusammenhängenden Erklärungen zusammensetzt, ist für die kognitive Entwicklung von Kindern von großer Bedeutung: Der Bereich der Physik stellt einen fundamentalen Wissensbereich dar. Er bildet eine Basis, von der ausgehend sich neue Wissensstrukturen bilden. Wenn Kinder also schon im Elementarbereich neue Begriffe kennenlernen, und Erklärungen gemeinsam entwickeln, dann ermöglicht das eine Erweiterung der Wissensstruktur und gleichzeitig eine Weiterentwicklung des Denkens.

3.3.1 Die Entwicklung des kausalen Denkens

Kinder haben die Neigung, nach Ursachen von Phänomenen zu fragen, die sie erleben, z. B. warum Schiffe schwimmen und wieso Fahrräder fahren. Im Bereich der frühen technischen Bildung geht es auch darum, diese Fragen aufzugreifen und mit den Kindern in einem ko-konstruktiven Prozess zu vertiefen. Solche Fragen und die damit offensichtlich angeborene Tendenz des Kindes, Kausalzusammenhänge zu erfassen und kausale Erklärungen zu finden, scheint ein wichtiger Faktor für die Entwicklung des Denkens zu sein.[3] Die kausal relevante Information und das kausale Denken hilft Kindern dabei, sich ihre Umwelt zu erklären, Vorhersagen darüber zu machen und schließlich sich damit auch besser in der Umwelt zurecht zu finden. Voraussetzung dafür ist ein Verständnis der Umwelt und das Wissen um *Verursachung*. Dem Erwerb von Ursache-Wirkungs-Zusammenhängen wird somit eine große Bedeutung für die Entwicklung des Denkens beigemessen. Gleichzeitig zeigt diese Art von Fragen, dass die Kinder bereits früh über Fähigkeiten wie schlussfolgerndes Denken verfügen.[4]

Wieso-, Weshalb-, Warum-Fragen haben eine wichtige Funktion

Kausale Erklärungen und Verbindungen machen einen wesentlichen Teil unseres begrifflichen Wissens aus.[5]

Das kausale Denken ist auch in der Theorie der kognitiven Entwicklung von Piaget (1896–1980) ein zentraler Aspekt. Piaget bezeichnete das Denken von Vorschulkindern als „präkausal", denn bei seinen Befragungen nach Erklärungen zu bestimmten Phänomenen in der Umwelt machten die Kinder nur sehr selten Angaben über vermutete Ursachen. Außerdem unterstellten sie nicht nur physikalische, sondern auch psychologische (wie Wünsche und Absichten) Ursachen. Kritiker von Piaget behaupteten dagegen, dass es den Kindern lediglich an bereichsspezifischem Wissen fehle, um physikalische Phänomene wie das Schwimmen von Schiffen und das Funktionieren der Dampfmaschine zu erklären.[6]

Kinder suchen nach kausalen Erklärungen

In verschiedenen Untersuchungen[7] wurde diese Auffassung bestätigt; es konnte nachgewiesen werden, dass Kinder **kausale Schlussfolgerungen** im Großen und Ganzen auf die gleiche Art und Weise vornehmen wie

1 *Wellman & Gelman, 1998*
2 *Keil, 1994; Sodian, 2002*
3 *Goswami, 2001, S. 17*
4 *Goswami, 2001*
5 *Keil, 1994, zit. nach Sodian, 2002, S. 444*
6 *Sodian, 2005*
7 *Bullock, Gelman & Baillargeon, 1982; Sodian, 2005*

Kinder schluss-folgern in vielen Aspekten wie Erwachsene

Erwachsene: Sie denken deterministisch (Ereignis hat in der Regel eine Ursache), sie gehen nach dem Prinzip der zeitlichen Priorität vor (als Ursachen nur Fälle, die zeitlich vorher sind) und Kinder unterstellen kausale Mechanismen, d. h. sie entwickeln Annahmen darüber, wie der Effekt zustande gekommen sein kann.

Baillargeon & Gelman[1] konnten zeigen, dass 3- bis 4-jährige Kinder bei einer physikalischen Ereigniskette unterscheiden können, welche Veränderungen relevant oder irrelevant sind, vorausgesetzt, dass der Mechanismus so einfach ist, dass sie ihn verstehen können: Die Kinder beobachteten eine Kettenreaktion von Dominosteinen, die dazu führte, dass ein Hase von einem Brett gestoßen wurde und in sein Bett fiel. Schon Dreijährige verstanden den einfachen, **kausalen** Mechanismus, denn sie konnten unterscheiden, dass Farbe oder das Material des Stabes keine Auswirkung auf das Ergebnis hatten, die Verkürzung des Stabes oder die Herausnahme eines Dominosteines dagegen schon.

Insgesamt kann daraus geschlossen werden, dass Vorschulkinder nicht unfähig zum kausalen Denken sind, sondern dass es ihnen für Erklärungen in vielen Fällen an bereichsspezifischem Wissen, also inhaltlichem Wissen aus dem Bereich der Physik mangelt. Die Veränderungen im Verständnis von Kausalität von der Kindheit bis zum Erwachsenenalter sind weniger gravierend als von Piaget angenommen.[2]

Zusammenfassend kann festgehalten werden, dass das Denken in Ursache-Wirkungs-Zusammenhängen den Kindern einerseits ermöglicht, ihre physikalische Umwelt zu verstehen, andererseits können sie dadurch bestimmte Ereignisse in ihr vorhersagen und steuernd beeinflussen. Die „Wieso-, Weshalb-, Warum-Fragen" der Kinder und das gemeinsame Finden von Antworten und Erklärungen haben also eine wichtige Funktion für die Entwicklung des Denkens.

3.3.2 Die Entwicklung begrifflichen Wissens

Das Wissen, das die Kinder erwerben, wird im Gedächtnis organisiert und reduziert. Bei der Organisation des Wissens („Wissensbasis") und der verschiedenen Inhaltsbereiche erfüllen schon sehr früh in der kindlichen Entwicklung Begriffe eine wichtige Funktion. Die Entwicklung des begrifflichen Wissens

1 Baillargeon & Gelman, 1980, zit. nach Sodian, 2005, S. 14
2 Sodian, 1998, 2005

wiederum ist eng mit der Fähigkeit zur Kategorisierung verbunden, für die eine wichtige und frühe Informationsquelle die Wahrnehmung ist. Mit **Kategorisierung** ist die Fähigkeit gemeint, „eine Menge von Dingen als in gewisser Weise äquivalent zu betrachten, sie auf den gleichen Haufen zu legen, ihnen den gleichen Namen zu geben oder gleich auf sie zu reagieren."[1] Ein Beispiel dafür ist, wenn das Kind wahrnimmt, dass bestimmte äußere Merkmale von Autos wie vier Räder und „man kann sich darin fortbewegen", oft miteinander einhergehen. So lernt es, dass es eine Kategorie Auto gibt. Auf dieser Grundlage bildet sich die Fähigkeit heraus, Autos von anderen Fahrzeugen zu unterscheiden.[2]

Kategorisierungen sind die Basis für die Begriffsbildung

Der **Sprache** kommt eine wichtige Bedeutung für die Entwicklung des begrifflichen Denkens zu. Denn die Organisation von Begriffen und Kategorien wird zum Teil durch Merkmale der Sprache bestimmt. So hat man in Studien zum Spracherwerb festgestellt, dass Kinder beim Lernen von Substantiven diese als Bezeichnungen für übergeordnete Kategorien interpretierten, neue Adjektive dagegen als Bezeichnungen für untergeordnete Kategorien.[3] Verbale Benennungen können demnach schon Zweijährigen helfen, begriffliche Unterscheidungen vorzunehmen.

Sprache hilft bei der begrifflichen Unterscheidung

Auch für das **Schlussfolgern**, auf das weiter oben schon detaillierter eingegangen wurde, stellen Kategorien eine wichtige Basis dar. So konnte gezeigt werden, dass schon drei Monate alte Säuglinge ihr erworbenes Wissen über Eigenschaften von Mobiles bei der Erkundung von neuen Mobiles anwenden.[4]

Es gibt also einen **quantitativen** Wissenszuwachs im Laufe der kindlichen Entwicklung, das heißt das Wissen und die Begriffe der Kinder werden zahlenmäßig umfangreicher und differenzierter. Ein zehnjähriges Kind kennt in der Regel mehr Fahrzeuge als ein vierjähriges Kind und kann die Merkmale genauer beschreiben.

Quantitativer Wissenszuwachs

Wie bereits erwähnt, spielen Begriffe eine zentrale Rolle in den intuitiven Alltagstheorien von Kindern. Die Theorie-Theorien gehen davon aus, dass das Wissen der Kinder theorieähnlich in den verschiedenen Wissensbereichen organisiert ist und diese wiederum in zusammenhängende Erklärungssysteme eingebettet sind. Die Kausalerklärungen (= Ursachen-Erklärungen) innerhalb dieses Theoriensystems sind bereichsspezifisch: So verfügen wir über andere Erklärungen für menschliches Verhalten (Psychologischer Wissensbereich) als für das Wachstum von Pflanzen (Biologischer Wissensbereich).

Domänenspezifische Kausalerklärungen

Diese Theorien der Kinder unterscheiden sich von denen der Erwachsenen. Wie kommt es nun zu Veränderungen dieser Theorien, wie also findet Entwicklung statt? Die Entwicklungspsychologie hat sich insbesondere mit der Frage beschäftigt, wie die **qualitative** Veränderung im begrifflichen Wissen stattfindet. Sie interessiert sich also dafür, wie sich die Bedeutung der Begriffe verändert.

Wenn das Wissen theorieähnlich organisiert ist, dann lässt sich die kognitive Entwicklung von Kindern aus dieser Perspektive als ein Prozess des **Theoriewandels** beschreiben. Der Fortschritt in der kindlichen Entwicklung wird innerhalb dieses Ansatzes darin gesehen, dass sich das **begriffliche Verständnis** im jeweiligen Wissensbereich weiter entwickelt. Eine Ausgangstheorie, die früh erworben wird, lenkt die weitere Entwicklung und bestimmt das Denken des Kindes im jeweiligen Wissensbereich.[5] Weiterentwicklung findet dadurch statt, dass bisherige Erklärungen und Vorhersagen sich auf (neue) Phänomene nicht anwenden lassen. Fakten, die nicht passen, und Vorhersagen, die immer wieder falsch sind. Am Anfang können diese Abweichungen ignoriert werden, wenn sie jedoch immer wieder auftauchen, führen sie zu einer begrifflichen Reorganisation und Anpassung. Diese wiederum führt zu einer Reorganisation der Theorie.[6] Das folgende Beispiel aus dem Bereich der Physik bzw. Astronomie verdeutlicht diesen Sachverhalt. Detaillierter wird auf die Entwicklung des physikalischen Verständnisses in *Abschnitt 3.3.3* eingegangen.

Entwicklung als Prozess des Theoriewandels

Radikale Veränderungen in den Inhaltsbereichen

---

1 *Neisser, 1987, S. 1, zit. nach Goswami, 2001, S. 114*
2 *Goswami, 2001*
3 *Goswami, 2001*
4 *Hayne & Rovee-Collier, 1995*
5 *Sodian, 2002*
6 *Wellman & Gelman, 1998*

Kapitel 3 | Was Kinder früh wissen, können und lernen: Entwicklungspsychologische Grundlagen

> ### Theoriewandel bei Kindern
>
> Kinder beginnen mit der Vorstellung, die Erde sei flach. Diese Vorstellung der Kinder ist nicht leicht zu korrigieren, wie Vosniadou[1] in verschiedenen Interviews mit Kindern herausgefunden hat: Wenn Kinder von Erwachsenen hören, dass die Erde eine Kugel ist, dann integrieren sie diese Informationen zunächst einmal in ihr naives geozentrisches Weltbild und versuchen so für die neue Information eine sinnvolle Interpretation zu finden. So machten sich die Kinder Gedanken darüber, wie man auf der Unterseite einer Kugel leben könnte, ohne herunterzufallen. Ein Kind integrierte die Informationen z. B. auf die Art und Weise, indem es sich vorstellte und berichtete, dass die Erde dann wohl eine oben offene Hohlkugel sein muss, in deren gewölbten Innenraum die Menschen leben. Diese Ergebnisse deuten darauf hin, dass das zusammenhängende System von Überzeugungen, das die Kinder haben, nicht punktuell durch einzelne Korrekturen zu verändern ist. Stattdessen verwenden die Kinder einen Interpretationsrahmen, den sie auf neue Informationen anwenden. Die Veränderung des Interpretationsrahmens dagegen ist ein langwieriger Prozess, der mehrere Jahre in Anspruch nimmt. Eine Erklärung, wie die Veränderungen stattfinden, wird darin gesehen, dass im Laufe der Entwicklung zentrale Begriffe ihre Bedeutung verändern und dadurch eine Wandlung in der intuitiven Theorie stattfindet. Die Vertreter der Theorie-Theorie gehen davon aus, dass ein solcher Bedeutungswandel in vielen verschiedenen Schritten der Entwicklung des physikalischen Verständnisses stattfindet.[2]

Somit finden nach der Theorie-Theorie innerhalb der Inhaltsbereiche radikale Veränderungen statt, diese Veränderungen sind bereichsspezifisch, sie können also von Inhalts- zu Inhaltsbereich (Biologie oder Physik) sehr unterschiedlich sein.

Begriffe sind kontext- und domänenspezifisch

Die aktuelle Forschung konnte zeigen, dass frühere Theorien über fundamentale Veränderungen kindlicher Konzepte zu starke Annahmen über die Unterschiede zwischen den Begriffen von Kindern und Erwachsenen gemacht haben, stattdessen sind kindliche Begriffe vielmehr in hohem Maße kontext- und domänenspezifisch. Wie sich das Wissen im physikalischen Wissensbereich entwickelt, wird in dem folgenden *Abschnitt 3.3.3* beschrieben.

Wenn die Wissensorganisation der Kinder auf diese Art und Weise, also theorieähnlich, erklärt wird, dann wird verständlich, warum so viele Denkfehler der Kinder so schwer richtiggestellt werden können: Es handelt sich um alternative Denkweisen, also nicht nur um einzelne, faktische Fehler: Korrektur ist nur möglich, wenn das Gesamtsystem verändert wird. Wenn Kinder durch Instruktionen lernen, dann wird die neue Information im Rahmen der intuitiven Theorie interpretiert. Der Wandel von Rahmentheorien vollzieht sich langsam über größere Zeiträume hinweg und ist durch Instruktion nicht direkt und unproblematisch zu erreichen.[3]

Deshalb ist es so wichtig, die Theorien der Kinder zu verstehen und mit ihnen gemeinsam in der Interaktion neues Wissen zu konstruieren, zu vertiefen und zu verändern, statt sie zu „instruieren".

---

1 *Vosniadou, 1991*
2 *Sodian, 2002*
3 *Brewer & Samarapungavan, 1991*

3.3.3 Physikalischer Wissensbereich

Intuitive Physik

Alle Menschen besitzen auch ohne Physikunterricht Intuitionen über physikalische Phänomene, dazu gehört auch das Wissen über die **Eigenschaften physikalischer Objekte**, das Menschen bei der Orientierung in ihrer Umgebung hilft. So ist es selbstverständlich, dass Objekte fest und dreidimensional sind, dass ein Ball auf einem Tisch zurück springt und nicht einfach durch den Tisch hindurch geht.

Die Tatsache, dass bereits Babys im Alter von 2.5 Monaten die physikalischen Prinzipien der Solidität (ein Gegenstand ist fest und kann nicht durch andere hindurchgehen) und Kontinuität (ein Gegenstand existiert weiter, auch wenn man ihn nicht sieht) berücksichtigen, führt zu der Vermutung, dass dieses Wissen angeboren sein könnte. Jedoch zeigt sich auch, dass Kinder diese Prinzipien nicht immer und durchgängig anwenden und von daher ist es wahrscheinlich, dass angeborenes Wissen eine rudimentäre Basis für den späteren Wissenserwerb bietet und dieses Wissen im Verlauf der Entwicklung zunehmend komplexer und differenzierter wird.[1,2]

Angeborenes Wissen als Basis für den Wissenserwerb

Objekteigenschaften

In anderen Aspekten entsprechen die Intuitionen des sechs Monate alten Säuglings über physikalische Objekte jedoch nicht denen des Erwachsenen. Säuglinge ziehen zum Treffen von Entscheidungen, ob es sich um ein oder zwei Objekte handelt, raumzeitliche Hinweise (ein Zwischenraum zwischen zwei Objekten gibt Hinweise darauf, dass es sich um zwei Objekte handelt) und Bewegungshinweise heran. Erwachsene dagegen ziehen zusätzlich auch Hinweise über Objekteigenschaften hinzu. Wenn bspw. ein Fahrrad in einen Tunnel fährt und ein Motorrad auf der anderen Seite herauskommt, ist die Schlussfolgerung eines Erwachsenen, dass es sich – trotz des raumzeitlich kontinuierlichen Bewegungspfades – um zwei verschiedene Objekte handelt.[3]

Säuglinge vernachlässigen Objekteigenschaften

Baillargeon[4] konnte in einer Untersuchung zeigen, dass Säuglinge erst in der zweiten Hälfte des ersten Lebensjahres auch die Größe von Objekten betrachteten. Sie erinnern sich dann nicht nur daran, dass ein Objekt hinter dem Schirm war, sondern auch daran, wie groß dieses Objekt war. Aber nicht nur Informationen über die Objektgröße ziehen die Kinder im Alter von circa zwölf Monaten in Betracht, sondern sie berücksichtigen ebenfalls das Gewicht, wie Wang und Baillargeon[5] zeigen konnten. Bei zwölf Monate alten Kindern kann also nachgewiesen werden, dass sie wie Erwachsene Informationen über Objektart und -eigenschaften nutzen.[6]

Insgesamt kann also festgehalten werden, dass Säuglinge, die nur wenige Monate alt sind, bereits ein Wissen über physikalische Objekte und ihr Verhalten haben.[7]

Schwerkraft und Trägheit

Vier bis sechs Monate alte Säuglinge beachten zwar schon das Soliditätsprinzip und auch das Kontinuitätsprinzip, sie teilen dagegen noch nicht Intuitionen von Erwachsenen über *Schwerkraft* (ein Objekt fällt weiter nach unten, bis es auf eine stützende Unterlage trifft) und *Trägheit* (ein Objekt bewegt sich so lange weiter, bis es auf ein Hindernis stößt); sie unterscheiden zu diesem Zeitpunkt noch nicht zwischen Ereignissen, die das Schwerkrafts- bzw. Trägheitsprinzip verletzen (ein Ball bleibt in der Luft stehen, ohne gehalten zu werden) und Ereignissen, die physikalisch möglich sind (ein Ball fällt auf einen Tisch). Dieses Wissen über Trägheit scheint erst im Alter von acht bis zehn Monaten erworben zu werden, das Wissen über

Im Alter von acht bis zehn Monaten: Wissen über Trägheit

---

1 *Wilkening, Huber & Cacchione, 2006*
2 *Spelke et al., 1992*
3 *Sodian, 2002, S. 451*
4 *Baillargeon, 1994, zit. nach Sodian, 2002, S. 452*
5 *Wang & Baillargeon, 2003, zit. nach Wilkening et al., 2006, S. 830*
6 *Sodian, 2002*
7 *Wilkening, Huber & Cacchione, 2006*

Schwerkraft sogar erst nach dem dritten Lebensjahr. Spelke et al.[1] ziehen daraus die Schlussfolgerung, dass das Trägheitsprinzip nicht zum Kernbereich unseres physikalischen Wissens gehört, das Kontinuitätsprinzip dagegen schon.

Gewicht, Dichte und Aufbau der Materie

Auch das Wissen über Materie gehört zu den fundamentalen Bereichen der intuitiven Physik. Darunter fallen Objekte in allen Aggregatzuständen: Festkörper, Flüssigkeiten und Gase. Kinder werden von den ersten Lebensmonaten an mit Gegenständen konfrontiert, die aus ganz verschiedenen Materialien zusammengesetzt sind und daher auch jeweils eine verschiedene Dichte aufweisen.[2]

Vorschulkinder unterscheiden zwischen der realen Welt und Träumen

Das Materiekonzept, das Kinder haben, ist bezogen auf den Alltag der Kinder sehr hilfreich, beispielsweise sind schon Vorschulkinder in der Lage, zwischen der realen Welt und Träumen oder Wünschen zu unterscheiden. Wesentliche Unterscheidungen zwischen materiellen und immateriellen Dingen werden im Vorschulalter ab ca. vier Jahren erworben.[3]

Allerdings hat sich gezeigt, dass das Konzept der Kinder nicht mit anerkannten, naturwissenschaftlichen Gesetzen übereinstimmt. Kinder orientieren sich bei dieser Unterscheidung nicht immer entlang der Dimension „materiell-immateriell". In einer Aufgabe zur Kategorisierung von Festkörpern, Flüssigkeiten und Gasen hielten viele Kinder im Alter von 4 bis 11 Jahren auch Temperatur, Echo oder Schatten für Materie.

Die Theorie der Kinder weicht von der der Erwachsenen ab

Carey[4] führte verschiedene Untersuchungen über das Verständnis des Kindes von **Materie, Masse, Gewicht, Dichte** und **Luft** durch. Hier zeigte sich in Bezug auf Materie, dass Kinder über eine in sich stimmige Theorie verfügen, die von der der Erwachsenen erheblich abweicht. So machen jüngere Kinder keine Unterschiede zwischen Gewicht und Dichte oder Luft und Nichts. Auf die Frage, die Carey Vorschulkindern gestellt hat, ob ein kleines Stück Styropor oder ein Reiskorn „viel, ein bisschen, oder gar nichts wiege", antwortete die Mehrzahl der Kinder, dass es nichts wiege. Diese Antworten deuten darauf hin, dass Kinder ihr Urteil auf sensorische Informationen stützen, indem sie einen Gegenstand in die Hand nehmen und fühlen, ob er schwer ist. Ein unabhängigeres Gewichtskonzept, dass weder Materie noch Gewicht sich in nichts auflösen können, entwickeln die Kinder erst im Alter von neun Jahren.[5]

Jüngere Kinder haben auch Probleme bei dem Verständnis des Begriffs der Dichte: Noch achtjährige Kinder unterscheiden nicht durchgängig zwischen dem absoluten Gewicht eines Objekts (z. B. eines Stahlzylinders) und dem Material, aus dem das Objekt gemacht ist.[6] Diese Erkenntnisse deuten darauf hin, dass noch Kinder im Grundschulalter Konzepte von Gewicht und Dichte haben, die in den Begriffen der Erwachsenen keine Entsprechung haben. Carey interpretierte den Befund so, dass das Kind über ein Konzept von Dichte verfügt als eine subjektiv fühlbare „Schwere". Wesentliche Unterscheidungen zwischen materiellen und immateriellen Dingen werden im Vorschulalter ab ca. vier Jahren erworben.[7]

In vielen Bereichen sind die intuitiven Theorien von Kindern und Erwachsenen gleich

Diese Befunde deuten darauf hin, dass Kinder und Erwachsene in vielen Aspekten des kindlichen physikalischen Wissens über ähnliche intuitive Theorien verfügen. Dies kann man, wie gezeigt, schon bei Säuglingen feststellen, denn sie teilen einige Erwartungen über die Eigenschaften physikalischer Objekte mit Erwachsenen. Auch Vorschulkinder verfügen schon über mehr physikalisches Wissen, als von Piaget angenommen wurde. So konnte gezeigt werden, dass viele Denkfehler, die Piaget annahm, nicht auf ein Fehlen fundamentaler Konzepte wie Weg, Zeit und Geschwindigkeit der Kinder hinweisen. Vielmehr sind die Ergebnisse von Piaget darauf zurückzuführen, dass die Untersuchungsmethoden nicht altersangemessen waren. Mit neueren Untersuchungsmethoden konnte dagegen gezeigt werden, dass Vorschulkinder viele Aspekte fundamentaler

---

1 *Spelke et al., 1992*
2 *Wilkening et al., 2006*
3 *Mähler, 1999*
4 *Carey, 1991*
5 *Wilkening et al., 2006*
6 *Sodian, 2002*
7 *Mähler, 1999*

Kapitel 3 | Was Kinder früh wissen, können und lernen: Entwicklungspsychologische Grundlagen

Begriffe wie Weg, Zeit und Geschwindigkeit verstehen. Und sie lösen auch schon Aufgaben, bei denen es um die Integration von verschiedenen Informationsquellen, also z. B. Zeit und Strecke, geht.[1]

Zusammenfassend kann festhalten werden,[2] dass schon sehr früh bei Kindern physikalisches Wissen vorhanden ist und erworben wird, vielleicht sogar im Sinne eines „konzeptuellen Moduls" in Grundzügen angeboren ist.[3] Neben diesen Beispielen für die frühen Kompetenzen von physikalischem Wissen gibt es jedoch auch eine Reihe von Befunden, die aufzeigen, dass Kinder viele fehlerhafte physikalische Vorstellungen haben. Diese sind oft erstaunlich hartnäckig (bis ins Erwachsenenalter) gegen Instruktionen und sie werden häufig auch dann noch beibehalten, wenn massive, ihnen widersprechende Erfahrungen gemacht werden (vgl. dazu das Beispiel in Abschnitt 3.3.2 „Theoriewandel bei Kindern").

Dem **bereichsspezifischen, begrifflichen Wissen** kommt eine zentrale Bedeutung für die kognitive Entwicklung zu, wie im vorherigen Abschnitt beschrieben wurde. Eine weitere wichtige Determinante ist das **metabegriffliche Wissen** und das **metakognitive Verständnis** des Wissenserwerbs, des Denkens und Lernens.

Unter metabegrifflichem oder metakognitivem Verständnis versteht man das Wissen und die Überzeugungen über den Wissenserwerb (Denken und Lernen) selbst. Es gibt Befunde, die zeigen, dass unzureichendes metabegriffliches Wissen ein Hindernis beim Erwerb bereichsspezifischen Wissens ist. Dies trifft insbesondere auf den Erwerb naturwissenschaftlicher Konzepte zu.[4] Weil dieser Aspekt so entscheidend für die kognitive Entwicklung ist, wird er in einem eigenen *Kapitel 5* über metakognitive Prozesse dargestellt.

---

1 vgl. Anderson & Wilkening, 1991; Wilkening, 1981, zit. nach Sodian, 2002, S. 453
2 vgl. auch Mähler, 1999
3 Sodian, 2002
4 Carey et al., 1989; Carey & Smith, 1993, zit nach Sodian, 2002, S. 466

3.4 Überblick über die entwicklungspsychologischen Grundlagen

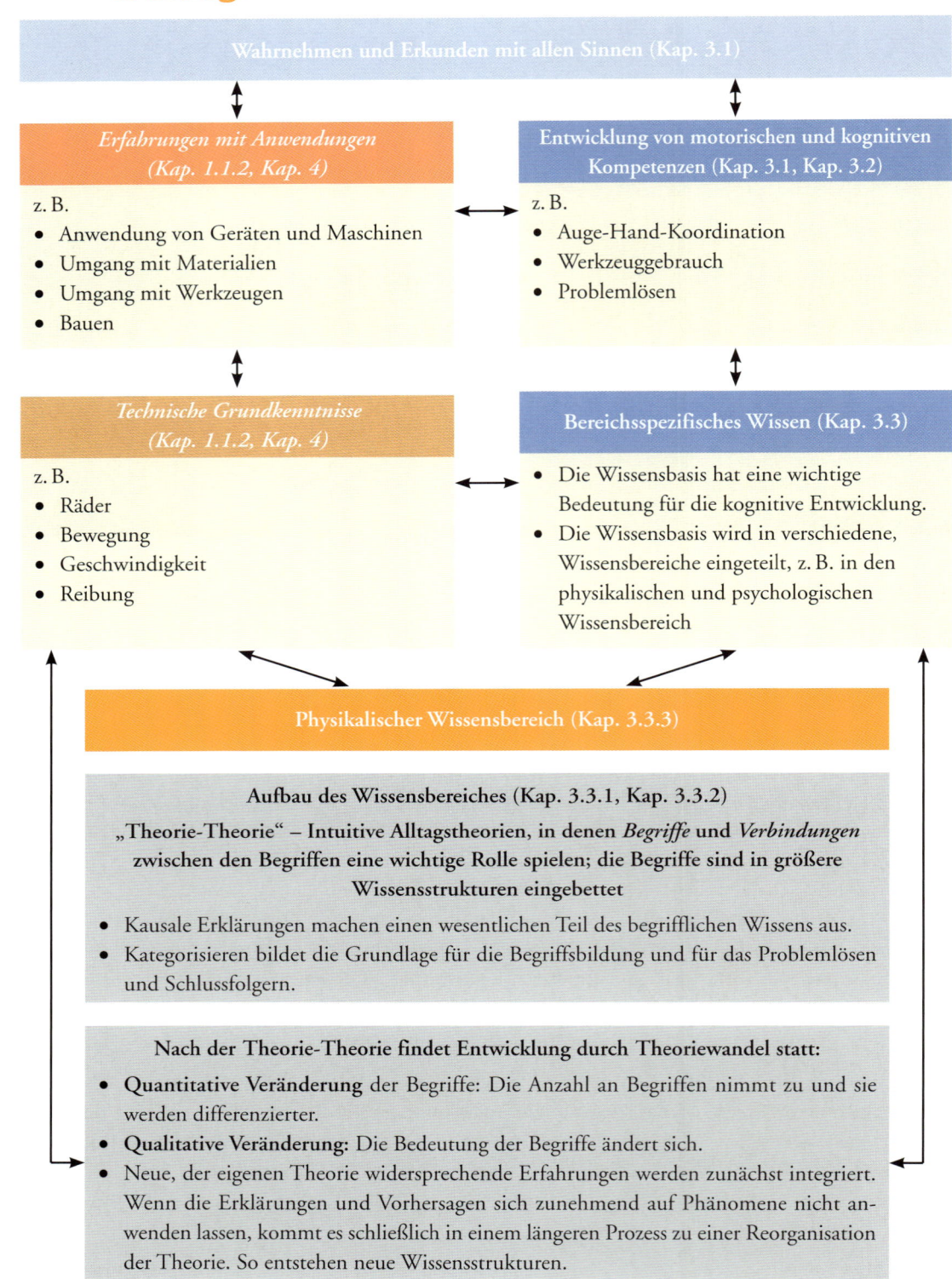

Wahrnehmen und Erkunden mit allen Sinnen (Kap. 3.1)

Erfahrungen mit Anwendungen (Kap. 1.1.2, Kap. 4)

z. B.
- Anwendung von Geräten und Maschinen
- Umgang mit Materialien
- Umgang mit Werkzeugen
- Bauen

Entwicklung von motorischen und kognitiven Kompetenzen (Kap. 3.1, Kap. 3.2)

z. B.
- Auge-Hand-Koordination
- Werkzeuggebrauch
- Problemlösen

Technische Grundkenntnisse (Kap. 1.1.2, Kap. 4)

z. B.
- Räder
- Bewegung
- Geschwindigkeit
- Reibung

Bereichsspezifisches Wissen (Kap. 3.3)

- Die Wissensbasis hat eine wichtige Bedeutung für die kognitive Entwicklung.
- Die Wissensbasis wird in verschiedene, Wissensbereiche eingeteilt, z. B. in den physikalischen und psychologischen Wissensbereich

Physikalischer Wissensbereich (Kap. 3.3.3)

Aufbau des Wissensbereiches (Kap. 3.3.1, Kap. 3.3.2)

„Theorie-Theorie" – Intuitive Alltagstheorien, in denen *Begriffe* und *Verbindungen* zwischen den Begriffen eine wichtige Rolle spielen; die Begriffe sind in größere Wissensstrukturen eingebettet

- Kausale Erklärungen machen einen wesentlichen Teil des begrifflichen Wissens aus.
- Kategorisieren bildet die Grundlage für die Begriffsbildung und für das Problemlösen und Schlussfolgern.

Nach der Theorie-Theorie findet Entwicklung durch Theoriewandel statt:

- **Quantitative Veränderung** der Begriffe: Die Anzahl an Begriffen nimmt zu und sie werden differenzierter.
- **Qualitative Veränderung:** Die Bedeutung der Begriffe ändert sich.
- Neue, der eigenen Theorie widersprechende Erfahrungen werden zunächst integriert. Wenn die Erklärungen und Vorhersagen sich zunehmend auf Phänomene nicht anwenden lassen, kommt es schließlich in einem längeren Prozess zu einer Reorganisation der Theorie. So entstehen neue Wissensstrukturen.

Kapitel 4 | Bildungsziele im Bereich Technik

4
Bildungsziele im Bereich Technik

4 Bildungsziele im Bereich Technik

Möglichkeiten für Grunderfahrungen und Vertiefung des Wissens aufzeigen

In diesem Kapitel werden die Ziele der elementaren technischen Bildung, die im Überblick bereits im Abschnitt *1.1.2: Welche Ziele hat die technische Bildung?* skizziert wurden, detaillierter dargestellt: Für die inhaltlichen Bereiche werden Bildungsziele und -aktivitäten ausgeführt. Dabei wird sich auf die Herangehensweisen bezogen, die ebenfalls im *Abschnitt 1.1.2* genauer beschrieben wurden: Technische Grunderfahrungen, Vertiefung des technischen Verständnisses und sprachlicher und symbolischer Ausdruck.

Nicht alle möglichen Themen können hier ausführlich erläutert werden, sondern es geht darum, Möglichkeiten der Herangehensweise aufzuzeigen und anhand einzelner Beispiele zu verdeutlichen, wie Grunderfahrungen gesammelt, z. B. in der Anwendung von Geräten und Werkzeugen, und wie das Wissen vertieft werden kann. Einige Themen werden deshalb ausführlich erläutert, um darzustellen, wie ausgehend von den Alltags- und Grunderfahrungen technische Grundkenntnisse, wie beispielsweise über Zahnräder, in Interaktion zwischen Fachkraft und Kindern erlangt werden können. Technische Grundkenntnisse werden deshalb immer an denjenigen Stellen erläutert, an denen sie ausgehend von den Grunderfahrungen eine mögliche Vertiefung darstellen. Sie werden nicht in einem eigenen Abschnitt beschrieben. Verdeutlicht wird das Vorgehen zusätzlich durch Projektbeispiele aus der Praxis, auf die in diesem Abschnitt Bezug genommen wird und von denen einige im *Kapitel 6* ausführlich erläutert werden.

4.1 Erfahrungen mit Anwendungen und technische Grundkenntnisse

4.1.1 Erfahrungen mit technischen Anwendungen im Alltag machen

Anwenden und Bedienen von Geräten

Unter die **Erfahrungen mit Anwendungen** fällt im Speziellen die *Anwendung von technischen Geräten* aus der Lebenswelt der Kinder: Die Kinder lernen technische Geräte kennen, sie zu bedienen und sie beschreiben deren Funktionen für den Alltag. Dabei kann es sich um das Bedienen einfacher technischer Vorrichtungen wie *Lichtschalter* und *Toilettenspülung* handeln, aber auch um die selbständige Bedienung technischer Geräte wie *Kassettenrekorder*, *Telefon* und einfache *Computerprogramme*. Gleichzeitig geht es darum, dass die Kinder Geräte und Fahrzeuge kennenlernen, die sie zwar nicht selbst bedienen können, die aber in ihrem unmittelbaren und entfernteren Umfeld eine Rolle spielen, darunter fallen beispielsweise Autos und Bagger, aber auch Züge und Flugzeuge. **Abbildung 1** zeigt die unterschiedlichen Bereiche auf, mit denen Kinder in ihrem Alltag konfrontiert sind und für die sie sich interessieren. Sie soll als Beispiel und als eine Möglichkeit verstanden werden, wie Themen gegliedert werden können. Es gibt aber natürlich auch noch andere Möglichkeiten: So lassen sich die Themen nach bestimmten Funktionen ordnen: z. B. „Alles was fliegt", „Alles was fährt", „Alles was sich dreht" usw.

Themen lassen sich auch anders gliedern

Im Hinblick auf die verschiedenen Geräte und Maschinen, die in den einzelnen Bereichen aufgeführt werden, eignen sich über die Fragen der Kinder hinaus auch folgende Fragen:

Fragen zur Herangehensweise an Maschinen und Geräte
• Welche Geräte gibt es an diesem bestimmten Ort (z. B. Baustelle, Küche)?
• Wie sehen sie aus?
• Wie wendet man sie an?
• Wie funktionieren sie?
• Wie sieht so ein Gerät von innen aus?
• Aus welchen Teilen besteht es?
• Wie erleichtern diese Geräte uns die Arbeit?
• Wie haben die Menschen diese Arbeit früher verrichtet, als es die Geräte noch nicht gab?

Technische Grundkenntnisse: Maschinen

Was sind Maschinen im technischen Sinne? Eine allgemeine Definition besagt, dass Maschinen **Kräfte** übertragen und dabei **Arbeit** verrichten. Einige von diesen Maschinen verwandeln dabei eine Energieform in eine andere. Ganz einfache Maschinen sind der Hebel, die Rolle und die schiefe Ebene, sehr viel kompliziertere Maschinen sind z. B. Fahrräder, Autos und Flugzeuge. Die Prinzipien der einfachen Maschinen haben sich schon die Menschen in der Steinzeit zunutze gemacht, indem sie z. B. Schlagfallen oder Bogen gebaut haben.

In jeder Maschine kommen bewegliche Teile zum Einsatz, das sind Hebel, Zahnräder, Treibriemen, Räder, Nocken, Kurbeln und Federn. Teilweise ist die Bewegung so langsam, dass sie für das menschliche Auge gar nicht zu sehen ist, teilweise so schnell, dass man vor wirbelnden Wellen und rotierenden Zahnrädern gar nichts sieht. Alle Maschinen haben gemeinsam, dass sie eine Kraft oder einen Antrieb benötigen und **Kräfte** übertragen und verändern.

Arbeit kann auch „gespeichert" werden, das bezeichnet man dann als **Energie**: Energie ist die Fähigkeit, Arbeit zu leisten. Es gibt ganz verschiedene Formen der Energie, etwa Bewegungsenergie, Energie der Lage, chemische Energie, elektrische Energie, Lichtenergie, Wärmeenergie, Kernenergie. Man kann verschiedene Energieformen ineinander umwandeln. Die Turbine gewinnt aus der Bewegungsenergie des fließenden Wassers elektrische Energie. Unser Körper verwandelt die chemische Energie, die in der Nahrung enthalten ist in Bewegungsenergie und Wärmeenergie. Ein Grundprinzip lautet, dass Energie nicht erzeugt, sondern immer nur umgewandelt werden kann.

(Macaulay & Ardley, 2004)

Kapitel 4 | Bildungsziele im Bereich Technik

Abbildung 1: Erfahrungen mit verschiedenen Anwendungen in der Umwelt der Kinder

a) Technik in der Kita und zu Hause

Küche:
- Herd und Toaster
- Kühlschrank
- Handrührgerät
- Waage
- Salatschleuder
- Staubsauger

Bad:
- Versorgung des Haushaltes mit Wasser
- Klospülung
- Wasserhahn

Informations- und Kommunikationstechnologie:
- Telefon
- Computer
- Fernsehen
- Radio

Technik auf der Baustelle
- Bagger
- Kräne
- Betonmischmaschinen

b) Technik auf dem Spielplatz
- Rutsche
- Wippe
- Schaukel
- Drehscheibe/Karussell

Technik am Flughafen und am Bahnhof
- Flugzeuge
- Fliegen
- Züge und Loks

Erfahrungen mit technischen Anwendungen in der Umwelt der Kinder

Technik bei der Müllabfuhr
- Müllauto
- Müllverwertung
- Müllverbrennung

Technik bei der Feuerwehr
- Feuerwehrauto
- Wo kommt das Wasser zum Löschen her?

c) Technik auf, an und unter der Straße
- Fahrzeuge
- Lastentransport
- Ampeln
- Gebäude
- Rohre und Kabel unter der Erde

Fragen an die pädagogische Fachkraft

Welche weiteren Bereiche gibt es, für die sich Kinder interessieren?
- _____
- _____
- _____
- _____
- _____
- _____
- _____

Technik auf dem Bauernhof
- Traktor und Mähdrescher
- Pflug, Sämaschine und Presse
- Melkmaschine

Kapitel 4 | Bildungsziele im Bereich Technik

a) Technik in der Kita und zu Hause: Küche, Bad, Informations- und Kommunikationstechnologie

Küche

Die Kinder sind in ihrem Alltag zu Hause mit vielen technischen Geräten vertraut, denn nirgends stehen so viele Maschinen und elektrische Geräte wie in der Küche.[1] **Abbildung 2** gibt einen Überblick über verschiedene Geräte. Welche technischen Geräte kennen die Kinder aus „ihrer" Küche? Mikrowelle, Kühlschrank, Spülmaschine, Herd, Toaster, Kaffeemaschine, Brotmaschine, Handrührgerät? Welche Geräte machen was? Diese Geräte erleichtern die Hausarbeit und werden täglich verwendet, sodass die Kinder viele Möglichkeiten haben, die Bedienung und Anwendung zu üben. Sie haben Spaß daran, eine Banane mit einem Rührstab zu „zermanschen" und sie sind fasziniert, wenn sie eine Karotte in einen Entsafter stecken und dann sehen, dass Saft herausläuft. Einen Fleischwolf gibt es zwar nur in sehr wenigen Haushalten, aber Kinder verfolgen mit großem Interesse, was dabei passiert und wollen alles selbst machen!

Vernetzung des Lernortes Familie und Kita

Wie aber sieht es im Innern dieser Geräte aus, wie funktionieren sie? Die Kinder können alte Geräte mitbringen und in einer „**Auseinandernehmwerkstatt**" untersuchen und auseinandernehmen.[2] Dazu eignen sich beispielsweise alte Salatschleudern und Rührgeräte.

Hinweis auf ein Projektbeispiel

In der Kindertagesstätte Burattino in Eggersdorf haben die Kinder im Werkstattbereich „**Auseinandernehmwerkstatt**" die Möglichkeit, alte und defekte Haushaltsgeräte auseinanderzubauen und das Innenleben der Geräte zu erkunden. Sie üben den Umgang mit Schraubenziehern, Kombizangen, Inbus- und Schraubenschlüsseln. Dabei versuchen die Kinder gemeinsam mit den Fachkräften Antworten auf die folgenden Fragen zu finden:

- Wie heißen die einzelnen Teile?
- Welche Funktion haben einzelne Teile?

Das Auseinanderbauen von Geräten und die dadurch „entstehenden" Einzelteile bringen die Kinder auf die Idee, daraus neue Dinge zu bauen: Sie gründen eine „**Erfinderwerkstatt**". Zusätzlich zu den Einzelteilen aus der Auseinandernehmwerkstatt stehen den Kindern Holz in verschiedener Form, Plastikflaschen, Büchsen, Schraubdeckel, Knöpfe und Pappen zur Verfügung. Mithilfe von Nägeln, Schrauben, Klebstoff, Schnüren und Drähten können die Kinder die Materialien zu neuen Erfindungen und Werken verbinden. Mit einer Heißklebepistole und einem Lötkolben werden größere Gegenstände verbunden, diese Geräte dürfen allerdings aus Sicherheitsgründen nur im Beisein von Erwachsenen verwendet werden.

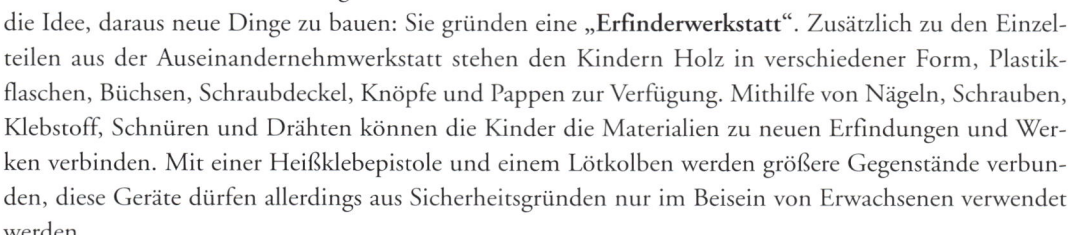

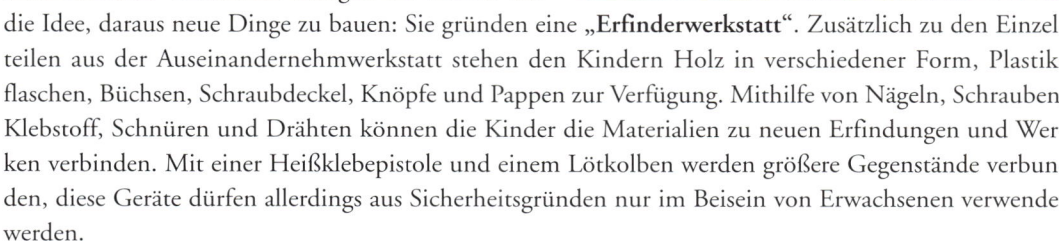

(Fthenakis et al., 2008, Band 1 der Reihe „Natur-Wissen schaffen")

---

1 *Rübel & Holzwarth-Reather, 2003*
2 *Göschel & Kaiser-Zundel, 2007*

Kapitel 4 | Bildungsziele im Bereich Technik

Abbildung 2: Erfahrungen mit verschiedenen Anwendungen in der Küche

Fragen an die pädagogische Fachkraft

Welche weiteren Bereiche gibt es, für die sich Kinder interessieren?

- ----------------------------
- ----------------------------
- ----------------------------
- ----------------------------
- ----------------------------
- ----------------------------
- ----------------------------
- ----------------------------

Handrührgerät

- Alltagserfahrungen der Kinder:
  Sahne schlagen, Kuchenteig anrühren
- Technische Grundkenntnisse:
  Getriebe, (Zahn)räder
- Verbindung zu anderen Bereichen:
  Salatschleuder, Backen

Küchenwaage

- Alltagserfahrungen der Kinder:
  Zutaten für einen Kuchen oder ein Gericht abwiegen
- Technische Grundkenntnisse:
  Gleichgewicht, Hebelgesetz, Feder
- Verbindung zu anderen Bereichen:
  Messen

Küche

Herd, Backofen und Toaster

- Alltagserfahrungen der Kinder:
  Wasser und Essen kochen, Pizza aufwärmen, Kuchen backen, Brot toasten
- Physikalische Grundkenntnisse:
  Elektrische Energie und Wärme
- Verbindung zu anderen Bereichen:
  Backen und Kochen, Aggregatzustände von Wasser, chemische Prozesse beim Backen

Weitere Geräte in der Küche: z. B. Flaschenöffner, Salatschleuder, (Pfeffer)mühle

- Alltagserfahrungen der Kinder:
  Flaschen öffnen, Salat trocknen, Getreide/Kaffee/Pfeffer mahlen
- Technische Grundkenntnisse:
  z. B. beim Flaschenöffner Hebel und Zahnräder, wie auch bei Mühlen und der Salatschleuder

Kühl- und Gefrierschrank

- Alltagserfahrungen der Kinder:
  Kalte Getränke, Lagern von Lebensmitteln, tiefgefrorenes Essen
- Naturwissenschaftliche Grundkenntnisse:
  Aggregatzustände von Flüssigkeiten
- Verbindung zu anderen Bereichen:
  Aggregatzustände und Temperatur von Wasser: gefroren und flüssig

Kapitel 4 | Bildungsziele im Bereich Technik

Sicherheit und Unfallschutz

Die Küche ist jedoch nicht nur ein Ort, an dem es für die Kinder viel Spannendes zu beobachten, entdecken und erforschen gibt, sondern es gilt auch, die Kinder auf Gefahren hinzuweisen und Regeln für einen sicheren Umgang zu erlernen:

- Wenn ein Gerät nicht benutzt wird, immer den Stecker aus der Steckdose ziehen.
- Die Steckdosen sollten immer mit einer Sicherung (Aufkleber) gesichert sein.
- Auseinandergenommen werden können nur solche Geräte, die keine scharfen Messer und Kanten haben und somit ein Verletzungsrisiko für die Kinder darstellen.
- Beim Kochen die Kinder darauf aufmerksam machen, dass die Kochplatten heiß sind und der Dampf aus den Töpfen ebenfalls! Das Gleiche gilt für den Backofen!

Das, was die Maschinen oder Geräte leisten, basiert auf einer Anzahl von Prinzipien und naturwissenschaftlichen Gesetzen, die für die Problemlösung genutzt werden. Anhand dieser Geräte lassen sich also sowohl naturwissenschaftliche als auch technische Grundkenntnisse vertiefen: In verschiedenen Geräten kommen Hebel (z. B. Waage), Kurbeln (z. B. beim Handrührgerät) und Zahnräder (z. B. Salatschleuder) zur Anwendung, sodass bei den Kindern das natürliche Interesse an mechanischen Bewegungen angeregt und vertieft werden kann.[1] Aber auch die naturwissenschaftlichen Themen Energie, Wärme und Wasser können bei der Beschäftigung mit diesem Thema weiterbearbeitet werden, denn diese Prinzipien kommen bei vielen Geräten vor. So kann das Thema Wasser mit der Erkundung und der Beschäftigung mit dem Thema Herd verknüpft werden. Die verschiedenen Aggregatzustände (fest, flüssig, gasförmig) von Wasser können im Kontext mit dem Kochen auf dem Herd erfahren werden, ebenso wie das Gefrieren von Wasser mit dem Kühl- und Gefrierschrank. Auf diese verschiedenen Geräte wird im Folgenden näher eingegangen.

Technische Grundkenntnisse: Zahnräder

Verbindung zum Bildungsbereich Medien/Informations- und Kommunikationstechnologie

- Anwendung von Kontrolltechnologie: Einstellen einer „Eieruhr", Einstellen des Mikrowellen-Timers, Einstellen der Ofentemperatur, Einstellen des Herdes

Verbindung zum Bildungsbereich Naturwissenschaften und Mathematik

- Wiegen und messen

Herd, Backofen und Toaster

Was kann man mit diesen Geräten machen? Wie funktionieren sie? Was passiert, wenn ein Herd oder ein Backofen angestellt wird? Beim Herd erwärmen sich die gusseisernen Kochplatten und Glaskeramikfelder bzw. in den Kochzonen befinden sich Heizleiter, das sind Drähte, die sich erwärmen, wenn elektrischer Strom durch sie hindurch fließt. Diese Wärme wird an Kochtöpfe und deren Inhalt weiter gegeben, die auf dem Herd stehen. Reguliert wird die Wärme der Platten in der Regel durch Drehschalter vor dem Herd, bei neueren Geräten funktioniert das Einstellen elektronisch und digital. Anhand des Herdes kann das Thema Energie vertieft werden: Wo kommt der elektrische Strom für den Herd eigentlich her? Wie geht die Wärme von der Herdplatte über in den Topf? Wenn man das Prinzip anhand von Wasser demonstriert, also dieses in einem Topf auf dem Herd erwärmt, kann

Technische Grundkenntnisse: Energie

1 Näger, 2004, S. 42

Kapitel 4 | Bildungsziele im Bereich Technik

auch erkundet werden, was mit dem Wasser bei Erwärmung passiert. Und was geschieht, wenn Wasser wieder abkühlt? Alle diese Aspekte können die Kinder sich überlegen, ihre Ideen äußern und in einem gemeinsamen Prozess mit anderen Kindern und der Erzieherin das Wissen vertiefen.

Unter den Kochplatten findet sich in der Regel ein **Backofen**. Kinder können lernen, dass sich durch Heizstäbe im Boden und in der Decke des Ofens die Luft im Backofen erwärmt und damit auch das Essen im Inneren. Die Kinder können Ideen und Hypothesen äußern: Wo erwärmt sich die Pizza am schnellsten, ganz oben, unten oder in der Mitte des Ofens? Wie kommt das? Wenn es sich bei dem Herd um einen Umluftbackofen handelt, ist zusätzlich ein Ventilator eingebaut, der die heiße Luft gleichmäßig im Ofenraum verteilt. Der Vorteil davon ist, dass so im Umluftbackofen mehrere Dinge auf einmal gebacken werden können.[1]

Verbindung zum Bildungsbereich Naturwissenschaften

- Verschiedene Aggregatzustände von Wasser durch Kochen von Wasser auf dem Herd
- Luft erwärmt sich und wärmt die Lebensmittel im Ofen.
- Beim Kuchenbacken finden chemische Prozesse statt; welche Wirkung hat Backpulver?

Weitere Fragen

- Wie haben die Menschen früher, als es noch keinen Herd gab, ihre Speisen warm gemacht?
- Wo überall werden noch (Back)öfen verwendet? Wie sieht z. B. der beim Bäcker aus?

Mit Wärme arbeitet auch ein **Toaster**; die Kinder lernen, wie man einen Toaster bedient und was im Innern des Toasters passiert. Sobald der Hebel nach unten gedrückt worden ist, wird die Heizung eingeschaltet. Diese Heizung besteht aus Drähten in den Seitenwänden und der Mittelwand des Gehäuses, die man auch sehr gut sehen kann, wenn man in den Toaster hinein sieht (Aber Achtung, es könnte heiß sein, warme Luft steigt nach oben!). Durch die Drähte fließt elektrischer Strom, der dafür sorgt, dass die Drähte sehr heiß werden, Wärme abgeben und so die Brotscheiben rösten. Im Innern des Toasters befindet sich ein Temperatursensor, der beim Erreichen einer bestimmten Temperatur, die beim Toaster eingestellt werden kann, den Impuls gibt, dass das Brot aus den Schlitzen des Gerätes herausgedrückt wird. Je länger die Brote im Toaster verweilen, desto knuspriger werden sie. Bleiben sie jedoch zu lange im Toaster, zum Beispiel weil der Auswurf klemmt, kann das Toastbrot auch verbrennen und ganz schwarz werden (→ Verbindung zum naturwissenschaftlichen Thema Feuer). Wenn das Brot sehr trocken ist, wird es auch schneller braun.[2] Einzelaspekte des Toasters können auch weiter vertieft werden, z. B. das Thema Temperatur und Temperatursensor: Wo überall finden sich noch solche Sensoren? Wie kann man die Temperatur außerhalb des Toasters messen? Vielleicht hat jemand einen alten Toaster zu Hause, der in der Einrichtung auseinandergenommen werden kann.

Temperatur und deren Auswirkung

---

1 *Der Kinder Brockhaus Technik*, 2005
2 *Der Kinder Brockhaus Technik*, 2005; Rübel & Holzwarth-Reather, 2003

Kapitel 4 | Bildungsziele im Bereich Technik

Hinweis auf ein Projektbeispiel

Mit Kindern backen: Kid´s Park: Kasimirs Backstube

Im Kindertagesheim St. Johannes Arsten in Bremen wurde – neben weiteren „Geschäften" wie einer Gärtnerei, einem Buchladen und einer Kunstgalerie – eine Backstube eingerichtet, in der die Kinder Kekse und Brot herstellten. Sie verwendeten dazu Handrührgeräte und den Backofen und sammelten so Erfahrungen mit der Anwendung von technischen Geräten. Zusätzlich vertieften sie naturwissenschaftliche Grundkenntnisse, indem sie mit Hefe und Backpulver experimentierten. Anschließend wurden die Produkte verkauft, dazu nahmen die Kinder Bestellungen auf und machten so erste Erfahrungen mit dem Textverarbeitungsprogramm eines Computers: Die Kinder entwarfen gemeinsam mit den Erzieherinnen am Computer einen Bestellzettel, der dann auch von den Kindern ausgefüllt wurde. Bei der Annahme der Bestellung, dem Ausfüllen und der Kalkulation des Verkaufspreises werden auch mathematische Zusammenhänge erfasst. Neben technischen Aspekten beim Backen bot das Abmessen und Abwiegen verschiedener Zutaten beim Backen der Kekse sowie der Umgang mit Geld beim Einkaufen der Zutaten und Verkaufen der Kekse auch zahlreiche Möglichkeiten, mathematische Inhalte zu bearbeiten.

Im weiteren Verlauf des Projekts besuchten die Kinder eine Bäckerei in der Nähe der Einrichtung und erfuhren dabei beispielsweise, wie eine Teigmischmaschine funktioniert, wie Teig ausgewalzt wird oder wie Brötchen mithilfe der Technik geformt werden.

(Fthenakis et al., 2008; Band 1 der Reihe „Natur-Wissen schaffen")

Kühlschrank

Mit dem Kühlschrank sind die Kinder von klein auf vertraut, weil er täglich zu Hause und vermutlich auch in der Kita Verwendung findet. Sie haben auch schon die Erfahrungen gemacht, dass Lebensmittel sehr kalt sein können, wenn man sie direkt aus dem Kühlschrank holt. Warum stellt man Lebensmittel und Getränke in den Kühlschrank? Welches Problem haben die Menschen so gelöst? Was passiert, wenn man bestimmte Lebensmittel nicht in den Kühlschrank stellt? Das Thema Kühlschrank lässt sich somit auch sehr gut mit naturwissenschaftlichen Themen verbinden: Beispielsweise können die Kinder Untersuchungen machen, was mit Lebensmitteln passiert, die im Kühlschrank gelagert werden, und das mit anderen Lebensmitteln vergleichen, die ungekühlt sind. Auch mathematische Aspekte lassen sich anhand dieses Themas vertiefen. Wie kalt ist es denn eigentlich im Kühlschrank? Wie könnte man das herausfinden? Vielleicht ist auch ein Gefrierfach dabei, wie kalt wird es dort? Wie kann man die Unterschiede in der Temperatur herausfinden?

Verbindung zu naturwissenschaftlichen Themen: Aggregatzustände

Das Thema Kühlschrank lässt sich somit aus technischer Perspektive betrachten und es lassen sich naturwissenschaftliche und mathematische Grundkenntnisse vertiefen.

Verbindung zum Bildungsbereich Naturwissenschaften

- Verschiedene Aggregatzustände von Wasser: fest und flüssig
- Eis am Stiel selbst herstellen

Verbindung zum Bildungsbereich Mathematik

- Temperatur messen: Wie kalt ist die Luft im Kühlschrank, wie kalt wird Wasser im Kühlschrank?
- Gefrieren von Wasser: Bei welcher Temperatur gefriert Wasser und wie lange dauert es, bis Wasser gefroren ist, bzw. wie lange dauert es, bis das Eis fertig ist?

Historischer Aspekt von Technik

- Wie haben Menschen Essen haltbar gemacht, als es noch keine Kühlschränke gab?
- Wie haben das Seeleute und Piraten gemacht, wenn sie lange mit dem Schiff unterwegs waren?

Kapitel 4 | Bildungsziele im Bereich Technik

Handrührgerät

Ein weiteres technisches Gerät im Haushalt ist das Handrührgerät. Anhand dieses Gerätes lässt sich für die Kinder gut verdeutlichen, wie die Arbeit im Haushalt mithilfe der Technik im Laufe der Zeit erleichtert wurde: Die Kinder können in diesem Kontext zusätzlich auch einen Schneebesen und einen mechanischen Handquirl kennenlernen. Wenn sie Pudding, Teig oder Sahne rühren, benutzen sie zunächst einen einfachen Schneebesen. Das ist sehr mühsam, schneller und bequemer funktioniert es mit einem mechanischen Handquirl. Anhand dieses Gerätes lässt sich das Prinzip, wie ein Getriebe funktioniert, sehr anschaulich verdeutlichen und somit lassen sich anhand dieser Geräte technische Grundkenntnisse vertiefen. Ein „Getriebe" ist eine mechanische Einrichtung zum Übertragen von Bewegungen mithilfe von Zahnrädern, die direkt oder über eine Kette verbunden sind, um einander anzutreiben. Bei einem Getriebe arbeiten also mehrere Zahnräder zusammen.

Technische Grundkenntnisse: Rad und Zahnrad

Das Rad ist eines der wichtigsten Bauelemente der Technik. Dabei spielen nicht nur Räder eine wichtige Rolle, die wir von Autos, Fahrrädern und Inlineskates kennen, sondern genauso wichtig sind zum Beispiel Zahnräder. Solche Räder sind an einer Welle (= Stange) befestigt und werden zur Kraftübertragung genutzt. Zahnräder gibt es in sehr vielen verschiedenen Größen und Formen, am häufigsten finden sich Stirn- und Kegelräder. Zahnräder finden sich in vielen Haushaltsgeräten und z. B. in Autos.

(Macaulay & Ardley, 2004)

Bei dem Handquirl handelt es sich um ein Kegelradgetriebe.

Was ist ein Kegelradgetriebe?

Zwei Zahnräder bilden ein Getriebe. Bei einem Kegelradgetriebe laufen die Verzahnungen kegelförmig zu. Charakteristisch an dieser Getriebeform sind die in einem rechten Winkel zueinander stehenden Antriebsräder (Antriebskegelrad und Kegelräder, vgl. untenstehende Abbildung).

Kegelradgetriebe beim Handquirl

Hier werden die Bewegungen der Hand über Zahnräder auf zwei Rührbesen übertragen. Die Zahnräder sind meist von sehr unterschiedlicher Größe. Der Handquirl wandelt die langsame Bewegung der Handkurbel in zwei schnelle, einander entgegengesetzte Drehbewegungen um. Mit der Handkurbel setzt man ein großes, beidseitiges Antriebskegelrad in Bewegung, dieses treibt dann wiederum zwei Kegelräder an, an deren Wellen die Besen befestigt sind.

Wenn zwei gleich große Zähnräder ineinander greifen, dann drehen sie sich gleich schnell, sind sie jedoch verschieden groß, dreht sich das kleinere schneller als das größere. So kann man aus einer langsamen Bewegung eine schnelle machen und sich beim Rühren mit dem Handquirl somit Arbeit ersparen.[1]

Noch schneller und praktischer (aber dafür auch schwerer zu halten ...) ist das elektrische Rührgerät. Auch hierbei handelt es sich um eine Art Zahnradmaschine, die aber nicht von einer Kurbel, sondern von einem schnellen, kleinen Elektromotor angetrieben wird. Auch die beiden Besen, mit denen das elektrische Handrührgerät ausgestattet ist, drehen sich in entgegengesetzter Richtung.

---

1 *Rübel & Holzwarth-Reather, 2003*

Kapitel 4 | Bildungsziele im Bereich Technik

Was ist ein Planetengetriebe?

Bei der Salatschleuder handelt es sich um ein Planetengetriebe, ein äußerer Zahnkranz treibt ein inneres Planetenrad an, dieses wiederum versetzt ein kleineres zentrales Sonnenrad in Drehung. Diese lässt sich in einer Salatschleuder gut betrachten und nachvollziehen.

Verbindung zu anderen Bereichen

- Wo überall gibt es noch Getriebe?
- Wo könnte man sich Getriebe anschauen?
- Besteht die Möglichkeit, selbst eines auseinanderzunehmen und zu bauen?

Hinweis auf ein Projektbeispiel in diesem Band

Von der Apfelschälmaschine bis zum Fahrrad: Zahnradbetriebene Maschinen

Ausgehend von einem Küchengerät, der Apfelschälmaschine, haben Kinder in einer Einrichtung in Bayern sich mit dem Thema Zahnräder in verschiedenen Kontexten beschäftigt. Eine genaue Beschreibung des Projektes findet sich im *Kapitel 6.1* über die Projektbeispiele.

Küchenwaage

Auch anhand einer Küchenwaage lassen sich einerseits technische Grundkenntnisse vertiefen, andererseits können die Kinder lernen, wie ein solches Gerät angewendet wird. Moderne Küchenwaagen arbeiten elektronisch, das heißt sie benötigen Strom aus der Steckdose oder Batterien, damit sie funktionieren. Diese modernen Waagen sind zwar geeignet, um Erfahrungen mit Anwendungen zu machen, zur Vertiefung des Wissens sind jedoch Feder- und Balkenwaage besser geeignet: Denn anhand dieser lässt sich das technische Prinzip sehr gut nachvollziehen.

Kapitel 4 I Bildungsziele im Bereich Technik

Das Prinzip des Wiegens erfahren

Anhand der Küchenwaage lässt sich das mechanische Prinzip des Wiegens demonstrieren: Bei Kindern sehr beliebt ist beispielsweise die Balkenwaage: Das Prinzip der Balkenwaage kennen die Kinder auch von der Wippe vom Spielplatz (siehe auch den *Abschnitt über Technik am Spielplatz*).

Eine **Balkenwaage** ist eine Wiegevorrichtung, die aus einem waagerechten Balken besteht, der beweglich an einer Achse gelagert ist. An jedem Balkenende befindet sich eine Waagschale. Wenn man einen Gegenstand wiegen will, legt man ihn in eine der Schalen. Die zweite Schale wird so lange mit Gewichten gefüllt, bis sich der Balken im Gleichgewicht befindet. Die Kinder können Grunderfahrungen mit dem Wiegen sammeln, indem sie versuchen, verschiedene Gegenstände ins Gleichgewicht zu bringen. Wenn Kinder beim Backen oder Kochen Zutaten abwiegen, können sie ebenfalls eine Balkenwaage verwenden.

Gleichgewicht und Hebelwirkung

Zur Vertiefung des technischen Verständnisses können die Kinder gemeinsam mit der Fachkraft herausfinden, welches technische Prinzip der Balkenwaage zugrunde liegt. Die Waage funktioniert wie ein Hebel, wenn der Balken waagerecht steht, dann sind Last und Kraft gleich groß. Mit diesem Prinzip können die Kinder experimentieren und leicht selbst eine solche Waage bauen und konstruieren. Sie brauchen dazu einen Holzstab und Gegenstände, die als Waagschalen eingesetzt werden können. Auf diese Art und Weise können die Kinder das Prinzip erleben, genau untersuchen und erlangen so technische Grundkenntnisse. In welchen anderen Bereichen findet sich dieses Prinzip?

Was besagt das Hebelgesetz?

Ein Hebel ist eine Stange oder ein Stab, der auf einem Dreh- oder Angelpunkt aufliegt und sich um diese Achse dreht. Wenn nun Kraft durch **Zug** oder **Druck** an einem Hebelende angewandt wird, dann dreht sich der Hebel um die Achse, um an seinem anderen Ende eine Last zu heben oder zur Überwindung eines Widerstandes. Von Bedeutung sind der Drehpunkt des Hebels und die Größe der Kraft, die auf den Hebel wirkt. Die Kraft wird verkleinert, indem man den Weg vergrößert. Von entscheidender Bedeutung beim Hebel ist folglich der Abstand der Kraft und der Last vom Drehpunkt: Kraft x Kraftarm = Last x Lastarm.

(Macaulay & Ardley, 2004)

Der Drehpunkt befindet sich genau in der Mitte von Last und Kraft (Kraftweg = Lastweg) und Last und Kraft sind gleich groß.

Der Drehpunkt befindet sich außerhalb der Hebelmitte. Die Kraft ist doppelt so weit vom Drehpunkt entfernt wie die Last, sie ist jedoch nur halb so groß.

Je länger der Kraftweg, desto geringer die Kraft!

Kapitel 4 | Bildungsziele im Bereich Technik

Wo kommen Hebel im Küchenbereich überall zum Einsatz?

Flaschenöffner (Kapselheber): Der Flaschenöffner ist ein einarmiger Hebel. Der Drehpunkt befindet sich am Ende der Stange, die Kraft wirkt auf das andere Ende ein und die Last liegt dazwischen. Die Kraft ist weiter vom Drehpunkt entfernt als die Last. Indem der Hebel nach oben gezogen wird, vergrößert man die Kraft und überwindet den starken Widerstand der Flaschenkapsel.

Nussknacker: Der Nussknacker besteht aus zwei einarmigen Hebeln. Der gemeinsame Drehpunkt eines Hebelpaares liegt im Scharnier.

Schere: Die Schere ist eine Kombination aus zweiarmigen Hebeln. Sie schneidet am besten in der Nähe des Scharniers.

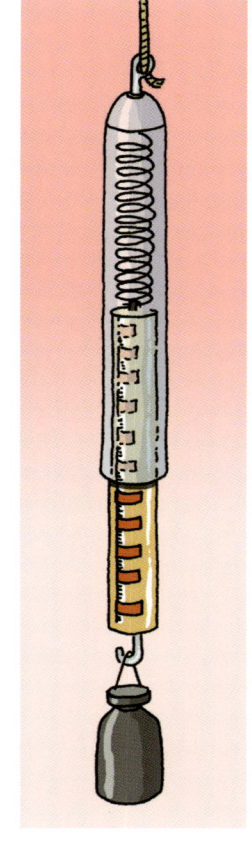

Federwaage

Die Federwaage hat nur eine Waagschale (oder einen Haken), diese hängt an einer Feder, die dehnbar ist. Die Feder wird in die Länge gezogen, wenn ein Gegenstand in die Waagschale gelegt wird, und zwar umso mehr, je größer das Gewicht (Gewichtskraft) des Gegenstands ist. Ein Zeiger, der an der Feder befestigt ist, zeigt auf einer nebenstehenden Skala das Gewicht des Gegenstandes an.[1] Solche Federwaagen arbeiten also mechanisch, sie können auch auseinandergenommen und genauer angeschaut werden.

Bad

Versorgung des Haushaltes mit Wasser

Mit dem Phänomen, dass das Wasser aus den Leitungen kommt, wenn der Wasserhahn aufgedreht wird, sind Kinder bestens vertraut. Wo aber kommt das Wasser eigentlich her? Stammt es aus einem See, Fluss oder dem Grundwasser? Bevor es in die Haushalte geht, wird es in einem Wasserwerk gereinigt. Wo gibt es ein solches Wasserwerk in der Region der Einrichtung? Von dort aus wird es mit großem Druck durch unterirdische Rohre direkt zu uns in das Bad geschickt. Der Druck muss deshalb so groß sein, weil Wasser nicht von allein aufwärts fließt. Das Wasser wartet in den Leitungen, bis der Hahn geöffnet wird und es herausfließen kann. Anschließend füllt die Leitung sich sofort wieder. Damit warmes Wasser aus den Leitungen kommt, muss es vorher erhitzt werden. Die Kinder können versuchen in der Einrichtung nachzuvollziehen, wo die Wasserrohre laufen. Gibt es Pläne oder Zeichnungen davon?

Die Kanalisation erkunden

---

1 Der Kinder Brockhaus Technik, 2005, S. 121

Wasserhahn

Der Wasserhahn muss also eine Menge Druck aushalten, wer schon mal versucht hat, den Wasserstrahl aus dem Hahn zurückzuhalten oder einen kaputten Wasserhahn oder Rohrbruch erlebt hat, weiß, wie viel Druck Wasser haben kann und wie schwer es ist, diesem Druck Stand zu halten. Im Wasserhahn wird dieser Druck mithilfe eines Schraubengewindes (das durch Rad und Welle im Griff unterstützt wird) gebändigt und eine Dichtungsscheibe wird mit großer Kraft gegen den Wasserstrahl gedrückt. Wenn der Hahn zugedreht ist, verhindert die Reibung, dass sich das Schraubengewinde lockert. Mit der Anwendung eines Wasserhahnes sind die meisten Kinder vertraut, das dahinterstehende Prinzip gilt es für die meisten noch zu erforschen.[1]

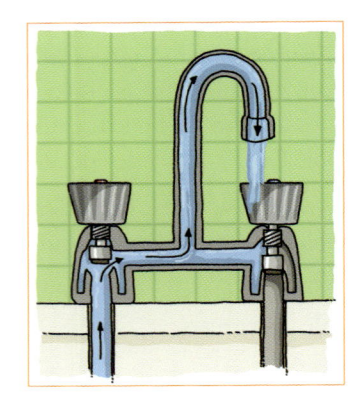

Der Wasserhahn hat ein Schraubengewinde

Zur Vertiefung des technischen Verständnisses kann ein Wasserhahn auseinandergebaut werden, sodass die Kinder das Schraubengewinde erkennen können. Es gibt auch Wasserhähne für Demonstrationszwecke, die in der Mitte durchgeschnitten sind, sodass man das Innere besser anschauen kann. Kennen die Kinder das Gewinde auch aus anderen Zusammenhängen? Viele von ihnen werden schon Schrauben und Muttern gesehen haben. Die Kinder lernen die verschiedenen Einzelteile zu benennen und finden Begriffe dafür. Wo überall finden sich Schrauben? Und auf welche Art und Weise kann man sie ein- und wieder ausschrauben?

Schrauben

Alle Schrauben haben gemeinsam, dass sie außen ein Gewinde haben. Es gibt jedoch verschiedene Formen: z. B. unterscheidet man zwischen konischen und zylindrischen Schrauben. Konische Schrauben sind am Ende zugespitzt, sie werden beispielsweise dafür verwendet, um sie in eine Unterlage, z. B. Holz, einzudrehen. Zylindrische Schrauben sind auf der gesamten Länge gleich breit. Sie werden entweder in ein Innengewinde eingedreht oder sie haben eine Mutter. Wie viel Kraft muss man aufwenden, wenn man Muttern mit der Hand dreht und wie viel mit einem Sechskantschlüssel oder einem Schraubenzieher? Bei Verwendung eines Sechskantschlüssels oder eines Schraubenziehers vergrößert man die Kraft, sodass der eigene Aufwand geringer wird.

(Macaulay & Ardley, 2004)

Toilettenspülung

Die Toilettenspülung fasziniert Kinder

Kinder sind fasziniert davon, was passiert, wenn sie die Toilettenspülung bedienen. Sie kennen dieses Phänomen aus ihrem Alltag und aus der Kita und möchten am liebsten die Spülung immer selbst bedienen. Wie funktioniert das? Wo kommt das Wasser her? Warum muss man eine Zeit lang warten, bis man wieder spülen kann? Die Kinder können sich gemeinsam mit der pädagogischen Fachkraft den Spülkasten genau ansehen und ihr Wissen vertiefen: Was passiert, wenn sie den Schalter betätigen? Durch den Knopfdruck wird der Stöpsel im Spülkasten gezogen, das Wasser fließt mit Schwung hindurch, sodass im Abfluss ein Sog entsteht. Gleichzeitig öffnet sich durch den Knopfdruck der Zulauf und es strömt langsam wieder Wasser in den Spülkasten. Dieser Vorgang geht aber nicht so schnell, wie das Wasser ausströmt, deshalb muss man etwas warten bis zur nächsten Spülung. Ab einer bestimmten, geringen Wassermenge rutscht der Stöpsel wieder auf den Ausfluss und verschließt ihn, sodass sich der Spülkasten wieder mit Wasser füllt. Aber woher „weiß" der Spülkasten, wann genug Wasser nachgelaufen ist? An der Wasseroberfläche ist ein kleines Plastikteil angebracht, der „Schwimmer", der dafür sorgt, dass der Spülkasten nicht überläuft. Sobald die Oberfläche eine bestimmte Höhe erreicht hat, schiebt der Schwimmer den Zulauf wieder zu. Dann ist genug Wasser für die nächste Spülung im Spülkasten vorhanden. Dieses Prinzip funktioniert ohne Elektrizität und Computer, eine ausgetüftelte Mechanik steckt dahinter![2]

---

1 *Macaulay & Ardley, 2004, S. 32, 62*
2 *Berger, 2004, S. 22*

Kapitel 4 I Bildungsziele im Bereich Technik

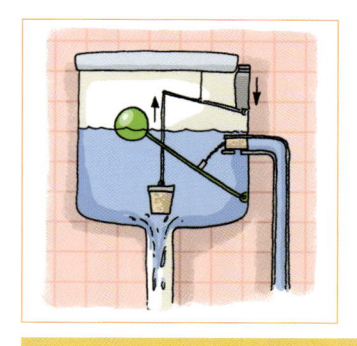

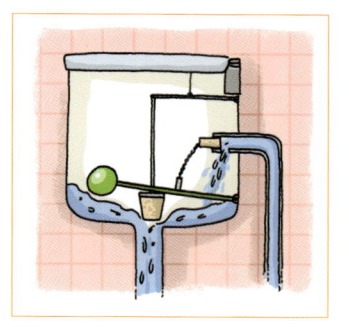

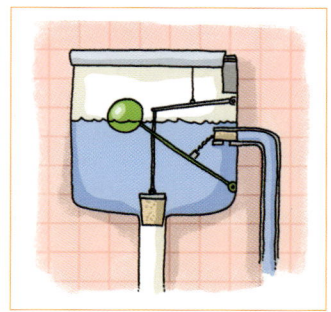

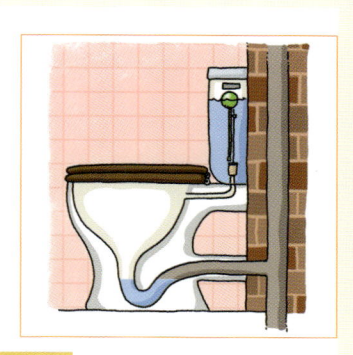

Hinweis auf ein Projektbeispiel

Im Rahmen eines Projektes „Bildung für eine nachhaltige Entwicklung" haben sich die Kinder aus der Arbeiterwohlfahrt Kindertagestätte Geschwister-Scholl-Str. in Monheim auch mit dem Thema „Nutzung von Wasser in der Einrichtung" beschäftigt. Die Einrichtung wurde umgestaltet, indem durchsichtige Toilettenspülkästen und Siphons (Geruchsverschlüsse) unter den Waschbecken angebracht wurden, sodass die Kinder zum einen genau beobachten konnten, was mit dem Wasser passiert, zum anderen wurde ihnen so ermöglicht, das technische Prinzip zu hinterfragen. Zwischenzeitig wurde das Siphon unter dem Waschbecken auch entfernt. Die Kinder ließen den Wasserhahn laufen, während sie ihre Zähne putzten, und nahmen anschließend Messungen vor, wie viel Wasser verschwendet wurde, dadurch dass der Wasserhahn nicht zugedreht wurde. Auf diese Art und Weise wurden sie dafür sensibilisiert, wie sie sparsam mit der wertvollen Ressource Wasser umgehen können.

(Fthenakis et al., 2008; Band 1 der Reihe „Natur-Wissen schaffen", Projekt: „Ki.Wi. – Kinder wissen mehr!")

Föhn

Ein Gerät, das in der Regel im Bad verwendet wird, ist der Föhn. Man kann damit aber nicht nur die Haare trocknen, sondern auch schnell mal einen Wasserfleck auf der Kleidung trocknen! Der Föhn eignet sich auch als Einstieg dazu, das Thema Trocknen, Luft und Wind mit den Kindern zu vertiefen. Bei einem Föhn wird elektrische Energie in Wärme und Bewegung umgewandelt. Ein Luftstrom, erzeugt durch einen elektronisch angetriebenen Lüfter, geht durch die glühende Heizspirale und wird erwärmt. Ein Regelthermostat regelt die Zuschaltung der Heizspirale, um eine der Stellung des Stufenschalters entsprechende Temperatur zu halten. Ist die Temperatur erreicht, die eingestellt und erwünscht ist, schaltet die Heizspirale ab bzw. einen Heizdraht ab. Und wieder zu, wenn die Temperatur zu niedrig wird.

Umwandlung von elektrischer Energie in Wärme

Verbindung zum Bildungsbereich Naturwissenschaften

- Thema Luft: Wie trocknet Kleidung am schnellsten?
- Welche technischen Geräte kann man einsetzen, um diesen Vorgang zu beschleunigen?

Abbildung 3: Erfahrungen mit verschiedenen Anwendungen im Bad

Wasserhahn

- **Alltagserfahrungen der Kinder:**
  Hände waschen, Wasserhahn auf- und wieder zudrehen
- **Technische Grundkenntnisse:**
  Wasserdruck, Schraubengewinde
- **Verbindung zu anderen Bereichen:**
  verschiedene Schrauben und Muttern

Fragen an die pädagogische Fachkraft

Welche weiteren Bereiche gibt es, für die sich Kinder interessieren?

- ....
- ....
- ....
- ....
- ....

Bildung für eine nachhaltige Entwicklung

- Ressourcenschonender Umgang mit Wasser beim Waschen und Baden
- Belastung der Umwelt durch die Verwendung von Reinigungsmitteln und Seifen

Bad

Wasserversorgung

- **Alltagserfahrungen der Kinder:**
  Im Bad, in der Küche, im Garten, überall kann man Wasser bekommen.
- **Technische Grundkenntnisse:**
  Wasserdruck, Rohrsysteme
- **Verbindung zu anderen Bereichen:**
  Wasserwerk, Klärwerk, Brunnen

Toilettenspülung

- **Alltagserfahrungen der Kinder:**
  Die Toilettenspülung bedienen
- **Technische Grundkenntnisse:**
  Mechanische Vorgänge verstehen
- **Verbindung zu anderen Bereichen:**
  Versorgung des Haushaltes mit Wasser, wo geht das verschmutzte Wasser hin, wo kommt es her?

Föhn

- **Alltagserfahrungen der Kinder:**
  Mit dem Föhn die Haare trocknen oder auch ein Kleidungsstück, wenn es nass geworden ist, oder den Spiegel im Badezimmer nach einer heißen Dusche
- **Technische Grundkenntnisse:**
  Elektrischer Strom, Wärme, Luft
- **Verbindung zu anderen Bereichen:**
  Wind und Sonne, Trocknen von Kleidung, warmer Wind, kalter Wind

Kapitel 4 | Bildungsziele im Bereich Technik

Informations- und Kommunikationstechnologie (IKT)[1]

Mit Anwendungen von Geräten aus dem Bereich IKT sind Kinder ebenfalls von frühester Kindheit an konfrontiert. Sie sind fasziniert von den Knöpfen auf einer Fernbedienung, sehen, wie Erwachsene telefonieren, probieren, Geräte wie CD Player anzuschalten, und schauen gebannt auf das, was auf dem Fernsehbildschirm passiert. Viele kennen auch einen Computer von zu Hause, auf dem man z. B. Fotos anschauen und Computerspiele spielen kann. **Abbildung 4** gibt einen Überblick über Technologien, die sich in vielen Haushalten finden.

Computer

Computer spielen in unserer Gesellschaft aber eine weitaus größere Rolle, als durch den eigenen PC zu Hause offensichtlich wird, man kann mit der entsprechenden Software Texte und Bilder verarbeiten, Filme und Bilder anschauen, scannen, zeichnen, rechnen, ordnen, verwalten, Dateien über das Internet verschicken; der Computer ist die vielfältigste Maschine, die es je gab.[2] Wir finden Computer in allen Bereichen, auf unzähligen Arbeitsplätzen, beim Einkauf im Supermarkt an der Kasse bis hin zum Auto, um nur einige Beispiele zu nennen. Welche Beispiele fallen den Kindern noch ein? Wissen sie, ob ihre Eltern bei der Arbeit einen Computer benutzen? Wobei unterstützen Computer den Menschen in seiner täglichen Arbeit und in der Freizeit? Wie stellt man einen Computer an, welche Teile gehören dazu? Haben die Kinder vielleicht selbst schon mal eine E-Mail geschrieben? Die Kinder können sich eine eigene E-Mail Adresse einrichten und mithilfe von Erwachsenen E-Mails und Fotos verschicken. Einige Eltern haben vielleicht noch einen alten PC zu Hause, den sie mit in die Kita bringen und den die Kinder dort auseinanderbauen können.

Der Computer ist eine vielfältige Maschine

Hinweis auf ein Projektbeispiel in diesem Band

Neben der Anwendung von Computern haben Kinder auch Interesse daran, herauszufinden, wie ein Computer von innen aussieht. Im Kindergarten Villa Kunterbunt kamen die Kinder auf die Idee, einen ausrangierten PC auseinanderzubauen, weil ein kleiner Magnet in eine Öffnung des Computers gefallen und nicht wieder heraus zu bekommen war. Die Kinder schraubten, hämmerten und werkten, benutzten Hammer, Schraubenzieher und Zange. Detailliert wird auf dieses Projekt im *Kapitel 6.2* eingegangen.

---

1 Vgl. auch Band 5: Frühe Medienbildung der Reihe „Natur-Wissen schaffen"
2 Macaulay & Ardley, 2004

Kapitel 4 | Bildungsziele im Bereich Technik

Abbildung 4: Erfahrungen mit verschiedenen Anwendungen im Bereich Informations- und Kommunikationstechnologie

Informations- und Kommunikationstechnologie

Fragen an die pädagogische Fachkraft

Welche weiteren Bereiche gibt es, für die sich Kinder interessieren?

- ....
- ....
- ....
- ....
- ....
- ....
- ....
- ....
- ....

Computer

- **Alltagserfahrungen der Kinder:** Computerspiele, Internet
- **Technische Grundkenntnisse:** Vernetzung von Computern, Internet
- **Verbindung zu anderen Bereichen:** Schreibmaschine

Telefon, Handy und Fax

- **Alltagserfahrungen der Kinder:** Telefonieren, Handy benutzen
- **Technische Grundkenntnisse:** Telefonleitungen, Satelliten
- **Entwerfen, Bauen und Konstruieren:** Ein Dosentelefon bauen
- **Verbindung zu anderen Bereichen:** Akustik

Fernseher, Video, Foto

- **Alltagserfahrungen der Kinder:** Fernseher bedienen, Fernsehen gucken; eigene Filmaufnahmen und Fotos machen
- **Technische Grundkenntnisse:** Entstehung von Bildern
- **Verbindung zu anderen Bereichen:** Dokumentation von eigenen Projekten durch Film und Foto

Radio, CD-Player, Kassettenrekorder

- **Alltagserfahrungen der Kinder:** Radio, CDs, Kassetten hören
- **Technische Grundkenntnisse:** Geräte auseinandernehmen und wieder zusammensetzen
- **Verbindung zu anderen Bereichen:** Mithilfe von Kassetten Interviews aufnehmen

Kontrolltechnologie

- **Alltagserfahrungen der Kinder:** Mikrowelle und Herd einstellen, Stoppuhr bedienen
- **Technische Grundkenntnisse:** Geräte auseinandernehmen und wieder zusammensetzen
- **Verbindung zu anderen Bereichen:** Stoppuhr und Eieruhr beim Backen und Kochen verwenden, Zeit

Computer und insbesondere auch das Internet bieten den Kindern durch Lernprogramme viele weitere Möglichkeiten, an Informationen heranzukommen und zu lernen. *Diese Aspekte werden ausführlich im Band 5 „Frühe Medienbildung" der Reihe „Natur-Wissen schaffen" behandelt.*

Das technische Verständnis kann dadurch vertieft werden, dass die Tastatur nicht nur benutzt, sondern auch auseinandergebaut wird. In diesem Kontext ist für die Kinder auch eine weitere Maschine interessant, die sich vielleicht noch bei einigen Kindern zu Hause findet, nämlich die Schreibmaschine. Viele Kinder kennen diese Maschine nicht mehr, aber vermutlich macht es ihnen wie Generationen von Kindern vor ihnen Spaß und Freude, unmittelbar die Buchstaben auf ein Papier zu schreiben. Sie können einerseits genau beobachten, wie das funktioniert, andererseits Vergleiche zur Tastatur des Computers herstellen.

Technische Grundkenntnisse: Auseinandernehmen von Geräten

Die Schreibmaschine funktioniert mit einem Hebelwerk: Man kann die Mechanik erkennen, die dazu führt, dass beim Drücken eines Buchstabens über verschiedene Hebel (meistens fünf) der Buchstabe auf das Papier gedruckt wird. Bei einer Tastatur geschieht dies nicht mechanisch, sondern elektrisch.[1]

Telefon

Die Geschichte des Telefons ist ein weiteres, gutes Beispiel, um mit Kindern zu erforschen, wie die Entwicklung einer Technologie die Art und Weise verändert hat, wie Menschen miteinander kommunizieren: große Signalmasten von früher, Morsecodes, Telegrafen, öffentliche Telefone, manuelle, mechanische, elektronische Telekommunikation, Glasfaserkabel und Satellitenschüssel, Festnetzanschluss und Mobiltelefon. Wie haben die Menschen früher, als es noch keine Telefone gab, über weitere Entfernungen miteinander kommuniziert?

Kommunikation mit dem Telefon

Vielleicht hat jemand noch ein altes Telefon zu Hause, mit Drehscheibe, das auseinandergenommen werden kann. Wie unterscheidet sich das alte Telefon von denen, die die meisten heute benutzen?

Hinweis auf ein Projektbeispiel in diesem Band
Ausgehend von dem Interesse an einem Spielzeughandy haben Kinder in einer Einrichtung in Bayern ein Projekt zum Thema Telefon durchgeführt. Ausführlich wird darauf im *Kapitel 6.3* eingegangen.

1 Macaulay & Ardley, 2004, S.375

Kapitel 4 | Bildungsziele im Bereich Technik

Bau eines Telefons

In diesem Kontext können die Kinder auch selbst ein Telefon entwerfen, bauen und konstruieren. Dazu eignen sich Dosen, wenn in die Mitte des Bodens mit einem Nagel ein kleines Loch geschlagen wird. Die Kanten der Dosen werden mit Isolierband versehen. Eine ca. 10 m lange Schnur wird durch jedes Loch gesteckt und im Inneren der Dose verknotet. Wenn die Kinder sich so hinstellen, dass die Schnur gespannt ist, spricht einer in die Öffnung der Dose, der andere hält die Öffnung der Dose an sein Ohr. Was passiert? Der Dosenboden wird in Schwingungen versetzt, wenn jemand in die Dose spricht, und diese Schwingungen erreichen mithilfe des gespannten Fadens den anderen Dosenboden, wo sie wieder in Luftschwingungen zurück verwandelt werden. Diese Luftschwingungen erreichen dann das Ohr. So kann das Prinzip des Telefons nachempfunden werden, denn ein richtiges Telefon funktioniert auch nicht anders, allerdings wird der Schall in elektrische Schwingungen umgewandelt, die über Draht oder Funk durch die Welt geschickt werden können.[1]

Eine weitere Möglichkeit, über eine längere Distanz zu kommunizieren, können die Kinder mit einem Schlauch ausprobieren. Dazu benötigen sie einen Gartenschlauch (mind. 2 m lang) und für die Endungen jeweils Trichter. Die Kinder stellen sich jeweils an das Ende des Schlauches, ein Kind spricht in den Trichter, das andere Kind hört zu. Aber Achtung, die Kinder sollten nicht in den Schlauch schreien, das kann das Kind am anderen Ende erschrecken. Wenn die Kinder sich nicht sehen, ist es besonders eindrucksvoll für sie; sie können versuchen zu erraten, wessen Stimme sie am „anderen Ende der Leitung" hören.

In diesem Zusammenhang könnte auch die Post in ein Projekt mit einbezogen werden, weil auch dieses Beispiel belegt, wie sich die Kommunikation durch technische Errungenschaften verändert hat. Wie sind früher die Briefe geschrieben und transportiert worden, wie hat sich das System bis hin zur elektronischen Post, also der E-Mail, verändert?[2]

Hinweis auf ein Projektbeispiel

In einer Hamburger Einrichtung haben sich Kinder und Fachkräfte mit dem Thema Luft beschäftigt und in diesem Kontext Luftballons mit Postkarten fliegen lassen. Die Kinder haben daraufhin großes Interesse an dem Thema Post gezeigt und beispielsweise Post in Flaschen (Flaschenpost) in die Elbe geworfen. Daraus leiten sich einerseits naturwissenschaftliche Themen ab, nämlich die Erkundung der Elbe und der Themenbereich Wasser, andererseits wurden auch technische Themen vertieft: Wie funktioniert unsere Post? Welche Möglichkeiten gibt es heute für Menschen schriftlich miteinander in Kontakt zu treten?

Für eine ausführliche Beschreibung des Projektes siehe Band 3: Frühe naturwissenschaftliche Bildung der Reihe „Natur-Wissen schaffen".

Foto

Erfahrungen im Umgang mit Digitalkameras

Fotografieren ist für die Kinder ebenfalls mit der Anwendung von technischen Geräten verbunden. Durch Digitalkameras ist es möglich, die Kinder damit experimentieren zu lassen; ohne hohe Kosten können Bilder gemacht und wieder gelöscht werden. Neben diesem technischen Aspekt der Anwendung dieses Gerätes ist ein weiterer zentraler Aspekt die Dokumentation dessen, was die Kinder lernen. Fotos eignen sich sehr gut dazu, mit den Kindern Projekte und Aktivitäten zu dokumentieren. Neben dem Knipsen der Fotos werden die Kinder bei der Auswahl der Fotos beteiligt, so ergeben sich vielfältige Möglichkeiten, mit den Kindern zu besprechen, was sie gerade auf dem Foto machen, was sie gerade lernen.

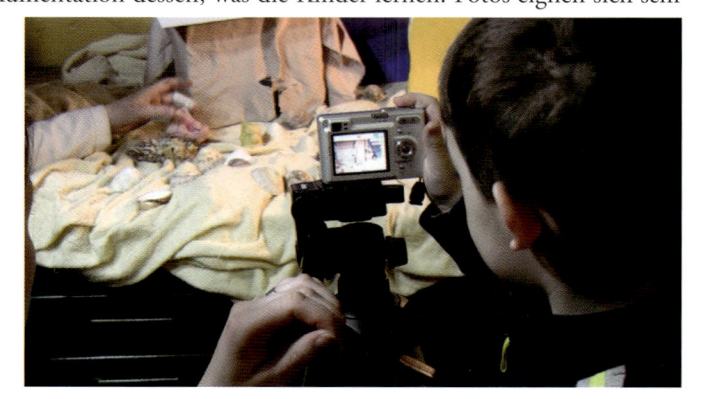

1 Näger, 2004
2 Hope, 2004

b) Technik auf dem Spielplatz

Kinder erleben Spielplätze in ihrem Alltag, vielleicht haben die Kinder einen Außenbereich in der Kindertageseinrichtung mit einigen Geräten wie Wippe, Rutsche, Drehscheibe und Schaukel. Bei all diesen Geräten kommen technische Prinzipien zur Anwendung. Die Kinder machen auf dem Spielplatz viele körperliche Erfahrungen mit Kräften und Bewegungen, sie machen folglich Grunderfahrungen und haben so die Möglichkeit, spielerisch diese Geräte auszuprobieren. Unter welchen Bedingungen klappt das Rutschen besonders gut, wann macht Wippen am meisten Spaß? Mit einem Erwachsenen klappt es nicht so gut, aber wie könnte man die deutlich schwerere Person auf der anderen Seite trotzdem hoch bekommen? Wie diese Alltagssituationen der Kinder genutzt werden können, um technische Kenntnisse zu erlangen und zu vertiefen und Verbindungen mit anderen Bereichen herzustellen, wird im Folgenden erläutert. **Abbildung 5** gibt einen Überblick über den Bereich Spielplatz.

Die Kraft und Bewegung mit dem Körper erfahren

Wippe

Wie schaffen es Kinder, eine schwerere, erwachsene Person auf der anderen Seite der Wippe hoch zu bekommen? Was können mehrere Kinder tun, damit die jeweils andere Seite oben ist? Was muss die schwerere Person machen? Sie muss auf der Wippe zur Mitte rutschen (zum Drehpunkt des Balkens). Zu Forschungen und somit zur Vertiefung des technischen Verständnisses rund um die Wippe eignet sich eine Wippe auf dem Kinderspielplatz oder dem Spielplatz der Einrichtung. Die meisten Kinder haben aber auch schon außerhalb der Einrichtung auf einer Wippe gesessen. Kinder experimentieren mit vor- und zurückrutschen, weit nach hinten setzen oder dazusetzen. Auf diese Art und Weise lernen die Kinder Gleichgewicht und Hebelwirkung kennen, sie können versuchen, für verschiedene Probleme optimale Lösungen zu finden, z. B. „wie sieht die optimale Wippe aus?", und diese direkt oder in Form von Nachbauten auszuprobieren.

Gleichgewicht auf der Wippe erfahren

Die Wippe ist ein Hebel (vgl. auch den Abschnitt über Waagen), in diesem Fall spricht man von einem zweiarmigen Hebel, der sich auf einer Achse, dem Drehpunkt, befindet (bei der Wippe die Halterung für die Stange) und sich um diese dreht. Bei der Wippe ist diese Achse genau in der Mitte, deshalb funktioniert das Wippen der Kinder am besten, wenn beide Kinder am Ende sitzen und gleich schwer sind.

Je schwerer jemand ist, desto weniger kann er hochgehoben werden. Deshalb muss sich die schwerere Person dichter an den Drehpunkt setzen, damit sein Kraftarm (der Teil der Wippstange, der vor dieser Person bis zum Drehpunkt liegt) kürzer wird. Wenn die schwerere Person doppelt so schwer ist wie sein Partner, kann sie nur halb so hoch gehoben werden. Nur wenn sie halb so weit vom Drehpunkt der Wippe entfernt ist wie ihr Partner, kann sie wippen.

Abbildung 5: Erfahrungen mit verschiedenen Anwendungen auf dem Spielplatz

Wippe

- **Alltagserfahrung der Kinder:**
  Wippen mit gleichgewichtigen, mit leichteren, mit schwereren Personen
- **Technische Grundkenntnisse:**
  Hebelwirkung
- **Entwerfen, Bauen und Konstruieren:**
  Mit Brett und Rundholz das Prinzip nachempfinden
- **Verbindung zu anderen Bereichen:**
  Waagen

Fragen an die pädagogische Fachkraft

Welche weiteren Bereiche gibt es, für die sich Kinder interessieren?

- ....
- ....
- ....
- ....
- ....
- ....

Rutsche

- **Alltagserfahrung der Kinder:**
  Rutschen mit unterschiedlicher Kleidung und auf verschiedenen Stoffen
- **Technische Grundkenntnisse:**
  Reibung, schiefe Ebene
- **Entwerfen, Bauen und Konstruieren:**
  Eine schiefe Ebene bauen und mit verschiedenen Gegenständen experimentieren. Was rollt oder rutscht am schnellsten?
- **Verbindung zu anderen Bereichen:**
  Bremsen

Spielplatz

Schaukel

- **Alltagserfahrung der Kinder:**
  Schwung kriegen beim Schaukeln: Wie kommt man am höchsten? Was kann man selber tun, was können andere tun?
- **Physikalische Grundkenntnisse:**
  Energie – Arbeit, Pendel, Reibung
- **Entwerfen, Bauen und Konstruieren:**
  Nachbauen einer Schaukel, experimentieren, wie lang die Bänder sein müssen, damit man möglichst hoch kommt

Karussell

- **Alltagserfahrung der Kinder:**
  Wenn man sich auf einer drehenden Scheibe nicht gut genug fest hält, dann fällt, dann „fliegt" man runter
- **Technische Grundkenntnisse:**
  Fliehkraft, Energie
- **Entwerfen, Bauen und Konstruieren:**
  Experimentieren und Bauen mit Drehscheiben: Welche Gegenstände fliegen besonders gut und an welcher Stelle der Drehscheibe müssen sie dazu liegen?

Die Regel, also das Hebelgesetz, besagt somit, je dichter man sich am Drehpunkt befindet, desto mehr Kraft oder Gewicht, muss man aufwenden, um nach unten zu wippen. Eine Wippe für eine erwachsene Person und ein Kind könnte also funktionieren, wenn die Stange vom Drehpunkt, also der Mitte der Wippe, bis zum Platz des Kindes sehr lang ist, die Stange bis zum Erwachsenen dagegen ganz kurz.

Das Hebelgesetz erfahren

Eine Wippe ist nur in der Regel nicht so konstruiert, aber die Kinder können mit diesem Prinzip experimentieren, denn das Prinzip der Wippe lässt sich auch in der Einrichtung leicht nachbauen und somit auch mit dem Bereich Bauen und Konstruieren verbinden. Dafür wird ein Brett und ein Rundholz benötigt; aber Vorsicht!, wenn die Kinder sich darauf stellen, kann das Rundholz leicht wegrollen und es besteht Verletzungsgefahr! Die Kinder können ihre Erkenntnisse vertiefen, indem sie selbst aus Brettern und Rundhölzern Wippen bauen und ausprobieren. Die Kinder können sich selbst auf eine solche Wippe setzen, sie können versuchen, so das Gleichgewicht zu halten. Darüber hinaus experimentieren sie mit Materialien und finden heraus, welche und wie viele Holzklötzchen die Wippenbretter ins Gleichgewicht bringen. Somit verdeutlicht das Experimentieren mit der Wippe auch das Prinzip des Gleichgewichtes, was sich auch anhand von Waagen vertiefen lässt. Dieses Prinzip, das für die Wippe beschrieben wurde, gilt im Übrigen auch bei einer Schleuder. Wenn ein Gegenstand auf die eine Seite des Brettes oder der Wippe gelegt wird und man die andere Seite nach unten drückt, fliegt der Gegenstand durch die Luft. Dabei ist dann aber eine gewisse Vorsicht geboten!

Bauen und konstruieren

Wenn die Kinder das Prinzip der Wippe verstanden haben, können sie auch Vorhersagen machen wie „Wenn ich diesen Klotz da hin lege, dann ist die Wippe im Gleichgewicht/dann geht die Wippe nach unten". Diese Vorhersagen können die Kinder selbst überprüfen. Auch in der Einrichtung lässt sich das Prinzip mithilfe eines Lineals und eine Rolle ausprobieren.[1]

Verbindung zum Bereich Bewegung

- Beim Erkunden der Wippe und anderen Geräten auf dem Spielplatz experimentieren die Kinder mit ihren eigenen Bewegungen, mit Gleichgewicht und mit ihrer Motorik. Auf diese Art und Weise entwickeln sie diese Kompetenzen weiter.

1 *Technischer Jugendfreizeit- und Bildungsverein, 2006, S. 12/13*

Karussell und Drehscheibe

Viele der Kinder sind schon Karussell gefahren oder haben auf dem Spielplatz auf einer Drehscheibe gestanden. Vielleicht sind einige dabei auch schon hingefallen, bzw. sind „weggeschleudert" worden, und haben die Erfahrung gemacht, dass man sich bei solchen schnellen Drehbewegungen gut festhalten muss. Es ist eine Kraft am Werk, die dazu führt, dass man hinfällt oder vom Karussell fliegt, die „Fliehkraft". Diese **Fliehkraft**, die auch **Zentrifugalkraft** genannt wird, können die Kinder selbst erleben, wenn sie auf einem Drehstuhl oder einer Drehscheibe drehen. Die Kinder können verschiedene Materialien auf die Drehscheibe legen und genau beobachten, welche Materialien als erstes wegfliegen. Sie können auch genau gucken, ob es Unterschiede gibt, wie weit die Materialien fliegen. Die Kinder können **Messungen** vornehmen, was fliegt am Weitesten? In diesem Kontext erfahren sie, dass Dinge schneller herunterfallen, je nach dem ob sie am Rand der Scheibe oder in der Mitte stehen, ob sie eine raue oder glatte Oberfläche haben und wie schnell die Scheibe gedreht wird.[1]

Fliehkraft erleben

Rutsche

Ein besonders beliebtes Außengerät ist die Rutsche, für die meisten Kinder kann sie nicht hoch und glatt, „rutschig", genug sein. Die meisten Kinder rutschen sehr gerne und sie können ausprobieren, mit welcher Kleidung das besonders gut klappt: Mit einer Jeanshose? Mit einer Lederhose? Was passiert, wenn sie Gummistiefel anhaben? Kann man damit „bremsen"? Wie gut rutscht man auf Teppichresten, wie gut auf Anti-Rutsch-Matten? Wie ist das im Schwimmbad auf einer nassen Rutsche? Wann rutscht man da besonders gut? Wie könnte eine optimale Rutsche aussehen? Wer schafft es, am schnellsten zu rutschen? Wann also rutscht man am besten? Die Kinder können Zeitmessungen vornehmen und vergleichen, unter welchen Bedingungen sie am schnellsten waren.

Rutschen mit verschiedener Kleidung probieren

> **Verbindung zum Bildungsbereich Mathematik**
>
> - Mit einer Stoppuhr messen, wie lange die Kinder rutschen.

Die Kinder machen also einerseits Grunderfahrungen, wie es selbst ist zu rutschen, sie können aber auch mit Gegenständen experimentieren und herausfinden, wie diese Gegenstände rutschen: Rutscht der Stoff besser, wenn ich einen oder wenn ich zwei Pflastersteine darauf lege? Wie rollen mit Sand oder Stöckchen gefüllte Dosen? Wie rollen Zapfen?[2]

Beim Rutschen kommt der physikalische Effekt der **Reibung** zum Tragen, die bei jeder **Bewegung** auftritt, also wenn bewegte Gegenstände oder Oberflächen aneinanderreiben. Diese bewirkt, dass sich Dinge langsamer oder gar nicht mehr bewegen, die Reibung wirkt der Bewegung somit entgegen. Glatte Oberflächen bewirken geringere Reibungskräfte als rauere Oberflächen, deshalb sollten Rutschen möglichst glatt sein. Auch bestimmte Kleidungsstücke erzeugen mehr oder weniger Reibung, sodass es sich am besten rutschen lässt mit Kleidung, die möglichst wenig Widerstand bietet.

Bei Gegenständen verhält es sich so, dass sie beim Rollen die Reibung besser auf glatten als auf rauen Oberflächen überwinden, z. B. rollen Murmeln auf Steinboden besser als auf Teppichboden. Die Kinder können ihr technisches Verständnis vertiefen und die Reibungseigenschaften von unterschiedlichen Materialien kennenlernen. Diese Erfahrungen und Explorationen können auch außerhalb des Spielplatzes und mit anderen Materialien stattfinden. Was für Materialien sind im Kindergarten, die rollen? Lässt sich ein Kegel rollen oder ein Würfel? Auf welchem Untergrund gelingt das Rollen am besten?[3] Rollbare, also kugel- oder zylinderförmige Gegenstände überwinden die Reibung einfacher und fangen an zu rollen. Auch wenn sich ein Objekt durch die Luft oder durch eine Flüssigkeit bewegt, entsteht Reibung. Beim Rutschen geht es folglich darum, möglichst geringe Gleitreibung zu erzeugen, die Reibung also möglichst zu „überwinden". Reibung ist aber nicht immer unnütz, ganz im Gegenteil. Wir brauchen sie sozusagen zum Überleben: Wir würden überall wie auf Glatteis ausrutschen und uns würde jeder Gegenstand aus der Hand fallen, wenn es sie nicht gäbe.

Reibungseigenschaften von verschiedenen Materialien

---

1 Technischer Jugendfreizeit- und Bildungsverein, 2006, S. 13
2 Technischer Jugendfreizeit- und Bildungsverein, 2006, S. 12
3 Näger, 2004, S. 9; Harlan & Rivkin, 2004

Kapitel 4 | Bildungsziele im Bereich Technik

Technische Grundkenntnisse: Reibung

In der Technik wird die Reibung ihrem jeweiligen Zweck angepasst: Wenn wenig Reibung entstehen soll, wie zum Beispiel beim Fliegen, wird eine windschlüpfrige (aerodynamische) Form gewählt. Denn auch der Luftwiderstand ist eine Art Reibung. Um die Reibung gering zu halten, verwendet man an Achsen beispielsweise Kugellager und Schmierstoffe.

Bei Autoreifen dagegen wird erwartet, dass sie eine gewisse Reibung oder Bodenhaftung aufweisen, denn sonst wäre ein Fahren in Kurven nicht möglich und das Anfahren schwierig. Außerdem ist bei einem Reifen wichtig, dass er auch die Haftung auf der Straße behält, wenn ein Wasserfilm darauf ist. Ist das Profil nicht tief genug, kann es bei viel Wasser auf der Straße zu Aquaplaning kommen; das tiefe Profil sorgt normalerweise dafür, dass das Wasser von den Rillen aufgenommen und dann abgeleitet wird. Und beim Bremsen ist eine hohe Reibung das Allerwichtigste (Macaulay & Ardley, 2004)!

Das Prinzip der Reibung können die Kinder auch ganz einfach ausprobieren, indem sie ihre Hände ganz schnell hin und her reiben. Was passiert? Es entsteht Wärme und diese wird durch die Reibung erzeugt (Harlan & Rivkin, 2004). Gerade im Winter, wenn die Hände kalt sind, haben die Kinder das vielleicht schon oft intuitiv getan oder bei Erwachsenen beobachtet und abgeguckt (Macaulay & Ardley, 2004).

Im Zusammenhang mit der Rutsche lernen die Kinder auch das Prinzip der **Rampe (auch schiefe Ebene)**[1] kennen. Die Reibungskraft lässt sich nämlich durch Geschwindigkeit verringern. Auf einer Rampe wird eine Kugel schneller und überwindet somit die Reibungskräfte besser als auf einer Ebene und das Gleiche gilt, wenn Kinder rutschen. Eine Rampe kann von den Kindern schnell gebaut werden: Sie benötigen eine Kiste und ein Brett für größere Gegenstände, für kleinere reicht schon ein Lineal und ein Radiergummi. So können sie mit selbst zusammengesuchten Dingen erproben, was sehr gut rollt, was schlecht rollt und was überhaupt nicht rollt.[2]

Technische Grundkenntnisse: Schiefe Ebene

Verbindung zum Bildungsbereich Bewegung

- Bewegung beim Rutschen: Auf dem Bauch rutschen, rückwärts rutschen, sich beim Rutschen nach hinten lehnen, um „aerodynamisch" zu sein und der Luft möglichst wenig Widerstand bieten.

Schaukel

Auch Schaukeln stehen häufig im Außenbereich der Einrichtung, sie finden sich auf Spielplätzen und einige Kinder haben sogar eine eigene zu Hause im Garten oder in der Wohnung. Die Kinder können beim Schaukeln ausprobieren, wie es am meisten Spaß macht und wie man am besten Schwung bekommt; sie machen Grunderfahrungen mit Rhythmus und Schwung. Wenn Kinder noch nicht wissen, wie sie selbst Schwung bekommen, oder die Streck- und Beugebewegungen mit den Armen und Beinen noch nicht selbst verrichten können, haben sie meistens schon die Erfahrung gemacht, dass andere Personen aushelfen können und sie „angeschubst" werden müssen.

---

1 Vgl. auch die Ausführungen dazu auf S. 108 und das Projektbeispiel 6.7: Turnen, spielen und experimentieren mit der schiefen Ebene (S. 197)
2 Näger, 2004, S. 9

Denn um eine Schaukelbewegung aufrechtzuerhalten oder zu intensivieren, muss **physikalische Arbeit** geleistet werden, entweder von der schaukelnden Person selbst oder von jemand anderem.

Schaukel und Pendel

In der Einrichtung kann das Prinzip der Schaukel leicht mithilfe eines Pendels nachempfunden werden, denn bei der Schaukel handelt es sich letztlich um solch ein Pendel. Die Kinder können damit experimentieren, sie können testen, welche Gegenstände, wenn man sie an einem Faden befestigt, am höchsten „fliegen" und schauen, welchen Einfluss die Länge des Fadens darauf hat.

Im Übrigen kommt auch bei der Schaukel das Prinzip der **Reibung** zum Tragen; wenn man eine Schaukel nur einmal anstößt und keine weitere Energie zuführt, pendelt sie einige Male hin und her, bis die Reibungskräfte ihre Bewegung zum Stillstand bringen. Reibungskräfte und die Schwerkraft bewirken also ein Ausschaukeln einer Schaukel.

c) Technik auf, an und unter der Straße

Wenn die Kinder aus dem Haus gehen, sind sie dort ebenfalls mit jeder Menge Technik konfrontiert. Straßenbau, Fahrzeuge, Baustellen, Laster, Bagger, Feuerwehrauto, die Liste lässt sich beliebig fortführen. **Abbildung 6** gibt einen Überblick.

Fahrzeuge

Das Fahrrad ist eine Maschine

Technische Erfahrungen können mit Fahrzeugen gemacht werden wie Autos, Busse, Fahrräder und Einräder, die die Kinder jeden Tag erleben. Diese Fahrzeuge kennen die Kinder aus eigener Erfahrung, von Beobachtungen, vom Mitfahren und vom Selbstfahren. Die meisten eigenen Grunderfahrungen haben die Kinder vermutlich mit Fahrrädern, Einrädern, Rollern und Inlineskates gemacht.

Das Fahrrad beispielsweise ist eine „Maschine", an der man viele technische Grundkenntnisse erarbeiten kann. Die Räder spielen natürlich eine entscheidende Rolle, aber auch das Prinzip der Reibung kann anhand der Bremsen erkundet werden, ebenso der Hebel, die Handbremse, die die Kraft der Hand auf den Vorder- bzw. Rückreifen überträgt. Auch Zahnräder, die mit einer Kette verbunden sind und in die gleiche Richtung drehen, also ein Getriebe, finden sich beim Fahrrad. Diese „Teile der Maschine" können sich die Kinder genau ansehen und nach Möglichkeit an einem alten Fahrrad selbst damit experimentieren. Wofür könnte man dieses Getriebe noch verwenden? Viele der beschriebenen Fahrzeuge finden sich auch in der Kita und bei den Kindern zu Hause als Modelle, sodass Räder, Motor, Licht und Lenkrad auch auf diese Art und Weise kennengelernt werden können.

> **Hinweis auf ein Projektbeispiel in diesem Band**
>
> Im *Kapitel 6.1: Von der Apfelschälmaschine bis zum Fahrrad: Zahnradbetriebene Maschinen* wird ein Projektbeispiel über Zahnräder beschrieben, in dem Kinder, Fachkräfte und Eltern gemeinsam auch ihr technisches Verständnis zum Thema Fahrradkette vertiefen.

Kapitel 4 | Bildungsziele im Bereich Technik

Abbildung 6: Erfahrungen mit verschiedenen Anwendungen auf, an und unter der Straße

Technik auf, an und unter der Straße

Fahrzeuge
- **Alltagserfahrungen der Kinder:** Autos, Busse, Fahrrad, Einrad, Dreirad, Kettcar
- **Technische Grundkenntnisse:** Rad, Getriebe, Motor
- **Entwerfen, Bauen und Konstruieren:** Fahrzeuge nachbauen und neue erfinden
- **Verbindung zu anderen Bereichen:** Getriebe in anderen Geräten, z. B. in der Küche

Lastentransport
- **Alltagserfahrungen der Kinder:** Lastwagen, Bagger, Kräne
- **Technische Grundkenntnisse:** Heben, ziehen, transportieren
- **Entwerfen, Bauen und Konstruieren:** Bagger und Kräne mit verschiedenen Materialien nachbauen

Baustelle
- **Alltagserfahrungen der Kinder:** Haus-, Straßen-, Brückenbau
- **Technische Grundkenntnisse:** Baupläne, Schritte und Materialien beim Bauen
- **Entwerfen, Bauen und Konstruieren:** Häuser und Brücken entwerfen und mit verschiedenen Materialen mauern und bauen

Häuser
- **Alltagserfahrungen der Kinder:** Verschiedene Häuser sehen
- **Technische Grundkenntnisse:** Versorgung der Häuser mit Strom, Gas, Wasser, Licht
- **Entwerfen, Bauen und Konstruieren:** Häuser nachbauen, einen Stromkreis bauen
- **Verbindung zu anderen Bereichen:** Versorgung des Haushaltes mit Strom

Unter der Straße
- **Alltagserfahrungen der Kinder:** Auf einer Baustelle an der Straße viele Rohre und Kabel sehen
- **Technische Grundkenntnisse:** Rohre, Druck
- **Verbindung zu anderen Bereichen:** Suchen und finden, wo die Rohre und Kabel in den Häusern enden

Fragen an die pädagogische Fachkraft
Welche weiteren Bereiche gibt es, für die sich Kinder interessieren?

- _____
- _____
- _____
- _____
- _____
- _____
- _____
- _____
- _____
- _____
- _____
- _____

Kapitel 4 | Bildungsziele im Bereich Technik

Hinweis auf Projektbeispiele

- Im Kindergarten der Kinderfreunde e. V. in München haben die Kinder das Fahrrad zu einem Projektthema gemacht: **Wir erforschen unserer Fahrrad!** Dadurch, dass viele Kinder selbst im Laufe ihrer Kindergartenzeit das Fahrradfahren gelernt haben und zunehmend damit alleine in die Einrichtung kamen, wurde dieses Interesse der Kinder am Fahrradfahren aufgegriffen. Einen Einstieg in die Thematik fanden die Fachkräfte und die Kinder durch das Thema rollen. Die Kinder fragten sich: Was rollt denn alles? Warum eiert mein Rad? Warum kippt das Rad am Ende um?
  Zur Vertiefung der Frage, warum das Rad eiert, wurde ausprobiert und genau hingeschaut. Im Anschluss daran wurden die Fahrräder umgedreht, mit Sattel und Lenkrad auf den Boden, und das Vorderrad wurde erkundet. Die Kinder wollten z. B. wissen, wo die Luft im Reifen bleibt. In diesem Kontext wurde der Reifen auch auseinandergenommen, damit die Kinder die einzelnen Teile betrachten konnten. Die Kinder haben sich die Antworten selbst erarbeitet, indem sie genau hinschauten, anfassten, ausprobierten, drehten, drückten, rüttelten, verglichen, überprüften und diskutierten. Auf diese Art und Weise wurden Schritt für Schritt die einzelnen Teile des Fahrrades erforscht. Neben den Eltern wurde auch ein Experte aus einem Fahrradladen einbezogen, der gemeinsam mit den Kindern das Wissen rund um das Fahrrad vertiefte.

- In einem anderen Projekt der Lernwerkstatt für Kinder St. Peter und Paul in Hammelburg/Westheim bekam das Fahrrad eine andere Funktion: Es wurde für den Bau einer **Seifenblasenventilatormaschine** gebraucht! Die Idee dafür stammte von den Kindern und sie waren aktiv beim Entwerfen und Konstruieren involviert, sie hielten ihre Ideen schriftlich fest und diskutieren sie mit anderen. Neben der Erfindung der Maschine setzten sich die Kinder auch ausführlich mit den Funktionen des Fahrrades auseinander, z. B. beschäftigten sie sich mit der Technik des Zahnrades. Mithilfe aller Väter wurde getüftelt und geforscht, sodass schließlich die Seifenblasenventilatormaschine funktionierte!

(Bildungswerk der Bayerischen Wirtschaft e. V. (2007)(Hrsg.). *Es funktioniert?! – Kinder in der Welt der Technik: Ein Projekt-Ideen Buch.* München: Don Bosco.)

Lastentransport

Fasziniert sind Kinder auch von Fahrzeugen, die sich auf Baustellen befinden: Bagger und Lastwagen, die große und schwere Dinge heben und transportieren können.

Hinweis auf ein Projektbeispiel in diesem Band

Im *Kapitel 6.6: Kinderbaustelle* wird ein Projektbeispiel beschrieben, in dem Kinder ausgehend von den Beobachtungen auf einer Baustelle ihr Wissen vertiefen und selbst Bagger und andere Maschinen nachbauen.

Auf vielen Baustellen spielen Kräne, die auch Lastenheber genannt werden, eine große Rolle, sie heben schwere Lasten und bewegen sie von einem Ort zum anderen. Es gibt auch Kräne, die fahren können. Wo gibt es noch Kräne? Man findet sie auch in Häfen und Fabriken. Am bekanntesten sind diejenigen Kräne, die wie ein T aussehen und Turmkräne heißen. Diese Kräne verwenden mehrere Flaschenzüge, um Lasten über eine große Fläche genau befördern zu können. Es kommen auch Winden zur Anwendung, das sind Trommeln mit einem darum gewickelten Seil, um Lasten zu heben oder herabzulassen.

Kräne sind auf vielen Baustellen zu beobachten

Exkursionen

- Gibt es in der Nähe einen Kran, den die Kinder sich anschauen können? Auf einer Baustelle? Am Hafen?

Technische Grundkenntnisse: Flaschenzug

Heben und Ziehen

Kinder haben schon die Erfahrung gemacht, dass sie bestimmte Dinge nicht heben oder ziehen können, weil sie zu schwer sind. Auch hier können sie lernen, dass es naturwissenschaftliche Gesetzmäßigkeiten gibt, die Vorgänge wie Heben erleichtern. Die Kraft, die man aufwenden muss, um eine Last anzuheben, verringert sich um die Hälfte, wenn ein Seil über zwei Rollen läuft. Diese Konstruktion von zwei übereinander hängenden Rollen nennt man **Flaschenzug**. So ein Flaschenzug lässt sich einfach aus einem Bausatz herstellen oder in einem Baumarkt kaufen. Er kann aufgehängt werden und die Kinder können damit experimentieren (Näger, 2004, S. 10). Ein Korb kann daran gehängt werden, in den die Kinder Gegenstände legen: Wie schwer ist es verschiedene Gegenstände anzuheben? Können diese Gegenstände auch ohne Flaschenzug angehoben werden? Welche Erklärungen finden die Kinder für dieses Phänomen?

(Macaulay & Ardley, 2004)

Der Flaschenzug erleichtert Arbeit

In der Einrichtung können die Kinder auch lernen, wie man sich technische Grundprinzipien beim Heben zunutze machen kann: Der Flaschenzug lässt sich leicht nachbauen und die Kinder können damit experimentieren, wie leicht oder trotzdem noch schwer sich Dinge damit heben lassen. Zunächst können die Kinder nur ein Seil und eine feste Rolle verwenden und ein Gewicht anheben. Auf diese Art und Weise kann eine Last bis hoch zur Rolle befördert werden, denn das Körpergewicht desjenigen, der zieht, wirkt nach unten und unterstützt so die Bewegung statt sie zu behindern. Allerdings muss man dieselbe Kraft aufwenden, mit der die Last nach unten zieht, denn die eingesetzte Kraft lässt sich nur verringern, wenn man zusätzlich zu der festen Rolle noch eine lose Rolle einsetzt. Dabei handelt es sich dann um einen Flaschenzug.

Bei einem Flaschenzug muss man nur die halbe Kraft einsetzen, aber dafür muss man doppelt so viel Seil heranziehen. Man kann die Kraft weiter verringern, wenn man die Zahl der Rollen vergrößert, bei vier Rollen braucht man nur noch ein Viertel der Last, bei acht Rollen ein Achtel. Mehr Rollen einzusetzen, macht kaum Sinn, weil dann die Reibung zu groß wird.[1]

Baustelle

Baustellen erleben Kinder in ihrem Alltag

Auf der Baustelle sind für Kinder nicht nur Kräne interessant, sondern noch viele weitere Aspekte: Sie stellen viele Fragen, wenn sie Baustellen entdecken: Wie werden eigentlich Häuser gebaut, wie Straßen und Brücken? Welche Materialien werden verwendet? Welche Werkzeuge, welche Geräte und Maschinen werden gebraucht, um ein Haus, eine Brücke und eine Straße zu bauen? Wie wird ein neues Haus mit Strom, Wasser und Gas versorgt? Insbesondere dieses Thema kann mit dem Bereich Entwerfen, Bauen und Konst-

---

1 *Macaulay & Ardley, 2004*

ruieren verknüpft werden: Häuser können gezeichnet und entworfen werden, mit Plastik- oder Holzbausteinen, aber auch mit Materialien wie Knete und Lehm nachgebaut werden. Besonders spannend wird es natürlich für die Kinder, wenn sie ein eigenes kleines, „richtiges" Haus bauen und auch einmal selbst Beton mischen können und richtig mauern dürfen. Kinder sind von Betonmischfahrzeugen und Betonmischmaschinen fasziniert; anhand solcher Mischvorgänge, wenn Sand, Wasser und Zement sich vermischen und trocknen, können weitere naturwissenschaftliche Inhalte wie fest und flüssig vertieft werden.

Hinweis auf Projektbeispiele

- Im Projektbeispiel im *Kapitel 6.6: Kinderbaustelle* beobachten die Kinder nicht nur Maschinen, sondern sie lernen auch das Mischen von Beton und das Mauern. Dieses Wissen setzen die Kinder auf ihrer eigenen Baustelle um.

- Im Kindergarten Mariae Himmelfahrt in Weilheim sollte das Gartenspielhaus abgerissen werden. Da unklar war, wann es wieder neu aufgebaut werden kann, hatten die Kinder die Idee, dieses Vorhaben selbst umzusetzen. Im Vorfeld überlegten die Fachkräfte, wie sie diese Ideen der Kinder aufgreifen können, und beschlossen, die Kinder aktiv beim Ab- und Wiederaufbau des Gartenhauses zu beteiligen. Schon beim Abriss stellten die Kinder viele Fragen: Warum ist das Holz an einigen Stellen faulig geworden? Was müssen wir beim neuen Haus anders machen? Wie soll das neue Haus aussehen? Um ihre Ideen zu konkretisieren, zeichneten die Kinder Baupläne und bauten Häuser im Modell mit Plastikbausteinen. Schließlich wurde mit dem Bau des neuen Gartenhauses begonnen, parallel dazu experimentierten die Kinder mit Verwitterungsprozessen von Holz. Verschieden behandelte Holzstücke wurden in Behälter mit Wasser gestellt und über einen längeren Zeitraum beobachtet. Es wurde dokumentiert und reflektiert, welche Veränderungen stattgefunden haben. Der Bau des Hauses wurde mithilfe von Müttern, eines Schreinermeisters und eines Vaters vorangetrieben, vom Bau der Bodenplatte bis zum Streichen und Aufstellen der Balken, sodass schließlich mit dem gesamten Kindergarten Richtfest gefeiert werden konnte!

(Bildungswerk der Bayerischen Wirtschaft e. V. (2007)(Hrsg.). *Es funktioniert?! – Kinder in der Welt der Technik: Ein Projekt-Ideen Buch.* München: Don Bosco.)

Kapitel 4 | Bildungsziele im Bereich Technik

| **Technische Grundkenntnisse: Schiefe Ebene** |

Beim Bauen können die Kinder auch Erfahrungen mit der schiefen Ebene sammeln und so technische Grundkenntnisse erwerben. Eine schiefe Ebene ist eine ebene Fläche, die gegen die Horizontale geneigt ist („Rampe"). Schon seit alters her wird die schiefe Ebene als Vorrichtung eingesetzt, mit der man Kraft „sparen" kann. Diese „Kraftersparnis" kommt dadurch zustande, dass ein Gegenstand nicht gehoben werden muss, sondern geschoben werden kann. Dadurch wird eine geringere Kraft aufgewendet als beim direkten Hoch- bzw. Herunterheben. Allerdings muss diese geringere Kraft auch über eine längere Strecke wirken. Die Kinder können eine schiefe Ebene leicht nachbauen und damit experimentieren (vgl. auch S. 101 im Zusammenhang mit dem Thema Reibung).

Ägyptische Pyramiden:
Zu den größten Leistungen der Frühzeit (ca. 2 500 Jahre v. Chr.) zählt der Bau der Pyramiden in Ägypten, die als Grabstätten der Pharaonen dienten. Am bekanntesten sind wohl die drei Pyramiden von Gizeh (Kairo), von denen die größte die Cheops-Pyramide ist. Sie wurde in etwa 20 Jahren aufgebaut. Wie es die damaligen Baumeister schafften, die mehreren Millionen der tonnenschweren Steine hochzuhieven und exakt aneinander zu schichten, ist auch heute noch nicht ganz klar. Manche Forscher meinen, dass die Ägypter Rampen (schiefe Ebenen) um die Pyramiden errichteten und auf diesen das schwere Baumaterial heranschafften.
Neuere Überlegungen lehnen die „Rampen-Theorie" ab und gehen davon aus, dass einfache Hebemaschinen verwendet wurden. Wie diese aber ausgesehen und funktioniert haben, darüber besteht große Uneinigkeit. Einig ist man sich wohl nur darüber, dass es zu dieser Zeit noch keine Flaschenzüge gab.

Das Gewinde einer Schraube – eine schiefe Ebene:
Schrauben stellen in unserer Zeit ein universelles Befestigungsmittel dar. Sie haben inzwischen die Nägel in vielen Bereichen abgelöst. Früher fertigte man Schrauben aus Holz in Handarbeit und nutzte sie für den Vortrieb bei einfachen Maschinen. So kannte man in sehr früher Zeit bei Weinpressen die Holzschraube.

| **Hinweis auf ein Projektbeispiel in diesem Band** |

Im Projektbeispiel im *Kapitel 6.7: Turnen, spielen und experimentieren mit der schiefen Ebene* wird aufgezeigt, wie das Thema schiefe Ebene vertieft werden kann.

Kapitel 4 | Bildungsziele im Bereich Technik

Unter der Straße

Eng mit dem Thema Baustelle ist die Frage verbunden, was sich unter der Straße befindet. Woher kommt das Wasser, woher der Strom, wenn ein neues Haus gebaut wird? Auf der Straße kennen die Kinder Gullys, die das Regenwasser aufnehmen. Aber wo fließt das Wasser hin? Und was ist mit dem Wasser, das wir verbrauchen, das in die Abflüsse der Waschbecken fließt und das mit der Toilettenspülung weggespült wird? Sowohl das Regenwasser als auch das Abwasser, das Menschen produzieren, wird in Rohren und Kanälen unter die Erde, in die Kanalisation, abgeleitet. Es gibt viele Abwasserkanäle, die von den einzelnen Gebäuden kommen und sich zu größeren Straßenkanälen vereinigen. Diese wiederum werden zu Hauptkanälen, in denen das Wasser schließlich zu den Kläranlagen fließt.[1] Von dem Thema Kanalisation ausgehend kann auch das Thema Klärwerk vertieft werden. In einer solchen Anlage wird das Wasser so gereinigt, dass es zurück in Bäche und Flüsse geführt werden kann. Wenn das Wasser auch noch als Trinkwasser verwendet werden soll, dann muss es allerdings noch in einer speziellen Wasseraufbereitungsanlage gereinigt werden. Gibt es vielleicht in der Nähe der Einrichtung eine Kläranlage oder eine Wasseraufbereitungsanlage, die sich die Kinder anschauen können?

Die Kanalisation kennenlernen

Neben Rohren zur Ableitung des Ab- und Regenwassers gibt es unter der Erde aber noch viele weitere Erdkabel. So wird Strom unter der Erde weiter geleitet, ebenso wie Kabel für die Kommunikation und das Fernsehen.

Strom wird unter der Erde weitergeleitet

Und nicht zuletzt sind viele Kinder aus großen Städten schon mit der Untergrundbahn, oder auch U-Bahn, unterwegs gewesen, die ebenfalls zum großen Teil unter der Erde verläuft. Auch hier kann nachgeforscht werden: Wie entstehen solche Tunnel und Kanäle? Wie funktionieren die Züge?

4.1.2 Erfahrungen mit Anwendungen: Umgang mit Materialien

Ein sehr wichtiges Ziel im Rahmen der technischen Bildung von Kindern ist der Umgang mit verschiedenen Materialien. Bei den vorherigen Beschreibungen, z. B. durch das Projektbeispiel mit der Baustelle, wurde deutlich, dass Kinder in ihrem Alltag selbstverständlich mit vielen verschiedenen Materialien zu tun haben; so beschäftigten sich die Kinder intensiv mit dem Material Holz, das zum Bauen des Gartenhauses verwendet wurde. Ziel ist es, dass die Kinder eine große Anzahl an natürlichen und künstlich hergestellten Materialien kennenlernen, deren Qualitäten und Charakteristiken und die Wichtigkeit dieser Materialien in ihrem Alltag erkennen.

Materialien beschreiben und vergleichen

Alltags- und Spielmaterialien können hinsichtlich des Werkstoffes beschrieben und die Werkstoffe miteinander verglichen werden. Neben dem Aufgreifen der Interessen der Kinder an solchen Materialien, denen sie im Alltag ständig begegnen, können ihnen auch noch weitere Materialien zur Verfügung gestellt werden. **Abbildung 7** gibt einen Überblick.

---

1 Der Kinder Brockhaus Technik, 2005

Kapitel 4 | Bildungsziele im Bereich Technik

Materialien

Materialien:
trockener Sand, Knete, nasser Lehm, Brotteig, generell verformbares Material

Baumaterialien:
verschiedene Baukästen, Ziegelsteine und Klötze in unterschiedlichen Materialien und Größen

Recycelte Materialien:
Behälter aus verschiedenen Materialien und Größen, z. B. Pappkartons, Plastiktöpfe, verschiedene Papiere und Stoffe

Sammlungen:
Papier, Metall, Holz, Plastik, Stoffe, Faden, Zwirn, Garn, Schnüre und Bindfaden

Materialien für Collagen:
Stoffe, Fäden, Garne und Borten

Objekte mit verschiedenen Eigenschaften:
z. B. durchsichtig, halb durchsichtig, undurchlässig; glatt, rau, uneben; „stretchig", biegsam, magnetisch, schwimmend, sinkend

Materialien für das Messen, Markieren und Beobachten:
Vergrößerungsgläser, Ausrüstungen zum Messen: Skalen, Stoppuhren, Eieruhren, Thermometer, Waagen, Lineale, Messbehälter

Werkbänke:
Werkzeuge, Schmiergelpapier, Holzausschnitte, Baumwollrollen, Nägel, Schrauben, Muttern, Halterungen

Objekte, die exploriert und weggetragen werden können:
Telefone, Uhren, Kassettenrekorder, Radios

Elektrische Materialien:
Kabel, Glühbirnen, Batterien, elektronische Kontrolltechnologie

(Siraj-Blatchford & MacLeod-Brudenell, 1999, S. 132/133; Newton, 2005; Hope, 2004)

Abbildung 7: Überblick über verschiedene Materialien

Kapitel 4 | Bildungsziele im Bereich Technik

Zu Beginn lernen die Kinder, wenn sie auf spielerische Art und Weise Materialien und Phänomene erkunden. Damit ist die selbständige Exploration verschiedener Materialien gemeint und bei dieser sollten möglichst viele Sinne eingesetzt werden: Sehen, Riechen, Berühren und das Hören von Geräuschen spielen eine wichtige Rolle. Bei der Erkundung kann sich die Fähigkeit der Kinder, genau zu beobachten, entwickeln und diese wiederum unterstützt die Entwicklung von Fertigkeiten wie Sortieren, in Reihenfolgen bringen und Beziehungen erkennen. Diese Erkundungs- und Spielphasen, bei denen Erfolg und Versagen irrelevant sind, sind ein wichtiges Element insbesondere für den Prozess des Problemlösens.[1] Es ist deshalb notwendig, dass die Kinder ermutigt werden, frei mit Materialien zu spielen und zu experimentieren, ihre Ideen mit Materialien auszuprobieren und Prototypen zu entwickeln, diese anzupassen und zu modifizieren. Diese Aktivitäten reichen jedoch für eine Bildung im Bereich Technik nicht aus, denn es ist auch wichtig, dass die Kinder zielgerichtet etwas bauen und erstellen, sodass sie auch Selbstvertrauen in diesem Bereich entwickeln.

Materialien mit allen Sinnen erkunden

Die pädagogische Fachkraft stellt den Kindern bei solchen Aufgaben die Unterstützung zur Verfügung, damit sie Dinge und Phänomene sehen und verstehen, sie lenkt die Aufmerksamkeit der Kinder auf Details und ermutigt die Kinder auf diese Art und Weise, genau zu beobachten und ihre Handlungen zu hinterfragen. Für die pädagogische Fachkraft ist es somit wichtig, ein Gleichgewicht zwischen zielgerichtetem Vorgehen und der Förderung der Fantasie und Kreativität der Kinder zu schaffen.[2]

Mit den in der Abbildung 7 aufgeführten **Materialien** können die Kinder somit spielen und erkunden, bauen und konstruieren, sie können Bauwerke mit gewünschter Funktion (Wohnraum, Garage, Brücke) modellieren. Es können sowohl Materialien verwendet werden, die im Kindergarten gewöhnlich vorhanden sind, wie Papier, Sand und Knete, aber auch Materialien, die extra angeschafft und neu erkundet werden können, wie Holz und Mörtel. Die Kinder können mit Materialien wie trockener Sand, die gut zu bearbeiten sind, beginnen und zunehmend auch Material bearbeiten, das durch seine Beschaffenheit schwieriger zu handhaben ist, wie **nasser Lehm oder Knete**. Auf das Entwerfen, Bauen und Konstruieren wird weiter unten noch detaillierter eingegangen.

Mit Materialien wie Sand, Knete, Lehm und Holz bauen

Das Gleiche gilt auch für **Papier-Material**: Kinder beginnen mit der Bearbeitung von einfachem, dünnen Papier und dieses Vorgehen kann bis zur Handhabung von sehr festem Papier und Pappe ausgeweitet werden. Kinder experimentieren mit diesen Materialien, z.B. durch Falten und Zerknüllen. Sie können den Umgang mit diesem Material in ihr Spiel integrieren, sie wickeln Dinge und Gegenstände in Papier ein und basteln Briefumschläge. Für den Umgang mit Pappe eignen sich Papprollen, wie sie in Haushaltsrollen und Geschenkpapierrollen zu finden sind. Die Kinder zerschneiden sie, bauen damit und bekleben sie. Zum Bekleben eignen sich, neben unterschiedlichem, vielleicht auch buntem oder selbst bemaltem Papier, auch Stoffreste.

---

1 *Sylva, Bruner & Genova, 1976, zit. nach Siraj-Blatchford & MacLeod-Brudenell, 1999, S. 31*
2 *Siraj-Blatchford & MacLeod-Brudenell, 1999, S. 14*

Stoffe fühlen sich unterschiedlich an und haben verschiedene Eigenschaften

Auch bei **Stoffen** gibt es viele unterschiedliche Materialien, die Kinder mit allen Sinnen erfahren können. Kinder können auch auf die Stoffe malen und dabei feststellen, welche Stoffart sich mit welchen Stiften gut bemalen lässt. Wie sieht ein Filzstift auf Seide aus? Was passiert, wenn man dagegen mit Wachsmalstiften auf Seide malt? Oder was ist mit speziellen Stiften für Stoffe? Das gleiche gilt auch für andere Materialien wie Papier und Pappe. Wie gut lässt sich auf diesen Materialien malen? Die Kinder können durch das Malen auf diesen Oberflächen, aber auch durch Kleben und Nähen, lernen, dass es Oberflächen mit sehr unterschiedlichen Eigenschaften gibt. Aus den verschiedenen Materialien, die die Kinder kennenlernen, können sie auch Collagen basteln.

Geschlechtersensible Materialauswahl und Gestaltung der Umgebung

Bereits die Auswahl und Platzierung von Materialien in der Einrichtung kann im Dienste einer geschlechtersensiblen Pädagogik eingesetzt werden. Häufig ist zu beobachten, dass Jungen und Mädchen in gleichgeschlechtlichen Gruppen spielen und dabei geschlechtstypische Spiele bevorzugen. Solche Verhaltensweisen können von der pädagogischen Fachkraft durchbrochen werden, indem sie neue Anordnungen der Materialien herstellt, beispielsweise eine Puppe auf ein Baufahrzeug setzt oder Licht in ein Puppenhaus einbaut. Auch können Bilder in der Einrichtung platziert werden, die Frauen und Männer bei unterschiedlichen, auch geschlechts*un*typischen, Aktivitäten zeigen, z. B. eine Frau beim Reparieren eines Autos neben einer Frau beim Babyfüttern. Wichtig ist auch bei der Auswahl von Bücher- und Liedertexten darauf zu achten, dass hier nicht einseitige Geschlechtsrollenstereotype transportiert werden. In Büchern und Liedern, die den Kindern vorgelesen oder die gemeinsam gesungen werden, sollten nach Möglichkeit Jungen und Mädchen, Frauen und Männer in ganz unterschiedlichen Rollen und mit unterschiedlichen Eigenschaften dargestellt werden. Deshalb gilt es Texte zu finden, in denen auch starke, abenteuerlustige, heldenhafte Mädchen bzw. weibliche Figuren ebenso wie zurückhaltende, ängstliche, fürsorgliche Jungen bzw. männliche Figuren vorkommen. Mit Kindern im Vorschulalter kann man bereits Geschlechterstereotype gemeinsam reflektieren, indem man sie zum Beispiel selbst Bilder mit männlichen und weiblichen Personen sammeln lässt.[1] Anschließend kann die Fachkraft mit den Kindern gemeinsam die unterschiedlichen Darstellungen von Mädchen und Jungen, Männern und Frauen hinterfragen und mit ihnen Vorurteile über beide Geschlechter herausarbeiten.

1 *MacNaughton, in Vorbereitung; MacNaughton & Williams, 2003*

4.1.3 Erfahrungen mit Anwendungen: Umgang mit Werkzeugen

Ein weiterer Aspekt sind die **Erfahrungen im Umgang mit Werkzeugen**. Kinder finden es spannend und fühlen sich gut, wenn sie etwas gebaut oder produziert haben. Damit Kinder Spaß haben und lernen, ist es wichtig, in Interaktion mit den Kindern genau zu schauen, welche Kompetenzen sie bereits im Umgang mit verschiedenen Werkzeugen haben, um entwicklungsangemessene Lernerfahrungen für die Kinder zu planen und zu ermöglichen.[1]

Auch die Hand ist ein Werkzeug

Dabei geht es zum einen um die Hand als Werkzeug zum Greifen, Festhalten, Drücken. Die Kinder lernen, dass auch Messer, Gabel und Löffel als Werkzeuge benutzt werden können. Zum anderen sollen die Kinder auch „richtige" Werkzeuge kennenlernen, dazu gehören Hammer, Nägel, Schraubenzieher und Hobel. Die Kinder lernen die Handhabung dieser Werkzeuge und den verantwortungsvollen Umgang damit.

Überblick über verschiedene Werkzeuge

Werkzeuge, um Löcher zu machen:
Locher, Bohrer, Handbohrmaschine, Bohrmaschine

Werkzeuge zum Schneiden und Bearbeiten:
Schere, Säge, Messer, Holzpfeile, Hobel

Werkzeuge, um Materialien zusammenzuhalten:
Tesafilm, Kleber, Tacker, Hammer und Nägel, Schraubendreher und Schrauben

Werkzeug, um Materialien zu halten, damit an ihnen gearbeitet werden kann:
Zange, Zwinge, Schraubstock

Werkzeuge, um mit Ton und Lehm zu arbeiten:
Spachtel, Brett zum Tragen von Lehm, Rolle zum Ausrollen

Werkzeuge, um mit Stoffen zu arbeiten:
Kleber für Stoffe, Maßband, Nadeln und Fäden, Fingerhut

(Newton, 2005; Siraj-Blatchford & MacLeod-Brudenell, 1999, S. 93)

Abbildung 8: Überblick über verschiedene Werkzeuge

---

1 MacNaughton, in Vorbereitung; McNaughton & Williams, 2003
2 Siraj-Blatchford & MacLeod-Brudenell, 1999, S. 93

> **Hinweis auf Projektbeispiel in diesem Band**
>
> Im Projektbeispiel im *Kapitel 6.2: Auseinandernehmen eines PC* wird zunächst ein Werkstattbereich mit einer Werkbank und verschiedenen Werkzeugen eingerichtet. Die Kinder lernen in diesem Zusammenhang verschiedene Werkzeuge kennen und wenden sie beim Auseinanderbauen von Geräten an.

Werkzeuge, um Löcher zu machen

Mit einem Locher beginnen

Ein Gerät, das die meisten Kinder aus ihrem Alltag kennen, ist der Locher. Dieser kann ein erstes Werkzeug für Kinder im Bereich Technik darstellen. Dazu ist es günstig, das Plastikteil zum Auffangen der Papierschnipsel zu entfernen, damit die Kinder sehen und planen können, an welcher Stelle sie die Löcher machen. Nachdem das Werkzeug erkundet und eingeführt wurde, kann die pädagogische Fachkraft schwierigere und herausfordernde Aktivitäten anleiten, bei denen Löcher gemacht werden. Die Materialien können sich unterscheiden, so kann dickere Pappe vorgelegt werden oder auch Plastik, z. B. können die Kinder zunächst dünnes Papier lochen, dann immer dickeres. Das gleiche gilt für andere Materialien, z. B. Plastik. Wenn die Möglichkeiten mit dem Locher ausgeschöpft sind, sollten die Interessen der Kinder weiter verfolgt werden. Es bieten sich dafür Werkzeuge an, durch die Kinder ihre Kompetenzen erweitern können und die ihnen gleichzeitig mehr Möglichkeiten der Konstruktion bieten.

Eine **Ahle** (auch als **Pfriem** oder veraltet als **Ort** bezeichnet) ist ein einfaches Werkzeug, mit dessen Hilfe Löcher in verschiedene Materialien gestochen oder vorhandene Löcher geweitet werden können. Sie ist ein spitz zulaufender, dünner Metallstift, der entweder gerade verläuft oder sichelförmig gebogen ist. Dieses Werkzeug ist die effektivste und sicherste Methode, um Löcher in dicke Boxen oder Plastikflaschen zu machen, allerdings ist es für jüngere Kinder zu gefährlich. Es sollte generell nur unter Aufsicht angewendet werden und ggf. nur durch Erwachsene, die aushelfen, wenn große Löcher benötigt werden.

Handbohrer und Bohrmaschine

Ein weiteres Werkzeug, mit dem Kinder gerne experimentieren, ist eine Handbohrmaschine. Hiermit lassen sich ebenfalls Löcher in verschiedene Materialien bohren. Diese hat sich bewährt für Kinder im Umgang mit Werkzeugen. Allerdings gibt es hier einige grundlegende Regeln, die beim Umgang beachtet werden sollten: Das Material, in das ein Loch gebohrt werden soll, muss fest und sicher gehalten werden. Dazu eignet sich beispielsweise ein Schraubstock, der an einer stabilen Werkbank befestigt ist oder eine Zwinge. Kinder finden es auch interessant, wenn mit einer elektrischen Bohrmaschine Löcher gebohrt werden, auch dieses können die Kinder probieren, allerdings nur mithilfe von Erwachsenen, schon allein deshalb, weil die meisten Bohrmaschinen zu schwer sind und nicht von den Kindern gehalten werden können.[1]

---

1 *Rübel & Holzwarth-Reather, 2003*

Kapitel 4 | Bildungsziele im Bereich Technik

Werkzeuge zum Schneiden

Der Umgang mit Scheren gehört üblicherweise zum Alltag in der Kita. Auch hier können die Kinder verschiedene Materialien ausprobieren und schauen, ob sie das jeweilige Material mit ihrer Schere schneiden können. Je besser die Kinder mit der Schere umgehen können, desto „hartnäckiger" kann das Material werden, das die Kinder bearbeiten. Sie können dann auch weitere Scheren ausprobieren, z. B. solche, die auch Plastik schneiden. Mit einer kleinen Säge können die Kinder schließlich auch kleine Holzstücke zersägen und dieses Holz als Grundlage für weitere Konstruktionen verwenden. Dabei lernen die Kinder effektiv und sicher mit den Materialien umzugehen und genau abzustimmen, welches Werkzeug für welches Material geeignet ist. Eine wichtige Regel besteht darin, immer nur von sich wegzuschneiden.[1]

Verschiedene Materialien schneiden

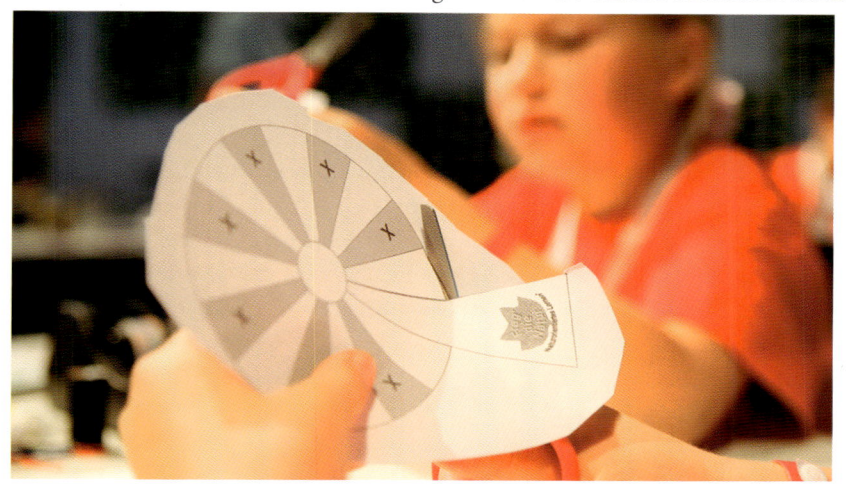

Werkzeuge, um Materialien zusammenzuhalten

Schon früh möchten Kinder Dinge zusammenfügen und sie fixieren, mithilfe von Klebern, Tackern und Fäden. Beginnen können die Kinder mit einem Klebestift und Tesafilm, diese Dinge lassen sich in der Regel schon von kleinen Kindern gut handhaben. Dabei kann es nötig sein, dass die Handhabung einmal mit den Kindern geübt bzw. ihnen der Umgang gezeigt wird. Bei flüssigem Kleber lernen die Kinder, dass schon ein kleiner Tropfen reicht und zuviel Kleber dazu führt, dass sich das Papier wellt oder Stoff hart wird. Zur Fixierung von Pappe und starkem Papier kann statt einfachem Tesafilm auch braunes Paketklebeband verwendet werden. Zur Befestigung eignen sich auch Fäden, Garn, Wolle und Draht. In diesem Zusammenhang können die Kinder auch lernen, wie man Knoten macht. Die Kinder haben Spaß daran, ihre Ideen auszuprobieren, Veränderungen vorzunehmen und sich am Ende ihr Ergebnis genau anzuschauen. Wenn Kinder mit Fäden experimentieren, kann auch das Nähen ausprobiert werden. Nicht nur durch Kleber werden Stoffe zusammengehalten, sondern die weit üblichere Art ist es, dieses durch Nähen zu erreichen. Dieses Thema könnte auch mit einer Nähmaschine weiter vertieft werden.[2]

Mit Klebern und Materialien experimentieren

Verbindung zum Thema Maschinen

- Wie funktioniert eine Nähmaschine?
- Was kann man alles damit machen?
- Wie unterscheiden sich Nähmaschinen, die mit dem Fuß angetrieben werden, von elektrisch angetriebenen?

---

1 *Siraj-Blatchford & MacLeod-Brudenell, 1999, S. 132/133*
2 *Siraj-Blatchford & MacLeod-Brudenell, 1999*

> **Hinweis auf ein Projektbeispiel**
>
> In der Kindertagesstätte Burattino in Eggerstorf wurden in einem Projekt gemeinsam mit den Kindern verschiedene Werkstattbereiche eingerichtet und gestaltet. Mit dem Einrichten der Werkstatt sollte für die Kinder ein Raum geschaffen werden, in dem sie sich mit verschiedenen Werkzeugen und Materialien auseinandersetzen und diese erproben konnten. Dazu gehörte auch das kreative Konstruieren von Erfindungen und das Auseinandernehmen von Geräten.
>
> Es wurde eine Werkstatt in der Einrichtung eingerichtet, eine Werkstatt im Außenbereich und eine Auseinandernehm-/Erfinderwerkstatt.
>
> Beispiel für die Ausstattung einer Werkstatt:
> 2 Werkbänke, 6 Schürzen, 1 Werkzeugschrank, 4 kleine Feilen, 1 Gliedermaßstab, 6 Holzbohrer, 5 Stahlbohrer, 1 Brustleier (Handbohrmaschine), 4 Pinsel, 3 Hämmer, 4 Schraubendreher, 2 Teppichmesser, 1 Drahtschere, 1 Kombizange, 2 Baubleistifte, 3 Locheisen, 8 Bastelmesser, 1 Hobel, 1 Holzwinkel, 1 Metallwinkel, 1 Holzraspel, 1 Ölflasche (mit Speiseöl), 2 Schraubzwingen, 2 Unterlegarbeitsbretter, 1 Handbohrmaschine (500 W), 2 Fuchsschwänze, 1 Raspelsäge, 1 Kneifzange, 1 Wasserpumpenzange, 1 Feinsäge (Gehrungssäge), 2 Holzraspeln, 1 große Rundfeile, 1 große Holzraspel, 2 Metallflachfeilen, 1 Metallhalbrundfeile, 1 kleine Holzraspel, 1 Metallfeile.
>
> (Fthenakis et al., 2008; Band 1 der Reihe „Natur-Wissen schaffen")

4.1.4 Entwerfen, Bauen und Konstruieren

Bauen und Konstruieren

Bei der Beschreibung der verschiedenen Materialien ist bereits deutlich geworden, dass es sich beim Bauen und Konstruieren um einen Prozess handelt, bei dem Materialien, Werkzeuge und Komponenten verwendet und „verarbeitet" werden. Die Kinder lernen, Werkzeug, Materialien und Techniken, die zusammen und zur Aufgabe passen, auszuwählen. Sie bearbeiten das Material und üben dabei, die Materialien auszumessen, zu markieren, auszuschneiden und zu modellieren. Die Teile werden zusammengefügt und dabei können verschiedene Techniken zur Anwendung kommen. Die Sicherheit ist dabei ein entscheidender und äußerst wichtiger Aspekt, der stets zu beachten ist.

Bausteine aus Holz und Plastik in verschiedenen Größen

Beim Bauen und Konstruieren können auch verschiedene Bausätze verwendet werden. Die Kinder beginnen mit großen Steinen und integrieren über die Zeit immer mehr kleinere Steine in ihr Spiel. Aber auch jüngere Kinder versuchen schon, mit kleineren Steinen zurecht zu kommen und daraus etwas zu bauen. In diesem Kontext ist es wichtig, mit den Kindern Fragen zu besprechen, die ihnen dabei helfen, wie Dinge verbunden werden und warum sie nicht auseinanderfallen. Diese Art der Fragen fördern das analytische Denken der Kinder, sie entwickeln ein Verständnis dafür, wie Material angemessen verwendet wird und wie es funktioniert. Muster der Konstruktion, die dazu führen, dass das Gebaute stark und stabil ist, können gemeinsam mit den Kindern im Gespräch erarbeitet werden. Zum Beispiel lernen die Kinder, dass stabile Strukturen auf einer starken und sicheren Basis stehen müssen. Die Komplexität der Aufgaben und Aktivitäten nimmt dabei kontinuierlich zu.[1] Wichtig ist in diesem Kontext, dass es keine generellen Regeln gibt, was Erfolg ist. Sondern entscheidend ist, individuell zu schauen, an welchem Punkt das Kind steht und wie gut es in der Lage ist, Materialien, die auch Widerstand bieten, zu manipulieren.

---

1 Siraj-Blatchford & MacLeod-Brudenell, 1999, S. 109

Entwerfen und Designen

Ein wichtiger Aspekt beim Bauen und Konstruieren ist das Herstellen von Entwürfen. Die Kinder können Zeichnungen anfertigen und Modelle bauen. Jüngere Kinder sind dazu oft nicht in der Lage; der Prozess, sich vorher Gedanken zu machen, kann in diesem Fall durch Gespräche in Gang gesetzt werden: Weißt du schon, was du bauen willst? Wie soll das nachher aussehen? Kannst du mir einen Gegenstand zeigen oder eine Abbildung in einem Buch, die so aussieht, wie du dir das vorstellst? Durch die Beantwortung dieser Fragen klären die Kinder das Problem und den Bedarf und sie verstehen die Aufgabe besser. Sie können so verschiedene Ideen erzeugen und kreativ im Hinblick auf ein bestimmtes Ziel sein. Sie überlegen sich, welche ihrer Ideen sie umsetzen wollen, versuchen die Auswahl zu begründen und entwickeln ihre Ideen weiter.[1]

Vor dem Bauen planen

Für die weitere Planung können folgende Fragen gestellt werden:

- Welche Materialien benötige ich?
- Welche Werkzeuge brauche ich?
- Welche Werkzeuge sind vorhanden?
- Muss ich vorher noch lernen, wie die Werkzeuge funktionieren, bzw. wie ich sie benutzen kann?
- Was soll ich als Erstes machen?
- Wenn eine Säge das Material nicht schneidet, welches Werkzeug kann ich alternativ verwenden?
- Welche Sicherheitsmaßnahmen müssen bedacht werden?

Beim Bauen werden diese Ideen in ein Produkt umgesetzt, dabei erfolgt der Prozess des Bauens nicht nach einer fixen, mechanischen Routine, sondern die Ergebnisse, was passiert, werden kontinuierlich überwacht.[2] Wenn diese Ergebnisse nicht den Vorstellungen entsprechen, wird in einem weiteren Prozess geschaut, welche Veränderungen zu einer Lösung führen.

Beim Bauen Ideen umsetzen

4.2 Auswirkungen und Folgen von Technik

Eng verbunden mit den vorherigen Ausführungen ist die Frage nach den Auswirkungen und Folgen von Technik. Hier gilt es Fragen nachzugehen, welche Auswirkungen die Technik auf die Umwelt und Berufswelt des Menschen hat. Die Kinder können sich damit beschäftigen, dass Menschen durch Technik, zum Beispiel durch Architektur und Straßenbau, ihre Umwelt selbst gestalten. Es können Beispiele gefunden und beschrieben werden, wie Technik den Alltag erleichtert. Auch unter diesen Fragestellungen, der Auswirkungen von Technik, können die Kinder sich über Problemlöseprozesse bewusst werden, die technische Weiterentwicklung ausmachen. Die Kinder überlegen, welche Techniken es früher noch nicht gab und welchen Nutzen die Menschheit durch die Weiterentwicklung hat. Die Kinder reproduzieren und bauen einfache Geräte nach, sie modellieren und konstruieren neu. Neben solchen Erkundungen eignen sich auch Museumsbesuche und Exkursionen sehr gut, um Kinder für historische Entwicklungen im Bereich der Technik zu sensibilisieren. Weiter lernen die Kinder in der Praxis, zum Beispiel in Betrieben, worin der Unterschied zwischen Hand- und Maschinenarbeit besteht.

Technik hat Auswirkungen auf die Umwelt

Aber auch Auswirkungen von Technik, die den Menschen bedrohen, wie Abgase, Abwässer, Lärmbelästigungen und Umweltverschmutzung im Allgemeinen sind Themen, mit denen sich Kinder auseinandersetzen können. Hier gibt es große Überschneidungen zum Thema „**Bildung für eine nachhaltige Entwicklung**". Es geht also nicht nur darum, sich bewusst darüber zu werden, welche Auswirkungen technische Errungenschaften auf den Menschen und die Umwelt haben, sondern sich auch gleichzeitig darüber Gedan-

Bildung für eine nachhaltige Entwicklung

---

1 Newton, 2005, S. 20
2 Newton, 2005, S. 16

ken zu machen, wie jeder Einzelne mit seinen Verhaltensweisen dazu beitragen kann, Ressourcen zu schonen und die Umwelt für nachfolgende Generationen zu erhalten.

Ausgangspunkt sind auch hier die Alltagserfahrungen der Kinder. Viele Eltern haben ein Auto, sodass die meisten Kinder schon die Erfahrung gemacht haben, wie bequem und komfortabel es ist, sich mit dem Auto fortzubewegen. Gleichzeitig ist es wichtig mit den Kindern gemeinsam zu erarbeiten, dass technische Errungenschaften wie Autos mit ihren Abgasen die Umwelt und insbesondere die Luft verschmutzen, dass sie wertvolle Ressourcen wie Öl verbrauchen, die begrenzt sind, dass die vielen Straßen und Parkplätze in den Städten mit zur Verringerung von Grünflächen beigetragen haben. Im Zusammenhang mit diesen Aspekten äußern die Kinder ihre Ideen, wie sie sich umweltschonender verhalten können: Möglichst wenige Autofahrten machen, möglichst Fahrgemeinschaften bilden, mit dem Bus, dem Zug oder der Straßenbahn fahren statt mit dem Auto, nach Möglichkeit immer das Fahrrad benutzen. Zum Teil können diese Überlegungen in der Einrichtung umgesetzt werden, wichtig ist in diesem Zusammenhang jedoch auch, dass die Kinder mit ihren Eltern darüber ins Gespräch kommen: Wie können wir uns alle gemeinsam umweltschonender verhalten?

Ressourcen sind begrenzt

Das Thema Öl und knappe Ressourcen kann auch anhand eines anderen Themas aufgegriffen werden: Gibt es in der Einrichtung eine Zentralheizung, die mit Heizöl betrieben wird? Diese Art zu heizen stellt eine Belastung für die Umwelt dar. Welche Möglichkeiten gibt es, in diesem Bereich Energie zu sparen? Im Winter können Kinder dafür sensibilisiert werden, dass das gleichzeitige Offenhalten von Fenstern und Heizen Energie verschwendet, dass es z. B. manchmal auch reicht, sich einen wärmeren Pullover anzuziehen statt die Heizung hochzudrehen.

Die Auswirkungen von Technik erleben die Kinder auch jeden Tag anhand des Themas Müll: Materialien, die entwickelt wurden, wie Kunststoffe, z. B. Plastik, kommen so in der Natur nicht vor und verrotten nicht wie organische Materialien (z. B. Obst, Gemüse, Brot, Lebensmittel). Bei der Entsorgung müssen solche Materialien besonders behandelt werden. Für diese Verarbeitung von Abfällen entwickelt die Technik Verfahren, um aus solchen Abfällen nützliche, neue Produkte zu entwickeln. In einer Einrichtung in Bayern wurde ein Streik der Müllabfuhr und die Fragen der Kinder zum Thema Müll, die in diesem Kontext auftauchten, dazu verwendet das Thema zu vertiefen.

> **Hinweis auf ein Projektbeispiel**
>
> Aufgrund des Müllstreikes im Frühjahr 2006 wurden die Kinder auf das Thema Müll aufmerksam. Sie setzten sich damit auseinander, was Müll ist, und diskutierten darüber, wer entscheidet, wann es Müll ist. In diesem Zusammenhang nahmen die Kinder an der Aktion in ihrem Ort teil „Gemeinsam räumen wir auf – mach mit". Die Kinder sammelten Müll mit Greifzangen und wurden auf diese Art und Weise auch mit den unterschiedlichsten Materialien, aus denen Müll besteht, konfrontiert. Die Kinder erkundeten die Materialien und trennten Müll. Sie zerrissen Milchtüten und entdeckten mehrere Schichten, Plastikfolie, Alufolie und Karton. Die Kinder gestalteten Müllskulpturen und erkundeten den Müll, der im Kindergarten anfällt. In diesem Zusammenhang suchten die Kinder auch Experten auf: Sie besuchten eine Firma, die einen Wertstoffhof betreibt und besuchten den Neu-Ulmer Recyclinghof. Auf diese Weise wurde den Kindern einerseits deutlich, welche (technischen) Möglichkeiten es gibt, mit Müll umzugehen, anderseits zeigte sich, dass es ein hoher Aufwand ist, solchen technisch erzeugten Müll zu verwerten.
>
> (Bildungswerk der Bayerischen Wirtschaft e.V. (2007)(Hrsg.). *Es funktioniert?! – Kinder in der Welt der Technik: Ein Projekt-Ideen Buch.* München: Don Bosco.)

5
Bildungsprozesse ko-konstruktiv gestalten: Projektmethode und metakognitive Gespräche

5 Bildungsprozesse ko-konstruktiv gestalten: Projektmethode und metakognitive Gespräche

Ein pädagogisch-didaktisches Konzept, das besonders dazu geeignet ist, die Prinzipien und pädagogischen Ziele in die Praxis umzusetzen, wie sie im *Abschnitt 1.2 Allgemeine Prinzipien der Bildung im Elementarbereich* formuliert wurden, ist die *Projektmethode* in Verbindung mit dem *metakognitiven Ansatz*. Denn im Laufe der Planung und Umsetzung eines Projekts bieten sich zahlreiche Möglichkeiten, Bildungsaktivitäten im Sinn der Ko-Konstruktion gemeinsam zu gestalten und dabei über das eigene „Denken" ins Gespräch zu kommen.[1]

Bedeutung der Projektmethode

Die Projektmethode stellt eine Vorgehensweise dar, Lern- und Entwicklungsprozesse mit den Kindern gemeinsam und entsprechend ihrer Bedürfnisse und Interessen zu gestalten. Das Arbeiten in Projekten besteht dabei nicht aus isolierten Angeboten, sondern beinhaltet aufeinander aufbauende und abgestimmte Aktivitäten, die auf die Stärkung kognitiver, sprachlicher, motorischer und sozial-emotionaler Kompetenzen der Kinder ausgerichtet sind. Bei der Projektarbeit steht nicht das Endergebnis im Vordergrund, sondern vor allem der Prozess auf dem Weg zu diesem Ergebnis. Die Projektmethode versteht sich als ergänzender Bestandteil des pädagogischen Konzepts einer Einrichtung und nicht als eigenständiges, übergreifendes Konzept.[2]

Ergänzung: der metakognitive Ansatz

Der metakognitive Ansatz hat das Ziel, bei Kindern ein Bewusstsein für ihre Lernprozesse zu schaffen, ihre intuitiven Theorien über das Lernen zu thematisieren und zu verändern sowie ihre Kompetenzen zur Selbststeuerung zu stärken. Den Ansatzpunkt zur Stärkung lernmethodischer Kompetenzen bilden dabei das Vorwissen und Verständnis der Kinder sowie die Art und Weise, wie Kinder die Phänomene ihrer Lebenswelt wahrnehmen, verarbeiten und verstehen. Angeregt durch Reflexionsfragen werden die Theorien des Kindes über behandelte Inhalte und seine Auffassung von Lernen bearbeitet.

---

1 *Gisbert, 2004; Katz & Chard, 2000a; Pramling Samuelsson & Carlsson, 2007*
2 *Fthenakis, 2000; Groot-Wilken, 2007; Textor, 1999*

> ### Definition *Metakognition – lernmethodische Kompetenz*
>
> Unter *Metakognition* wird allgemein das Nachdenken über das eigene Denken verstanden. Die eigenen kognitiven Prozesse werden zum Gegenstand der Reflexion und der bewussten Steuerung gemacht. Die „Bewusstheit" dieser Prozesse ist ein wesentliches Merkmal von Metakognition.
>
> Metakognition umfasst zwei Aspekte:
> 1) Wissen über die eigenen kognitiven Vorgänge, dazu gehört beispielsweise
>   a. Wissen darüber, was man schon weiß,
>   b. Wissen darüber, wie man etwas gelernt hat und
>   c. Wissen darüber, wie man persönlich am besten lernt (z. B. ob man einen Sachverhalt besser versteht, wenn man etwas darüber hört oder wenn man die Information als Bild vor sich hat).
>
> 2) Kontrolle bzw. Regulierung dieser Vorgänge, dazu gehört beispielsweise
>   a. die Fähigkeit, neues Wissen bewusst, selbstgesteuert und reflektiert zu erwerben, z. B.
>   - neue Informationen gezielt beschaffen und verarbeiten,
>   - neues Wissen verstehen und begreifen, sich dessen Bedeutung erschließen,
>   - neues Wissen aufbereiten und organisieren sowie
>   - einen kompetenten und kritischen Umgang mit Medien erwerben;
>   b. die Fähigkeit, erworbenes Wissen anzuwenden und zu übertragen, z. B.
>   - Wissen auf unterschiedliche Situationen und Probleme übertragen sowie
>   - Wissen in unterschiedlichen Situationen flexibel nutzen;
>   c. die Fähigkeit, das eigene Lernverhalten zu beobachten und zu regulieren, z. B.
>   - über das eigene Lernen nachdenken,
>   - verschiedene Lernwege kennen und ausprobieren,
>   - sich bewusst machen, wie man eine vorgegebene Lernaufgabe angeht,
>   - eigene Fehler entdecken und eigenständig korrigieren,
>   - die eigenen Leistungen zutreffend einschätzen und würdigen sowie
>   - das eigene Lernverhalten planen und sich die eigenen Planungsschritte bewusst machen.
>
> *Lernmethodische Kompetenz* befähigt das Individuum, diejenigen Lern- und Lösungswege (Lernstrategien) für Probleme und Herausforderungen auszuwählen, mit denen das Individuum persönlich am besten lernt und Probleme bewältigt. Voraussetzung für diese Kompetenz sind metakognitive Fähigkeiten.
>
> Zentrale pädagogische Frage:
> Wie lässt sich bei Kindern ein Nachdenken über das eigene Denken anregen?
> Wie kann die lernmethodische Kompetenz von Kindern gestärkt werden, um Lernprozesse effektiver zu gestalten?
>
> (Vgl. Gisbert, 2004; Hasselhorn, 2006; Hessisches Sozialministerium & Hessisches Kultusministerium, 2007)

Reflexionsgegenstand ist dabei also nicht nur der Inhalt, um den es gerade geht, sondern auch immer das Lernen selbst. Denn erst wenn Kinder ein bestimmtes Verständnis von Lernen haben, wird es für sie möglich, ihren Lernprozess zu steuern und lernmethodische Kompetenzen anzuwenden. Ein solches Verständnis von Lernen ist dadurch gekennzeichnet, dass Kinder Lernen als Konsequenz aus verschiedenen Erfahrungen verstehen. Während dieser Erfahrungen sieht sich das Kind in einer aktiven Rolle, die ihm Einflussnahme auf den Lernprozess ermöglicht. Es versteht Lernen nicht als mehr Zufallsprodukt („Plötzlich konnte ich Schuhe binden"), sondern als Folge von eigener Aktivität (siehe Kasten „Welches Verständnis haben Kinder von Lernen?"). Für die Fachkraft sind im Hinblick auf die Gestaltung der Reflexion von Lernen zwei Perspektiven von Bedeutung: Zum einen, wie Kinder lernen, und zum anderen, wie Kinder denken, dass sie lernen bzw. welches Verständnis sie von Lernen haben.

Welches Verständnis haben Kinder von Lernen?[1]

Jüngere Kinder haben noch ein eingeschränktes Verständnis von Lernen. Im Laufe ihrer Entwicklung erweitern die Kinder ihr Verständnis. Werden Kinder anregt, über das eigene Lernen nachzudenken, unterstützt das die Erweiterung ihres Verständnisses von Lernen (vgl. Infokasten *„Gestaltung der Reflexion durch metakognitive Dialoge"*).

„Was"-Aspekt („Was hast du gelernt?"):
Es lassen sich drei Auffassungen von Lernen unterscheiden. Jüngere Kinder setzen etwas Lernen eher mit „etwas Tun" gleich („Ich habe gelernt, Salat trocken zu schleudern"). Für einen Teil der Kinder im Vorschulalter bedeutet Lernen „etwas zu wissen" („Ich habe gelernt, dass in der Salatschleuder Zahnräder sind"). Kinder im Grundschulalter begreifen Lernen eher als „etwas Verstehen" („Zahnräder gibt es in vielen verschiedenen Maschinen. Zwei Zahnräder bilden ein Getriebe und Getriebe übertragen Bewegung").

„Wie"-Aspekt („Wie hast du etwas gelernt?"):
In Bezug auf die Frage, wie man etwas lernt, lassen sich abhängig vom Entwicklungsstand der Kinder *drei* qualitativ unterschiedliche Niveaus im Verständnis von Kindern finden.
- Auf dem *ersten* Niveau unterscheiden Kinder gar nicht zwischen Lernen und Tun.
- Auf dem *zweiten* Niveau konzeptualisieren Kinder Lernen als Älterwerden. In diesem Fall gehen die Kinder davon aus, dass sie nichts anderes tun können als abzuwarten, um bestimmte Dinge zu lernen („Wenn ich fünf bin, kann ich Schuhe binden.").
- Auf dem *dritten* Niveau verstehen Kinder Lernen als Konsequenz aus verschiedenen Erfahrungen: „Wenn ich etwas tue, wenn mir jemand zeigt, wie etwas geht oder ich über etwas nachdenke, kann ich etwas lernen."

Nach dem metakognitiven Ansatz hat das Verständnis einer Person von Lernen für ihren Lernprozess eine entscheidende Bedeutung:
- Denn was Lernende über ihr Lernen denken, beeinflusst den Lernprozess mit und stellt die Voraussetzung für tiefergehende Lernprozesse dar.
- Dabei spielen auch die Motivation betreffenden Aspekte eine Rolle. Denn wenn ein Kind beispielsweise weiß, dass es durch Erfahrung lernen kann, beeinflusst das sein Verhalten.

1 Pramling Samuelsson & Carlsson, 2007

5.1 Was zeichnet die Projektmethode aus?

In Projekten beschäftigt sich eine Gruppe von Kindern über eine längere Zeit hinweg mit einem Thema, dabei bearbeiten Kleingruppen verschiedene Aspekte des Themas, die einerseits die Kinder interessieren, die andererseits aber auch die pädagogischen Fachkräfte für sinnvoll halten.[1] In diesem Konzept ist Bildung als ko-konstruktiver Prozess organisiert, den Erwachsene und Kinder gemeinsam gestalten und in dem es darum geht, im Rahmen einer kooperativen Vorgehensweise Wissen zu erarbeiten, Bedeutungen zu erschließen sowie den Lernprozess in den Blick zu nehmen. Die Projektmethode:

- **beteiligt Kinder aktiv an der Gestaltung ihrer Bildungsprozesse**, denn sie bestimmen über die Themen und die Aktivitäten eines Projekts mit,
- **fordert auf, das Verständnis eines Themas ko-konstruktiv zu erschließen,** denn Kinder *und* Erzieherinnen bringen gleichermaßen ihre Ideen, Vorschläge und Erklärungen in das Projekt ein,
- **lässt Kinder an demokratischen Prozessen teilhaben,** denn im Rahmen des Projektablaufs ist es notwendig, anderen zuzuhören, Dinge auszudiskutieren, gemeinsame Entscheidungen zu treffen sowie die Beiträge der verschiedenen Gruppenmitglieder abzustimmen,
- **stärkt die Kompetenz zur Kooperation und zum gemeinsamen Problemlösen,** denn die Kinder bearbeiten unterschiedliche Aspekte des Themas, tauschen sich über ihre Ergebnisse aus und entwickeln gemeinsam das „Gesamtbild" ihrer Erkundungen,
- **begünstigt das Lernen in Sinnbezügen,** denn ein Projekt steht immer in Bezug zu lebensweltlichen Erfahrungen des Kindes und umfasst auch das Lernen über Zusammenhänge und Bedeutungen, das geschieht auch durch eine Öffnung der Einrichtung zu ihrem Umfeld,
- **organisiert Lernen ganzheitlich,** denn Projekte umfassen immer unterschiedliche Aktivitäten und Herangehensweisen, die alle Sinne des Kindes ansprechen und Kompetenzen in verschiedenen Bildungsbereichen stärken,
- **ermöglicht den Kindern verschiedene Lernwege einzuschlagen,** denn im Rahmen eines Projekts werden den Kindern Herausforderungen unterschiedlicher Art und mit unterschiedlichem Schwierigkeitsgrad geboten; die Kinder bestimmen die Methoden, das Tempo und die Sozialform, in der gearbeitet wird,
- **stärkt lernmethodische Kompetenzen,** denn den Kindern werden keine vorgefertigten Antworten vorgegeben, sondern sie werden unterstützt, eine Strategie zu entwickeln, etwas herauszubekommen und über ihr eigenes Lernen und Denken nachzudenken.

Forschen und entdecken in Projekten

Insbesondere in den Bildungsbereichen Mathematik, Naturwissenschaften, Technik und Medien kann die Projektmethode die pädagogische Arbeit einer Einrichtung gut ergänzen, unabhängig davon, nach welchen Konzepten sie ansonsten arbeitet. Denn in diesen Bildungsbereichen wird das Kind in besonderem Maße als „Forscher und Entdecker" angesprochen und in seinen Fähigkeiten zur Problemlösung, zu Erkundungen und Informationssuche zu einem Thema sowie zur Formulierung von Hypothesen und ihrer Überprüfung gestärkt – alle diese Fähigkeiten sind in einem Projekt gefordert und werden durch das Projektthema in einen sinnvollen Kontext gestellt. Beispielsweise knüpfen im Rahmen eines Projekts Experimente an eine Frage oder eine Hypothese an, die die Kinder zuvor bei der Erkundung ihres Themas entwickelt haben und stehen so in einem Sinnbezug zu der Erlebniswelt des Kindes.

Hinsichtlich ihrer zeitlichen und organisatorischen Einbindung in den Kita-Alltag bietet das Arbeiten in Projekten verschiedene Möglichkeiten und lässt sich damit an die in der Einrichtung

1 Katz & Chard, 2000a

vorhandenen Strukturen anpassen: Projekte lassen sich als Mini- oder Kurzzeitprojekte organisieren, die Kindern für einen begrenzten Zeitraum, z. B. ein paar Stunden am Tag oder an ein paar Tagen in der Woche, die Gelegenheit bieten, sich mit dem Projektthema auseinanderzusetzen. Weitere Formen, Projektarbeit zu organisieren, sind gruppenübergreifende Projekte, Projektwochen oder ein großes Jahres-Projekt, das Kinder und Fachkräfte über das ganze Kindergartenjahr begleitet.[1]

5.2 Wie erfolgt die Festlegung eines Projektthemas?

Am Anfang eines Projekts steht die Aufgabe, ein *geeignetes Projektthema* zu finden. An dieser Themenfindung sind die Fachkräfte und die Kinder beteiligt. Denn ein gutes Projektthema greift Interessen der Kinder auf und gibt ihnen die Möglichkeit, diese zu vertiefen. Es ist aber auch mit den Interessen und Möglichkeiten der Fachkräfte und der Bildungseinrichtung vereinbar, so etwa mit den in einem Bildungsplan formulierten Zielen, den räumlichen und personalen Ressourcen der Einrichtung und lokalen Gegebenheiten (z. B. Möglichkeiten zu Exkursionen).

Fragen und Interessen der Kinder

Häufig werden bei den Kindern durch Erlebnisse und Ereignisse im unmittelbaren Umfeld Fragen aufgeworfen oder Interessen geweckt, zum Beispiel durch eine Baustelle in der Nachbarschaft, durch eine auffällige Wettererscheinung wie starker Schneefall oder ein Unwetter oder durch einen Heißluftballon, der über die Kita hinweggezogen ist. Diese aufgeworfenen Fragen werden dann zum Ausgangspunkt des Projekts. Die Fachkraft kann die Fragen und Hypothesen der Kinder zu diesen Ereignissen aufgreifen und darauf aufbauend mit ihnen zusammen ein Projektthema entwickeln. Auch kann sich an ein abgeschlossenes Projekt ein neues anschließen, in dem Kinder eine weiterführende Fragestellung verfolgen wollen, die sich während der Projektarbeit ergeben hat. Selbstverständlich kann der Impuls zu einem Projektthema auch von der Fachkraft ausgehen, indem sie das Interesse der Kinder für ein Thema weckt, bspw. durch eine Exkursion ins örtliche Wasserwerk oder in ein nahes technisch-naturwissenschaftliches Mitmachmuseum oder durch interessante Materialien und Geräte, die sie den Kindern vorstellt, wie zum Beispiel einen Computer, den die Kita auf Anregung der Eltern neu angeschafft hat.

Aus Beobachtungen und Dokumentationen können ebenfalls Projektideen entstehen. Besonders gut eignen sich hierfür Portfolios, weil sie die Dokumentation und Reflexion von kindlichen Lern- und Entwicklungsprozesse möglich machen. Der Band „Portfolios im Elementarbereich" aus der Reihe „Natur-Wissen schaffen" beschreibt, wie sich verschiedene Portfoliotypen als Dokumentations- und Reflexionsinstrument nutzen lassen. Es wird ausgeführt, wie man mithilfe von Portfolios Fragen und Interessen der Kinder wahrnehmen und für die pädagogische Arbeit nutzen kann.

Was sind geeignete Themen?

Damit aus solchen Anregungen und Anstößen ein erfolgreiches Projekt wird, sind – neben dem Interesse der Kinder für das Thema – einige weitere Kriterien zu beachten.[2] So sollte der Gegenstand, um den es geht, von den Kindern unmittelbar *beobachtbar und erforschbar* sein. Das Thema sollte den Kindern also schon soweit *vertraut sein*, dass sie eigene Ideen und Hypothesen entwickeln können, es sollte *Möglichkeiten zu gefahrlosen Experimenten* bieten und in der näheren Umgebung sollten *Erkundungen des Themas* möglich sein.

1 *Stamer-Brandt, 2007*
2 *Katz & Chard, 2000a; Katz & Chard, 2000b*

Auch sollte die Fachkraft, wenn sie mit den Kindern ein Projektthema vereinbart, bedenken, inwieweit dieses Thema zu den besonderen *Gegebenheiten der Einrichtung und ihres Umfelds* passt, bspw.: Stärkt das Projekt einen besonderen *Schwerpunkt*, den die Einrichtung sich gesetzt hat? Deckt es sich mit dem für sie geltenden *Bildungsplan*? Nicht zuletzt sollte das Projektthema so gewählt werden, dass eine Beteiligung der *Familien der Kinder* möglich wird: Können die Eltern bspw. Objekte für eine „Ausstellung" beitragen? Gibt es in der Elternschaft „Expert/-innen", die die Gruppe zu einer Erkundung einladen oder die Erzieherin bei der Durchführung des Projekts beraten und unterstützen können? Zum Beispiel Handwerker/-innen, Wissenschaftler/-innen, Landwirt/-innen, Geschäftsinhaber/-innen oder Techniker/-innen?

Ein gutes Projektthema sollte zudem Raum für *Lernen mit allen Sinnen, Gefühlen und intellektuellen Fähigkeiten* geben. Es sollte unterschiedliche Fähigkeiten der Kinder ansprechen und fordern und sie zu unterschiedlichen Formen des Ausdrucks und kreativer Darstellung anregen. Beispielsweise wäre ein Projekt mit der Themenwahl „Wir lernen die Uhrzeit" eng auf eine spezifische Fertigkeit der Kinder – in diesem Fall das Ablesen der Uhrzeit – ausgerichtet. Ein breiter angelegtes Thema – etwa: „Wie messen die Menschen die Zeit?" – ließe dagegen mehr Raum für die Stärkung unterschiedlicher Kompetenzen und Ausdrucksmöglichkeiten, z. B. Sand- und Sonnenuhren bauen, Zeitmessung in der Musik und beim Tanz kennenlernen (Metronom), Sonne und Mond beobachten und als Grundlagen der Zeitmessung diskutieren, „Zeit" in einfachen Tages- und Wochenplänen selbst darstellen, über die Zeit philosophieren und vieles mehr.

Überhaupt sollte ein Projektthema nicht zu spezifisch formuliert werden, sondern den Kindern die Freiheit geben, auch während des Projektverlaufs noch spezielle Fragen zu entwickeln und zu vertiefen. Ein zu allgemein gefasstes Projekt allerdings kann ebenfalls unbefriedigend verlaufen, da es nicht mit für die Kinder fassbaren Ergebnissen und Erkenntnissen abgeschlossen werden kann.

Kriterien für die Auswahl von Projektinhalten nach Katz und Chard[1]

- Die Kinder zeigen großes Interesse am Gegenstand des Projekts oder er ist es wert, die Kinder dafür zu begeistern.
- Der Gegenstand des Projekts ist in der Umgebung der Kinder direkt beobachtbar.
- Die Kinder haben mit diesem Gegenstand bereits Erfahrungen gemacht.
- Der Gegenstand des Projekts kann von den Kindern direkt erforscht werden.
- Es lässt sich eine angemessene Eingrenzung des Gegenstands vornehmen, die zwischen einem zu allgemeinen und einem zu speziellen Projektthema liegt.
- Es stehen in der Einrichtung geeignete Ressourcen zur Beschäftigung mit dem Gegenstand zur Verfügung oder man kann sie leicht beschaffen.
- Der Gegenstand des Projekts lässt sich auf unterschiedliche und vielfältige Weise ausdrücken und bearbeiten, z. B. durch Rollenspiele, Konstruktionen, Bilder usw.
- Die Eltern und das Umfeld der Einrichtung lassen sich am Projekt beteiligen.
- Der Gegenstand des Projekts ist auf den sozialen und kulturellen Kontext der Einrichtung abgestimmt.
- Bei der Auseinandersetzung mit dem Projektinhalt lassen sich die Basiskompetenzen von Kindern stärken.
- Der Gegenstand des Projekts findet sich in den Bildungsbereichen der Bildungspläne wieder.

---

1 *Katz & Chard*, 2000a

5.3 Planung und Vorbereitung eines Projektes

Sobald die Gruppe sich auf ein Projektthema geeinigt hat, kann die Fachkraft mit der Vorbereitung und Planung des Projekts beginnen. Dazu gehören Überlegungen, wie sich das gemeinsam beschlossene Projektthema methodisch und didaktisch aufbereiten lässt. Diese Überlegungen richten sich auf drei Aspekte: Den *Inhalt*, die *Struktur des Inhalts* und den *Lernprozess*, der im Laufe des Projekts mit den Kindern auch thematisiert werden soll.

Inhalt Die Umsetzung des Inhalts eines Projekts soll so geplant werden, dass mit den Kindern nicht nur eine Erarbeitung und Besprechung des Inhalts möglich wird, sondern gleichzeitig auch eine Reflexion des Denkens der verschiedenen Kinder. Wenn die Kinder beispielsweise in einem Projekt verschiedene Materialien gesucht haben und diese nach verschiedenen Merkmalen sortieren, dann stellt dies eine gute Gelegenheit dar, mit der Fachkraft gemeinsam zu erschließen, dass man Dinge nach ganz unterschiedlichen Gesichtspunkten sortieren kann: Ein Kind hat „harte" und „weiche" Materialien unterschieden, ein anderes „helles" und „dunkles" Holz, ein drittes Kind hat seine „schönen Holzstücke" in eine Schachtel und die „nicht so schönen" in eine andere sortiert.

Auf diese Weise reflektieren die Kinder nicht nur den Inhalt (verschiedene Materialien), sondern auch die unterschiedliche Art und Weise, wie die einzelnen Kinder denken. Eine solche Vorgehensweise regt ein Nachdenken über das eigene Denken an und macht deutlich, wie eine Verbindung von Projektmethode und metakognitivem Ansatz möglich wird.

Struktur Überlegungen zur Struktur des Inhalts dienen dazu, den Inhalt in einen größeren Zusammenhang einzuordnen. Die Fachkraft stellt sich bei der Vorbereitung und Umsetzung eines Projekts die Frage, wie es für die Kinder möglich wird, den Projektinhalt in eine übergeordnete Struktur einzugliedern und Zusammenhänge mit ihrer Lebenswelt herzustellen. Die Kinder diskutieren im Laufe des Projekts, welchen Sinn und welche Bedeutung das Thema für sie bzw. das Leben von Menschen allgemein hat.

> **Was kann die Struktur eines Themas darstellen bzw. ein größerer Zusammenhang sein?**
>
> - ein allgemeines Prinzip, das hinter einem Phänomen steckt, z. B.: *„In der Salatschleuder befindet sich ein Getriebe, das Bewegung überträgt."*,
> - das gleiche Prinzip in einem anderen Zusammenhang, z. B. *„Zahnräder beim Fahrrad"*,
> - die Bedeutung eines Prinzips/Phänomens in unserem Alltag, z. B.: *„Wo gibt es noch überall Zahnräder und welche Funktion erfüllen sie?"*,
> - die Bedeutung eines Prinzips/Phänomens für das Leben von Menschen im allgemeinen, z. B. *„Wie und zu welchem Zweck werden Zahnräder eingesetzt?"*,
> - die Einordnung eines Phänomens in einen Kreislauf, z. B.: *„Welche Rolle spielen Zahnräder bei der Produktion von Waren?"*.

Das ko-konstruktive Herausarbeiten solcher Strukturen und Zusammenhänge ist eine wichtige Zielsetzung von Projektarbeit in Einrichtungen, weil Kinder auf diese Weise die Projektergebnisse für sich in einen erweiterten Sinnzusammenhang stellen können.

Prozess Ein dritter Aspekt, den es sowohl bei der Planung, als auch bei der Umsetzung eines Projekts zu berücksichtigen gilt, ist der *Lernprozess*. Dabei stellt sich für die Fachkraft die Frage, wie es möglich ist, die Kinder über ihr eigenes Denken und Lernen nachdenken zu lassen. Hierbei geht es um die Stärkung metakognitiver Kompetenzen. Von Bedeutung sind in diesem Zusammenhang folgende Fragen:

- Warum haben wir etwas auf eine bestimmte Weise gemacht?
- Wie hätte man es auch anders machen können?
- Wie haben wir etwas herausbekommen, wie sind wir vorgegangen?

Kapitel 5 | Bildungsprozesse ko-konstruktiv gestalten: Projektmethode und metakognitive Gespräche

Im Rahmen eines Wetter-Projekts[1] möchten die Kinder beispielsweise herausfinden, wie man das Wetter vorhersagen kann. Die Kinder vereinbaren, dass sich jeder bis zum nächsten Treffen der Projektgruppe über diese Frage Gedanken macht. Beim nächsten Treffen berichten die Kinder dann, wie sie etwas über die Vorhersage von Wetter herausbekommen haben und nennen unterschiedliche Vorgehensweisen: Einige Kinder haben ihre Eltern gefragt, andere haben sich den Wettbericht im Fernsehen oder in der Tageszeitung angeschaut, wieder andere sind auf die Idee gekommen, den Himmel zu beobachten. Die Fachkraft thematisiert gemeinsam mit den Kindern die unterschiedlichen Vorgehensweisen und Möglichkeiten, etwas über die Vorhersage von Wetter herauszubekommen. Indem die Kinder darüber nachdenken, wie man etwas herausfinden kann, das man nicht weiß, wird ihre lernmethodische Kompetenz gestärkt. Außerdem wird den Kindern auf diese Weise bewusst, dass es verschiedene Möglichkeiten gibt, sich mit einer Frage auseinanderzusetzen. Beispielhaft lernen sie voneinander verschiedene Lern- bzw. Lösungswege kennen.

Informationen sammeln

Bei der Durchführung eines Projekts lassen sich diese drei Aspekte – *Inhalt*, *Struktur des Inhalts* und *Lernprozess* – nicht mehr strikt voneinander trennen. Trotzdem ist darauf zu achten, dass alle drei Aspekte unter Beachtung der folgenden, bereits beschriebenen Leitprinzipien gleichermaßen umgesetzt werden:
- In den Lernprozessen werden sowohl die Inhalte als auch das Lernen selbst betont;
- der Schwerpunkt des Lernens richtet sich auf Aspekte der Lebenswelt, die die Kinder als selbstverständlich erachten, und ist auf die gemeinsame Ko-Konstruktion von Sinn und Zweck bestimmter „Phänomene" dieser Lebenswelt ausgerichtet;
- Gespräche und andere Methoden werden eingesetzt, um das Denken und Lernen der Kinder zu reflektieren;
- individuelle Unterschiede in den Denkweisen der Kinder werden bewusst zur Reflexion von Denkprozessen eingesetzt;
- Lernen erfolgt in und anhand von Alltagserfahrungen der Kinder (vgl. auch *Kapitel 1.2 Allgemeine Prinzipien der Bildung im Elementarbereich*).

Eine vor Projektbeginn vorgenommene klare Definition des Inhalts, der Struktur des Inhalts und der angestrebten Lernprozesse trägt zur Umsetzung der Leitprinzipien bei.

---

1 *Bayerisches Staatsministerium für Arbeit und Sozialordnung, Familie und Frauen & Staatsinstitut für Frühpädagogik, 2007, S. 76 f.; Gisbert, 2004, S. 173 ff.*

Metakognitive Perspektive berücksichtigen

Entscheidend ist dabei immer die Frage, wie diese Aspekte gemeinsam mit den Kindern aus einer metakognitiven Perspektive thematisiert werden können.[1] Sinnvoll ist in diesem Zusammenhang auf jeden Fall eine schriftliche Planung des Projekts, die eine Festlegung von Projektzielen enthält, welche hinsichtlich der beschriebenen Aspekte *Inhalt*, *Struktur des Inhalts* und *Lernprozess* ausgeführt sind. Vorteilhaft ist es, wenn ein detaillierter Projektplan erstellt wird, der folgende Fragen beantwortet, ohne dabei das Recht der Kinder auf Mitbestimmung aus den Augen zu verlieren (siehe Kasten *Fragen bei der Planung eines Projekts*).[2]

Fragen bei der Planung eines Projekts

- Welche Ziele werden verfolgt?
- Welche kognitiven, sprachlichen, motorischen und sozial-emotionalen Kompetenzen der Kinder sollen durch das Projekt gestärkt werden?
- Welche lernmethodischen und metakognitiven Fähigkeiten sollen entwickelt werden?
- Welche Aktivitäten sind zur Umsetzung der Ziele vorgesehen? Welche Reihenfolge ist sinnvoll?
- Wie kann der Projektverlauf dokumentiert und reflektiert werden?
- An welchen Orten soll das Projekt stattfinden?
- Was wird zur Umsetzung des Projekts benötigt (Material, Unterstützung durch bestimmte Personen)?
- Wer übernimmt welche Aufgabe?

Flexibilität bei der Planung und Durchführung

Bei der Projektplanung ist es sinnvoll, eine flexible Festlegung von Aktivitäten vorzunehmen, damit die Kinder den Verlauf des Projekts mitgestalten können und auch neu auftauchende Fragen verfolgen können. Einiges aber können und sollten die Fachkräfte vor Beginn der Projektarbeit überlegen und vorbereiten. Zum Beispiel kann es notwendig sein, im Vorhinein besondere Materialien oder Bücher, Filme und andere Medien zu besorgen oder eine Exkursion zu organisieren. Auch können die Fachkräfte Ideen zusammentragen, in welcher Weise sie das Projekt stimulieren können, wenn es ins Stocken gerät oder die Kinder sich langweilen.[3]

5.4 Durchführung eines Projektes

Der Einstieg

Gemeinsam mit den Kindern beginnt die Projektarbeit mit einer *Bestandsaufnahme*: Was wissen die Kinder bereits über das Thema? Welche Erfahrungen haben sie gemacht? Was haben sie schon darüber gehört oder gesehen? Ihr Vorwissen und ihre Erfahrungen können die Kinder, entsprechend ihrem Entwicklungsstand, auf verschiedene Weise ausdrücken: In Rollenspielen, beim Malen und Zeichnen, in Erzählungen von Erlebnissen und indem sie sich über ihre Vermutungen und Hypothesen zu der Fragestellung austauschen. Es ist durchaus möglich, dass die Kinder in dieser Phase unzutreffende Erklärungen und Hypothesen vertreten. Sie sollten aber nicht vorschnell korrigiert werden, denn auch Irrtümer können sehr gut zum Erforschen und Hinterfragen eines Sachverhaltes anregen und zu einem befriedigenden „Aha-Effekt" führen.[4]

---

1 *Gisbert, 2004; Pramling Samuelsson & Carlsson, 2007*
2 *Textor, 2005*
3 *Textor, 1999*
4 *Katz & Chard, 2000a*

In dieser Einstiegsphase gewinnt die Fachkraft ein Bild von dem Vorwissen und den Interessen der Kinder. Gleichzeitig entwickeln und präzisieren die Kinder in dieser Phase ihre Fragen an das Thema: Was wissen sie schon, wo sind sie sich unsicher, und was möchten sie gerne Neues über das Thema erfahren? Mit der Konkretisierung ihrer Fragen kann nun die Hauptphase des Projekts eingeleitet werden, in der die Gruppe gemeinsam etwas über das Thema herausfindet.

Vorwissen und Interessen der Kinder

Der weitere Ablauf: Informationen sammeln und auswerten (Hauptphase des Projekts)

In dieser Phase des Projekts verschaffen sich die Kinder auf verschiedenen Wegen Informationen über ihr Thema, entwickeln Hypothesen, prüfen sie und tragen ihre Erkenntnisse zusammen. Sie überlegen in einem ko-konstruktiven Prozess, wo und wie man die gewünschten Informationen beschaffen kann. Je nach Interessen und Entwicklungsstand der Kinder können sich Kleingruppen mit unterschiedlichen Aspekten und Fragestellungen befassen und unterschiedliche Methoden der Informationsbeschaffung einsetzen.

Dabei können die Kinder *Informationen „aus erster Hand"* gewinnen, bspw. wenn sie sich eine Baustelle, eine Werkstatt oder eine Maschine anschauen, „Expert/-innen" wie Bauleiter/-innen oder Handwerker/-innen interviewen, ihre Eltern und andere Verwandten zu dem Thema befragen oder eine Ausstellung zu dem Thema besuchen.

Exkursionen

„Aus zweiter Hand" informieren sich Kinder durch Bücher, Filme, kindgerechte CD-ROMs zum Thema, Internetrecherchen mit den Eltern und Ähnlichem. Dies stärkt die in der „Wissensgesellschaft" grundlegende Kompetenz, sich gezielt Informationen zu beschaffen, wichtige Informationen von den irrelevanten zu unterscheiden und die Information für die eigene Frage auswerten zu können.

Indem Kinder und Fachkraft gemeinsam überlegen, wie sie bestimmte Informationen gesammelt haben, bieten sich in diesem Zusammenhang wieder Möglichkeiten, über das eigene Denken nachzudenken und damit die lernmethodische Kompetenz zu stärken.

In *systematischen Erkundungen* des Themas setzen sich die Kinder mit dem Projektthema auseinander. Typische Aktivitäten von Kindern in der Hauptphase eines Projekts sind[1]:

Typische Aktivitäten

- sie *beobachten* Vorgänge genau (z. B. „Holz schwimmt auf dem Wasser"),
- sie *explorieren* die Eigenschaften und das Verhalten von Objekten (z. B. „Was passiert, wenn man eine Gummiente untertaucht?"),
- sie *vergleichen* Vorgänge und Objekte, finden Gemeinsamkeiten und Unterschiede (z. B. „ein Stück Holz schwimmt, ein Stein nicht") und bilden daraus *Klassen* ähnlicher Phänomene (z. B. „Objekte, die schwimmen, und solche, die sinken"),
- sie *halten ihre Beobachtungen fest* (z. B. mit Zeichnungen, Fotos, usw.),
- sie führen *Messungen* durch (z. B. das Gewicht der Dinge, die schwimmen, und derjenigen, die sinken),
- sie spielen *Rollenspiele*,
- sie *entwickeln Hypothesen* und überprüfen diese (z. B. [irrtümlich] „Dinge aus Holz schwimmen, solche aus Metall nicht; leichte Dinge schwimmen, schwere Dinge sinken"),
- sie *sammeln Informationen*, z. B. indem sie Bücher betrachten oder außerhalb der Einrichtung Menschen befragen, die etwas zum Thema sagen können,
- sie machen *Exkursionen* zu bedeutsamen Schauplätzen,
- sie singen, musizieren und tanzen zum Projektthema.

Eine wichtige Herangehensweise, um die Hypothesen zu überprüfen, die Kinder entwickelt haben, ist das *Experimentieren*. Denn im Experiment können Kinder ihre Vermutungen systematisch prüfen und zu neuen Einsichten kommen. Zum Beispiel können sie bei Sink- und Schwimmversuchen herausfinden, dass Dinge nicht untergehen, wenn sie die „richtige" Form haben, die ihr Gewicht „auf dem Wasser verteilt".

---

1 Textor, 1999

Reflexionsphase

Dokumentation

An die Erkundungen, Informationssuche und Experimente der Kinder schließt sich immer eine *Zusammenfassung und Darstellung* der bisherigen Erkenntnisse an. Kinder können dabei ihre Ergebnisse auf vielfältige Weise präsentieren, wobei sich die Darstellungsform nach ihrem Entwicklungsstand richtet. Bei jüngeren Kindern steht das Malen, Zeichnen und Bauen sowie das Rollenspiel im Vordergrund, z. B. wenn sie ihre Eindrücke von einem Besuch in einem Supermarkt malen, die Kulisse eines solchen Geschäfts bauen und sie einrichten und dieses Szenario für Rollenspiele (etwa: „Verkäuferin und Kunde am Obststand") nutzen. Außerdem können sie ihre Beobachtungen und Ergebnisse ausdrücken, wenn sie anderen davon erzählen oder Fundstücke ausstellen und erklären. Ältere Kindergartenkinder stellen ihre Ergebnisse zunehmend auch symbolisch dar, z. B. mit Fotos, Zeichnungen und einfachen Diagrammen, die sie den anderen Kindern erläutern.[1]

Bei diesen Darstellungen des „Zwischenstandes" eines Projekts tauschen sich die Kinder, die in Kleingruppen verschiedene Aspekte des Projektthemas bearbeitet haben, über ihr Vorgehen und ihre Erkenntnisse aus und überlegen gemeinsam, was sie bisher über das Thema herausgefunden haben, welche Fragen noch offen sind oder sich neu ergeben haben, und wie sie diese im weiteren Projektverlauf klären könnten. Derartige Reflexionen der Lernergebnisse und des weiteren Vorgehens sollten das Projekt fortlaufend begleiten, denn in ihnen vollzieht sich die *gemeinsame Ko-Konstruktion* von Wissen der Kinder und der Fachkraft sowie die Mitgestaltung der Bildungsprozesse durch die Kinder.

Austausch und Reflexion

Dieser Austausch stellt zudem eine wichtige Phase der Projektarbeit dar, insofern er eine hervorragende Gelegenheit bietet, über das eigene Denken nachzudenken (Metakognition). Damit trägt die Reflexionsphase sowohl zur Stärkung *lernmethodischer* als auch *sozialer Kompetenzen* bei: Wenn Kinder ihre Ergebnisse zusammenfassen und darstellen, nehmen sie ihrem eigenen Lernen und Denken gegenüber eine reflexive Haltung ein, sie überlegen gemeinsam: *Was* haben wir über das Thema gelernt, *wie* haben wir gelernt, und *warum* haben wir das gelernt, was trägt das Gelernte zum Verständnis des Themas bei? Dabei erfahren sie nicht nur etwas über ihr eigenes Denken und Lernen. Sie erfahren auch etwas über die Lösungswege und Ideen anderer Kinder und entwickeln Wertschätzung für verschiedene Herangehensweisen. Damit stärken die Präsentation der Ergebnisse, der Austausch darüber und die Planung weiterer Erkundungen die *Kooperationsfähigkeit* der Kinder. Das gilt auch für ihre Fähigkeiten, über das eigene Denken nachzudenken und das eigene Lernen zu

---

1 *Katz & Chard, 2000a*

planen *(metakognitive Kompetenzen),* die eine wichtige Fähigkeit des „*kompetenten Problemlösers*" darstellen.[1] Um diese Kompetenzen zu stärken, bieten sich „metakognitive Dialoge" an, wie sie Ingrid Pramling vorschlägt (siehe Kasten „*Gestaltung der Reflexion durch metakognitive Dialoge*" nach Pramling).[2]

> **Gestaltung der Reflexion durch „metakognitive Dialoge" nach Pramling[3]**
>
> In sogenannten „metakognitiven Dialogen" bespricht die Fachkraft mit den Kindern, was sie gelernt haben, wie und warum sie es gelernt haben. Auf diese Weise regt sie die Kinder dazu an, über ihr eigenes Denken und Lernen nachzudenken. Nicht nur der Inhalt, sondern auch die Struktur des Inhalts und die Lernprozesse sollen so thematisiert werden.
>
> Folgende Fragen regen zum Nachdenken über das eigene Lernen und Problemlösen an:
> - Wie kommt es, dass wir gestern x gemacht haben?
> - Habt ihr etwas erfahren, das ihr vorher nicht gewusst habt?
> - Wie hast du/habt ihr das herausbekommen?
> - Wie kannst du/könnt ihr bis zum nächsten Mal noch mehr darüber in Erfahrung bringen?
> - Wie würdet ihr vorgehen, um das, was ihr gelernt habt, anderen Kindern beizubringen?
>
> **Zielsetzung metakognitiver Dialoge:**
> - Kinder zum Denken, Reflektieren und Kommunizieren ihrer Gedanken anregen, hinsichtlich des Lerninhalts, aber vor allem auch hinsichtlich ihrer Lernprozesse; dabei den Kindern ihr Lernen bewusst machen (Was wird wie und warum gelernt?)
> → das geschieht, indem *unterschiedliche* Ideen und Lösungsvorschläge der Kinder zum Ausgangspunkt der Reflexion gemacht werden
> - Kindern die Möglichkeit geben, Lernen als sinnvolle, bedeutsame Kompetenz zu begreifen und damit ihr Verständnis von Lernen zu erweitern
> - die für effektive und tiefgehende Lernprozesse entscheidende Haltung bei den Kindern aufbauen, dass es beim Lernen darum geht, sich sowohl dem Inhalt als auch dem Lernprozess zuzuwenden, um diesen zu steuern
>
> Situationen im Projektverlauf, die sich zur Anregung metakognitiver Dialoge anbieten, sind beispielsweise Gruppendiskussionen, Rollenspiele oder auch das Freispiel. Im Kindergartenalltag stellen aber auch Einzelgespräche – z. B. ein Portfoliogespräch – eine gute Gelegenheit dar.

5.5 Abschluss eines Projektes

Wann ein Projekt zu Ende ist, richtet sich nach den Bedürfnissen der Kinder und lässt sich im Vorhinein nicht genau festlegen. Hier gilt es, aufmerksam zu sein, wann die Fragen der Kinder beantwortet sind und sie den gewünschten Erkenntnisgewinn erreicht haben bzw. die gemeinsam mit der Fachkraft festgelegten Bildungsziele umgesetzt wurden. Sinnvollerweise endet ein Projekt damit, dass die Kinder ihr Projektergebnis anderen *präsentieren*. Denkbare Abschlussaktivitäten sind bspw. eine „Ausstellung" von Werken oder Fundstücken, eine Aktivität, die die Gruppe anderen auf dem Jahresfest der Einrichtung anbietet, eine Diashow oder ein Videofilm über das Projekt, ein Theaterstück, das die Kinder zum Thema verfasst haben oder eine Wandpräsentation der Projektergebnisse.[4]

Präsentation

Derartige Formen der Präsentation bieten den Kindern einen befriedigenden Projektabschluss und ein besonderes Erfolgserlebnis, da ihre Bemühungen in einem sicht- und greifbaren Ergebnis münden und von anderen gewürdigt werden. Von besonderem Wert für das Lernen der Kinder sind darüber hinaus Präsentationen, die eine umfassende *Dokumentation* des Projektverlaufs beinhalten. Ausführliche Dokumentatio-

---

1 *Fritz & Funke, 2002*
2 *Gisbert, 2004*
3 *Gisbert, 2004; Pramling Samuelsson & Carlsson, 2007*
4 *Fthenakis, 2000; Groot-Wilken, 2007; Katz & Chard, 2000a; Katz & Chard, 2000b*

nen, die nicht nur das Projektergebnis, sondern auch Arbeiten der Kinder im Laufe des Projekts und Aufzeichnungen über ihre Lernaktivitäten, Gedanken und Ideen umfassen, tragen auf verschiedenen Wegen zur Qualität der pädagogischen Arbeit bei.[1]

- Sie *unterstützen die Lernprozesse* der Kinder: Wenn Kinder im Verlauf des Projekts ihre Arbeit dokumentieren, verdeutlicht ihnen das ihre eigene Leistung und Lernfortschritte, *motiviert* sie zum Weiterlernen.
- Sie signalisieren den Kindern, *dass ihre Ideen und Bemühungen ernst genommen werden* und motiviert sie so zu sorgfältigem, engagiertem Arbeiten.
- Eine fortlaufende Dokumentation von Lernaktivitäten und -ergebnissen unterstützt den ständigen *Austausch* zwischen der Fachkraft und den Kindern und ihre gemeinsame Planung des Projektverlaufs.
- Die Projektdokumentation lässt *Eltern an den Lernerfahrungen ihrer Kinder in der Einrichtung teilhaben* und gibt ihnen – da sie über den Stand des Projekts informiert sind – die Möglichkeit, eigene Ideen einzubringen.
- Sie unterstützt Fachkräfte dabei, die *Lern- und Entwicklungsverläufe der einzelnen Kinder* nachzuvollziehen und ihr eigenes Vorgehen zu reflektieren.

Eine weitere entscheidende Stärke von Dokumentation ist, dass sie die *Reflexion* über das eigene Denken und Lernen anregt. Die Dokumentation des Projektverlaufs bzw. die Dokumentation von Projektergebnissen kann über einen längeren Zeitraum genutzt werden, um mit den Kindern ihr Denken und Lernen zu thematisieren. Zudem unterstützt sie Kinder dabei, *voneinander zu lernen* und sich von den Ideen anderer anregen zu lassen, wenn sie die Arbeitsergebnisse und -schritte anderer in deren Dokumentation nachvollziehen können.

Schritte der Projektplanung und -durchführung

1 Gemeinsame Themenfindung

- Die Kinder suchen gemeinsam mit den Fachkräften in einem ko-konstruktiven Prozess nach einem Projektthema und legen es anschließend fest;
- das geschieht abhängig von den Interessen der Kinder sowie von den Interessen und Möglichkeiten der Fachkräfte/der Einrichtung (z. B. auf der Grundlage eines Bildungsplans);
- zur Stärkung metakognitiver Fähigkeiten wird das Denken der Kinder und ihre Herangehensweise bei der Themenfindung thematisiert und reflektiert.

2 Planung und Vorbereitung des Projekts durch die Fachkräfte

- Die Fachkräfte stellen einen groben Zeitplan auf und planen Aktivitäten;
- unter Berücksichtigung der Aspekte *Inhalt*, *Struktur des Inhalts* und *Lernprozesse* werden Projektziele festgelegt; dabei hat die Fachkraft auch im Blick, wo sich geeignete Gelegenheiten zur Stärkung metakognitiver Fähigkeiten bieten;
- der geplante Projektablauf lässt aber für die Kinder den Raum, diesen mitzugestalten und neu auftauchende Fragen einzubeziehen.

3 Einstieg in das Projekt

- Eine Bestandsaufnahme wird durchgeführt: Was wissen die Kinder bereits über das Projektthema?;
- es wird mit den Kindern gemeinsam thematisiert, auf welche unterschiedliche Art und Weise die einzelnen Personen über das Projektthema denken;
- die Kinder präzisieren ihre Fragen an das Thema.

4 Hauptphase des Projekts

- Die Kinder überlegen in einem ko-konstruktiven Prozess, wie man die gewünschten Informationen beschaffen kann;
- die Kinder sammeln auf verschiedene Weise Informationen zum Projektthema und werten diese aus;
- die Kinder entwickeln und prüfen Hypothesen.

1 *Fthenakis, 2000; Katz & Chard, 1996*

→ Dabei kann eine Aufteilung der Kinder in Kleingruppen nach ihren Interessen und ihrem Entwicklungsstand erfolgen; diese Kleingruppen bearbeiten unterschiedliche Aspekte des Themas.
- Nach den Aktivitäten (z. B. Informationssuche, Erkundungen, Experimente usw.) tauschen sich die Kinder mit anderen über ihr Vorgehen aus, stellen ihre bisherigen Erkenntnisse dar und fassen diese zusammen (Dokumentation des Projektverkaufs);
- die Kinder bearbeiten in wiederkehrenden Reflexionsphasen die Frage, was sie und wie und warum gelernt haben; in diesem Zusammenhang wird auch durch metakognitive Dialoge das Verständnis der Kinder von Lernen thematisiert und reflektiert.

→ Daraus folgt, welche Fragen noch offen sind, ob sich neue Fragen ergeben haben und wie diese im weiteren Projektverlauf geklärt werden können.
(Diese beschriebenen „Unterschritte" wiederholen sich in der Hauptphase mehrmals.)

5 Abschluss des Projekts

- Die Kinder präsentieren anderen ihre Projektergebnisse (z. B. durch eine Wandpräsentation, durch eine Ausstellung oder im Rahmen eines Festes);
- die Dokumentation des Projekts wird ebenfalls genutzt, um das Denken und Lernen der Kinder zu reflektieren.

Kapitel 6 | Projekte im Bildungsbereich Technik: Beispiele aus der Praxis

6
Projekte im Bildungsbereich Technik: Beispiele aus der Praxis

6 Projekte im Bildungsbereich Technik: Beispiele aus der Praxis

In diesem Kapitel werden Projektbeispiele aus dem Bildungsbereich Technik vorgestellt, die in der Praxis erarbeitet und erprobt wurden. Die beschriebenen Projekte zeigen beispielhaft, wie die in diesem Band dargestellten Ziele im Bildungsbereich Technik auf der Grundlage der allgemeinen sowie der für den Bildungsbereich Technik spezifischen pädagogischen Prinzipien in konkretes pädagogisches Handeln umgesetzt werden können.

Anliegen der Projektbeschreibungen

Projektbeispiele als Handlungsmodelle

Diese Beispiele können Fachkräfte als Handlungsmodelle für die Planung und Durchführung eigener Projekte nutzen. Dabei geht es nicht darum, die Beispiele genau in der beschriebenen Form zu wiederholen – sie sollen vielmehr Anregungen und Hinweise für eigene Projekte geben. Denn es gehört zu den grundlegenden Prinzipien der Projektarbeit, Projekte gemeinsam mit den Kindern zu planen und sie so flexibel anzulegen, dass ihr Verlauf jederzeit an die Wünsche, Fragen und Bedürfnisse der Kinder angepasst werden kann.

Auch ist zu bedenken, dass jedes Projekt einzigartig und in die jeweiligen Rahmenbedingungen und lokalen Gegebenheiten der Einrichtung eingebettet ist. Jedes Projektbeispiel betont aus diesem Grund unterschiedliche Aspekte und kann auch in verschiedene Richtungen weiterentwickelt werden. So wird beispielsweise in einem Projekt die Zusammenarbeit mit der Gemeinde oder den Eltern besonders gut exemplarisch gezeigt, in einem anderen dagegen die Dokumentation der Projektergebnisse durch eine Ausstellung. Die Beispiele sollen als Anregung für die selbstständige kreative Umsetzung vor Ort verstanden werden, es können jeweils verschiedene Aspekte der Beispiele für die eigene Einrichtung relevant sein.

Ko-Konstruktion zwischen Theorie und Praxis

Für die beschriebenen Projekte ist der Ansatz der Ko-Konstruktion zentral (siehe *Kasten Ko-Konstruktion*). Aber auch die Beispiele selbst sind Teil eines ko-konstruktiven Prozesses, und zwar des ko-konstruktiven Austauschs zwischen Praxis und Theorie: Praxiseinrichtungen dokumentieren hier, wie sie in ihrer Arbeit pädagogische Konzepte und Bildungsziele des Bereichs Technik kompetent und einfallsreich aufgreifen und umsetzen. Aus der Perspektive der Theorie werden diese Dokumentationen aus der Praxis mit Hinweisen ergänzt. Diese sollen zum einen den Bezug zu den theoretischen Ausführungen in diesem Band verdeutlichen, aber auch Anstöße geben, wie weitere Einrichtungen die Beispiele aufgreifen und weiterentwickeln können.

In einem offenen Prozess können so Ideen und Entwicklungen angestoßen und begleitet werden, die sowohl die Praxis wie auch die Theorie bereichern.

Das ko-konstruktive Prinzip

Bei der Umsetzung ko-konstruktiver Bildungsaktivitäten stehen die Fachkräfte mit den Kindern als mitdenkende, mitwirkende und mitfühlende Bildungspartner in Interaktion. Die Fachkraft nimmt damit eine aktive Rolle bei der Gestaltung der Interaktionsprozesse ein. Es ist aber wichtig, dass die Erwachsenen das Bildungsgeschehen nicht einseitig dominieren und damit die Mitgestalterrolle der Kinder vernachlässigen, indem beispielsweise Entscheidungen über Projektthemen oder den Projektverlauf ohne die Kinder getroffen werden. Partizipation der Kinder ist ein Bestandteil ko-konstruktiver Bildungsprozesse und gleichzeitig eine Voraussetzung für ihr Gelingen.

Partizipation bildet ein „Kernelement einer zukunftsweisenden Bildungspraxis, sie ist der Schlüssel für Bildung und Demokratie."[1] Die hohe Gewichtung der Partizipation von Kindern bei der Gestaltung von Bildungsaktivitäten ergibt sich aus einem demokratischen Grundverständnis und dem damit in Verbindung stehenden Recht der Kinder, an allen sie betreffenden Entscheidungen entwicklungsangemessen beteiligt zu werden. Festgeschrieben ist dieses Recht beispielsweise in der UN-Kinderrechtskonvention.[2] Ko-Konstruktion ist der pädagogische Ansatz, der Kindern die Mitgestaltung ihrer Bildungsprozesse ermöglicht und sie durch Aushandlung und Dialog in das Geschehen einbezieht.[3]

Ko-Konstruktion und Partizipation gehören zusammen

---

1 Bayerisches Staatsministerium für Arbeit und Sozialordnung, Familie und Frauen & Staatsinstitut für Frühpädagogik, 2007, S. 402
2 Der Bundesminister für Frauen und Jugend Bonn, 1993
3 Bayerisches Staatsministerium für Arbeit und Sozialordnung, Familie und Frauen & Staatsinstitut für Frühpädagogik, 2007

Ko-Konstruktion

Ko-Konstruktion bezeichnet eine gemeinsame Interaktion in Form eines kommunikativen und kooperativen Prozesses, bei dem sowohl die Kinder als auch die Fachkräfte aktiv mithandeln, mitdenken und mitwirken.

Hinsichtlich des pädagogischen Handelns stellt sich die Frage, wie die Interaktionsprozesse zwischen Fachkraft und Kind bzw. der Kinder untereinander gestaltet werden müssen, damit sie eine entwicklungs- und kompetenzfördernde Wirkung haben. Für ko-konstruktive Bildungsprozesse sind folgende Aspekte charakteristisch:

- Wissen und Bedeutung in sozialen Prozessen gemeinsam erarbeiten, dabei sind sowohl das Kind als auch seine Umwelt aktiv (Fachkraft, andere Kinder).
- Erforschung von Bedeutung steht im Vordergrund.
- Verschiedene Perspektiven kennenlernen.
- Zusammen mit anderen Probleme lösen.
- Momentanen Verstehenshorizont erweitern.
- Eigene Ideen entwickeln und ausdrücken, diese dann mit anderen austauschen und diskutieren.

Drei Elemente, die ko-konstruktives Lernen unterstützen, sind

- *Ausgestaltung:*
  Darunter fallen alle Aktivitäten von Kindern und Erwachsenen, mit denen sie ihre Handlungen, Ideen oder angestrebten Lösungen darstellen, z. B. Bilder, Zeichnungen, Pläne oder Modelle.
- *Dokumentation:*
  Dies umfasst die Beschreibung von Aktivitäten, Beobachtungen und Erkenntnissen, durch die es Außenstehenden möglich wird, diese nachzuvollziehen und zu verstehen, z. B. Aufzeichnung von Aussagen und Diskussionen.
- *Diskurs:*
  Darunter fällt das Bestreben, das Verständnis der einzelnen Individuen für einen bestimmten Sachverhalt und die diesem Sachverhalt zugeschriebenen Bedeutungen miteinander auszuhandeln.

Aktivitäten zur Ausgestaltung und zur Dokumentation ermöglichen es Kindern und Erwachsenen, ihre eigenen Vorstellungen und Ansichten auszudrücken und gleichzeitig die Ideen und Auffassungen anderer kennenzulernen. Auf diese Weise wird eine Grundlage bzw. ein Ausgangspunkt für den Diskurs geschaffen, in dem es darum geht, sich über Vorstellungen auszutauschen und gemeinsam Bedeutung zu ko-konstruieren.

Die beschriebene ko-konstruktive Vorgehensweise mit den Elementen *Ausgestaltung*, *Dokumentation* und *Diskurs* kann in verschiedenen Altersstufen eingesetzt werden, indem mit Kindern entwicklungsangemessen bei der Ko-Konstruktion von Bedeutung zusammengearbeitet und interagiert wird. Dazu ist es notwendig, den Kindern zuzuhören, sie zu beobachten und ihnen eine Vielfalt angemessener Ausdrucksmöglichkeiten anzubieten.

Literatur:
MacNaughton, G. & Williams, G. (2003). *Teaching young children: Choices in theory and practice.* Maidenhead: Pearson & Open University Press.

Bayerisches Staatsministerium für Arbeit und Sozialordnung, Familie und Frauen & Staatsinstitut für Frühpädagogik (Hrsg.). (2007). *Der Bayerische Bildungs- und Erziehungsplan für Kinder in Tageseinrichtungen bis zur Einschulung* (2. Auflage). Düsseldorf: Cornelsen Scriptor.

Der Bundesminister für Frauen und Jugend Bonn (Hrsg.). (1993). *Übereinkommen über die Rechte des Kindes. UN-Konventionen im Wortlaut mit Materialien.* Düsseldorf: Livonia.

Kapitel 6 | Projekte im Bildungsbereich Technik: Beispiele aus der Praxis

Aufbau der Projektbeschreibungen

Der Aufbau und die Gliederung der Projektbeispiele folgen der im *Kapitel 5: Bildungsprozesse ko-konstruktiv gestalten: Projektmethode und metakognitive Gespräche* dargestellten Projektmethode in Verbindung mit dem metakognitiven Ansatz. Es werden jeweils die verschiedenen Schritte bei der Planung und Durchführung eines Projekts erläutert:[1]

- Entstehung des Projekts – Themenfindung
- Planung und Vorbereitung des Projekts
- Einstieg und Hauptphasen des Projekts
- Abschluss des Projekts

Ablauf eines Projekts

Die Beispiele verdeutlichen, wie in Projekten die Ziele im Bildungsbereich Technik (siehe *Kapitel 4: Bildungsziele im Bereich Technik*) gemeinsam mit Kindern und orientiert an ihren Interessen umgesetzt werden können. Außerdem zeigen sie beispielhaft, an welchen Stellen sich eine Reflexion des Projektinhalts und vor allem der Lernprozesse der Kinder anbietet, um so die lernmethodische Kompetenz der Kinder zu stärken.

Bezüge zu Zielen im Bildungsbereich Technik

Da Projekte bereichsübergreifend angelegt sind, wird zudem für jedes Projekt erläutert, welche weiteren Bildungsbereiche (neben dem Bildungsbereich Technik) einbezogen und welche Bildungsaktivitäten dazu durchgeführt wurden.[2]

Bezüge zu anderen Bildungsbereichen

Zusätzlich werden exemplarisch an einigen Stellen in Infokästen spezielle Methoden vorgestellt, z. B. „Philosophieren mit Kindern", „Bilden einer lernenden Gemeinschaft" oder „Fragen stellen". Am Beispiel des jeweiligen Projekts wird verdeutlicht, wie diese Methode zur Gestaltung von ko-konstruktiven Bildungsprozessen eingesetzt werden kann.

Hinweise auf pädagogische Methoden

Weitere Infokästen stellen heraus, in welcher besonderen Weise das Projekt die Grundsätze und Prinzipien berücksichtigt, die im Abschnitt *1.2 Allgemeine Prinzipien der Bildung im Elementarbereich* erläutert wurden.

1, 2 *Diese Gliederungspunkte und Aspekte finden sich auch bei den Projektbeschreibungen im Bayerischen Bildungs- und Erziehungsplan (Bayerisches Staatsministerium für Arbeit und Sozialordnung, Familie und Frauen & Staatsinstitut für Frühpädagogik, 2007) und wurden hiervon angeregt.*

Kapitel 6 | Projekte im Bildungsbereich Technik: Beispiele aus der Praxis

Übersicht über Bildungsziele im Bereich Technik, die in den verschiedenen Projektbeispielen bearbeitet werden

Titel und Inhaltsangabe des Projektbeispieles	Inhaltlicher Schwerpunkt	Bildungsziele im Bereich Technik Erfahrungen mit Anwendungen Technische Grundkenntnisse
Projektbeispiel 1: Von der Apfelschälmaschine bis zum Fahrrad: Zahnradbetriebene Maschinen. Die Kinder machen Erfahrungen mit Maschinen und Geräten aus ihrem Alltag und vertiefen ihr Wissen zum Thema Zahnräder.	Zahnräder	**Erfahrungen mit Anwendungen** *aus verschiedenen Kontexten und Lebenswelten der Kinder* • Salatschleuder *(Küche)* • Fahrrad *(Fahrzeuge)* • Handbohrer *(Werkstatt)* • Korkenzieher *(Haushalt)* **Technische Grundkenntnisse** • Wissen über Räder und Zahnräder • Getriebe • Kraft • Mechanik • Bewegung
Projektbeispiel 2: Auseinandernehmen eines PC. Die Kinder bauen im Werkraum einen Computer und weitere Geräte auseinander, sie bauen und erfinden neue Geräte aus den Einzelteilen.	Computer und Werkzeuge	**Erfahrungen mit Anwendungen** • Umgang mit Werkzeugen **Technische Grundkenntnisse** • Auseinandernehmen von Geräten • Kennenlernen der Funktion der einzelnen Teile • Bauen von neuen Geräten • Elektrizität und Strom • Sicherer Umgang mit Technik
Projektbeispiel 3: Handy, Telefon und Tastaturen. Die Kinder lernen Telefone kennen, erfahren etwas über deren Entwicklung und bauen sie nach.	Telefone	**Erfahrungen mit Anwendungen** • Spielzeughandy • Umgang mit dem Handy • Umgang mit dem Telefon • Bauen eines Telefons • Umgang mit der Digitalkamera • Umgang mit dem Computer • Umgang mit Werkzeug **Technische Grundkenntnisse** • Schall • Prinzip des Telefons
Projektbeispiel 4: Technik auf dem Spielplatz. Die Kinder machen Untersuchungen auf dem Spielplatz rund um die Wippe, das Karussell und die Rutsche.	Wippe, Karussell und Rutsche	**Erfahrungen mit Anwendungen** • Erfahrungen mit physikalischen Phänomenen aus der Lebenswelt „Spielplatz" • Erleben physikalischer Phänomene am eigenen Körper • Umgang mit verschiedenen Materialien • Nachbauen der Geräte **Technische Grundkenntnisse** • Untersuchungen mit Materialien auf der Wippe, der Rutsche und dem Karussell • Reibung • Fliehkraft • Gleichgewicht • Hebel

Projektbeispiel 5: Emma, die Lokomotive Die Kinder forschen rund um die Lokomotive und vertiefen ihre Kenntnisse über die Dampfmaschine.	**Dampfmaschine**	**Erfahrungen mit Anwendungen** • Umgang mit Materialien wie Metall, Glas, Plastik, Gummi und Holz • Umgang mit Werkzeugen wie Säge, Laubsäge und Hammer • Bauen von Lokomotiven, Hügeln und Gleisstrecken **Technische Grundkenntnisse** • Funktion der Dampfmaschine • Räder • Energie • Bewegung • Gefahren im Umgang mit Technik
Projektbeispiel 6: Kinderbaustelle Die Kinder verfolgen den Umbau ihrer Einrichtung und setzen die Beobachtungen auf ihrer eigenen Kinderbaustelle um.	**Werkzeuge, Materialien und Bauen**	**Erfahrungen mit Anwendungen** • Baugeräte wie Bagger • Umgang mit Materialien wie Beton, Fliesenkleber, Ytongsteinen und Holz • Umgang mit Werkzeugen wie Spachtel, Hammer, Akkubohrer etc. • Entwerfen und Bauen eines Kellergeschosses mit Wänden • Bauen von Baggern, Lastwagen und Kränen aus Holz **Technische Grundkenntnisse** • Betonieren und Mauern • Dachbau • Statik • Gefahren im Umgang mit Technik
Projektbeispiel 7: Turnen, spielen und experimentieren mit der schiefen Ebene Die Kinder erleben die schiefe Ebene am eigenen Körper und experimentieren mit verschiedenen Materialien und Formen.	**Schiefe Ebene**	**Erfahrungen mit Anwendungen** • Bauen von verschiedenen schiefen Ebenen • Erfahrungen mit der schiefen Ebene beim Turnen • Erfahrungen mit verschiedenen Materialien und Formen • Anwendung und Umgang mit der Digitalkamera • Bau einer Waage **Technische Grundkenntnisse** • Reibung • Kräfte • Waage

Kapitel 6 | Projekte im Bildungsbereich Technik: Beispiele aus der Praxis

6.1 Projektbeispiel 1: Von der Apfelschälmaschine bis zum Fahrrad: Zahnradbetriebene Maschinen

In Zusammenarbeit mit Bärbel Merthan, pädagogische Fachkraft in Post-Murnau/Bayern

6.1.1 Entstehung des Projektes – Themenfindung

Zu Beginn des Kindergartenjahres trägt der Apfelbaum im Garten des Kindergartens besonders viele Früchte. Die Kinder haben die Äpfel geerntet und verschiedene Aktivitäten rund um den Apfel durchgeführt: Äpfel essen, Äpfel zerkleinern, Apfelmus, Apfelsaft und Apfelgelee herstellen. Im Zusammenhang mit diesem Thema entdeckt die Leiterin des Kindergartens in einem Südtiroler Haushaltsgeschäft ein „Teil", das sie den Kindern zum Abschluss der Apfelaktion unbedingt mitbringen will, eine **Apfelschälmaschine**. Einerseits passt sie sehr gut zum bisherigen Thema, andererseits ist diese kleine, praktische Haushaltshilfe aus der Sicht der Leiterin auch von einem technischen Gesichtspunkt her sehr interessant: Die Maschine ist transparent und wenn man die Handkurbel betätigt, kann man beobachten, wie sich mehrere Zahnräder in Bewegung setzen und die Klinge zum Apfel hingeführt wird und rundherum den Apfel schält.

Die Fachkraft führt eine Apfelschälmaschine ein

Die Kinder fasziniert dieses Gerät tatsächlich sehr und schon bald lenken sie ihr Interesse auf die Funktion der Zahnräder. Zunächst beobachten sie die Maschine intensiv und nach einigen Tagen kommt die Kindergruppe untereinander und mit der pädagogischen Fachkraft über die Funktion der Maschine ins Gespräch:

Stefan erklärt spontan: *„Die Zicke-Zacke-Räder gehen so zusammen (er zeigt es mit seinen Fingern) und dann bewegen sich alle, die, die liegen und auch die, die stehen."*

„Wie bewegt man die denn, es sind doch alle Zicke-Zacke-Räder im Kasten?", fragt die Fachkraft die jüngsten Kinder in der Gruppe:

Anja (3 Jahre): *„Da musst Du da drehen"*, und setzt mit der Handkurbel die Maschine in Gang.

Florian: „Ich habe die auch schon gezählt, es sind sechs Stück. Drei große Orangefarbene und zwei kleine Orangefarbene und ein Durchsichtiges."

Dominik: „Brauchen wir die noch, können wir die nicht mal auseinanderbauen und etwas anderes daraus machen?"

6.1.2 Planung und Vorbereitung des Projektes

Nach dieser Interaktion mit den Kindern wird gemeinsam überlegt, ein Projekt zum Thema Zahnräder zu beginnen. In diesem Fall wird das Thema durch die Apfelschälmaschine, die die Erzieherin mitgebracht hat, initiiert. Die Kinder zeigen ein reges Interesse daran, deshalb wird es weiter vertieft.

Technik als zentraler Bildungsbereich: Ziele und Bildungsaktivitäten

Die pädagogischen Fachkräfte überlegen gemeinsam mit den Kindern, wie genau das Ziel des Projektes formuliert werden könnte. Schließlich wird folgendes Ziel schriftlich festgehalten:

Zahnräder in verschiedenen Geräten

Die Kinder erfahren etwas über die Funktion von Zahnrädern, erkunden diese in verschiedenen Kontexten und lernen unterschiedliche Arten von Getrieben kennen. Auf diese Art und Weise sammeln sie Erfahrungen im Bereich der Mechanik „Bewegung und Antrieb".

> **Bildungsziele im Bereich Technik**
>
> Die Kinder machen *Erfahrungen mit der Anwendung* von verschiedenen Maschinen und Geräten, die sie aus ihrem Alltag kennen: Die Salatschleuder, das Fahrrad, der Handbohrer und der Korkenzieher. Die Maschinen kommen aus verschieden Kontexten und Lebenswelten der Kinder: Haushalt, Werkstatt und Fahrzeuge. Die Kinder vertiefen ihr technisches Verständnis, indem sie Fragen nachgehen und die Geräte auseinanderbauen. Auf diese Weise erlangen sie *technische Grundkenntnisse*, sie vertiefen ihr Wissen über Räder, in diesem Fall Zahnräder, und erkennen bei den verschiedenen Maschinen das dahinter liegende Prinzip. Sie setzen sich mit grundlegenden Fragen von Kraft, Mechanik und Bewegung auseinander.

6.1.3 Durchführung des Projektes

Hauptphase des Projektes

Zur Erreichung dieser Ziele werden verschiedene Subprojekte durchgeführt, in denen sich die Kinder mit folgenden Inhalten beschäftigen:
Subprojekt 1: Die Salatschleuder
Subprojekt 2: Das Fahrrad
Subprojekt 3: Der Handbohrer
Subprojekt 4: Der Korkenzieher

Die Salatschleuder

Ein Kind erkennt zu Hause in der Küche Zahnräder in der Salatschleuder und bringt die Schleuder mit in den Kindergarten. Die Kinder dieser Gruppe setzen sich zunächst damit auseinander, woher sie den Gegenstand kennen und ordnen ihn seinem Einsatzbereich zu. Die pädagogische Fachkraft erkundet an dieser Stelle durch Fragen an die Kinder, über welche Erfahrungen und über welches Vorwissen die Kinder bereits

Funktion und Anwendung der Salatscheuder erkunden

verfügen. Alle Kinder kennen die Salatschleuder und können sie ihrer Funktion zuordnen: „*Da wird das Wasser raus gemacht vom Waschen, weil das nicht schmeckt in der Soße.*" Einige Kinder haben ihre Eltern schon bei der Benutzung der Salatschleuder beobachtet und auch selbst schon gedreht. Nach dem Gespräch über die Salatschleuder wird sie ausprobiert und dabei beobachten die Kinder genau, was passiert:

„*Da wird der Salat schwindelig*", sagt ein Kind. Clemens bemerkt: „*Der Salat fährt Karussell.*" Wie kommt das, wie funktioniert das und vor allem, was hat das mit der Apfelschälmaschine zu tun?

Die Kinder bauen die Salatschleuder auseinander und schauen sich genau an, wie zwei Zahnräder ineinandergreifen. Bei der Salatschleuder drehen sich die Zahnräder in unterschiedliche Richtungen. Die Kinder lernen den Begriff „Getriebe" kennen: So nennt man zwei Zahnräder, die ineinandergreifen.

Die Kinder erleben, dass sich die Räder mit einem Hebel nur mit Menschenkraft bewegen lassen. Die Zahnräder werden bewegt und bringen das Sieb in der Schleuder zum Drehen. Sie überlegen, wie das Wasser aus dem Salat herauskommt, und vermuten: Durch die Drehgeschwindigkeit wird bei der Salatschleuder das Wasser herausgedrückt.

Experimente mit der Salatschleuder

In einer Experimentierphase probieren alle Kinder die Salatschleuder mit Salat, Blättern, Gras, Löwenzahn, Gardinenstoff und Küchenrolle aus. Sie bereiten gemeinsam einen Salat zu, den sie anschließend mit der gesamten Gruppe essen. In dieser Experimentierphase sind Kinder aller Altersstufen beteiligt. Zwei Kinder sind besonders daran interessiert, wie es dazu kommt, dass der Salat trocken wird.

Individualisierung von Bildungsprozessen

In dieser Phase des Projektes zeigt sich, dass die Kinder unterschiedliche Interessen haben, was die Vertiefung des Themas betrifft: Zwei Kinder wollen mehr wissen, sodass die pädagogische Fachkraft mit diesen beiden Kindern neuen Fragen nachgeht. Sie sprechen mit der Fachkraft darüber und erfahren, dass die Fliehkraft oder Zentrifugalkraft dafür verantwortlich ist. Die beiden Kinder überlegen, wo das Prinzip der Fliehkraft noch zu beobachten ist, und sie übertragen es auf andere Situationen: Konstantin bemerkt, dass bei der Waschmaschine beim Schleudern das Gleiche mit der Wäsche passiert wie in der Salatschleuder mit dem Salat. Die Erklärung von Clemens, dass der Salat Karussell fährt, stellt die Verbindung zum Karussell und damit auch zum Bereich Spielplatz her. Die Kinder vertiefen auf diese Art und Weise ihre physikalischen Grundkenntnisse, indem sie die Funktionsweise von verschiedenen Geräten auf das gleiche Prinzip, die Fliehkraft, zurückführen. Durch diese individuelle Gestaltung der Bildungsprozesse wird den Bedürfnissen der einzelnen Kinder Rechnung getragen. Eine Differenzierung der Bildungsaktivitäten kann sich beispielsweise auf den Inhalt, das Komplexitätsniveau, die Ziele, die vorgesehene Zeit oder genutzte Materialien beziehen.

Kapitel 6 | Projekte im Bildungsbereich Technik: Beispiele aus der Praxis

Das Fahrrad

Ein anderes Kind entdeckt Zahnräder an seinem Fahrrad und bringt gemeinsam mit seinem Vater ein altes Fahrrad, das es nicht mehr braucht, mit in den Kindergarten. Die Kinder stellen im Kindergarten das Fahrrad auf Sattel und Lenker und beobachten genau, was passiert, wenn die Pedale bewegt werden. Einem Kind fällt sofort auf, dass hier etwas anders ist als bei der Apfelschälmaschine: Zwei Zahnräder werden mit einer Kette verbunden: *„Die Zähne vom Zahnrad beißen in die Löcher der Kette."*

Clara kommentiert: *„Die Kette ist immer ganz schön ölig, aber das muss so sein, sonst geht das nicht."* Ein anderes Kind, Stefan, fügt hinzu: *„Oder sie springt ab, dann kannst du nicht mehr fahren."* Stefan probiert es anhand des Fahrrades aus: Wenn die Kette „abspringt", dann dreht sich nur noch das vordere, große Zahnrad, es setzt aber nicht mehr das hintere Zahnrad und damit den hinteren Reifen in Bewegung. Das Fahrrad fährt nicht mehr! Die Kinder erleben auf diese Art und Weise die Funktion der Zahnräder und suchen in Interaktion untereinander und mit der Fachkraft nach Erklärungen, wie das Fahrrad funktioniert.

Ein Vater, der von der Beschäftigung mit dem Fahrrad erfährt, kommt in die Einrichtung und geht auf die Fragen der Kinder ein. Ein Kind möchte von dem Vater wissen, warum einige Fahrräder am Hinterrad nicht nur eins, sondern mehrere Zahnräder haben. Er bespricht mit den Kindern, dass ein Fahrrad in diesem Fall über eine Gangschaltung verfügt. Kinder und Erwachsene überlegen gemeinsam und probieren aus, wann es sinnvoll ist, einen kleinen Gang einzulegen und wann ein großer Gang notwendig ist. Einige Kinder haben damit schon Erfahrungen gesammelt: Wenn die Kette hinten über das große Zahnrad läuft, ist das Treten der Pedale anstrengender; aber die zurückgelegte Strecke ist groß. Um einen Hang hinaufzufahren, legt man die Kette hinten auf das kleinere Zahnrad. Bei der gleichen Anzahl von Pedalumdrehungen dreht sich nun das Rad langsamer, aber der Kraftaufwand ist geringer. In diesem Kontext vertieft das Kind sein technisches Verständnis weiter und lernt, wie eine Gangschaltung funktioniert.

Die Eltern aktiv in das Projekt einbeziehen

In einer Experimentierphase fahren dann diejenigen Kinder, die alleine Fahrrad fahren können, mit dem Fahrrad einen Hang hoch und experimentieren durch die Betätigung der Gangschaltung mit den verschieden großen Zahnrädern am Hinterrad des Fahrrades. Die jüngeren Kinder tun dieses mit der Unterstützung der Fachkräfte. So kann ein Kind beispielsweise bereits Fahrrad fahren, ist aber noch sehr unsicher und möchte auf dem unbekannten Fahrrad nicht alleine fahren, sodass die Fachkraft während der Fahrt durch das Halten des Sattels Hilfestellung gibt. Das Kind möchte auch die Gangschaltung probieren und fragt, wie es dies tun kann. Die Fachkraft erläutert dem Kind, in welche Richtung es den Schalter der Gangschaltung betätigen kann. Die Fachkraft merkt schließlich, dass das Kind sicherer beim Fahren wird und bietet ihm an, den Sattel loszulassen und nebenher zu gehen, sodass das Kind schließlich alleine fährt. Die Hilfestellung, die an dieser Stelle gegeben wird, ist somit auf die Bedürfnisse des Kindes und die aktuelle Lernsituation ausgerichtet.

Hilfestellung geben – Scaffolding

Scaffolding bezeichnet eine Form der Interaktion, bei der die Fachkraft dem Kind eine vorübergehende Hilfestellung gibt, um eine Weiterentwicklung von einem Fähigkeitsniveau zum nächsten zu ermöglichen. Übersetzt bedeutet der Begriff „scaffold" „Gerüst". Die Fachkraft bietet dem Kind ein Gerüst zum Lernen, um etwas, das das Kind schon kann oder weiß, weiter auszubauen.

Kennzeichnend für diese Form der Unterstützung ist, dass eine Person mit mehr Erfahrung einer weniger erfahrenen Person Hilfestellung in gestaffelter Form gibt. Dabei wird der weniger erfahrenen Person schrittweise die Kontrolle überlassen und das Ausmaß der Hilfestellung reduziert, wenn diese zunehmend in der Lage ist, die Verantwortung für das Lösen der Aufgabe selbst zu übernehmen und diese unabhängig zu bewältigen. Zielsetzung von Scaffolding ist es, dass eine Person eine Fähigkeit eigenständig ausüben kann.

Welche Aspekte sind für Scaffolding (Hilfestellung geben) kennzeichnend?

- Es geht darum, eine Interaktion zu gestalten, die Kinder durch eine Hilfestellung in einen gemeinsamen, kooperativen Problemlöseprozess einbezieht, der sich mit einem für beide Seiten bedeutsamen und interessanten Sachverhalt beschäftigt.
- Ziel ist es, durch und während der Hilfestellung eine gemeinsame Perspektive als Grundlage für die Kommunikation zu schaffen. „Eine gemeinsame Perspektive schaffen" bedeutet in diesem Zusammenhang, sich über Bedeutung und Gefühle, die mit einem bestimmten Sachverhalt in Verbindung stehen, zu verständigen sowie zu versuchen, die Perspektive des anderen nachzuvollziehen. Um dies zu erreichen, versucht die Fachkraft, sich auf die Denkweise des Kindes einzustellen sowie ihre Form der Hilfestellung bzw. Kommunikation entsprechend anzupassen.
- Effektiv Hilfestellung zu geben erfordert einen autoritativen Interaktionsstil, der sich zum einen durch eine klare Struktur von Erwartungen auf Seiten der Fachkraft und zum anderen durch emotionale Wärme und Verantwortung dem Kind gegenüber auszeichnet. Dazu gehört es, dem Kind positive Rückmeldungen zu geben und zu versuchen wahrzunehmen, wann es Unterstützung braucht.
- Das Kind wird innerhalb seiner „Zone der nächsten Entwicklung" – jeweils bezogen auf eine bestimmte Fähigkeit – unterstützt. Dazu fordern die Fachkräfte das Kind heraus, über das, was es bereits kann oder weiß, hinauszugehen. Dabei geben die Fachkräfte eine angemessene Hilfestellung und ermutigen das Kind, sich der Herausforderung zu stellen.

Was ist die Zone der nächsten Entwicklung?
Unter der *Zone der nächsten Entwicklung* nach Vygotsky versteht man den Abstand zwischen dem aktuellen Entwicklungsniveau eines Kindes, auf dem selbstständiges Problemlösen möglich ist, und dem potentiellen Entwicklungsniveau, das durch Unterstützung von einer Person mit mehr Erfahrung erreicht werden kann und anschließend von dem Kind selbstständig umgesetzt wird.

- Durch Scaffolding soll auch immer die Fähigkeit der Kinder zur Selbstregulation unterstützt werden. Das geschieht, indem die Fachkraft die Verantwortung für das Handeln zunehmend an das Kind überträgt und sich dann ganz zurücknimmt, wenn das Kind in der Lage ist, die Fähigkeit, die durch die Hilfestellung gestärkt werden soll, selbstständig auszuüben. Die Selbstregulation lässt sich aber auch schon während des Scaffolding-Prozesses unterstützen, indem die Fachkraft dem Kind Zeit lässt, selbst eine Lösung zu entwickeln und nicht vorschnell eingreift oder das Kind dirigiert.

Welche Aufgaben hat die Fachkraft beim Geben einer Hilfestellung?

Die Fachkraft beobachtet, dokumentiert und reflektiert die Lern- und Entwicklungsprozesse des Kindes und findet so heraus,
- welche Aufgabe für das Kind eine Herausforderung darstellen würde,
- welches das nächste Fähigkeitsniveau ist, das das Kind mit Unterstützung erreichen kann,
- wo die Interessen des Kindes liegen, und nutzt diese als Ansatzpunkt für die Hilfestellung.
- Sie plant ausreichend Zeit für die Hilfestellung in kleinen Gruppen oder mit einem Kind allein ein.

- Sie trifft eine Auswahl, welche konkreten Methoden als Hilfestellung zur Erweiterung der Fähigkeiten des Kindes eingesetzt werden können, z. B. Fragen stellen, Ermutigen, Demonstrieren, Feedback geben, Aufmerksamkeit lenken, usw.
- Sie gibt dem Kind Hinweise, wie es selbst vermehrt die Verantwortung für die Bewältigung der Aufgabe übernehmen kann.
- Sie verbalisiert die Aktivitäten der Kinder zur Unterstützung ihres Lernens.

Literatur:

Bodrova, E. & Leong, D. J. (2007). *Tools of the mind: The Vygotskian approach to early childhood education* (2. Auflage). Englewood Cliffs, NJ: Merrill.

Gisbert, K. (2004). *Lernen lernen. Lernmethodische Kompetenzen von Kindern in Tageseinrichtungen fördern.* Weinheim: Beltz.

Jordan, B. (2004). Scaffolding learning and co-constructing understandings. In A. Anning, J. Cullen & M. Fleer (Eds.), *Early childhood education: society and culture* (S. 31–43). London: SAGE-Publication.

MacNaughton, G. & Williams, G. (2003). *Teaching young children: Choices in theory and practice.* Maidenhead: Pearson & Open University Press.

Der Handbohrer

Auch ein Handbohrer hat ein Getriebe. Die Kinder beobachten und erfahren die Wirkung dieser Maschine. *„Der Bohrer frisst sich in das Holz, der frisst richtige Löcher rein."* Die Kinder probieren den Bohrer selbst aus: Sie bohren in unterschiedliche Holzabfälle Löcher und machen die Erfahrung, dass Holz sich unterschiedlich gut bohren lässt. Sie vergleichen die Holzarten und finden Begriffe für die Beschaffenheit des Holzes: Es gibt hartes und weiches Holz; weiches Holz lässt sich besser bohren.

Bei der Beobachtung der Bohrvorganges und der Zahnräder stellen die Kinder fest, dass die Zahnräder ganz anders aussehen als bei der Apfelschälmaschine. Die Zahnräder sind nicht so dünn und flach, sondern haben eine andere Form. Im Gespräch mit der Fachkraft sagt ein Kind, dass das Zahnrad wie eine Mütze aussieht. Die Fachkraft nennt den Begriff „Kegel", der eben die Form einer Mütze hat. Die Kinder lernen, dass es auch kegelförmige Zahnräder („konisch") gibt.

Die Zahnräder ändern die Richtung der Bewegung

Beim Handbohrer dreht man die Kurbel und durch zwei Zahnräder bewegt sich der Bohrer. Das Besondere an dem Handbohrer ist, dass durch die Zahnräder die Richtung der Bewegung geändert wird.

Die gemeinsam erlangten Kenntnisse werden schließlich auf einer Holzplatte in Igelform umgesetzt: Jedes Kind bohrt ein Loch, versieht einen passenden Dübel mit seinem Namen und steckt ihn dann in das Bohrloch. So entsteht Isidor, der Gruppenigel, „der auf den Kindergarten aufpasst, wenn alle anderen zu Hause sind".

Der Korkenzieher

Eine vierte Gruppe beschäftigt sich mit dem Korkenzieher. *„Die Zahnräder krabbeln über den Ringestab"*, bemerkt ein Kind dazu. Die Kinder beobachteten genau, dass bei dieser Maschine die zwei Zahnräder in ein Zahneisen greifen, anders als bei der Apfelschälmaschine! In einer Experimentierphase können die Kinder die Anwendung des Korkenziehers erproben: In kleinen und größeren Flaschen befindet sich mit Lebensmittelfarben gefärbtes Wasser. Die Flaschen sind verkorkt. Haben die Kinder eine Flasche geöffnet, können sie die Gefäße für Schüttübungen nutzen. Bei dem Entkorken wollen die Kinder wissen: „Wer kann das am schnellsten?" Es entwickelt sich ein Wettspiel, das den Kindern so viel Freude macht, dass sie es noch öfter im Freispiel wiederholen.

Dokumentation und Reflexion

Nach einiger Zeit finden sich die einzelnen Subgruppen zu einem gemeinsamen Treffen zusammen und tauschen ihre Erfahrungen und Erkenntnisse aus: Alle Kinder erfahren von den anderen etwas über die unterschiedlichen Zahnräder, die sie kennengelernt und ausprobiert hatten. Anschließend wird das Thema in einen größeren Zusammenhang eingeordnet.

Einordnung der Thematik in einen größeren Zusammenhang

Die Kinder haben in verschiedenen Kontexten und mit verschiedenen Maschinen Erfahrung mit der Anwendung gemacht und gelernt, welche Funktion die Zahnräder haben, und dass es viele unterschiedliche Zahnräder gibt. Die pädagogische Fachkraft bespricht nun mit der gesamten Gruppe, wo es überall noch Zahnräder gibt.

Getriebe übertragen Bewegung

Die Fachkräfte finden gemeinsam mit den Kindern heraus, was alle Getriebe, so verschieden sie auch aussehen, gemeinsam haben: Getriebe übertragen Bewegung. Es kann sich allerdings die Drehgeschwindigkeit und die übertragene Kraft ändern: Das größere Rad dreht sich immer langsamer als das kleinere, überträgt aber eine größere Kraft. Menschen müssen Kraft aufwenden, um die besprochenen Maschinen anzuwenden. In diesem Kontext kommt eine pädagogische Fachkraft auf die Idee, im Freilichtmuseum eine Mühle anzuschauen, die mit Wasserkraft betrieben wird. Der Ausflug ins Museum wird begeistert angenommen und durchgeführt. Hier kommen noch viele neue Eindrücke und Erkenntnisse hinzu, so z. B. Maschinen, die größer sind als die Getreidemühle. Sie werden nicht mehr durch Menschen angetrieben, sondern durch Wasser und Wasserräder oder durch Motoren.

Nach der Exkursion besprechen die Kinder, was sie erfahren und gelernt haben. Sie machen sich über folgende Fragen Gedanken und greifen die Inhalte und das Gelernte erneut auf:

Stärkung lernmethodischer Kompetenzen

Was haben wir Neues gelernt?
Könnt ihr es noch einmal erklären, wie das mit den Zahnrädern funktioniert?
Was erzählt ihr euren Eltern und Geschwistern über die Zahnräder?
Was hat euch besonders gut gefallen?

Die Kinder werden sich an dieser Stelle noch einmal bewusst, was sie gelernt haben. Indem sie erzählen und anderen darüber berichten, wird ihnen nicht nur das „was" deutlich, sondern sie reflektieren gleichzeitig, wie sie etwas rausgefunden haben und somit auch, wie sie gelernt haben. Auf diese Art und Weise werden die lernmethodischen Kompetenzen der Kinder gestärkt.

Kapitel 6 | Projekte im Bildungsbereich Technik: Beispiele aus der Praxis

Bauen und Konstruieren

Ein Kind äußert zu Beginn des Projektes beim Betrachten der Apfelschälmaschine spontan den Wunsch, diese auseinanderzunehmen. Zwar ist das bei diesem Gerät nicht möglich, jedoch gibt es in der Einrichtung ein Brett mit Zahnrädern, mit dem die Kinder das Prinzip, wie Zahnräder sich bewegen, ausprobieren können. Im Freispiel experimentieren einige damit und bringen ihre Erkenntnisse und Erfahrungen in die Gruppe ein. Die Kinder finden einige andere Dinge zum Demontieren, um die Zahnräder freizulegen: z. B. eine alte Uhr, eine Salatschleuder, eine Korrekturmaus und mechanisches Aufziehspielzeug. Die Demontage der unterschiedlichen Dinge ist ebenfalls sehr spannend und zieht sich bis zum Projektabschluss hin (Dauer etwa zwei Wochen).

Auseinandernehmen von Geräten

Die Kinder forschen nun auch in ihrer Umgebung nach Gegenständen mit Zahnrädern, die sich in ihren Wohnungen befinden. Natürlich sind auch die Garage, die Werkstatt und der Garten einbezogen.

Der Grund für diese Nachforschungen ist eine geplante Ausstellung mit zahnradversehenen Gegenständen. Die ersten Objekte für die Ausstellung stellen die Apfelschälmaschine, die Salatschleuder, der Handbohrer, das Fahrrad und der Korkenzieher dar sowie Fotos der Mühlenbesichtigung.

Eifrig werden die unterschiedlichsten Gegenstände zusammengetragen, die Eltern unterstützen die Kinder bei der Suche und besprechen häufig auch die Funktion und den Einsatzbereich des jeweiligen Gegenstandes mit den Kindern.

Was wird mitgebracht?

Unterschiedliche Modelle an Kopierrädern mit Holz- und Plastikgriffen (Schneiderwerkzeug), große und kleine Ratschen (Instrumente), eine Korrekturmaus (Bürobedarf), ein alter Handschneebesen zum Drehen (Küche), ein alter Wecker, in den man hineinschauen kann. Eine Spieldose mit Noppen auf der Walze, die durch Drehen die Lamellen eines Kamms betätigt und die Melodie „Für Elise" erklingen lässt. Über eine Kurbel und Zahnräder wird die Spieldose angetrieben. Es kommen jeden Tag ein paar neue Teile dazu, bis genug Material für eine stattliche Ausstellung angesammelt ist. Die Eltern werden über das Prinzip aller Zahnräder informiert: Zahn sitzt neben Zahn. Nur zwei Zahnräder sind notwendig für ein Getriebe, ihre Zähne müssen ineinandergreifen. In dieser Ausstellung lernen die Kinder verschiedene Getriebe kennen.

Auseinandernehmen von Geräten

> **Bildungsorte öffnen und verknüpfen**
>
> In vielerlei Hinsicht werden Eltern, Experten und Gegebenheiten in der näheren Umgebung in das Projekt einbezogen:
> Während des gesamten Projektes sind die Familien der Kinder eingebunden: Sie geben den Kindern Bildmaterial und geeignete Gegenstände für die Ausstellung mit, sprechen mit den Kindern über das Thema und nehmen durch Reflexionsgespräche mit dem Personal und ihren Kindern regen Anteil am Projekt. Der Vater, der das Rad gemeinsam mit seinem Sohn in die Einrichtung bringt, erklärt den Kindern spontan die Funktion der Gangschaltung. Ein besonderer Höhepunkt ist die Ausstellung zum Projektabschluss, zu der die Eltern eingeladen werden.
> Auch andere Bildungsorte werden einbezogen: Aus der Gemeindebücherei wird eine Bücherkiste zum Thema ausgeliehen, eine Museumspädagogin führt die Kinder durch die Getreidemühle und erklärt die Funktion. Eine Schneiderin zeigt und erklärt den Einsatz eines Kopierrades.

Abschluss des Projektes

Die Ausstellung

Die Kinder treten in Austausch mit ihren Eltern

Der Austellungstag wird so gestaltet, dass er zu einem regen Austausch zwischen Kindern und Eltern führt: Die Kinder zeigen ihren Eltern die Gegenstände, mit denen sie experimentiert haben, und erklären ihnen, wie das Prinzip funktioniert.

Die Projektschritte werden im Gruppenraum auf den Fensterbänken durch Fotos, Bilder und die Maschinen (z. T. demontiert) dekorativ ausgestellt, sodass die Kinder sie gemeinsam mit den Eltern betrachten können.

Die Fotos, die das gesamte Projekt dokumentieren, werden als bleibende Erinnerung an ihr Projekt an die kleinen Forscher übergeben.

Ein so gestalteter Aktionstag in der Kindertagesstätte ist für alle Beteiligten ein positives Erlebnis. Alle Eltern erhalten eine gekürzte Form der Projektbeschreibung und zusammen mit dem Diplom wird es am Projektende, am Tag der Ausstellung, an die Kinder verteilt.

Fazit der Forschungsgruppe Zahnrad: „So spannend sind die Dinge, mit denen wir oft unbedacht und so selbstverständlich umgehen."

6.1.4 Integrierte Bildungsbereiche und Projektaktivitäten

Sprache und Literacy
In Büchern werden Bilder zu den Themen Materialkunde, Bewegung und Antrieb, Gegenstände des täglichen Lebens, ihre Funktion und ihr Einsatzbereich betrachtet. Zusätzlich werden den Kindern Informationen zu diesen Themen vorgelesen.

Die Kinder erweitern durch dieses Projekt ihren Wortschatz durch das Benennen von unterschiedlichen Gegenständen, in denen sich Zahnräder als Antrieb befinden. Sie lernen verschiedene neue Begriffe kennen, z. B. Begriffe zu den verschiedenen Gegenständen, wie beim Fahrrad: Kette, kleines Zahnrad, Pedal, Pedalumdrehung, Kraftaufwand, Maschine, funktionieren, Funktion.

Mathematik
Die Kinder beschäftigen sich während des Projektes auch mit mathematischen Fragen: Wie viele Zähne hat das Zahnrad? Wie viele Zahnräder gehören zu der Maschine oder hat das Getriebe? Sie nehmen Messungen vor, indem sie das Gewicht von Zahnrädern bestimmen, die aus unterschiedlichen Materialien sind. Sie lernen auf diese Weise Größenbegriffe wie schwer, schwerer, am schwersten oder auch groß, größer, am größten.

Ästhetik, Kunst, Musik und Kultur
Im Zusammenhang mit dem Stachelrad zum Kopieren von Schnitten wird eine Schneiderin besucht. So kommen die Kinder in Kontakt mit dem Schneiderhandwerk und klären die Frage, wie dieses Stachelrad verwendet wird.

Ein weiterer Ausflug wird in ein Museum gemacht; die Museumspädagogin erklärt den Kindern eine Getreidemühle mit Wasserrad. Musikalisch wird dieser Ausflug durch das Singen des Liedes „Es klappert die Mühle am rauschenden Bach" ergänzt.

Psychomotorik
Auch die Sinneswahrnehmung wird in diesem Projekt einbezogen: So nehmen die Kinder unterschiedliche Geräusche bei der Salatschleuder, dem Fahrrad und dem Bohrer wahr und benennen diese. In einer Wahrnehmungsübung werden die Geräte als unterschiedliche Schatten an die Wand geworfen und werden von den Kindern erkannt und benannt.

Medien
Die Kinder verwenden Kameras und machen Fotos, um den Projektablauf zu dokumentieren.

Projekte, die sich aus diesem Projekt entwickelt haben: *Materialkunde*
Auf die Feststellung der Kinder hin, dass Zahnräder aus unterschiedlichem Material gemacht sind, wollen sie genauer wissen, woher welches Material kommt. Daraus entwickelte sich ein neues Projekt, in dem die Kinder sich mit Holz, Eisen und Plastik beschäftigen.

Kapitel 6 | Projekte im Bildungsbereich Technik: Beispiele aus der Praxis

6.2 Projektbeispiel 2: Auseinandernehmen eines PC

In Zusammenarbeit mit Martina Scharf, pädagogische Fachkraft im Kinderhaus der pädagogischen Akademie Elisabethenstift, zum Projektzeitpunkt beschäftigt als Berufspraktikantin im städtischen Kindergarten Langstadt

6.2.1 Entstehung des Projektes – Themenfindung

Im Rahmen einer konzeptuellen Umstrukturierung werden in der Einrichtung die bisherigen Gruppenräume in Funktionsräume umgewandelt. Ein Gruppenraum wird zu einem Werk- und Konstruktionsraum. Allerdings ist dieser Raum mit wenig Material ausgestattet und wird von den Kindern daher zu Beginn nur selten benutzt. Daher beschließt eine Fachkraft, eine Werkbank anzuschaffen, um den Kindern vielfältigere Möglichkeiten zu bieten. Den Aufbau der Werkbank verfolgen die Kinder mit großem Interesse, sodass die Fachkräfte die Kinder in den Aufbau mit einbeziehen. Dabei erzählen die Kinder, welche Erfahrungen sie bisher mit Werkzeugen gemacht haben. Im Konstruktionsraum befindet sich auch ein ausrangierter, defekter PC, mit dem die Kinder spielen können. An einem Tag nutzen zwei Jungen den PC im Spiel und kommen nach einer Weile zu einer Fachkraft und erzählen, dass ihnen ein Magnet in die Öffnung des PC gefallen ist und dass sie ihn nicht mehr heraus bekommen. Die Kinder überlegen gemeinsam mit der Fachkraft, wie sie den Magneten wieder heraus bekommen können: Sie beschließen, den PC an der Werkbank auseinander zu nehmen.

Das Interesse der Kinder wird aufgegriffen

Die beiden Jungen machen sich sofort an die Arbeit und in kürzester Zeit sitzen zwölf Kinder um die Werkbank herum. Sie alle helfen beim Schrauben, Hämmern und Werken. Aufgrund dieses großen Interesses der Kinder an diesem Thema beschließen Fachkraft und Kinder gemeinsam ein Projekt dazu umzusetzen.

6.2.2 Planung und Vorbereitung des Projektes

Nach den ersten Erfahrungen der Kinder wird als Projektziel festgehalten die Kinder mit der Werkbank und den Werkzeugen vertraut zu machen. Dabei spielen Sicherheitsregeln eine wichtige Rolle, sodass dieses Thema zunächst mit den Kindern besprochen werden soll.

Technik als zentraler Bildungsbereich: Ziele und Bildungsaktivitäten

Die Kinder lernen etwas über die Funktion und die Verwendung von Werkzeugen, sie lernen diese auszuprobieren und den Umgang damit zu üben. Dabei werden auch die motorischen Kompetenzen der Kinder gestärkt. Im weiteren Verlauf des Projektes werden diese erworbenen Kompetenzen der Kinder im Gebrauch von Werkzeug beim Auseinandernehmen von Geräten vertieft. In diesem Zusammenhang lernen die Kinder auch etwas über die Bestandteile von Geräten und benennen diese. Sie sind kreativ und bauen und konstruieren aus diesen Bestandteilen neue Maschinen.

Bildungsziele im Bereich Technik

Die Kinder machen *Erfahrungen mit der Anwendung* von Werkzeugen und vertiefen ihr technisches Verständnis, indem sie Geräte auseinandernehmen und die Funktion der einzelnen Teile kennenlernen. Sie sind kreativ und wenden ihre Erfahrungen mit Werkzeugen und Materialien beim Entwerfen, Bauen und Konstruieren von neuen Geräten und Maschinen an. Auf diese Weise entwickeln die Kinder ihre handwerklichen und motorischen Kompetenzen weiter. Sie haben Ideen, setzen diese um und kommen so zu neuen Lösungen. In diesem Projekt beschäftigen sich die Kinder auch mit Elektrizität und Strom. Auf diese Art und Weise erlangen die Kinder *technische und naturwissenschaftliche Grundkenntnisse*.

Beim Gebrauch von Werkzeug, dem Auseinandernehmen von Geräten und dem Umgang mit Strom spielt auch der *sichere Umgang mit Technik* eine wichtige Rolle.

Erarbeitung von Regeln

In Kleingruppen mit jeweils 6 Kindern werden gemeinsam die Regeln ausgehandelt. Am Ende wird eine Regelliste aufgestellt, mit der alle Kinder einverstanden sind und an die sich die Kinder auch während des gesamten Projektverlaufes halten.

Folgende Regeln sind dabei entstanden; die Formulierungen der Kinder werden schriftlich festgehalten:
- Mit der Säge keine Kinder ärgern oder schneiden.
- Wenn man sich verletzt, zur Erzieherin gehen.
- Alle Sachen wieder aufräumen.
- Die Erzieher fragen, ob man an die Werkbank darf.
- Auch andere Kinder dran lassen, damit jeder mal darf.
- Auch die kleinen Kinder dran lassen.

Den sicheren Umgang mit Werkzeugen erlernen

Demokratisches Grundverständnis und Beteiligung der Kinder

Die Kinder handeln die Sicherheitsregeln nach demokratischen Prinzipien aus. Es werden alle Kinder daran beteiligt: Die Kinder äußern ihre Meinung und sie bringen ihre Vorschläge ein. Die Meinungen der Kinder werden akzeptiert und es wird darüber diskutiert, welche Regeln sinnvoll sind. Führen die Sicherheitsregeln dazu, dass alle Kinder zu ihrem Recht kommen? Stellen die Regeln sicher, dass Gefahren vermieden werden? Die Regeln werden in einem Mehrheitsbeschluss festgelegt, alle Kinder erklären sich damit einverstanden und halten ihre Ergebnisse schriftlich fest. Ihnen wird in diesem Prozess entwicklungsangemessene Verantwortung übertragen und sie lernen auf diese Weise die Grundsätze einer demokratischen Gesellschaft.

6.2.3 Durchführung des Projektes

Hauptphase des Projektes

Schon während des Aufbaus der Werkbank erzählen die Kinder etwas über ihre Vorerfahrungen und Vorkenntnisse in diesem Bereich. Dieses Wissen wird aufgegriffen und vertieft. Insbesondere wird den Kindern die sichere Handhabung der Werkzeuge gezeigt und damit geübt. Dabei achten alle auch auf die Einhaltung der Regeln. Die Kinder gestalten mit den Werkzeugen viele Arbeiten aus Holz. Das Holz haben sie selbst im anliegenden Wald bei Exkursionen gesammelt.

Der Computer und andere Geräte werden auseinandergenommen

Die Kinder lernen den Umgang mit Werkzeugen

Die Kinder nutzen unterschiedliche Werkzeuge und Methoden, um den PC auseinanderzunehmen. Die Einzelteile es PC werden von den Kindern unterschiedlich verwendet: Einige machen sich an die Arbeit und bauen daraus andere, neu erfundene Maschinen, andere Kinder nutzen den Kreativbereich der Einrichtung, kleben Teile aneinander oder gestalteten sie neu. So werden beispielsweise die Buchstaben der Tastatur auf ein Bild geklebt und Wörter aneinandergereiht.

Nachdem der größte Teil des PC auseinandergenommen ist, machen sich die Kinder gemeinsam mit einer pädagogischen Fachkraft am Bildschirm zu schaffen. Als das Gehäuse des Bildschirmes weg ist, kommt ein Warnschild zum Vorschein, welches darauf hinweist, dass es beim Öffnen des Bildschirmes zur Implosion kommen kann. Die Fachkräfte besprechen mit den Kindern, dass sie nicht wissen, ob es gefährlich ist, einen Bildschirm aufzuschrauben, und dass sie auch nicht genau wissen, was passieren könnte, wenn man diesen Bildschirm auseinandernimmt. Sie beschließen, sich erst einmal zu informieren, bevor sie an dem Bildschirm weiter arbeiten. Die Kinder erleben durch diese Situation, dass auch Erwachsenen manchmal Wissen fehlt. Gemeinsam können sich Kinder und Fachkräfte nun überlegen, wie sie sich weiter informieren können. Dadurch lernen die Kinder, mit offenen Fragen konstruktiv umzugehen und Unwissen nicht als Mangel zu verstehen.

Ein Junge erzählt, dass sich sein Vater sehr gut mit Computern auskennt und er diesen fragen wird, ob das Aufschrauben des Bildschirms gefährlich sein könnte. Am nächsten Tag erklärt der Junge, dass sein Vater von dem Aufschrauben des Bildschirmes abrät. Um noch weitere Informationen zu bekommen, warum das so ist, schlägt die Fachkraft vor, Computerfirmen anzurufen und dort nachzufragen.

Die Kinder lernen, wie sie an Informationen gelangen

Vier der Kinder gehen mit der Fachkraft ins Büro zum Telefon; die Fachkraft fragt die Kinder, wie sie die Telefonnummern herausfinden können. Ein Kind schlägt das Telefonbuch vor. Die Fachkraft holt es hervor und sucht gemeinsam mit den Kindern nach dem Anfangsbuchstaben C, denn die Kinder haben zuvor herausgefunden, dass Computer mit dem Buchstaben C beginnt. Sie finden einige Nummern, die ein Kind, das schon Zahlen schreiben kann, auf einem Zettel notiert.

Dann wird gemeinsam überlegt, wer an das Telefon gehen möchte und was gefragt werden soll. Ein Kind wählt mit der Hilfe der Fachkraft die Nummer. Die Fachkraft erklärt dem Firmenmitarbeiter kurz, dass der Anruf vom Kindergarten kommt und die Kinder Fragen stellen möchten, dann gibt sie den Hörer an die

Kapitel 6 | Projekte im Bildungsbereich Technik: Beispiele aus der Praxis

Kinder weiter. Die Reaktionen der drei Firmen, die angerufen werden, sind durchweg positiv, allerdings gibt jede der drei Firmen eine andere Antwort:
- Der Bildschirm darf nicht aufgeschraubt werden, da er sonst implodieren könnte.
- Das Aufschrauben des Bildschirmes stellt keine Gefahr dar.
- Im Bildschirm befinden sich scharfe Einzelteile, die gefährlich werden können. Implodieren kann er aber nicht.

Die Gruppe beschließt daraufhin, den Bildschirm vorerst nicht aufzuschrauben und weiter nach Informationen zu suchen.

Ein Raum beginnt zu leben

Mittlerweile bringen die Kinder auch eigene technische Geräte von zu Hause in den Kindergarten mit: Radiowecker, das Armaturenbrett eines Mofas, ferngesteuerte Autos, einen Plattenspieler und Wecker. Alles wird auseinandergeschraubt. Der Wecker wird anschließend wieder zusammen geschraubt, sodass er wieder funktioniert.

Von zu Hause werden weitere Geräte mitgebracht

Auch die Eltern entwickeln immer mehr Interesse an diesem Projekt und bringen Geräte mit in den Kindergarten. Gemeinsam mit Kindern und Fachkräften sprechen sie über die Geräte, bauen sie auseinander und untersuchen Aufbau und Funktion der Geräte. Die Eltern sind somit aktiv am Projekt beteiligt.

Der Konstruktionsraum steckt nun voller Leben. Es wimmelt von Entdeckern, Tüftlern und Handwerkern. Neues wird gebaut, Altes verändert. Die Kreativität der Kinder kennt keine Grenzen. Kinder jeder Altersgruppe beschäftigten sich mit der Werkbank.

Besuch im Baumarkt

Nach einiger Zeit reicht das vorhandene Werkzeug nicht mehr aus und ist teilweise auch schon abgenutzt. Die Gruppe setzt sich zusammen und gemeinsam wird überlegt, wo am besten neues Material gekauft werden kann. Ein Kind kommt auf die Idee, nach Babenhausen in den Baumarkt zu fahren. Die Kinder erstel-

Die neuen Geräte benennen

len dafür anhand der Bilder eines Kataloges einen Einkaufszettel. Sie schneiden die Bilder aus und kleben sie auf einen Zettel. Die Fachkraft schreibt die Begriffe der Geräte dazu, die die Kinder ihr diktieren. Beim Besuch des Baumarktes bestaunen die Kinder die unterschiedlichen Geräte und Materialien. Sie benennen sie und lernen auf diese Weise neue Maschinen, Geräte und Materialien kennen. Die Suche nach den Werkzeugen geht weiter, zwei Kinder gehen zur Information und fragen nach: Sie bekommen eine Wegbeschreibung und geben diese an die Gruppe weiter, sodass die gesuchte Abteilung schließlich gefunden wird. In der entsprechenden Abteilung sind die Kinder überwältigt von der Masse an Gegenständen. Ein Mitarbeiter hilft bei der Auswahl der Geräte und zeigt und erklärt viele Dinge. Die Kinder stellen ihm Fragen, sie dürfen Dinge anfassen und teilweise auch ausprobieren. Auf dem Weg zur Kasse wird die neu erworbene Wasserwaage sofort eingesetzt: Unterschiedliche Flächen werden auf ihre horizontale und vertikale Ausrichtung hin überprüft. Die Kinder beschäftigen sich auf diese Weise in Interaktion mit der Fachkraft mit den Funktionen und Anwendungen einer Wasserwaage und lernen den Umgang mit diesem Werkzeug kennen.

Besuch vom Fachmann

Experten aktiv in das Projekt einbeziehen

Immer häufiger stellen die Kinder Fragen nach der Funktion einzelner technischer Teile. Fachkräfte und Kinder finden nicht auf alle Fragen Antworten, sodass das Angebot eines Vaters, der von Beruf IT-Administrator ist, in den Kindergarten zu kommen und gemeinsam mit den Kindern über den Computer und andere technische Geräte zu sprechen, sehr gerne angenommen wird. Der Vater, Herr Fink, wird an einem Nachmittag in die Einrichtung kommen. Vorher überlegt sich die Gruppe gemeinsam, welche Fragen sie ihm stellen wollen. Folgende Fragen werden festgehalten:

- Hat der Computer ein Herz?
- Wie alt kann ein Computer werden?
- Wie heißen die ganzen Teile und wofür braucht man sie?
- Was passiert, wenn man einen Bildschirm aufschraubt?
- Kann ein Bildschirm explodieren?
- Darf man einen eingesteckten Computer aufschrauben?

Die letzte Frage ist aus Sicherheitsgründen so wichtig, dass die Fachkraft beschließt, diese gleich mit den Kindern zu klären. Die Fachkraft fragt die Kinder, was sie dazu denken. Ein Junge äußert: „… dass dann Strom drauf ist und wenn man dann daran rummacht, kann man vom Strom sterben."

Bildungsziel: Sicherheit und Gefahren im Umgang mit Technik

Daraus ergibt sich eine Regel für den Umgang der Kinder mit solchen technischen Geräten: Dass sie niemals ein an Strom angeschlossenes Gerät bearbeiten dürfen und wenn sie zu Hause ein Gerät auseinandernehmen möchten, dann ist es notwendig, dass sie zuerst die Eltern fragen.

In diesem Zusammenhang fangen die Kinder an, von ihren Erfahrungen mit Strom zu berichten. Hauptsächlich geht es um Elektrozäune. Ein Junge erzählt der Gruppe, dass es Stoffe gibt, die Strom nicht leiten, und dass der Strom aus Kraftwerken kommt. Dann erzählte er, dass ein Luftballon Strom erzeugt, wenn man ihn über die Haare reibt. Die Gruppe probiert dieses gleich aus. Die Kinder sind fasziniert davon, dass sich ihre Haare elektrisieren.

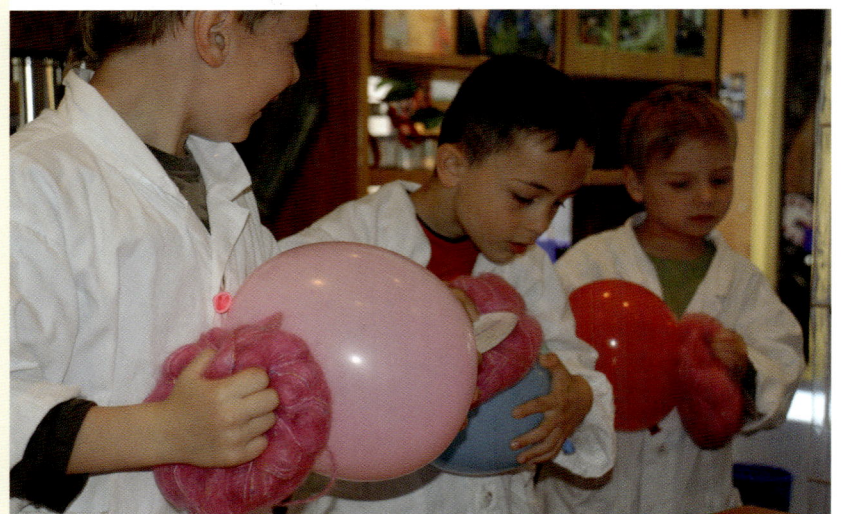

Als der Vater ein paar Tage später in den Kindergarten kommt, sind zehn Kinder dabei. Zu Beginn zeigen die Kinder Herrn Fink, was sie bisher mit den Geräten gemacht haben. Dann stellen die Kinder ihre Fragen. Herr Fink geht näher darauf ein und versucht gemeinsam mit den Kindern Antworten auf ihre Fragen zu finden. Er zeigt den Kindern die einzelnen Teile des Innenlebens der

Geräte, benennt sie und erläutert deren Funktion. Auch die Frage nach der Gefahr von Strom möchten die Kinder nochmals besprechen und Herr Fink macht die Kinder auf einige Sicherheitshinweise aufmerksam.

Dann stellt ein Kind die Frage nach einer möglichen Implosion des Bildschirms. Der Vater erklärt, dass sich im Inneren des Bildschirms ein luftleerer Raum befindet. Wenn in diesen Raum Luft eindringt, dann kann es sein, dass der Bildschirm implodiert und einige Teile durch die Gegend fliegen. Ein Kind fragt, ob wir es trotzdem probieren können. Herr Fink schlägt vor, mit dem Gerät nach draußen ins Außengelände zu gehen, sodass alle ungefährdet vom Fenster aus zuschauen können. Herr Fink geht mit dem Bildschirm nach draußen und schlägt mit einem Hammer das Glas des Bildschirmes ein. Es gibt einen leichten Knall. Die Kinder sind begeistert und gehen jetzt auch nach draußen, um die Einzelteile einzusammeln und zu entsorgen. Danach geht Herr Fink wieder nach Hause und bietet an, dass die Kinder sich bei weiteren Fragen wieder an ihn wenden können.

Der Experte findet gemeinsam mit den Kindern eine Lösung

Die Fragen der Kinder werden also aufgegriffen und gemeinsam mit anderen geklärt. In diesem Prozeß und bei Bildungsprozessen generell sind auch die Fragen der Fachkraft von großer Bedeutung, um Denkprozesse bei den Kindern anzuregen.

Fragen stellen

Als für die Entwicklung bedeutsame verbale Interaktion wurde die Anregung „geteilter Denkprozesse" identifiziert, bei denen zwei oder mehr Personen gemeinsam einen gedanklichen Weg einschlagen, um ein Problem zu lösen oder um sich eine Bedeutung zu erschließen. Fragen in der richtigen Form zu stellen, spielt bei der Anregung „geteilter Denkprozesse" eine wichtige Rolle.

Welche Frageform ist zur Anregung „geteilter Denkprozesse" geeignet?

Fragen lassen sich in zwei Kategorien einteilen: *Offene Fragen* und *geschlossene Fragen*. Jede Kategorie stellt unterschiedliche Anforderungen an die kognitiven Kompetenzen des Kindes. Gleichzeitig stellen die beiden Frageformen auch eine unterschiedlich große Herausforderung für das Kind dar.

Geschlossene Fragen schränken die Anzahl der möglichen Antworten sehr stark ein. Häufig stellen sie eine Aufforderung zur Wiedergabe von Faktenwissen dar. In diesem Fall hat der Fragensteller meist bereits beim Stellen der Frage eine bestimmte, gewünschte Antwort im Kopf. Geschlossene Fragen erfordern oft nur eine kurze Antwort oder sind mit ja oder nein zu beantworten.

Beispiel für eine *geschlossene Frage*: Welche Farbe hat der Computer?

Im Gegensatz zu *offenen Fragen* sind *geschlossene Fragen* nicht dazu geeignet, „geteilte Denkprozesse" anzuregen. *Offene Fragen* dagegen unterstützen „geteilte Denkprozesse" dadurch, dass sie mehrere mögliche Antworten zulassen. Diese Frageform wird häufig genutzt, um herauszufinden, wie andere ihre Lebenswelt wahrnehmen und verstehen. Fachkräfte können Kinder mit *offenen Fragen* ermutigen, ihre Kenntnisse, Theorien, Vorstellungen, Ideen und Gefühle mit anderen zu teilen. *Offene Fragen* können auch genutzt werden, um das Interesse von Kindern zu wecken oder das Nachdenken über einen Sachverhalt anzuregen. Die Problemlösekompetenz der Kinder wird durch *offene Fragen* unterstützt. Es geht darum, Fragen nicht nur mit dem eingeschränkten Ziel der Überprüfung von Kenntnissen einzusetzen.

Beispiel für eine *offene Frage*: Was denkst du, wozu wird ein Computer gebraucht?

Offene Fragen zur Anregung „geteilter Denkprozesse" und damit zur Unterstützung kognitiver Kompetenzen lassen sich in fünf – sich teilweise überschneidende – Typen unterteilen:

a. *Interpretative Fragen*, die das Kind auffordern, Zusammenhänge zwischen bestimmen Informationen herzustellen,
z.B.: „Was denkst du, weshalb geht das Licht an, wenn der Schalter betätigt wird?"

b. *Übertragungsfragen*, die das Kind dazu anregen, Informationen von einer Form in eine andere zu übertragen,

z. B.: „Was hast du gerade beobachtet?" (visuelle Information soll in diesem Fall in verbale Information übertragen werden)

c. *Anwendungsfragen*, die das Kind ermutigen, Kenntnisse und Kompetenzen zur Lösung eines Problems im Alltag einzusetzen,
z. B.: „Was meinst du, wozu braucht man eine Uhr?"

d. *Synthesefragen*, die das Kind auffordern, Kenntnisse und Kompetenzen zu kombinieren, um Probleme auf eine neue Art und Weise zu lösen,
z. B.: „Was denkt ihr, wie können wir in der Kinderkonferenz gemeinsam eine Entscheidung treffen?" (Kommunikationsfähigkeit und Selbstregulation wären beispielsweise Kompetenzen, die in diesem Fall kombiniert und genutzt werden könnten)

e. *Evaluationsfragen*, die Kinder anregen, ihre Ideen und Vorschläge zu äußern, was geschehen sollte, wie etwas funktionieren könnte oder was anders gemacht werden könnte.
z. B.: Was meint Ihr, wie soll unsere Kinderkonferenz in Zukunft ablaufen?

Zu welchem Zweck können offene Fragen noch eingesetzt werden?

- Kinder darin unterstützen, Informationen oder Ereignisse und die damit in Zusammenhang stehenden Gefühle zu reflektieren,
z. B.: „Wie findest du es, dass du nach den Sommerferien in die Schule kommst?"

- Kinder ermutigen, sich in die Gefühle anderer hineinzuversetzen,
z. B.: „Was meinst du, wie würdest du dich an Lisas Stelle fühlen?"

- Kinder anregen, ihren Lernprozess zu reflektieren,
z. B.: „Erzähl mal, wie kamst du auf diese Idee?"

Literatur:
MacNaughton, G. & Williams, G. (2003). *Teaching young children: Choices in theory and practice.* Maidenhead: Pearson & Open University Press.

Sylva, K., Melhuish, E., Sammons, P., Siraj-Blatchford, I., Taggart, B. & Elliot, K. (2004). The effective provision of pre-school education project – Zu den Auswirkungen vorschulischer Einrichtungen in England. In G. Faust, M. Götz, H. Hacker & H.-G. Rossbach (Hrsg.), *Anschlussfähige Bildungsprozesse im Elementar- und Primarbereich.* Bad Heilbrunn: Verlag Julius Klinkhardt.

Tietze, W., Rossbach, H.-G. & Grenner, K. (2005). *Kinder von 4 bis 8 Jahren. Zur Qualität der Erziehung und Bildung in Kindergarten, Grundschule und Familie.* Weinheim: Beltz.

Elektrizität

Bau eines Stromkreises

Beim Besuch von Herrn Fink kommen von drei Kindern vermehrt Fragen zur Elektrizität. Um die Fragen gemeinsam mit den Kindern zu klären, wird ein Buch zu diesem Thema ausgeliehen. Die Kinder wollen es gleich vorgelesen bekommen. Anhand der Bilder und Textpassagen beschäftigen sie sich gemeinsam mit dem Inhalt. Die Kinder haben viele Erklärungen für unterschiedliche Sachverhalte. Besonders interessant finden sie, dass einzelne Stoffe die Fähigkeit zum Stromleiten haben, sie interessiert die Entstehung eines Stromkreislaufes und woher der Strom eigentlich kommt. Es entwickeln sich Gespräche über Haushaltsgeräte, ein Leben ohne Strom und über die Gefahr von Wasser und Strom. Die Kinder können viel Wissen zu den Inhalten des Buches ergänzen. Daraus entsteht die Idee, selbst einen Stromkreis zu bauen. Die Fachkraft stellt den Kindern eine Flachbatterie, einen Isolierdraht und eine kleine Glühlampe mit Fassung zur Verfügung. Die Kinder stellen so gemeinsam mithilfe des Buches einen Stromkreis her.

Dokumentation und Reflexion

Während des gesamten Projektes wird mit den Kindern gemeinsam reflektiert und überlegt, was sie gelernt haben. Die Kinder sind mit Werkzeugen und Materialien vertraut und beschreiben und benennen diese, sie nehmen Geräte auseinander und wenden dabei die Werkzeuge an. Die Eltern werden von Beginn an über die Projektaktivitäten informiert, sie beteiligen sich rege und stehen als Experten zur Verfügung. Sie treten mit Kindern und Fachkräfte in einen Austausch. Dadurch reflektieren Kinder und Erwachsene gemeinsam die Projektaktivitäten, Kenntnisse und Erlebnisse. Auf diese Weise werden den Kindern eigene Lernwege und ihr Wissenserwerb bewusst. Die Kinder gestalten Fotowände und stellen ihre Erfindungen aus, damit sie von anderen Kindern, Fachkräften und den Eltern betrachtet werden können.

Nachdenken über die eigenen Lernprozesse

Einordnung der Thematik in einen größeren Zusammenhang

Die Kinder erleben sich in diesem Projekt als aktive Mitgestalter eines Arbeitsprozesses und stärken so ihre lernmethodischen Kompetenzen. Sie lernen und es wird ihnen bewusst, wie sie an Informationen gelangen, zum Beispiel durch das Anrufen von Experten und die Einladung von diesen in die Einrichtung. Das Warnschild auf dem Bildschirm zum Beispiel stellt die Kinder vor ein Problem. Das Befragen unterschiedlicher Menschen zu der Thematik führt die Kinder schließlich zu einer befriedigenden Lösung. Dieses Problemlösungsstrategie haben sie gelernt und können sie dann auch auf andere Situationen übertragen und anwenden.

Die Kinder können während des Projektes nach und nach immer eigenständiger arbeiten und sie handeln selbstverantwortlich. Regeln für das Miteinander werden von den Kindern aufgestellt und auch eingehalten. Die Kinder unterstützen sich gegenseitig, üben Kritik und führen Streitgespräche. So verändern und/oder stärken sie Rollen und Positionen. Jedes Kind hat seine individuellen Interessen und Aufgaben, welchen es nachgehen kann. Immer wieder gibt es Gruppenerfahrungen, dann aber auch wieder die Möglichkeit zum eigenständigen Tun ohne die Gruppe oder auch in Kleingruppen.

Die Kinder sind aktive Problemlöser

Abschluss des Projektes

Einen vorläufigen Abschluss findet das Projekt darin, dass die Kinder ihre neu erfundenen Geräte und Fotos ausstellen. In diesem Zusammenhang führen einige Kinder ihren Eltern vor und erklären ihnen, wie sie einen Stromkreis bilden und eine Lampe zum Leuchten bringen. Vorläufig ist der Abschluss deshalb, weil seit der Durchführung dieses Projektes der Werk- und Konstruktionsraum und die damit verbundenen Aktivitäten ein Teil des Alltags der Einrichtung geworden sind. Die Werkbank und der Konstruktionsraum sind zum festen Bestandteil der pädagogischen Arbeit in der Einrichtung geworden.

Ausstellung der Geräte und Fotos

6.2.4 Übergeordnete Bildungsziele und integrierte Bildungsbereiche

Das Projekt ermöglicht den Kindern neben den Erfahrungen im Bereich Technik auch den Erwerb von Kompetenzen in anderen Bildungsbereichen. Nicht jedes Kind beteiligt sich gleichermaßen in allen Bereichen, aber jedes Kind hat die Möglichkeit ausgehend von seinen Interessen eigene Erfahrungen zu machen und eigene Stärken zu stärken.

Soziale Kompetenzen

Die Kinder arbeiten mit anderen Kindern und Erwachsenen in einer Gemeinschaft zusammen. Es muss verhandelt werden, Absprachen werden getroffen und eingehalten und Regeln werden entwickelt. Aber auch Eigenverantwortung und Selbstinitiiertes sind Bestandteile des Projektes.

Sprache

Durch die Absprachen untereinander, aber auch beim Telefonieren, Regeln formulieren, beim Zusammenstellen des Einkaufszettels, beim Einkaufen, beim Lesen des Telefonbuchs und beim Wählen der Nummer haben die Kinder ihre sprachlichen Kompetenzen weiter entwickelt.

Bewegung (Grob- und Feinmotorik)

Arbeiten wie Hämmern, Sägen, Schrauben und Kleben erfordern von den Kindern grob- und feinmotorische Kompetenzen. Dieses Hantieren und der Umgang mit Werkzeugen sind nicht immer leicht zu bewältigen und viele Handgriffe klappen nicht gleich am Anfang. Durch regelmäßiges Ausprobieren und Üben entwickeln die Kinder diese Fähigkeiten weiter.

Mathematik

Auch der Bildungsbereich Mathematik wird in diesem Projekt gestärkt: Die Kinder erstellen Pläne, sie messen und zählen, sie erfahren im Baumarkt etwas über Preise und bezahlen ihre neu erworbenen Dinge.

Medien

Die Kinder lernen in diesem Projekt den Computer besser kennen, machen sich Gedanken über seine Machart und beschäftigen sich auch mit seiner Funktion.

6.3 Projektbeispiel 3: Handy, Telefon und Tastaturen

In Zusammenarbeit mit Bärbel Merthan, pädagogische Fachkraft in Post Murnau/Bayern

6.3.1 Entstehung des Projektes – Themenfindung

Zu Beginn des Kindergartenjahres sind neue Kinder in die Einrichtung gekommen, sodass einige neue Namen gelernt werden müssen. Beim gemeinsamen Spiel gelingt dieses in der Regel schneller. Die Kinder entwickeln ein Spiel mit einem Spielzeughandy: Die Fachkraft hatte einige Tage vorher ein Kinderhandy mit in die Einrichtung gebracht, das einem echten Handy zum Verwechseln ähnlich sieht. Außerdem hört sich der Klingelton, der ertönt, wenn man eine Taste betätigt, so an wie ein echtes Handyklingeln. Es dauert allerdings nicht lange, bis die Kinder erkennen, dass es sich um ein Spielzeughandy handelt. Die Kinder stellen Vergleiche zu einem funktionstüchtigen Handy an und überlegen schließlich gemeinsam neue Spiele mit dem Spielzeughandy, die es allen Kindern ermöglichen, sich besser kennenzulernen und sich die Namen zu merken:

Helena, Dein Telefon klingelt!

Auf dem Boden in der Kreismitte liegt das Handy. Die Fachkraft geht zum Handy und drückt auf die Taste, sodass die Klingelmelodie erklingt, und nennt einen Kindernamen, z. B. „Helena, Dein Telefon klingelt!". Das betreffende Kind geht zum Telefon, schaltet den Ton ab und meldet sich mit vollem Namen und Gruß: „Helena Hansen – Guten Tag." Anschließend legt es das Handy wieder hin, drückt auf den Klingelton und sagt: „..., Dein Handy klingelt!". Jedes Kind möchte das einmal ausprobieren. Die Kinder entwickeln mit der Fachkraft zwei weitere Spiele: Zum einen fotografieren sie sich gegenseitig und nennen ihre Namen, zum anderen spielen sie Versteck: Ein Kind versteckt das Handy, lässt es klingeln, und ein anderes versucht es aufgrund des Geräusches zu finden.

Mit dem Handy telefonieren und fotografieren

Mit diesen drei Spielen endet die erste Begegnung mit dem neuen Spielzeughandy. Doch am folgenden Tag wollen die Kinder die Spiele wiederholen und im Laufe der Zeit werden noch einige neue Spiele dazu erfunden. Die Kinder lernen sich von Tag zu Tag besser kennen und verlieren zunehmend ihre Hemmungen, mit anderen in Kontakt und in Interaktion zu treten. Die Kinder stellen immer mehr Fragen zu dem Thema Handy und Telefon, sodass die Fachkraft gemeinsam mit den Kindern beschließt, das Thema in einem Projekt zu vertiefen. Sie überlegen, welche Aspekte zum Thema Handy und Telefon sie gemeinsam erforschen möchten.

Kapitel 6 | Projekte im Bildungsbereich Technik: Beispiele aus der Praxis

6.3.2 Planung und Vorbereitung des Projektes

Funktion von Handys und Telefonen

Nach diesen ersten Erfahrungen mit dem Spielzeughandy möchten die Kinder die Funktionen von „echten" Handys kennenlernen. Als Ziel wird daher festgehalten, dass die Kinder die Anwendung und Funktionen eines Spielzeughandys und eines Handys kennenlernen und vergleichen. In diesem Zusammenhang wollen Fachkraft und Kinder auch der Frage nachgehen, wer das Telefon erfunden hat und wie es funktioniert. Sie setzen sich gemeinsam mit dem Thema Schall auseinander und beschließen, auch selbst zu versuchen, ein Telefon zu bauen.

Technik als zentraler Bildungsbereich: Ziele und Bildungsaktivitäten

> **Bildungsziele im Bereich Technik**
>
> Die Kinder machen *Erfahrungen mit der Anwendung* von technischen Geräten: Sie lernen das Handy kennen und beschäftigen sich damit, wie es den Menschen die Kommunikation miteinander erleichtert. Sie lernen auch das Fotografieren mit dem Handy und verwenden zusätzlich Digital- und Einwegkameras. Bei Recherchen im Internet sammeln die Kinder auch Erfahrungen im Umgang mit dem Computer. Die Kinder finden durch das Nachbauen eines Telefons heraus, welches Prinzip dahinter steckt und beschäftigen sich in diesem Kontext mit dem Thema Schall. Auf diese Art und Weise vertiefen die Kinder ihr naturwissenschaftliches und technisches Verständnis und erlangen **technische Grundkenntnisse**. Durch das Nachbauen des Telefons wird auch der Bereich **Bauen, Entwerfen, Konstruieren** bearbeitet, sodass die Kinder auch mit verschiedenen Materialien und Werkzeugen experimentieren.

6.3.3 Durchführung des Projektes

Hauptphase des Projektes

Um diese Ziele zu erreichen, werden die Themen in verschiedenen Phasen des Projektes bearbeitet:
A. Wie funktionieren Handy und Telefon?
B. Wer hat das Telefon erfunden und wie hat es sich im Laufe der Jahre weiter entwickelt?
C. Wie kann man ein Telefon nachbauen?

A. Wie funktionieren Handy und Telefon?

Alle Kinder wissen schon, was ein Handy und was ein Telefon ist, sie kennen den Einsatzbereich und die meisten Kinder können ihre eigene Telefonnummer auswendig. Was aber ist der Unterschied zwischen einem Handy und einem (schnurlosen) Telefon? Durch selbstständiges Experimentieren finden die Kinder heraus, dass es sich um den unterschiedlichen Funktionsradius handelt: Das ortsgebundene Telefon kann nur soweit mitgeführt werden, wie die Schnur es zulässt. Das schnurlose Telefon kann im ganzen Wohnbereich und im Garten noch funktionieren. Überschreitet man die Grenze bei ca. 100 m, dann geht die Verbindung verloren. Das Handy ist fast überall einsetzbar, nur in bestimmten Bereichen, den „Funklöchern" (z. B. im Tunnel und in Tiefgaragen), treten Probleme auf. Das liegt daran, dass das Handy über Funk funktioniert, das schnurlose Telefon auch, jedoch nur bis zur Basisstation, dann ist es ebenso wie das Schnurtelefon mit einem Telefonnetz (Erdkabel) verbunden.

Telefon als eine Möglichkeit der Kommunikation

Die Kinder rufen Familienmitglieder vom Kindergarten aus an (dieses wurde im Vorfeld mit den Eltern besprochen), die Kinder nehmen im Kindergarten Telefongespräche an und leiten sie weiter. Sie lernen, was ein Freizeichen, ein Besetztzeichen und ein Rufton ist. Einige Kinder kennen auch schon SMS (Kurznachrichtendienst durch Handys), sodass sie auch diese Art der Kommunikation ausprobieren möchten. Diejenigen Kinder, die schon Buchstaben kennen, versuchen selbst eine Nachricht zu verfassen, andere Kinder helfen sich gegenseitig. Die pädagogische Fachkraft unterstützt die Kinder bei Bedarf ebenfalls.

In diesem Zusammenhang lernen einige Kinder auch wichtige Telefonnummern und ihre Bedeutung kennen, z. B. von Feuerwehr und Notarzt.

Fasziniert sind die Kinder auch von den Tönen und Geräuschen, die das Handy produziert. Ein Kind hat den Wunsch einen anderen Klingelton einzustellen. Die Kinder experimentieren damit und beschäftigen sich auf diese Art und Weise auch mit Geräuschen und Tönen. Dieses Thema wird aufgegriffen und gemeinsam vertieft.

Thema: Schall

Die Kinder teilen sich gegenseitig mit, welche Klingeltöne ihnen gefallen und welche nicht. In diesem Zusammenhang nennen die Kinder weitere Geräusche, die sie als angenehm oder als unangenehm empfinden: Das Platzen eines Luftballons, das Bremsen eines Zuges und ein Trillerpfeifensignal werden der Kategorie „unangenehm und laut" zugeordnet, das Hören von Musik und das Zwitschern der Vögel wird als angenehm eingestuft. Die Kinder lernen so, dass es unterschiedliche Geräusche und Töne gibt. Ihnen allen gemeinsam ist, dass sie durch Schallwellen übertragen werden. Wenn etwas einen Ton erzeugt, dann schwingt es schnell hin und her und Schwingungen werden auf die Luft übertragen, sodass die Schwingungen schließlich an unser Ohr, genauer gesagt an unser Trommelfell (kreisrunde, hauchfeine Membran) gelangen. Um dieses zu veranschaulichen, machen die Kinder einen Versuch: Sie spannen mit einem Gummi eine Plastikfolie über eine Plastikschüssel, legen ein paar Reiskörner darauf und machen anschließend direkt neben der Schüssel mit einem Topf und einem Kochlöffel richtig Krach: Die Schallwellen breiten sich durch die Luft aus und versetzen das Plastik über der Schüssel in Schwingungen, sodass auch die Reiskörner auf dem Plastik wackeln und springen. Auf diese Art und Weise können die Kinder die Schallwellen „sehen".

Vertiefung des Themas „Schall"

Thema: Auseinanderbauen des Telefons

Um sich das „Innenleben" eines Telefons anzuschauen, bringt ein Kind ein altes Telefon mit in die Einrichtung. Dieses bauen die Kinder auseinander und benutzen dazu Schraubendreher. Sie schauen sich die Einzelteile des Telefons an und finden gemeinsam heraus, welche Funktion diese haben. Das bringt ein Kind, Stefan, auf die Idee, auch das Telefon zu Hause auseinanderzubauen. Die Mutter ist aber unsicher, ob man das so einfach machen kann. Außerdem finden sie keine Schrauben am Telefon, durch die sie es öffnen könnten. Im Gespräch erfährt die Mutter, dass Stefan durch das Auseinanderbauen des Telefons nachschauen möchte, ob mit dem Telefon etwas nicht in Ordnung ist, weil die Mutter sich in letzter Zeit über die hohe Telefonrechnung beschwert hat. Er weiß ja nun, wie ein Telefon von innen „auszusehen hat" und möchte die Teile des Telefons aus der Einrichtung mit dem Telefon der Eltern vergleichen.

Zu Hause Fragen weiter nachgehen

Am nächsten Tag in der Einrichtung ist Stefan immer noch mit der Frage beschäftigt, ob mit dem Telefon zu Hause etwas nicht stimmt: Er überlegt gemeinsam mit den anderen Kindern und der Fachkraft, wie man das herausfinden könnte. Die Fachkraft kommt auf die Idee, die Störungsstelle der Post anzurufen und sie besprechen gemeinsam, welche Fragen sie dort stellen möchten:

Erstens, ob es Fehler im Telefongerät gibt, die die Rechnung erhöhen und ob man das selbst herausfinden kann? Und zweitens, ob man sein Telefon einfach auseinanderbauen kann und hineinschauen kann? Gemeinsam wird die Nummer der Störungsstelle recherchiert, die Nummer gewählt und Stefan trägt das Anliegen der Gruppe vor. Das Telefon wird laut gestellt, sodass alle Kinder zuhören können. Sie bekommen die Antwort, dass im Telefon oder in der Telefonleitung etwas defekt sein könnte. Diese Fehler zu finden ist nicht leicht, dazu muss man eine Ausbildung, z. B. als Telefontechniker, haben. Und: Meistens haben die Leute wirklich zu viel telefoniert, ohne es zu merken, und mit dem Telefon und den Leitungen ist alles in Ordnung! Als Antwort auf die zweite Frage wird den Kindern gesagt, dass man das Telefon vorsichtig auseinanderbauen kann. Aber nur, wenn der Gerätestecker vorher aus der Steckdose gezogen wurde und eine erwachsene Person dabei ist. Die Kinder sind erfreut darüber, dass sie diese Auskunft bekommen haben. Sie erzählen ihren Eltern davon und suchen nach weiteren, alten Telefonen, die sie auseinandernehmen.

Bildungsorte öffnen und verknüpfen

In diesem Projekt sind die Eltern auf vielfältige Art und Weise in das Projekt einbezogen. Sie suchen gemeinsam mit den Kindern nach Geräten und vertiefen das Gelernte zu Hause. Die Kinder rufen die Eltern aus der Einrichtung an, sodass diese an den Lernprozessen der Kinder teilhaben. Die Kinder versuchen gemeinsam mit den Eltern, auf Fragen, die im Projekt entstehen, Antworten zu finden. Auch das wirtschaftliche Umfeld wird in diesem Projekt einbezogen. Die Kinder rufen die Störungsstelle an und lernen auf diese Weise, an wen sie sich bei einem Problem mit dem Telefon wenden können und wer dafür zuständig ist. Sie besuchen zu einem späteren Zeitpunkt einen Telefonladen in der Umgebung und vertiefen dort ihr Wissen über Telefone. Einige Kinder haben während des Projektes die Möglichkeit, das Deutsche Museum in München zu besuchen. Durch die Verknüpfung von diesen verschiedenen Bildungsorten können Kinder ihre gesamte Lebenswirklichkeit besser verstehen.

B. Entwicklung des Telefons

Das Telefon sah früher anders aus als heute

Ein Kind weiß von seinen Großeltern, dass sie früher kein Telefon zu Hause hatten. Das Telefon ist noch gar nicht so alt, vor ca. 130 Jahren wurde es erfunden. Die Kinder wollen nachforschen, wer das Telefon erfunden hat und wie das Telefon früher aussah. Sie nehmen diese Frage mit nach Hause und fragen ihre Eltern. Am nächsten Tag werden die Ergebnisse zusammen getragen. Die Kinder erzählen sich gegenseitig, wie sie an diese Informationen herangekommen sind: Die einen haben durch eine Suchmaschine im Internet recherchiert, bei einem Kind konnten es die Eltern erklären, ein anderes hat mit seiner Mutter im Lexikon nachgesehen. Alle Kinder nennen den Namen Alexander Graham Bell. Das ist ein schottisch-amerikanischer Erfinder, der 1875 eine Möglichkeit erfand, wie sich die menschliche Stimme durch Drähte weiterleiten lässt. Sein Trick war die Übertragung der Schwingungen von Stimmen oder Tönen in elektrische Signale. Ein Jahr später baute er das erste brauchbare Telefon, das innerhalb von Monaten zum Erfolg wurde und dessen Prinzip noch heute verwendet wird. Zwei Kinder haben auch ein Foto von dem Erfinder und dem ersten Telefon aus dem Internet geladen und ausgedruckt. Die Kinder fertigen selbst Zeichnungen davon an. Sie zeichnen das Telefon so, wie es früher ausgesehen hat, und dasjenige, das sie zu Hause haben. In einer anschließenden Runde sprechen die Kinder über die Unterschiede der Telefone von früher und heute.

C. Nachbau des Telefons

In der letzten Phase des Projektes wollen die Kinder nun auch selbst ein Telefon bauen und überlegen gemeinsam, wie so etwas aussehen könnte. Ein Kind hat schon einmal mit einem Schlauchtelefon telefoniert; dazu benötigt man einen Gartenschlauch oder einen Aquariumsschlauch aus Plastik und zwei Trichter. Die beiden Trichter werden an den Enden des Schlauches befestigt. Der Gartenschlauch, den die Kinder verwenden, ist 5 Meter lang, sodass die Kinder sich in zwei Räumen verteilen und telefonieren. Sie haben Spaß daran, merken aber auch, dass man nicht zu laut in den Schlauch sprechen darf, weil das dann am Ohr weh tut. Sie bauen noch ein weiteres Telefon, das ein Kind in einem Buch entdeckt hat: ein Bindfadentelefon. Die Kinder bringen gebrauchte Joghurtbecher und Bindfaden mit. Gemeinsam mit der Fachkraft brennen die Kinder ein Loch in den Boden des Bechers und befestigen den Bindfaden mit einer Büroklammer darin. Das machen die Kinder an beiden Enden des Bindfadens. Nun probieren sie aus, wie das neue Telefon funktioniert. Ein Kind spricht in den Plastikbecher, aber das andere

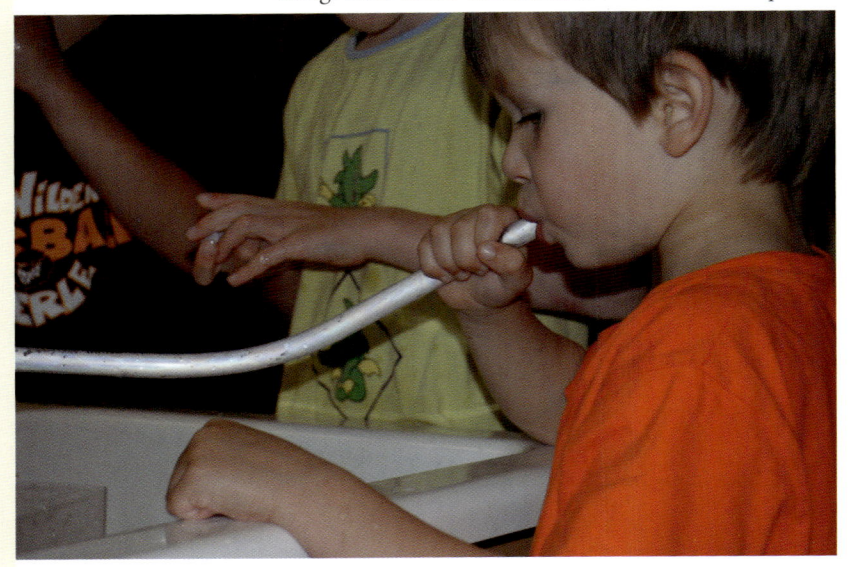

Kind hört nichts. Kinder und Fachkräfte grübeln, warum es nicht funktioniert. Ein Kind hat die Idee, um die Ecke zu telefonieren, aber auch in diesem Fall klappt das Telefonieren nicht. Schließlich versuchen die Kinder es, indem sie den Bindfaden ganz gespannt halten. In diesem Fall funktioniert das Telefon! Durch aktives Ausprobieren ist es den Kindern gelungen, das Problem zu lösen.

Problemlösen

Von einem Problem spricht man, wenn eine Person eine anstehende Aufgabe mit ihrem bisherigen Verhaltensrepertoire nicht bewältigen kann oder wenn die Person nicht weiß, welche verfügbaren Handlungen sie ausführen muss, um zum Ziel zu kommen. Menschliches Problemlösen ist dadurch gekennzeichnet, dass es eine bestimmte Absicht verfolgt, es beinhaltet also eine Zielvorgabe und ist auf diese Zielvorgabe ausgerichtet. Problemlösen schließt ebenfalls ein Vergegenwärtigen von Aspekten des Problems ein. Dazu kommen als weitere Merkmale der Einsatz von Mitteln, z. B. Problemlösestrategien, und ein organisiertes und kontrolliertes Vorgehen beim Einsatz der Mittel.[1]

Welche Bedeutung hat Problemlösefähigkeit für die Entwicklung der Kinder?
Der Aufbau von Problemlösefähigkeit hat im Hinblick auf die kognitive, emotionale, soziale und moralische Entwicklung von Kindern eine große Bedeutung. Forschungsergebnisse[2] zeigen, dass die Fähigkeit, Probleme zu lösen, auf die Entwicklung von Initiative, auf die Entwicklung von Kreativität und auf das Selbstvertrauen in die eigenen Fähigkeiten einen positiven Einfluss hat. Außerdem trägt ein Ausbau der Problemlösefähigkeit zur Stärkung von Resilienz bei (Fähigkeit, mit Belastungen umzugehen). Auch die Fähigkeit, bei der Lösung von Konflikten Verantwortung zu übernehmen, sowie die Entwicklung mathematischen Denkens werden durch die Stärkung der Problemlösefähigkeit unterstützt.

Was brauchen Kinder, um kompetente Problemlöser zu werden?
Um die Entwicklung der Problemlösefähigkeit von Kindern zu unterstützen, kommen auf die Fachkräfte folgende Aufgaben zu:[3]

a) *Ein günstiges Klima für Problemlöseprozesse schaffen*
   Das schließt ein, eine Umgebung zu gestalten, in der sich Kinder sicher und geborgen fühlen. Außerdem geht es darum, ein Lernklima zu etablieren, das durch ein positives Fehlerverständnis geprägt ist (vgl. *Kapitel 1.2 Allgemeine Prinzipien der Bildung im Elementarbereich*, Abschnitt „Grundsätze der Planung und Umsetzung pädagogischer Arbeit: Positives Fehlerverständnis").

b) *Die erforderliche Zeit, geeignete Räumlichkeiten und Materialien bereitstellen*
   Das bedeutet, den Kindern ausreichend Zeit zu lassen, ein Problem über die Strategie „Versuch und Irrtum" zu erfassen und zu bearbeiten sowie weitere bereits erworbene Problemlösefähigkeiten anzuwenden. Außerdem kann durch geeignete Räumlichkeiten, die für soziale Interaktionen der Kinder untereinander Raum bieten, das gemeinsame Problemlösen in Kleingruppen unterstützt werden. Des Weiteren ist es wichtig, Materialien zur Verfügung zu stellen, die ohne Vorgaben und Einschränkungen im gemeinsamen Problemlöseprozess eingesetzt werden können. Bauklötze wären beispielsweise besser geeignet als ein Formlegepuzzle, weil sie in den unterschiedlichsten Varianten zusammengestellt werden können.

c) *Mit den Kindern gemeinsam Problemlösetechniken bzw. Problemlösestrategien entwickeln*
   Das schließt ein, gemeinsam mit den Kindern eine Vorgehensweise zu entwickeln, die geeignet ist, um Probleme zu lösen, beispielsweise:
   - Problem identifizieren
   - Brainstorming über mögliche Lösungen
   - Mögliche Lösungen erproben
   - Auswertung der Erprobung verschiedener Lösungen (gemeinsame Reflexion)

---

1 *Oerter & Dreher, 2002b*
2 *MacNaughton & Williams, 2003*
3 *MacNaughton & Williams, 2003*

Kapitel 6 | Projekte im Bildungsbereich Technik: Beispiele aus der Praxis

Diese Entwicklung einer Vorgehensweise zur Lösung von Problemen kann durch offene Fragen unterstützt werden, die einen „lauten" und gemeinsamen Denkprozess anregen:
- Was können wir tun, damit es funktioniert?
- Was würde passieren, wenn ...?
- Wie könnten wir das herausfinden?

d) Gemeinsam mit den Kindern angemessene Probleme zur Lösung auswählen, die sich dadurch auszeichnen, dass die Kinder an einer Lösung Interesse haben, dass es verschiedene Lösungsmöglichkeiten gibt und dass es die Möglichkeit gibt, die eigenen Lösungsversuche auszuwerten.

Das Interesse von Kindern am Lösen von Problemen wird unterstützt, wenn die Kinder beim Problemlösen ihre eigenen Zielsetzungen definieren können, wenn sie im Austausch mit anderen Kindern oder der Fachkraft Lösungsschritte planen, Entscheidungen treffen, Ergebnisse voraussagen sowie die Resultate ihrer Handlungen beobachten, dokumentieren und reflektieren können.

Literatur:

MacNaughton, G. & Williams, G. (2003). *Teaching young children: Choices in theory and practice.* Maidenhead: Pearson & Open University Press.

Oerter, R. & Dreher, M. (2002). Entwicklung des Problemlösens. In R. Oerter & L. Montada (Hrsg.), *Entwicklungspsychologie* (S. 469–494). Weinheim: Beltz.

Fotografieren von Telefonen

Mit einigen Handys kann man auch fotografieren

Zum Abschluss des Projektes wird das Fotografieren mit dem Handy vertieft. Die Kinder wollen fotografieren, wie sie ein Telefon benutzen. Es gibt jedoch nur das eine Handy der pädagogischen Fachkraft, das den Kindern zur Verfügung steht. Die Kinder wechseln sich ab, aber jedes Kind kommt nur sehr selten dran. Deshalb überlegen alle gemeinsam, wie sie das ändern können. Ein Kind besitzt schon eine Digitalkamera und bringt diese mit in die Einrichtung. Für die anderen Kinder werden Einwegkameras gekauft. Die Kinder wollen jetzt nicht nur im Kindergarten Fotos von Telefonen, auch ihren selbst gebastelten, machen, sondern auch in der Umgebung danach suchen und diese festhalten. In der Stadt machen die Kinder Fotos von öffentlichen Telefonen, sie fotografieren Menschen, die gerade mit ihrem Handy telefonieren (mit deren Einverständnis); ein Kind fotografiert, wie gerade Erdarbeiten an einem Telefonkabel vorgenommen werden. Schließlich besucht die gesamte Gruppe einen Telefonladen und darf mit Genehmigung des Besitzers die neusten Telefonmodelle fotografieren.

Dokumentation und Reflexion

In allen Phasen des Projektes wird mit den Kindern reflektiert: Was haben wir gelernt, wie haben wir das herausbekommen? Durch diese metakognitiven Dialoge erkennen die Kinder, wie sie Antworten auf ihre Fragen gefunden und wie sie Probleme gelöst haben. Sie werden sich über ihre eigenen Lernprozesse und -strategien bewusst, sodass lernmethodische Kompetenzen und metakognitive Fähigkeiten gestärkt werden.

Nachdenken über die eigenen Lernprozesse

Während des gesamten Projektes dokumentieren die Kinder: Sie fertigen Bilder an (z. B. von historischen und gegenwärtigen Telefongeräten), drucken Informationen aus dem Internet aus und machen Fotos. Die Dokumentation durch Kinder und Erwachsene ist damit kontinuierlich in das Projekt eingebunden. Am Ende des Projektes präsentieren sich die Kinder gegenseitig ihre erstellten Bilder, Fotos und Dokumente. Durch diese Präsentation wird ein abschließendes Reflexionsgespräch angeregt, durch das sich die Kinder noch einmal bewusst werden, was und wie sie im Projekt lernen konnten: Z. B. dass das Telefon ermöglicht, mit Menschen zu sprechen, die nicht unmittelbar in der Nähe sind, dass es über Funk oder über Telefonleitungen passiert und dass man das Prinzip des Telefons auch selber nachbauen kann.

Einordnung der Thematik in einen größeren Zusammenhang

In diesem Zusammenhang besprechen die Kinder und die Fachkraft, dass es durch das Telefon möglich wurde, mit Menschen zu sprechen, die nicht in unmittelbarer Nähe sind, mit Nachbarn und Verwandten und das in der gesamten Welt! Früher konnten die Menschen ihre Informationen nur von Mund zu Mund oder schriftlich weitergeben. Durch die technischen Errungenschaften ist das heute viel leichter möglich. Das Telefon sah aber nicht von Anfang an so aus wie jetzt, es hat sich im Laufe der Zeit weiter entwickelt und wurde immer leistungsfähiger. Mittlerweile gibt es auch Handys, mit denen man von fast allen Orten aus telefonieren kann. Die Kinder haben Zeichnungen und Bilder davon gemalt, wie die Telefone früher aussahen und wie heute. Sie vergleichen sie noch einmal miteinander und stellen fest, was Telefone heute alles können. Die Kinder haben auch das Verfassen von Textbotschaften und das Fotografieren mit dem Handy gelernt. In diesem Zusammenhang beschäftigen sich die Kinder auch noch einmal mit der Tastatur des Telefons: Wie sie aussieht, welche Funktion sie hat und wie man sie bedient. Ein Kind hat einen Taschenrechner mitgebracht und zeigt die Tastatur, die fast genauso aussieht wie die Tastatur des Handys. In diesem Zusammenhang beschäftigen sich die Kinder auch mit Tastaturen beim Taschenrechner und bei Fernbedienungen. Sie suchen danach, wo diese überall vorkommen und beschließen, diesen Punkt in einem weiteren Teilprojekt zu bearbeiten (vgl. weiter unten).

Die Kommunikation hat sich verändert

Abschlussphase des Projektes

Zum Abschluss des Projektes werden die Bilder und Fotos an den Wänden der Einrichtung aufgehängt. Die Kinder beschließen zu diesem Zeitpunkt, das Projekt mit einer Ausstellung, einem Workshop und einer kleinen Feier zu beenden. Beim Aufbau der Ausstellung erzählen die Kinder sich nochmals die Inhalte, die sie im Projekt behandelt haben und besprechen das Erlebte und Erlernte. Die Ausstellung setzt sich aus diesen Bereichen zusammen:

Austellung der Dokumente in der Einrichtung

- Projektbeschreibung und Bildmaterial
- Ausstellung von unterschiedlichen Telefonen, Handys, Fernbedienungen und Taschenrechnern
- Experimentierbereich mit allen Formen der Schallübertragung und selbst gebauten Telefonen
- Baubereich, um selbst ein Bechertelefon und eine Knalltüte zu bauen

6.3.4 Integrierte Bildungsbereiche

Sprache und Literacy

In allen Phasen des Projektes sprechen die Kinder über das, was sie wahrnehmen, beobachten und gelernt haben. Sie erweitern ihren Wortschatz, indem sie neue Begriffe lernen wie Display, Freizeichen, Besetztzeichen. Sie betrachten Bilderbücher und Bücher zu folgenden Themen: Erfindung des Telefons, Experimente zum Telefon und Geschichten, die mit dem Telefon zu tun haben.

Mathematik

Einige Kinder können ihre eigene Telefonnummer noch nicht auswendig, sie lernen sie kennen und schreiben sie auf. Die Kinder rufen zu Hause an und machen so Erfahrungen mit der Tastatur des Telefons und ihren Ziffern. Die Kinder sehen auf dem Display des Telefons auch Digitalzahlen. Mit Hölzern legen die Kinder die Digitalzahlen nach. Für welche Zahl werden die meisten Hölzer benötigt und für welche Zahl die wenigsten?

Medien

Die Kinder vertiefen in diesem Projekt ihr Wissen über die Anwendung von Medien: Sie telefonieren, fotografieren, benutzen das Internet und setzen sich mit Kommunikation über verschiedene Kanäle auseinander.

Ästhetik, Kunst, Musik und Kultur

Die Kinder lernen Telefone und Handys in unterschiedlichen Formen und Farben im Telefonladen kennen. Ein Teil der Kinder schaut sich alte Telefone im Deutschen Museum in München an. Beim Bau des eigenen Telefons spielen auch ästhetische Gesichtspunkte eine Rolle: Welche Farbe soll das Telefon haben? Wie kann es noch verschönert werden?

Projekte, die sich aus diesem Projekt entwickelt haben:
Tastaturen und Fernbedienungen

Beim Umgang mit dem Telefon und dem Handy stellen die Kinder eine Ähnlichkeit der Telefontastatur zur Fernbedienung und zum Taschenrechner fest. Die Kinder finden viele Beispiele für Fernbedienungen: z. B. für Fernseher, CD-Player, Radio, DVD-Player, Lichtschalter, Rollos und Markisen, Gartentore, Garagentore und Türöffner für Autos. Die Kinder und die Fachkraft schauen gemeinsam in einem Buch nach und erfahren so etwas über die Funktion dieser Fernbedienungen. In einem Gespräch überlegen alle gemeinsam, welche Vorteile die Fernbedienung für den Menschen hat. Die Kinder sprechen in diesem Zusammenhang auch über Entfernungen: Welche Reichweite haben die unterschiedlichen Fernbedienungen? Eine besondere Rolle bei

Kapitel 6 I Projekte im Bildungsbereich Technik: Beispiele aus der Praxis

der Erforschung von Tastaturen nimmt bei den Kindern der Taschenrechner ein: Die Kinder lernen, wie man ihn ein- und wieder ausschaltet, wie er von innen aussieht und wie die Zahlen auf der Tastatur angeordnet sind. Die Kinder lernen Digitalzahlen kennen und bauen diese mit Streichhölzern nach. Sie bauen sich selbst einen Taschenrechner aus Pappe. Besonders stolz sind die Kinder auf einen 70 cm großen Taschenrechner aus Pappe und Papier, den sie in einer Ausstellung ihren Eltern präsentieren. Im Display, das mit Folie beklebt ist, können die Kinder mit wasserlöslichen Stiften immer wieder neue Zahlen einschreiben.

Kapitel 6 | Projekte im Bildungsbereich Technik: Beispiele aus der Praxis

6.4 Projektbeispiel 4: Technik auf dem Spielplatz

In Zusammenarbeit mit Eva Sambale, Spielpädagogin, Spiellandschaft Stadt e. V. in München

6.4.1 Entstehung des Projektes – Themenfindung

Die „Spiellandschaft Stadt" fördert reale und digitale Spiel- und Aktionsräume für Kinder im Stadtgebiet von München mit dem Ziel, die ganze Stadt als Spiellandschaft zu erschließen und neue Erfahrungs- und Bildungsanlässe zu öffnen. Durch thematische Spielaktionen, mobil mit dem Spielbus oder stationär im Spielhaus, werden gemeinsam mit Partnern Projekte durchgeführt, die die Interessen und Ideen der Kinder umsetzen und sich an den Bildungszielen des Bayerischen Bildungs- und Erziehungsplans anlehnen.

Spielplatz als Aktionsort für Bildung

Die Spiellandschaft Stadt nutzt schon immer Spielplätze als Aktionsorte und als Ausgangspunkt wird die Lebenswelt der Kinder aufgegriffen. Im ersten Jahr wird das Projekt in zehn verschiedenen Kindergärten mit Vorschulkindern durchgeführt und anhand der Erfahrungen kontinuierlich weiter entwickelt. Exemplarisch wird die Durchführung des Projektes anhand einer Einrichtung beschrieben.

Da Kinder großes Interesse an Geräten auf dem Spielplatz haben und damit experimentieren, entsteht die Idee, dieses Interesse aufzugreifen und gemeinsam mit den Kindern zu vertiefen.

> **Bildungsorte öffnen und verknüpfen**
>
> Dieses Projekt ist ein Beispiel dafür, wie eine Vernetzung von Institutionen stattfinden kann. Zwar haben die Fachkräfte schon mit den Kindern an den Geräten auf dem Spielplatz gespielt, geturnt und auch schon Fragen der Kinder aufgegriffen. Der Impuls, das Thema systematisch zu vertiefen, kommt jedoch von einem Verein außerhalb der Einrichtung. Auf diese Weise werden in der Kindertageseinrichtung auch Ideen von außen, in diesem Fall aus einer spielpädagogischen Perspektive, aufgegriffen und umgesetzt.

6.4.2 Planung und Vorbereitung des Projektes

Die Kinder sammeln Grunderfahrungen

Die Umsetzung des Projektes wird in der Einrichtung mit den Fachkräften geplant. Die Fachkräfte haben bereits mit den Kindern gemeinsam Grunderfahrungen in diesem Bereich gesammelt: Die Einrichtung verfügt über einen eigenen Spielplatz, sodass die Kinder die Geräte schon genutzt, ausprobiert und einige auch schon damit experimentiert haben. Ausgehend von diesen Erfahrungen der Kinder besprechen die Fachkräfte mit den Kindern, welche Geräte sie besonders interessieren, sodass schließlich gemeinsam beschlossen wird, die Geräte Wippe, Rutsche und Karussell zu erforschen.

Um die Ziele zu präzisieren, beschäftigen sich die Fachkräfte vorher mit verschiedenen Experimentierbüchern und diskutieren Ideen, welche Aktivitäten durchgeführt und welche Materialien dafür benötigt werden.

Technik als zentraler Bildungsbereich: Ziele und Bildungsaktivitäten

Als Ergebnis dieser Diskussion werden folgende Ziele festgehalten:

- Die Kinder erfahren physikalische Phänomene aus ihrer Lebenswelt „Spielplatz".

- Sie erleben diese Phänomene und Gesetzmäßigkeiten am eigenen Körper.
- Sie vertiefen ihr technisches Verständnis, indem sie eigene Aufgabenstellungen entwickeln, sie überlegen sich Untersuchungen dazu und finden gemeinsam Lösungen.
- Die Kinder fassen ihre Untersuchungen und Versuche in Worte, sie finden im gemeinsamen Gespräch Erklärungen dafür.

Gesetzmäßigkeiten am eigenen Körper erfahren

Bildungsziele im Bereich Technik

Die Kinder machen *Erfahrungen mit der Anwendung* von Geräten aus ihrem Alltag: Sie erfahren mit ihrem Körper die Rutsche, die Wippe und das Karussell. Die Kinder vertiefen davon ausgehend ihr technisches Verständnis und erlangen *technische Grundkenntnisse*: Beim eigenen Rutschen experimentieren die Kinder mit Materialien wie Jute und Plastik und untersuchen, mit welchen Unterlagen Gegenstände am schnellsten sind. Auf diese Weise lernen die Kinder den Begriff **Reibung** kennen und vertiefen ihr Wissen darüber. Bei den Erfahrungen mit dem Karussell und dem Drehstuhl erleben die Kinder die **Fliehkraft** zunächst am eigenen Körper, dann vertiefen sie ihr Wissen darüber mit einem Versuch. Bei der Wippe erfahren die Kinder etwas über Balance und Gleichgewicht und beschäftigen sich mit dem **Hebel**. Beim *Bauen und Konstruieren* von eigenen Spielplatzgeräten setzen die Kinder sich auch mit dem Problemlöseaspekt von Technik auseinander: Wie sieht eine „optimale" Wippe aus? Wie eine „optimale" Schleuder?

6.4.3 Durchführung des Projektes

Hauptphase des Projektes

In der Hauptphase des Projektes werden drei Gruppen gebildet: Die Rutschenforscher, die Karussellforscher und die Wippenforscher. Jedes der Kinder bekommt einen Forscherausweis.

Die Rutschenforscher/-innen

Die Rutschenforscher/-innen erleben die Rutsche mit ihrem Körper, indem sie in verschiedenen Positionen rutschen (z. B. sitzend und liegend). Anschließend nehmen die Kinder Unterlagen aus verschiedenen Materialien, auf denen sie rutschen. Sie besprechen untereinander, welche Unterschiede sie dabei wahrnehmen.

Kapitel 6 | Projekte im Bildungsbereich Technik: Beispiele aus der Praxis

Technische Grundkenntnisse: Reibung

Auf Jute geht es z. B. schneller als auf einer Schaumstoffmatte. Ein Kind kommt auf die Idee, mit einer Stoppuhr die Zeit zu messen. Daran haben auch andere Kinder Interesse, sodass sie sich mit dem Messen abwechseln. Ein Kind, das schon Zahlen schreiben kann, notiert die Zeit mit Unterstützung der Fachkraft. Als Nächstes untersuchen die Kinder, was passiert, wenn sie Pflastersteine auf verschiedene Unterlagen legen und sie ein Brett herunterrutschen lassen. Auch hier wird eine Tabelle erstellt und festgehalten, welche Materialien mit dem Stein am schnellsten rutschen. Danach werden Dosen mit unterschiedlichen Materialien gefüllt und die Kinder überlegen vorher, welche Dosen wohl am schnellsten rollen. Sie überprüfen ihre Hypothesen, indem sie die Dosen rollen lassen. Am Ende besprechen alle gemeinsam, welches Material am besten geeignet ist, damit die Geschwindigkeit möglichst hoch ist. An dieser Stelle wird der Begriff der Reibung eingeführt. Sie besprechen, dass beim Rutschen der physikalische Effekt der Reibung zum Tragen kommt, der bei jeder Bewegung auftritt, also wenn bewegte Gegenstände oder Oberflächen aneinander reiben. Die Reibung bewirkt, dass sich Dinge langsamer oder gar nicht mehr bewegen.

Anschließend basteln die Kinder „Kullermännchen", sie bauen einen Papierkorpus und legen eine Murmel in das Innere. Wenn dieser Papierkorpus eine schiefe Ebene runterrollt, entsteht eine Purzelbewegung.

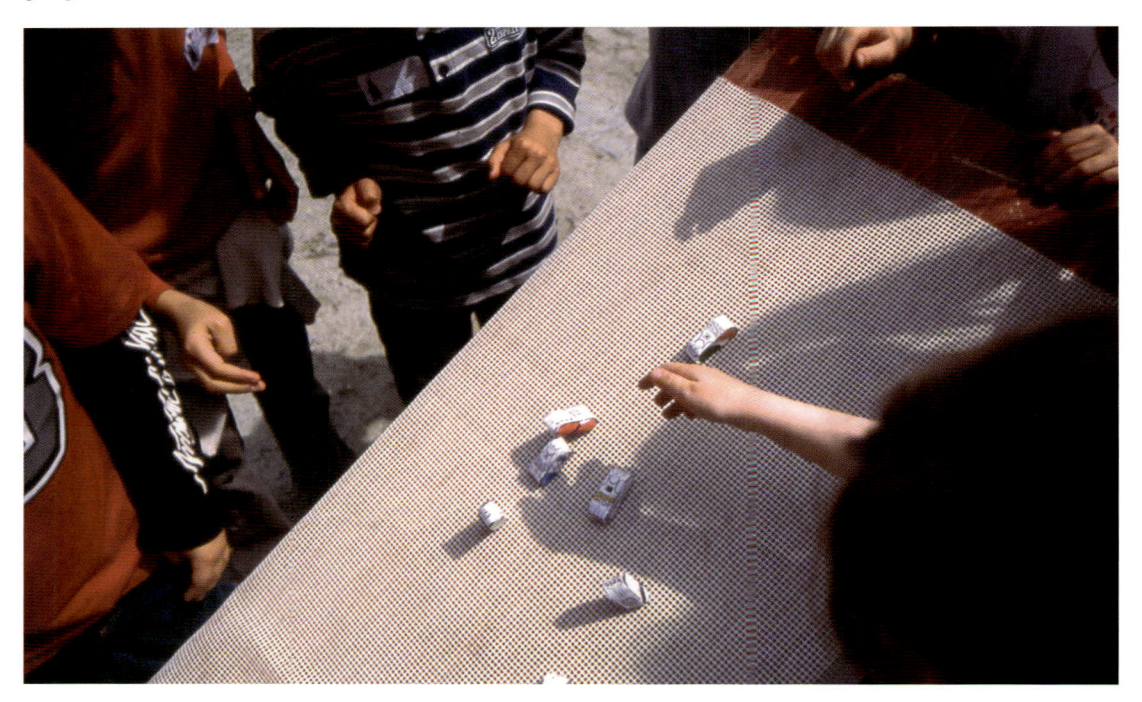

Karussellforscher/-innen

Technische Grundkenntnisse: Fliehkraft

Die Karussellforscher/-innen drehen sich zunächst auf dem Karussell, dann auf einer Drehscheibe und einem Bürostuhl. In einem weiteren Versuch wird Wasser in einen Eimer gefüllt und dieser Eimer wird sehr schnell gedreht. Vorher überlegen die Kinder, was wohl mit dem Wasser passieren wird. Alle Kinder glauben, dass das Wasser aus dem Eimer spritzen wird. Nach dem Versuch sind die Kinder überrascht, dass das gesamte Wasser im Eimer geblieben ist. Sie überlegen gemeinsam, woran das liegt. Die Fachkraft führt den Begriff Fliehkraft ein und die Kinder stellen den Zusammenhang zu ihren Erfahrungen auf dem Karussell her: Bei schneller Drehung werden sie nach außen gedrückt, und wenn sie auf der Drehscheibe sind und sich nicht gut festhalten, dann fallen sie runter. Einem Kind fällt in diesem Zusammenhang die Wäscheschleuder ein. Auch hier dreht sich die Trommel ganz schnell und die Wäsche wird an die Wand der Trommel gedrückt. Die Kinder berichten mit Freude von ihren Aktivitäten und entwickeln eigene Ideen, die sie ausprobieren möchten.

Die Kinder vertiefen ihr Wissen anschließend, indem sie Materialien auf die Drehscheibe legen und genau beobachten, was passiert. Welches Material fliegt unter welchen Bedingungen am weitesten von der Drehscheibe? Die Kinder vertiefen in diesem Zusammenhang auch das Messen: Ein Kind nimmt ein Meterband und misst nach, wie weit die jeweiligen Gegenstände geflogen sind. Schließlich gestalten die Kinder mit flüssiger Farbe Fließbilder auf der Drehscheibe.

Die Wippenforscher/-innen

Die Kinder in dieser Gruppe beginnen das Projekt damit, selbst auf der großen Spielplatzwippe zu wippen. Sie versuchen die Wippe ins Gleichgewicht zu bringen, mit anderen Kindern sowie mit Erwachsenen, und sie experimentieren auch mit Pflastersteinen, Holzklötzchen und Unterlegscheiben. Sie überlegen gemeinsam, wie sie schwere Lasten hochheben können. Wie kann man einen schweren Erwachsenen hochheben, wie mehrere Kinder? Nachdem die Kinder dieser Frage durch eine Spielplatzwippe nachgegangen sind, versuchen sie es mit einer selbst gebauten Wippe: Sie nehmen ein großes Brett, legen einen Klotz in die Mitte und versuchen, Gegenstände in Balance zu bringen. Dabei merkt ein Kind, dass man so auch Gegenstände in die Luft schleudern kann. Das probieren die Kinder mit Freude aus: Sie nehmen Zeitungspapierbälle und leere sowie gefüllte Filmdosen. Wie muss die Wippe, wie der Gegenstand gestaltet sein, damit der Gegenstand möglichst hoch fliegt? Dieser Frage gehen die Kinder auch mit kleinen, selbst gebastelten Wippen nach, z. B. mit einem Lineal und einem großen Radiergummi. Die Kinder lernen in diesem Zusammenhang den Begriff Hebel kennen. Die Wippe ist ein zweiarmiger Hebel, der sich auf einer Achse, dem Drehpunkt, befindet und sich um diese dreht. Bei der Wippe ist diese Achse genau in der Mitte, deshalb funktioniert das Wippen der Kinder am besten, wenn beide Kinder am Ende sitzen und gleich schwer sind.

Technische Grundkenntnisse: Hebel

Dokumentation und Reflexion

Nach der Gruppenarbeit präsentieren die Kinder aus den drei Forschergruppen ihre Versuche und erklären, was sie gelernt haben. Die zuschauenden Kinder werden mit einbezogen, indem sie vor dem Versuch überlegen, welchen Ausgang der Versuch haben wird. Sie äußern ihre Hypothesen und dann beobachten alle gemeinsam, was passiert. Auf diese Art und Weise erfahren die Kinder aus den jeweiligen Gruppen, was sie gelernt haben.

Alle Kinder lernen so die Begriffe Fliehkraft, Reibung, Gleichgewicht und Hebel kennen und nutzen. Sie bekommen eine Vorstellung, wie und wo solche Kräfte wirken und eingesetzt werden können. Sie bringen ihre körperlichen Erlebnisse mit physikalischen Gesetzmäßigkeiten in Verbindung und entdecken Physik und Technik im Alltag. Die Kinder erleben bei diesem Projekt physikalische Phänomene immer erst am eigenen Körper und experimentieren dann am großen, später am kleinen Modell. Dabei gehen sie auch der

Frage nach, wie man sich die Kräfte optimal zunutze machen kann. Alle Kinder nehmen etwas selbst Gebasteltes mit, mit dem sie weiter experimentieren und anhand dessen sie ihren Eltern oder anderen Kindern von ihren Erlebnissen berichten können.

Dokumentieren durch Fotos und Bilder

Die Kinder können nicht alle Fragen, die sie haben, durch die Untersuchungen klären. So wollen die Kinder noch weitere Unterlagen ausprobieren und miteinander vergleichen. Sie haben z. B. die Idee, dass zwei Kinder gleichzeitig mit unterschiedlichen Unterlagen auf einer großen Rutsche rutschen. Das ist nicht umsetzbar, weil nur eine Rutsche zur Verfügung steht. In diesem Zusammenhang überlegen die Kinder aber schon, was bei dem Vergleich mit zwei Rutschen beachtet werden muss: Z. B. sagt ein Kind, dass die Kinder dann gleich groß und schwer sein müssen, damit man das vergleichen kann. Die Kinder wollen nach einem Spielplatz Ausschau halten, auf dem zwei gleiche Rutschen sind.

Die Dokumentation ist kontinuierlicher Bestandteil des Projektes, alle Aktivitäten werden fotografiert und durch Bilder dokumentiert. Die Dokumente werden unmittelbar nach den Aktivitäten in der Einrichtung ausgestellt. Dadurch können Kinder und Erwachsene, auch Eltern, miteinander über die Aktivitäten und Erkenntnisse in Austausch kommen und über ihre Lern- und Entwicklungsprozesse reflektieren.

Am Ende des Projektes erstellen Fachkräfte und Kinder gemeinsam einen Projektbericht. Die Kinder suchen Fotos und Bilder aus, die sie im Projektbericht einbringen möchten. Zusätzlich haben einige Kinder Zeichnungen von ihren Modellen angefertigt, die sie ebenfalls zur Verfügung stellen. Einige Fotos und Bilder werden in der Einrichtung aufgehängt.

Einordnung der Thematik in einen größeren Zusammenhang

Hebel in anderen Kontexten entdecken

Die Kinder haben überlegt, wo sich diese Kräfte auch in anderen Zusammenhängen finden und genutzt werden: Z. B. wirkt die Fliehkraft in der Waschmaschine beim Schleudern. Die Fachkraft stellt den Zusammenhang zur Salatschleuder her, auch hier lässt sich die Kraft beobachten. Das Gleiche gilt für den Hebel: Dieser wird an vielen Stellen eingesetzt, sodass sich Menschen diese Kraft zunutze machen. Die Kinder überlegen gemeinsam mit der Fachkraft, wo er sich noch findet: in der Küche z. B., der Flaschenöffner ist auch ein Hebel. Durch diese Erkenntnisse können die Kinder ihr im Projekt erworbenes Wissen auf andere alltägliche Tätigkeiten übertragen und erkennen, dass sich die technischen Prinzipien und Kräfte an vielen Stellen ihrer Lebenswelt entdecken lassen.

Abschluss des Projektes

Das Projekt endet damit, dass die Kinder gemeinsam mit der Fachkraft ihre Fragen aufschreiben, die sie noch klären möchten. Diese bilden die Grundlage für neue Projekte und Inhalte, die die Kinder vertiefen möchten.

6.4.4 Integrierte Bildungsbereiche und Projektaktivitäten

Bewegung und Empfinden des eigenen Körpers

Alle physikalischen Gesetzmäßigkeiten werden zuerst am eigenen Körper erlebt: Die Kinder experimentieren mit dem eigenen Körpergewicht, z. B. bei der Wippe. Sie bekommen ein Gefühl dafür, wie Kräfte wirken.

Soziale Beziehungen

Die Kinder gehen ihren Fragen in Kleingruppen nach, sie experimentieren gemeinsam und treffen Absprachen über das gemeinsame, weitere Vorgehen. Sie kooperieren, um Wippe und Karussell in die gewünschte Bewegung zu bringen. Die Kinder präsentieren ihre eigenen Gruppenergebnisse vor den anderen mit den dazu nötigen Vorbereitungen und Absprachen.

Sprache
Die Kinder fassen die Versuche in Worte und finden Erklärungen für die physikalischen Phänomene. Sie äußern ihre Ideen und Hypothesen und präsentieren ihre eigenen Gruppenergebnisse vor den anderen Gruppen.

Medien
Die Kinder verwenden für ihre Dokumentation Medien, sie machen Fotos, drucken diese am Computer aus und stellen sie für einen Bericht zusammen.

Ästhetik und Kunst
Die Kinder gestalten Fließbilder, Kullermännchen und Wippenmodelle.

6.5 Projektbeispiel 5: Emma, die Lokomotive

In Zusammenarbeit mit Silvia Sulger, pädagogische Fachkraft der evangelischen Kindertagesstätte Überlingen

6.5.1 Entstehung des Projektes – Themenfindung

Lebenswelt der Kinder

Viele Kinder kennen Jim Knopf[1] durch Fernsehsendungen und Kinderbücher. In der Kindertageseinrichtung sprechen die Kinder über Jim Knopf, seinen Freund Lukas und dessen Lokomotive Emma. Das Interesse der Kinder an diesen Figuren und den mit ihnen verbunden Geschichten ist groß. Um allen Kindern die Möglichkeit zu geben, Jim Knopf und seine Freunde kennenzulernen, sind die Geschichten über Jim Knopf in unterschiedlicher Form auch in der Kindertageseinrichtung zu finden: Bücher werden vorgelesen und liegen zum Durchblättern und Anschauen der Illustrationen bereit. Die Kinder hören sich die CDs über Jim Knopf an. Die Fachkräfte stellen fest, dass einige Kinder jedes einzelne Detail kennen und ganze Textpassagen mitsprechen können. Andere Kinder, die die Geschichten noch nicht so gut kennen, beschreiben, wie die Abenteuer von Jim Knopf und Lukas wohl weitergehen könnten. Viele Kinder bauen die Geschichten in ihr Rollenspiel ein, erfinden neue Geschichten mit Jim Knopf oder entdecken im Alltag Gegenstände und Situationen, die sie an Jim Knopf erinnern.

Im Zusammenhang mit den Jim Knopf-Geschichten fallen den Kindern viele Fragen ein, über die sie gemeinsam mit anderen Kindern und den Fachkräften nachdenken, z. B.:

- Wie kommt das Baby im Paket zu Frau Waas und warum?
- Was gibt es bei Frau Waas im Kaufladen?
- Was macht Lukas als Lokomotivführer?
- Wie funktioniert eine Lokomotive und wie kann sie auf dem Wasser schwimmen?

Die letzte Frage der Kinder wird zum Ausgangspunkt für das Projekt „Emma, die Lokomotive", weil Kinder und Fachkräfte gemeinsam eine Antwort auf diese Frage finden möchten.

---

1 *Jim Knopf ist eine Figur aus dem von Michael Ende geschriebenen Kinderbuch „Jim Knopf und Lukas der Lokomotivführer" (erstmals erschienen 1960 beim Thienemann Verlag).*

6.5.2 Planung und Vorbereitung des Projektes

Zu Beginn des Projekts überlegen Fachkräfte und Kinder, was sie bereits über Emma, die Lokomotive wissen. Die Aussagen der Kinder werden schriftlich dokumentiert. Daneben äußern die Kinder erste Hypothesen, warum Emma wohl schwimmen kann und aus welchem Material sie besteht. Auch diese Vermutungen und Diskussionen, die in der Runde entstehen, werden dokumentiert, z. B.:

Hypothesen und Diskussionen

a. „Die haben einfach die Räder von der Emma abgeschraubt."
b. „Nein, das geht gar nicht ... die geht doch unter im Wasser!"
c. „Aber ein Schiff geht auch nicht unter ..."
d. „Emma ist so wie das Auto von meinem Papa. Da ist alles aus Eisen."

Auch die unterschiedlichen Ideen und Hypothesen der Kinder, wodurch sich eine Lokomotive fortbewegen kann, werden festgehalten. Kinder und Fachkräfte setzen sich gemeinsam das Ziel, ihre Fragen zu beantworten und die eigenen Hypothesen zu überprüfen.

Technik als zentraler Bildungsbereich: Ziele und Bildungsaktivitäten

Im Rahmen des Projekts „Emma, die Lokomotive" machen die Kinder Erfahrungen mit technischen Anwendungen und erwerben technische Grundkenntnisse.

Bildungsziele im Bereich Technik

Die Projektgruppe kann im Projekt „Emma, die Lokomotive" *Erfahrungen mit Anwendungen* im Alltag und in verschiedenen Lebenswelten der Kinder machen. Die Kinder sammeln Erfahrungen im **Umgang mit Materialien und Werkzeugen**: Sie machen Untersuchungen zum Thema Schwimmen und Sinken mit den Materialien Metall, Glas, Plastik, Gummi und Holz. Sie lernen den Umgang und die Funktion von Sägen kennen, indem sie erleben, wie die Dampfmaschine eine Säge in Betrieb setzt. Außerdem üben sie den Umgang mit einer Laubsäge beim Ausschneiden von Würfeln und Rädern für den Bau einer Lokomotive. Die Kinder verbinden beim **Bauen** die einzelnen Teile mit Klebstoff oder befestigen sie mit kleinen Nägeln, wodurch sie lernen, einen Hammer zu verwenden. Andere Kinder bauen für eine Holzeisenbahn Hügel und Gleisstrecken.

Ein Kind bringt die Dampfmaschine seiner Großeltern in das Projekt ein. Damit werden technische Erfahrungen von zu Hause in die Kindertageseinrichtung übertragen. Anhand der Dampfmaschine vertiefen die Kinder ihr technisches Verständnis zum Thema **Energie** und **Bewegung**: Sie erleben, wie durch das Verbrennen eines Stoffes (Trockenbrennstoff) Wasser erhitzt wird, Dampf entsteht, Energie freigesetzt wird und diese Energie ein Rad in Bewegung setzt. Auf diese Weise erlangen die Kinder *technische Grundkenntnisse* über Räder, Energie, Bewegung und durch die Beschäftigung mit Sicherheit, z. B. im Hinblick auf Feuer, auch etwas über die **Gefahren im Umgang mit Technik**.

6.5.3 Durchführung des Projektes

Hauptphase des Projektes

Experimentieren: Was schwimmt, was sinkt?

Um herauszufinden, was und welche Materialien schwimmen und welche untergehen, führen Kinder und Fachkräfte gemeinsam ein Experiment durch. Sie füllen eine große Schüssel mit Wasser. Dann suchen die Kinder Materialien zusammen, aus denen Emma ihrer Meinung nach gebaut sein könnte. Sie sammeln Gegenstände aus Metall, Glas, Plastik, Gummi und Holz. Die Kinder legen die Gegenstände nacheinander ins Wasser und beobachten gemeinsam mit den Fachkräften, was passiert. Zunächst stellen sie die Hypothese auf, dass Holz schwimmt, Metall untergeht. Doch dann stellen sie im Laufe des Experiments fest, dass ein größerer, quadratischer Bauklotz aus Holz untergeht, eine Teelichthülle aus Metall dagegen schwimmt. Die Kinder äußern die Vermutung, dass es nicht nur am Material liegt, warum etwas schwimmt, sondern dass auch Form, Größe und Gewicht etwas damit zu tun haben, was schwimmt und was sinkt.

Experimente zum Schwimmen und Sinken

Kinder und Fachkräfte überlegen nun gemeinsam, wie man weiter rund um Emma, die Lokomotive, forschen könnte. Die Fachkraft fragt die Kinder: „Was denkt ihr, wie funktioniert denn wohl eigentlich eine echte Lok?"

Die Dampfmaschine

Auf die Frage der Fachkraft hin überlegt die Projektgruppe, wie eine Lokomotive funktioniert. Die Vermutungen der Kinder werden aufgeschrieben, um später reflektieren zu können, ob sie zutreffend waren. Die Kinder vermuten, dass eine Lokomotive folgendermaßen funktioniert:

- mit Rauch
- mit Feuer
- mit Wasser

Ein Kind sagt daraufhin: „Wir haben eine echte Lokmaschine daheim. Die gehört meinem Opa."

Alle Kinder und Fachkräfte sind interessiert: „Was ist denn eine Lokmaschine?" Der Junge erklärt: „Da kommt Rauch raus wie bei der echten Lok! Da muss man so einen Hebel drücken. Ich habe das schon ganz alleine ausprobiert!" Alle wollen wissen: „Und wo kommt der Rauch her?" „Vom Feuer. Das muss man anzünden.", sagt der Junge.

Bildungsorte öffnen und verknüpfen

Die Projektgruppe würde sehr gerne die „Lokmaschine" näher betrachten. Gemeinsam mit dem Jungen fragen die anderen Kinder und Fachkräfte dessen Großeltern, ob sie sich die „Lokmaschine" einmal ausleihen dürfen. Die Großeltern des Jungen bringen die Maschine in die Kindertageseinrichtung und stellen sie der Projektgruppe für einen längeren Zeitraum zur Verfügung. Von den Besitzern der „Lokmaschine" erfahren sie, dass die Maschine „Dampfmaschine" genannt wird.

In dieser Situation werden die Erfahrungen, die ein Kind bereits an einem anderen Bildungsort als der Kindertageseinrichtung machen konnte, einbezogen. Der Bildungsort „Familie" ist für die Kinder der wichtigste Lernort. Als der Junge seine Lernerfahrungen von zu Hause einbringt, wird die Familie spontan in das Projekt einbezogen: Die Großeltern des Jungen als Besitzer der Dampfmaschine werden zu Gesprächspartnern für die Kinder im Projekt.

Es ist wichtig, dass Familienmitglieder im Rahmen der Bildungs- und Erziehungspartnerschaft zwischen Familie und Kindertageseinrichtung informiert und beteiligt werden und dass Eltern oder andere wichtige familiäre Bezugspersonen der Kinder die Möglichkeit zur Mitbestimmung erhalten.

In der Kindertageseinrichtung werden die Familienmitglieder nicht nur spontan durch die Idee eines Kindes einbezogen, sondern die Eltern werden eingeladen, in der Einrichtung zu hospitieren und sich aktiv in Projekten einzubringen. Elternzeitschrift, Elternabende, Elterngespräche und zusätzliche themenspezifische Informations- und Diskussionsabende tragen außerdem dazu bei, dass die Eltern kontinuierlich über die Arbeit in der Kindertageseinrichtung informiert werden.

Technische Grundkenntnisse: dampfbetriebene Maschine und Räder

Die Dampfmaschine wird von Kindern und Erwachsenen gemeinsam ausprobiert: Das Wasser im Kessel wird mit Trockenbrennstoff erhitzt. Daraufhin beobachtet die Projektgruppe den entstehenden Dampf und, wie das große Rad der Dampfmaschine sich zu drehen beginnt. Sie hören ein Geräusch, das klingt „wie bei den echten Loks, wenn sie vom Bahnhof wegfahren." Sogar pfeifen kann die Dampfmaschine – wie eine echte Lok! Das große Rad ist verbunden mit der Säge eines kleinen Schreiners. Die Säge dreht sich ebenfalls. Die Projektgruppe beobachtet und beschreibt genau, wie die Räder verbunden sind: Ein dünnes Seil liegt auf einem kleinen Rad neben dem großen Rad. Dieses Seil ist mit der Säge verbunden. Das kleine Rad dreht sich mit dem großen Rad. Drehen sich die Räder, bewegt sich auch das Seil und bringt die Säge zum Rotieren.

Die Kinder beschäftigen sich über mehrere Wochen mit der Dampfmaschine. Gemeinsam mit anderen Kindern und Fachkräften überlegen sie, woher die Geräusche der Dampfmaschine kommen und was die beobachteten Phänomene mit Emma, der Lokomotive, zu tun haben. Die Kinder stellen den Zusammenhang her: „Der Lukas [Lokomotivführer und Freund von Jim Knopf] hat auch immer Feuer in der Emma gemacht!"

Bildungsprozesse individuell gestalten

Während sich die älteren Kinder intensiv mit der Dampfmaschine beschäftigen, ist es für einige jüngere Kinder interessanter, die im Projektraum aufgebaute Holzeisenbahn zu nutzen: Hügel werden gebaut und die Holzlokomotiven fahren mit ihren Anhängern über Brücken, Berge und durch Tunnel.

Die Fachkräfte gestalten die Bildungsprozesse individuell, indem sie mit den älteren Kindern die Dampfmaschine erforschen und mit den jüngeren Kindern für die Holzeisenbahn Hügel und Gleisstrecken bauen. Dabei knüpfen die Fachkräfte an den Kompetenzen, Interessen und Bedürfnissen des einzelnen Kindes an und gestalten mit ihm gemeinsam seine Lern- und Entwicklungsprozesse.

Was brennt?

Eine Fachkraft fragt die Kinder: „Was kann denn alles brennen?" Ein Kind erzählt: „Wir haben zu Hause einen Ofen. Da muss der Papa immer Holz reinschieben. Dann brennt's."

In Interaktion mit der Fachkraft sammeln die Kinder Materialien, die sie für brennbar halten:
- Holz
- Papier
- Trockenbrennstoff aus der Dampfmaschine
- Stroh
- Kohle

Sicherheit und Gefahren im Umgang mit Feuer

Anschließend besprechen Kinder und Fachkräfte, welche Sicherheitsvorkehrungen zu beachten sind, wenn man mit Feuer experimentieren möchte. Daraufhin testet die Projektgruppe in einer Grillschale, welche Materialien wie gut brennen. Ein Kind berichtet, dass es schon einmal gesehen hat, wie in einer Dampflok mit Kohle geheizt wird.

Emma basteln

Umgang mit Materialien und Werkzeugen

Die Kinder möchten eine eigene Emma basteln, die auf dem Wasser schwimmen kann. Dazu nutzen die Kinder die Erkenntnisse, die sie durch das gemeinsame Experimentieren zum Schwimmen und Sinken gewonnen haben und bringen sie zur Anwendung: Sie sägen gemeinsam mit den Fachkräften Würfel und Räder aus Styropor aus. Dabei lernen die Kinder den Umgang mit der Laubsäge kennen. Die Würfel werden zu einer Lokomotive zusammengesetzt und mit wasserfestem Klebstoff verbunden. Die Räder werden nun mit Nadeln an die Lokomotive gesteckt oder gehämmert. Die Lokomotiven werden durch die Kinder bunt bemalt und in großen Schüsseln „zu Wasser gelassen".

Dokumentation und Reflexion

Fachkräfte und Kinder dokumentieren während des gesamten Projektverlaufs die Hypothesen und Erklärungsansätze der Kinder. Für die Reflexion der einzelnen Projektaktivitäten werden die Notizen genutzt: Gemeinsam reflektieren Kinder und Fachkräfte, was sie herausgefunden haben und wie sie dabei vorgegangen sind. Die Erkenntnisse werden auf ein Plakat aufgemalt und aufgeschrieben:

- Ob etwas, also auch Emma, schwimmen oder sinken kann, hängt von Material, Gewicht, Größe und Form ab.
- Dampf kann Maschinen bewegen und antreiben. Bei der Dampfmaschine entsteht Dampf durch das erhitzte Wasser. Emma dampft, weil Kohle erhitzt wird.
- Räder können andere Räder (z. B. Sägeblatt) antreiben, wenn die Räder miteinander verbunden sind.
- Beim Umgang mit Feuer müssen Sicherheitsvorkehrungen beachtet werden.
- Mit der Säge kann Styropor ausgesägt werden.

Stärkung lernmethodischer Kompetenz

Während der Reflexion der Erkenntnisse aus dem Projekt regen die Fachkräfte die Kinder durch Fragen dazu an darüber nachzudenken, wie sie zu den Erkenntnissen gelangt sind und wie sie etwas herausgefunden haben. Dadurch denken die Kinder über die eigenen Lernwege nach, beschreiben Lern- und Entwicklungsprozesse und reflektieren das eigene Wissen. Lernmethodische Kompetenz und metakognitive Fähigkeiten der Kinder werden gestärkt.

Durch Fotografien der einzelnen Projektaktivitäten werden die Lernprozesse der Kinder festgehalten und dokumentiert.

Einordnung der Thematik in einen größeren Zusammenhang

Im Projekt „Emma, die Lokomotive" sind die Kinder sowohl während der Projektaktivitäten als auch im freien Rollenspiel in einer Gruppe aktiv. Sie lernen, sich in die Gruppe einzufügen, eigene Bedürfnisse zurückzustellen und kooperativ Probleme zu lösen. Gleichzeitig werden sie im Projekt bestärkt, ihre eigene Meinung selbstbewusst zu vertreten. Somit werden durch das Projekt sowohl Autonomie als auch soziale Mitverantwortung der Kinder gestärkt.

Stärkung von Autonomie und sozialer Mitverantwortung

Im Projekt erweitern die Kinder viele Kompetenzen, die ihnen bei zukünftigen Fragestellungen und Problemlöseprozessen zugutekommen können: Sie beobachten Phänomene und beschreiben, vergleichen und kommunizieren ihre Erkenntnisse und Hypothesen. Sie begeben sich mit Kindern und Erwachsenen in einen ko-konstruktiven Lernprozess und reflektieren die eigenen Lernwege, sodass sie sich verschiedener Problemlösewege und Lernstrategien bewusst werden.

Ihr im Projekt erworbenes naturwissenschaftliches und technisches Wissen können sie auf neu beobachtete Phänomene übertragen. Die Erkenntnisse aus dem Projekt greifen sie im Alltag auf: Beispielsweise vergleichen sie den beim Kochen aus dem Topf steigenden Dampf mit dem Dampf der Dampfmaschine.

Abschluss des Projektes

Als alle Fragen der Kinder beantwortet sind, endet das Projekt. Die Dampfmaschine und die Holzeisenbahn stehen den Kindern jedoch weiter zu Verfügung.

In Rollenspielen greifen die Kinder auch nach Abschluss des Projekts die Erlebnisse aus dem Projekt und die Geschichten um Jim Knopf, Lukas und Emma immer wieder auf: In der Holzwerkstatt (Funktionsraum) spielen die Kinder mit selbst gebastelten Holzeisenbahnen „Lummerland" (die Heimatinsel von Jim Knopf, Lukas und Emma) nach. Dabei übernehmen die Kinder die Rollen von Emma, die über Lummerland fährt, von Lukas, der Emma beheizt, und von Jim Knopf, der bestimmt, wo Emma entlangfahren und anhalten soll. Im Rollenspielbereich der Kindertageseinrichtung bauen die Kinder mit Materialien wie Kartons und Tüchern eine menschengroße Emma auf und spielen in ihr Jim Knopf und Lukas, der Lokomotivführer. Im Rollenspiel setzen die Kinder ihre Erkenntnisse aus dem Projekt in der jeweiligen Rolle ein, handeln Regeln für das gemeinsame Spiel aus und erweitern auf diese Weise ihre Fähigkeiten zur Selbstregulation.

Kapitel 6 | Projekte im Bildungsbereich Technik: Beispiele aus der Praxis

Unterstützung der Selbstregulation durch Rollenspiel

Unter *Selbstregulation* versteht man die Kompetenz, die Kinder befähigt, ihr eigenes Verhalten und Erleben gezielt zu bewerten, zu kontrollieren, zu planen und zu korrigieren. Kinder sind dann in der Lage, ihre Aufmerksamkeit bewusst auf eine Sache zu richten und „Störungen" zu ignorieren. *Selbstregulation* schließt zwei Aspekte ein: Zum einen die Fähigkeit, Impulse zu kontrollieren und damit etwas nicht zu tun, das man eigentlich tun möchte. Beispielsweise einem Gesprächspartner nicht ins Wort zu fallen, auch wenn man auf seine Äußerungen sofort reagieren möchte. Der zweite Aspekt von *Selbstregulation* bezieht sich auf die Fähigkeit etwas Erforderliches zu tun, auch wenn man es vielleicht gar nicht tun möchte. Beispielsweise nach dem Essen den Teller wegzuräumen, obwohl man lieber sofort zum Spielen gehen möchte. Zur *Selbstregulation* fähige Kinder können die Erfüllung von Bedürfnissen aufschieben und ihre unmittelbaren Impulse so kontrollieren, dass sie die möglichen Konsequenzen ihres Verhaltens und Erlebens in ihren Entscheidungsprozess über angebrachte Verhaltensweisen einbeziehen. Die Fähigkeit zur Selbstregulation ist eine wichtige Voraussetzung, um eigene Pläne und Vorhaben umsetzen zu können. Auch um soziale Regeln einhalten zu können, ist Selbstregulationsfähigkeit notwendig. Selbstregulationsfähigkeit lässt sich mit „zuerst denken, dann handeln" umschreiben.

Wie lässt sich die Fähigkeit zur Selbstregulation stärken?
Ein geeigneter Weg, die Selbstregulationsfähigkeit zu stärken, ist ein Rollenspiel, durch das die Kinder in einen Interaktionsprozess eintreten. Denn Kinder entwickeln die Fähigkeit zur Selbstregulation am besten in sozialen Situationen, in denen sie selbst Gelegenheit haben, Regeln auszuhandeln, diese dann festzulegen und zu befolgen.

Beispiel:
Wenn Kinder spielen, sie seien Piraten und ein Kind die Rolle des Piraten im Ausguck übernimmt, dann ist dieses Kind länger in der Lage, seine Aufmerksamkeit hochzuhalten als in Situationen „außerhalb" des Rollenspiels.

Die Fähigkeit zur Selbstregulation kann sich nicht entwickeln, wenn Erwachsene die komplette Regulation für das Kind übernehmen. Das Rollenspiel dagegen ist eine Form der Interaktion, in der Kinder gleich *drei Aspekte* erfahren, die für die Internalisierung von Regeln und Erwartungen wichtig sind:
- Kinder erfahren die *Regulation ihres Verhaltens von außen*, durch andere. Andere Kinder erwarten von ihnen, dass sie sich ihrer Rolle entsprechend verhalten und pochen auf die Einhaltung der Regeln.
- Sie üben die *Regulation des Verhaltens anderer Kinder* aus: Sie achten selbst darauf, dass auch die anderen sich an ihre Rollen halten, und weisen sie darauf hin.
- Sie üben die *Regulation ihres eigenen Verhaltens* aus: Sie halten sich an die Regeln des Rollenspiels, damit das Spiel oder die Szene „funktioniert".

Wie kann Selbstregulation durch Rollenspiel unterstützt werden?
Bei der Unterstützung der Selbstregulationsfähigkeit des Kindes durch das Rollenspiel geht es nicht darum, dass die Fachkraft selbst mitspielt, indem sie eine Rolle im Rollenspiel übernimmt. Dennoch haben Fachkräfte die wichtige Aufgabe, den Rollenspielprozess als Interaktion zwischen den Kindern mitzugestalten. Dazu sind folgende Maßnahmen sinnvoll:
- Sicherstellen, dass die Kinder genug Zeit für Rollenspiele haben: Um ein ausgereiftes Rollenspiel mit verschiedenen Themen und ausgefeilten Rollen zu ermöglichen, sind 40–60 Minuten notwendig, in denen die Kinder nicht unterbrochen werden.
- Gemeinsam mit den Kindern nach Themen für Rollenspiele suchen, die den Kindern neue Erfahrungen ermöglichen, und diese dann ausarbeiten.
Beispiel: Die Kinder machen eine Exkursion in eine Bäckerei und diskutieren anschließend gemeinsam mit den Fachkräften, welche Aufgaben die verschiedenen Personen in einer Bäckerei haben (Bäcker/-in, Verkäufer/-in, Kunden). Die Ergebnisse der Diskussion nutzen die Kinder dann für die Entwicklung eines Rollenspiels.
- Gemeinsam mit den Kindern passende Requisiten suchen und deren Funktion besprechen bzw. die Kinder ermutigen, sich selbst Requisiten herzustellen.

- Die Kinder darin unterstützen, ihr Rollenspiel zu planen. Das geschieht, indem die Fachkraft die Kinder kurz vor Beginn des Rollenspiels anregt, ihren Plan für das Rollenspiel in Worte zu fassen: „Erzähl mal, wer bist du und was ist deine Aufgabe?". Das Verbalisieren ihrer Ideen hilft den Kindern, ein gemeinsames Verständnis für die verschiedenen Rollen zu entwickeln.
- Das Rollenspiel der Kinder beobachten und dokumentieren, ohne die Kinder einzuengen oder den Spielverlauf durch zahlreiche Vorschläge zu stören. Ziel ist es festzustellen, wo die Kinder zum Ausbau ihres Rollenspiels Unterstützung brauchen.
- Auf Kinder achten, die sich gar nicht oder nur selten an Rollenspielen beteiligen. Diese Kinder gezielt dabei unterstützen, an Rollenspielen teilzunehmen.
- Gemeinsam mit den Kindern überlegen, wie Rollenspielthemen verbunden werden können. Dazu können die Fachkräfte gemeinsam mit den Kindern Geschichten lesen, die verschiedene Variationen eines Themas enthalten, und diese als Anregung für ein Rollenspiel nutzen.
- Die Kinder dabei unterstützen, im Rollenspiel Wege zu finden, wie man soziale Konflikte löst.
- Die Kinder ermutigen, sich gegenseitig im Rollenspiel zu unterstützen. Auf diese Weise kommt die Erfahrung von Kindern, die bereits ein ausgereiftes Spielverhalten entwickelt haben, weniger erfahrenen Kindern zugute. Die Kinder mit mehr Rollenspielerfahrung können mehr Verantwortung übernehmen, wenn es darum geht, Themen zu finden, Szenarien zu beschreiben oder die Rollen auszuhandeln.

Literatur:

Bodrova, E. & Leong, D. J. (2007). *Tools of the mind: The Vygotskian approach to early childhood education.* (2. Auflage). Englewood Cliffs, NJ: Merrill.

Bodrova, E. & Leong, D. J. (2008). *Developing self-regulation in kindergarten. Beyond the journal – young children on the web.* Verfügbar unter http://journal.naeyc.org/btj/200803/pdf/BTJ_Primary_Interest.pdf, Zugriff am 25.06.2008.

6.5.4 Integrierte Bildungsbereiche und Projektaktivitäten

Emotionalität und soziale Beziehungen

Im Rollenspiel lernen die Kinder spielerisch mit Gefühlen umzugehen. Sie handeln Regeln im sozialen Miteinander aus und können im Spiel soziale Kompetenzen erweitern.

Sprache und Literacy

Im Rahmen des Projekts „Emma, die Lokomotive" ist ein Buch der Ausgangspunkt des Projekts. Die gelesenen bzw. gehörten Geschichten sind fester Bestandteil des Projekts. Damit werden die Sprachkompetenzen der Kinder erweitert.

In den Gesprächen über die Projektaktivitäten, in Reflexionsgesprächen, im Rollenspiel und in selbst erfundenen Geschichten zu Jim Knopf erweitern die Kinder sprachliche und kommunikative Kompetenzen.

Medien

In diesem Projekt werden Medien (Bücher, CDs) zur Unterhaltung genutzt. Die Kinder lernen damit eine wichtige Funktion von Medien kennen. Zudem erweitern sie ihre Kompetenzen im Umgang mit Medien, indem sie beispielsweise CD-Player und Fotoapparat bedienen. Sie reflektieren und verarbeiten die durch die Medien gehörten Geschichten.

Naturwissenschaften

Im Rahmen des Projekts werden verschiedene Experimente durchgeführt und naturwissenschaftliche Phänomene beobachtet. Es geht um die Frage, was schwimmt und was sinkt, was Dampf bewirken kann und welche Materialien brennen. Auf diese Weise lernen die Kinder etwas über Energie und aus welchen Materialien sie gewonnen werden kann. Die Kinder beschäftigen sich auch mit dem Thema Akustik, sie nehmen genau die Geräusche wahr, die durch die Verbrennung und die Bewegung der Maschine entstehen.

Kapitel 6 | Projekte im Bildungsbereich Technik: Beispiele aus der Praxis

Kunst
Die Projektgruppe fertigt aus Styropor kleine, schwimmende Lokomotiven („Emmas") an. Die Kinder können Erfahrungen im darstellenden Gestalten machen und Materialien kreativ einsetzen.

6.6 Projektbeispiel 6: Kinderbaustelle

In Zusammenarbeit mit Brigitte Wilson, pädagogische Fachkraft der evangelischen Kindertagesstätte Freilassing

6.6.1 Entstehung des Projektes – Themenfindung

Wegen eines Umbaus des Eingangsbereichs der Kindertageseinrichtung müssen Kinder und Fachkräfte für die Zeitdauer der Bauarbeiten in das Diakoniehaus umziehen. Während sich Kinder und Fachkräfte in den neuen Räumlichkeiten eingewöhnen, berichten einige Kinder, die in der Nähe der Baustelle wohnen, von den Umbauarbeiten und Einsatzgeräten an ihrer Kita. Sie erzählen von ihren Beobachtungen, dass Mauern abgerissen wurden und Bagger sowie Kran vor der Einrichtung stehen. Auch die Kinder, die noch keine Gelegenheit hatten, sich die Baustelle anzusehen, zeigen großes Interesse an den Bauarbeiten.

6.6.2 Planung und Vorbereitung des Projektes

Eine Fachkraft fragt die Kinder, was sie an der Baustelle interessiert, was sie herausfinden und wissen möchten. Die Kinder äußern den Wunsch, bei den Bauarbeiten zusehen zu können, zu verfolgen, wie die neuen Räume entstehen, und die Maschinen auf der Baustelle betrachten zu können. Um mehr über die Interessen der Kinder an der Baustelle zu erfahren, werden die Eltern der Kinder, die häufig mit diesen an der Baustelle vorbeigehen und gemeinsam mit ihren Kindern die Bauarbeiten beobachten, gefragt, was diese mit ihren Kindern an der Baustelle erlebt haben. Die Eltern bestätigen das Interesse der Kinder an den Bauarbeiten und den Maschinen. Sie berichten über ihre gemeinsamen Beobachtungen mit den Kindern.

Die Fachkräfte nehmen das Interesse der Kinder auf und wollen mit den Kindern wöchentlich die Baustelle besuchen. Die einzelnen Bauphasen sollen vom Abriss des Eingangsbereichs über die Aushebung der zukünftigen Kellerräume bis zum Bau des Fundaments und der neuen Räume verfolgt und beobachtet werden.

An den Interessen der Kinder anknüpfen

Technik als zentraler Bildungsbereich: Ziele und Bildungsaktivitäten

Für Kinder und Fachkräfte ist es ein wichtiges Ziel, die Bauarbeiten nachvollziehen und verstehen zu können. Sie wollen sich mit den Maschinen auf der Baustelle, aber auch mit den Baumethoden auseinandersetzen. Damit nimmt der Bildungsbereich Technik in diesem Projekt einen zentralen Stellenwert ein.

Kapitel 6 | Projekte im Bildungsbereich Technik: Beispiele aus der Praxis

> **Bildungsziele im Bereich Technik**
>
> Im Rahmen des Projekts „Kinderbaustelle" machen die Kinder *Erfahrungen mit der Anwendung* von verschiedenen Baugeräten und Materialien, die sie durch die Baustelle an ihrer Kindertageseinrichtung kennenlernen. Sie lernen den **Umgang mit Materialien** wie Beton, Fliesenkleber, Ytongsteinen und Holz sowie mit **Werkzeugen** wie Spachtel, Hammer, Akkubohrer etc. kennen. Gemeinsam **entwerfen und bauen** Kinder und Fachkräfte ein Kellergeschoss mit Wänden auf ihrer Kinderbaustelle. In der Werkstatt bauen die Kinder Bagger, Lastwagen und Kräne aus Holz nach. Die Kinder vertiefen ihr technisches Verständnis und erlangen *technische Grundkenntnisse*, indem sie das, was sie auf der großen Baustelle beobachten, auf ihrer eigenen Baustelle umsetzen. Sie verwenden Sand, Beton und Steine, sie beschäftigen sich mit dem Bau von Mauern, dem Dach und dem Thema Statik. Die Probleme, die dabei auftreten, versuchen die Kinder gemeinsam und mithilfe von Experten zu lösen. Auch Sicherheitsaspekte und **Gefahren im Umgang mit Technik** (z. B. großen Sägen) werden thematisiert.

6.6.3 Durchführung des Projektes

Hauptphase des Projektes

Um die Interessen und Wünsche der Kinder aufzugreifen und gemeinsam Antworten und Erklärungen auf ihre Fragen zu finden, beginnen Fachkräfte und Kinder zunächst mit Besuchen auf der Baustelle. Im Verlauf des Projekts entstehen weitere Aktivitäten, die in der Kindertageseinrichtung und an anderen Lernorten durchgeführt werden.

Besuch auf der Baustelle

Dokumentation der Beobachtungen

Beim ersten Besuch auf der Baustelle machen die Kinder vielfältige Beobachtungen, die sie auf Fotos festhalten. Die Fachkräfte dokumentieren gemeinsam mit den Kindern deren Aussagen, um sie in die Projektdokumentation aufzunehmen:

Toni: „Die haben's ganze Pflaster eingestampft!"
Marco (betrachtet den Schutthaufen nach dem Abriss): „Das sind über 100 Steine!"
André: „Garderobe und Klos sind kaputt!"

Kinder und Fachkräfte untersuchen den Schutthaufen auf der Baustelle genauer. Sie finden Ziegelsteine, Putz, Fliesen, Metall. Die Materialien werden betastet und verglichen.

Kapitel 6 | Projekte im Bildungsbereich Technik: Beispiele aus der Praxis

> **Stärkung lernmethodischer Kompetenz**
>
> In einem Gespräch auf der Baustelle äußern die Kinder viele Fragen, auf die auch die Fachkräfte keine Antwort wissen. Sie fragen die Kinder: „Was meint ihr, wie können wir Antworten auf unsere Fragen bekommen?" Ein Kind hat die Idee, die Bauarbeiter auf der Baustelle zu fragen. Ein anderes Kind erinnert sich an Kindersachbücher in der Kindertageseinrichtung und schlägt vor, Fotos von den Maschinen zu machen, über die die Kinder etwas wissen wollen, um dann mithilfe der Fotos in den Büchern nach Informationen zu suchen. Eine Fachkraft bringt ein, dass zusätzlich im Internet nach Informationen gesucht werden kann.
>
> In dieser Situation nutzen die Fachkräfte die offenen Fragen der Kinder, auf die sie selbst keine Antworten wissen, als Chance, um die lernmethodische Kompetenz der Kinder zu stärken. Den Kindern wird bewusst, dass man sich gemeinsam auf die Suche nach Antworten begeben kann. Die Fachkräfte regen die Kinder durch Fragen dazu an, sich Möglichkeiten und Lösungswege auszudenken, die zur Beantwortung ihrer Fragen führen können.

Kinder und Fachkräfte beginnen vor Ort, einige Antworten auf ihre Fragen zu suchen. Eddie fragt einen Bauarbeiter: „Entschuldigen Sie bitte, Robert, wofür ist der rote Kasten?" Der Bauarbeiter öffnet die Tür des „roten Kastens". Kinder und Fachkräfte können nun sehen, dass sich in dem Kasten Steckdosen und Kabel befinden. Der Bauarbeiter Robert erzählt den Kindern, dass dieser Kasten Strom für Maschinen wie Betonpumpe und Kran liefert.

Projektgruppe in der Kindertageseinrichtung

Zurück in der Kindertageseinrichtung beschäftigen sich Kinder und Fachkräfte weiter mit den offenen Fragen. Auf dem Computer in einem Gruppenraum speichern Kinder und Fachkräfte ihre Fotos von Maschinen und Baustelle. Der Computer ist für die Kinder zugänglich. Sie können jederzeit die Fotos betrachten und den Computer zur Suche nach Antworten nutzen. Kinder und Fachkräfte sammeln verschiedene Kindersachbücher zum Thema Baustelle. Durch Internetrecherchen und Informationen, die Eltern zur Verfügung stellen, werden weitere Informationsquellen eröffnet.

Durch Medien Informationen sammeln

In den Tagen nach dem Besuch auf der Baustelle beobachten die Fachkräfte, dass das Thema immer wieder von den Kindern aufgegriffen wird: In der Bauecke werden Mauern aufgebaut und mittels einem selbst konstruierten Kran mit Abrissbirne eingerissen. „Steine und Bauschutt" werden abtransportiert. In der Werkstatt werden vorwiegend Bagger, Lastwägen oder Kräne aus Holz gebaut.

Kinder und Fachkräfte beschließen daraufhin, in der Kindertageseinrichtung eine Baustelle in einem Modell nachzubauen.

Zuvor fertigen alle interessierten und am Projekt beteiligten Kinder „Mitarbeiterschilder" an: Auf kleine Pappschilder malen die Kinder ein Detail der Baustelle, das sie besonders interessiert. Durch diese Identifikation mit der Projektgruppe empfinden die Kinder Zugehörigkeit zu einer lernenden Gemeinschaft, deren Ziel es ist, Antworten auf ihre Fragen zu finden und selbst eine Baustelle nachzubauen, um wichtige Kompetenzen im Umgang mit technischen Geräten und Methoden zu erlangen.

> **Eine lernende Gemeinschaft bilden**
>
> Zur Gestaltung von ko-konstruktiven Interaktionsprozessen zwischen Fachkraft und Kind bzw. Kindern untereinander, eignet sich besonders gut das *Bilden einer lernenden Gemeinschaft*.
>
> *Was kennzeichnet eine lernende Gemeinschaft?*
> Eine lernende Gemeinschaft ist eine Gemeinschaft, die sich durch das gemeinsame Lernen weiterentwickelt und die Lernen zum Inhalt und Ziel hat. Das *Bilden einer lernenden Gemeinschaft* ist eine Methode, bei der es darum geht, mit einer Gruppe von Kindern kooperatives Lernen zu initiieren und gleichzeitig

das Zugehörigkeitsgefühl der einzelnen Gruppenmitglieder zu stärken. Voraussetzung für das Bilden einer lernenden Gemeinschaft ist, dass sich die Gruppe ein gemeinsames Ziel setzt, an dem alle Gruppenmitglieder Interesse haben bzw. dem alle zustimmen. Außerdem sind folgende Aspekte für eine lernende Gemeinschaft kennzeichnend:

- Lernen wird als sozialer Prozess verstanden, der die Möglichkeit bietet, Probleme auf kooperative Art und Weise zu lösen.
- Ein offener Lernprozess („Wie habt ihr das herausgefunden?") und nicht der Erwerb isolierter Fähigkeiten steht im Vordergrund.
- Inhalt und Ziel der lernenden Gemeinschaft sind auf für die Kinder bedeutsame Problemstellungen ausgerichtet, die einen Bezug zum Alltag und zu den Interessen der Kinder haben.
- Der lernenden Gemeinschaft stehen vielfältige Materialien und Quellen für Recherchen zur Verfügung.
- Den Fachkräften kommt bei der Gestaltung der Interaktionsprozesse eine aktive Rolle zu, indem sie sich beispielsweise durch offene Fragen einbringen.

Welche Bedeutung hat das Zugehörigkeitsgefühl für eine lernende Gemeinschaft?
Das Gefühl der Zugehörigkeit zu einer Gruppe ist für den Lernprozess förderlich, da es dazu beiträgt, dass sich die Kinder in der Gruppe wohler fühlen. Auf diese Weise wird Stress reduziert und die intrinsische Motivation zu lernen gestärkt. Außerdem kann ein Gefühl der Zugehörigkeit dazu führen, dass sich die Selbstregulationsfähigkeit der Kinder sowie ihr Selbstvertrauen erhöhen. Auch das Engagement der Kinder zur aktiven Beteiligung am Lernprozess kann durch das Gefühl der Zugehörigkeit zur Gruppe gestärkt werden. An dieser Stelle wird deutlich, dass neben kognitiven Faktoren vor allem auch emotionale Faktoren bei der Gestaltung von Bildungsaktivitäten eine wesentliche Rolle spielen. Die folgenden Punkte tragen zu einer Stärkung des Zugehörigkeitsgefühls bei:

- Es wird betont, dass Lernen durch Kooperation stattfindet und nicht durch Wettbewerb.
- Die Kinder werden an Entscheidungen gleichberechtigt beteiligt.
- Es wird versucht, eine vertrauensvolle Atmosphäre zu schaffen, in der alle Kinder in ihrem Sosein wertgeschätzt werden. Dazu werden gemeinsam bestimmte Regeln zum Umgang miteinander ausgehandelt (z. B. niemanden beleidigen oder verletzen).
- Erreichte Ziele werden gemeinsam gefeiert.
- Die Fachkräfte verhalten sich den Kindern gegenüber sensitiv sowie responsiv und gestalten auf diese Weise eine vertrauensvolle Beziehung zu jedem einzelnen Kind (vgl. *Kapitel 1.2 Allgemeine Prinzipien der Bildung im Elementarbereich*, Abschnitt „Die Gestaltung der Beziehung zwischen Fachkraft und Kind").

Wie lässt sich kooperatives Lernen in einer lernenden Gemeinschaft etablieren?
Kooperatives Lernen lässt sich umsetzen, indem Lernaktivitäten ausgewählt werden, bei denen Zusammenarbeit notwendig ist. Die Kinder zu ermutigen, die Handlungen, Äußerungen und Gefühle anderer zu beachten, trägt ebenfalls zu kooperativem Lernen bei. Das gemeinsame Abschließen von Aktivitäten, sodass kein Kind versuchen muss, der Erste zu sein, sowie das Vermeiden von Spielen, in denen es vornehmlich um Wettbewerb geht und nicht um Zusammenarbeit, sind ebenfalls geeignete Handlungsweisen zur Anregung kooperativer Lernprozesse.

Literatur:
MacNaughton, G. & Williams, G. (2003). *Teaching young children: Choices in theory and practice.* Maidenhead: Pearson & Open University Press.

Die Kinderbaustelle entsteht

Umgang mit Werkzeug

Kinder, Fachkräfte und Eltern überlegen gemeinsam, wie ein Modell einer Baustelle erstellt werden kann. Ein alter Couchtisch (1 x 1 Meter) wird gefunden. Auf diesem soll das Modell entstehen. Da sich einige Kinder eine Erdfläche wünschen, in die ein Bauloch gebaggert werden kann, wird zunächst gemeinsam überlegt, wie das umgesetzt werden kann. Die Kinder, die sich als lernende Gemeinschaft mit dem Interessenschwerpunkt „Wie arbeitet ein Bagger?" zusammengefunden haben, sammeln und diskutieren verschiedene Vorschläge. Am Ende verständigen sich die Kinder darauf, einen Holzrahmen für den Couchtisch anzufertigen.

Dazu werden Werkzeuge wie Akkuschrauber, Säge, Hammer, Feile und Werkbank benutzt. Kinder und Fachkräfte suchen verschiedene Sägen und probieren aus, wofür sie sich eignen: Mit der Bügelsäge kann man dicke Holzleisten sägen. Die Laubsäge eignet sich nur für das Zersägen dünner Leisten. Unterschiedliche Funktionen des Akkuschraubers werden entdeckt: Die Schrauben können sowohl ein- als auch herausgeschraubt werden. Während der Anfertigung des Rahmens nehmen die Kinder Messungen vor: Die Holzlatten und -leisten müssen abgemessen werden, um die richtige Länge absägen zu können. Die Kinder nutzen hierzu ein Metermaß und lernen Längeneinheiten wie Zentimeter und Millimeter kennen.

Um die Kinderbaustelle so authentisch wie möglich zu gestalten, nehmen Fachkräfte und Kinder bei ihrem nächsten Besuch auf der Baustelle einen Leiterwagen und diverse Schaufeln mit, um die Bauarbeiter um Erde für die Kinderbaustelle zu bitten. Bei dieser Gelegenheit treffen die Kinder unter anderem einen Baggerführer. Kinder und Fachkräfte beobachten, wie der Baggerführer mit seinem Bagger ein Loch aushebt. Für unterschiedliche Baggerarbeiten bei unterschiedlich hartem Boden werden verschiedene Gabeln und Schaufeln genutzt. Diese tauscht Franz, der Baggerführer, gemeinsam mit seinen Kollegen aus. Die Kinder stellen fest, dass dadurch nur *ein* Bagger benötigt wird. Am Ende ihres Besuchs auf der Baustelle fragen die Kinder die Bauarbeiter, ob sie Erde mitnehmen dürfen, um diese für ihre Kinderbaustelle zunutzen. Nachdem Kinder und Fachkräfte die Erlaubnis von den Bauarbeitern erhalten haben, wird der Leiterwagen gemeinsam gefüllt.

Verschiedene Lernorte einbeziehen

Zurück in der Einrichtung laden die Kinder die Erde auf die Kinderbaustelle um. Dabei machen sie sinnliche Erfahrungen. Sie befühlen die Erde und stellen fest: Der Lehm ist fester und feuchter als Sand, Steine sind hart und kühl. Steine können unterschiedlich groß sein. Die Kinder finden Betonstücke und vergleichen sie mit den Steinen: Die Betonstücke sind so hart wie Steine, aber nicht so glatt, sondern sie sind kantig und rau.

Bauarbeiten auf der Kinderbaustelle

Spielend lernen

Im gemeinsamen Spiel nutzen einige Kinder Spielzeugbagger und -laster, um eine Grube auf der Kinderbaustelle auszuheben: Einige Kinder laden als Baggerführer Erde auf ihre Baggerschaufeln und kippen die Schaufeln über der Ladefläche der Laster aus. Die vollgeladenen Kipplaster sollen nun wegfahren werden. Doch wie können die Laster von der Kinderbaustelle wegfahren? Die Kinder nutzen eine Bank, ein Brett und den Leiterwagen, um eine „Verbindungsstraße" zu bauen, auf der die beladenen Kipplaster bis zum Leiterwagen fahren können, wo sie dann geleert werden.

In dieser Situation setzen die Kinder ihre auf der Großbaustelle gemachten Beobachtungen, Erkenntnisse und Erfahrungen im gemeinsamen Spiel um. Die Prozesse der Bauarbeiten werden spielerisch wiederholt, die Maschinen im Spiel gemäß ihrer Funktion eingesetzt. Auftretende Probleme werden von den Kindern gemeinsam gelöst, beispielsweise bauen die Kinder eine „Verbindungsstraße". Auf diese Weise vertiefen die Kinder im Spiel ihr Wissen.

Bei einem weiteren Besuch auf der Großbaustelle beobachten Kinder und Fachkräfte, wie die Bauarbeiter den Boden der Grube mit Stahlmatten auslegen und auch an den Seiten Stahlbügel anbringen. Auf die Frage der Kinder, was denn da gemacht werde, antwortet ihnen der Bauleiter, dass am nächsten Tag der Keller betoniert werden soll.

Zurück in der Einrichtung überlegen Fachkräfte und Kinder gemeinsam, was im nächsten Schritt auf der Kinderbaustelle passieren soll. Die Kinder möchten gerne in ihrer Baugrube einen Keller betonieren. Sie erinnern sich an die Stahlbügel, und Veronika stellt fest: „Draht muss ins Loch!" Mit einer Kombizange schneiden die Kinder deshalb Draht und binden ein Drahtgitter, das sie in das Loch legen. Sophie überlegt: „An der Seite vom Loch muss Holz hin, damit der Beton nicht wegläuft." Kinder und Fachkräfte suchen nach passenden Holzleisten und fertigen eine Holzschalung an.

Um zu erfahren, wie man einen Keller betoniert, möchten Kinder und Erwachsene am nächsten Tag wieder zur großen Baustelle gehen und bei der Betonierung zusehen. Auf der Baustelle beobachten sie einen Betonmischer und schauen den Bauarbeitern beim Betonieren des Bodens zu: Diese verteilen aufgeschütteten Beton mit Schaufeln und Rechen. Die Kinder fragen die Bauarbeiter, wie man Beton herstellen kann, und erfahren, dass der Beton ein Gemisch aus einem Teil Zement, vier Teilen Sand und Wasser ist. Zurück in der Einrichtung fragt eine Fachkraft die Kinder, was ihrer Meinung nach benötigt wird, um mit der Betonierung des „Kellers" auf der Kinderbaustelle beginnen zu können. Die Antworten der Kinder werden schriftlich dokumentiert. So entsteht eine Liste mit Materialien und Werkzeugen, die benötigt werden:

- Sand, Zement und Wasser für den Beton (Eddie: „Zement wird aus Steinen gemacht! Sie werden zerschlagen.")
- Handschuhe und Schürzen, um die Kleidung vor Flecken zu schützen
- Schaufeln und Kellen
- Schutzbrillen

Mithilfe von Schaufeln als Maßeinheit und der Information der Bauarbeiter, woraus Beton besteht, rühren Kinder und Fachkräfte nun Beton an. Die Mischung wird in die Schalung eingefüllt und mithilfe der Kellen glatt gestrichen – wie zuvor bei den Bauarbeitern beobachtet. Als der „Boden" fertig ist, hat Toni eine Idee: Aus der Werkstatt holt er zwei Holzbretter und stellt sie zu einer doppelten Wand in den feuchten Beton: „Da müssen solche rein, ans Haus!" Sebastian fragt: „Was soll das werden?" Toni erläutert seine Idee: „Da wird später Beton reingefüllt!" „Ah, eine Mauer", sagt Marco. Die Idee von Toni wird von Kindern und Erwachsenen aufgegriffen: Gemeinsam holen sie passende Bretter aus der Werkstatt und stellen sie als Schalung auf. Beton wird angerührt und eingefüllt. Die Betonwände trocknen über Nacht, doch in dieser Nacht gibt es ein Unwetter. Die Kinder stellen am nächsten Morgen fest, dass die Mauerseite, die zuerst gegossen wurde, zerfällt. In einer Gesprächsrunde fragt die Fachkraft die Kinder, was hierfür der Grund sein könnte, und hält die Vermutungen schriftlich fest:

Umgang mit Materialien

Gemeinsam überlegen und planen

André: „Der Regen hat den Beton rausgeschüttet."
Marco: „Der Beton ist mit dem Regen mitgegangen."
Manuel: „Die Mischung von Beton und Sand hat nicht gepasst, denn die andere Mauer ist hart." Dieses wollen die Kinder überprüfen, indem sie die Mauerseite neu aufschütten.

Nachdem die Betonwände trocken sind, müssen die Holzschalungen wieder gelöst werden. Ein Kind dreht mit dem Akkubohrer die Schrauben aus einer der Holzschalungen, andere Kinder lockern mit Hammer und Schraubenzieher die Verschalung. Als eine Seite der Mauer freigelegt ist, stellen die Kinder fest:
Jonathan: „Das sieht schön aus!"
Sebastian: „Der Beton ist steinhart."
Fernando: „Den Keller können wir nicht mehr kaputt machen!"

> **Positives Fehlerverständnis: Lernen aus „Fehlern"**
>
> Als die Kinder jedoch alle Schalungen entfernen, fallen die vier Mauerseiten auseinander. Die Kinder überlegen, woran dies liegen könnte:
> Jonas: „Weil wir mit den Werkzeugen darin gehämmert haben."
> Roman: „Ich glaube, der Beton war nicht fest genug drin, und die Mauern waren zu dünn."
> Manuel: „Das Holz hat die Betonwände gestützt, und weil wir es herausgenommen haben, sind sie rausgefallen."
> Eine Fachkraft fragt die Kinder: „Was haben denn die Bauarbeiter auf der großen Baustelle anders gemacht als wir?"
> Fredi: „Sie hatten Stahl, Blech und Drähte in der Wand."
>
> Später kommt die Mutter eines Kindes in die Einrichtung. Als sie die umgekippten Wände auf der Kinderbaustelle sieht, fragt sie die Kinder, was geschehen ist. Die Kinder erzählen ihr von dem Versuch, die Kellerwände zu gießen, und erklären, warum dies nicht gelang: „Wir haben die Wände nicht verbunden." (Roman)
>
> Die Mutter bespricht mit den Kindern, was diese vorhaben. Fredi meint: „Wir müssen neue Schalungen bauen." Dieser Vorschlag wird umgesetzt. Dieses Mal messen Kinder und Erwachsene die Bretter für die Holzschalung genau aus, um Ritze und Öffnungen in der Schalung zu verhindern. Die Kinder messen die passende Länge der Bretter und Leisten aus und sägen sie entsprechend zu. Mit dem Akkubohrer wird die Schalung verschraubt, um sie stabiler zu machen. Ein Drahtgeflecht, das die Kinder anfertigen und zwei Winkelstücke, die Fredi von zu Hause mitgebracht hat, werden in die neue Schalung gelegt, um die Mauerseiten zu verbinden. Dann wird Beton angerührt und in die Schalung gegossen. Nach dem Trocknen der Mauer und dem Entfernen der Schalung bleiben die Wände dieses Mal stehen.
>
> Die Probleme und Schwierigkeiten, die vermeintlichen „Fehler" während des Bauprozesses, führen dazu, dass Kinder und Erwachsene Schritt für Schritt erfahren können, welche Methoden zum Bau der Mauern geeignet sind. Sie können in diesem Prozess immer wieder ihre Ergebnisse optimieren. Rückschläge werden nicht als Niederlage empfunden, sondern als Teil des Lernprozesses. Kinder und Erwachsene finden gemeinsam zu einer Lösung und können sich am Ende des Prozesses über den Erfolg ihrer Anstrengungen freuen. Sie werden durch den positiven Umgang mit den Herausforderungen in ihrem Selbstbewusstsein gestärkt.

Die Wände begradigen

Im weiteren Projektverlauf besuchen die Kinder die große Baustelle und verfolgen die Entwicklung. Inzwischen sind die Kellerräume fertig, und das Erdgeschoss wird gemauert. Die Fachkraft fragt die Kinder nach diesem Besuch: „Wie geht es nun bei uns weiter?"

Entwerfen und Bauen

Fernando äußert seinen Wunsch: „Ein Dach soll auf das Haus." André schlägt vor, dass sein Vater die Projektgruppe berät. Dieser ist Werkstoffprüfer und Metalltechniker und arbeitet häufig auf Baustellen. Die Projektgruppe nimmt deshalb Kontakt mit Andrés Vater auf und lädt ihn ein. Dieser nimmt die Einladung an und kommt in die Einrichtung. Die Kinder fragen ihn, wie sie ein Dach bauen können. Andrés Vater erzählt, dass man entweder ein Dach aus einer Betonplatte machen könnte oder dass ein Dach aus Holz auf die Wände gebaut werden könnte. Allerdings müssten die Wände zuvor in ihrer Höhe und Breite angeglichen werden, da diese bisher unterschiedlich seien. Andrés Vater zeigt den Kindern, wie die Betonwände mit Hammer und Meißel begradigt werden und überflüssiger Zement abgeschlagen werden kann. Kinder und Erwachsene beteiligen sich daran, die Wände zu begradigen. Die Mutter eines Kindes bringt zwei weitere Meißel vorbei, damit alle interessierten Kinder mitwirken können. Während des Arbeitens beschreiben die Kinder ihre Arbeit und ihre Vorgehensweise. Die Aussagen werden dokumentiert, damit Fachkräfte, Eltern und Kinder später den Lernprozess nachvollziehen und reflektieren können:
Maxi: „Schaut mal, was ich weggebracht habe!"
Fernando: „Ich schwitze schon!"
Migel: „Der Hammer ist schwerer als ein Haus."

Maxi: „Ich hole mir jetzt mal einen kleineren Hammer, dann ist es leichter."
Marco: „Das ist eine schwere Arbeit, wie auf einer echten Baustelle!"

Weil die Arbeit sehr anstrengend ist, wechseln sich die Kinder ab. Sie erleben, dass es wichtig ist, zusammenzuarbeiten und sich gegenseitig zu helfen.

Mauern

Nach der Begradigung der Wände stellen Kinder und Fachkraft fest, dass die Höhe der Mauern noch immer unterschiedlich ist. Gemeinsam überlegen sie, wie man die Höhe angleichen könnte, ohne erneut Schalungen bauen und Betonwände gießen zu müssen. Auf der großen Baustelle wird inzwischen gemauert. Ein Kind hat die Idee, die Betonmauern in ihrer Höhe anzugleichen, indem Steine auf die bestehenden Betonmauern aufgemauert werden.

Um mehr darüber zu erfahren, wie man eine Mauer baut, nehmen Fachkräfte und Kinder Kontakt zu einem Fachlehrer für Bautechnik auf, der an einer Berufsschule unterrichtet. Dieser lädt die Projektgruppe dazu ein, am praktischen Blockunterricht seiner Bautechnikklasse teilzunehmen. Elf Kinder im Alter von vier bis zehn Jahren[1] möchten gerne an diesem Ausflug teilnehmen und besuchen gemeinsam mit ihren Fachkräften den Unterricht. Dort schauen sie den Auszubildenden beim Mauern einer Mauerecke mit Mauerschlitz zu. Sie stellen fest, dass die Auszubildenden Kalksteine, Mörtel und Werkzeuge wie Kelle, Hammer und Wasserwaage benutzen. Da die Kinder bisher noch nicht mit einer Wasserwaage gearbeitet haben, lassen sie sich von einem Auszubildenden zeigen, wie die Wasserwaage funktioniert und prüfen anschließend gemeinsam mit den Auszubildenden die Neigung ihrer Mauern. In der Berufsschule lernen die Kinder eine Kreissäge sowie eine Ziegel- und Betonschneidemaschine kennen. Sie beobachten die Auszubildenden bei der Nutzung dieser Sägen und sprechen mit Lehrer und Auszubildenden darüber, dass Gefahren von diesen Geräten ausgehen. Aus Sicherheitsgründen dürfen die Sägen deshalb nur von geschulten Personen verwendet werden, die die Gefahren kennen und sich durch einen fachgemäßen Umgang mit den Geräten schützen können. Am Ende des Unterrichts zeigt der Lehrer den Kindern Holzbausteine, die die gleiche Größe haben wie Kalksandsteine und die von den Auszubildenden genutzt werden, um den Mauerbau zu üben. In Interaktion mit den Auszubildenden und dem Lehrer mauert nun die Projektgruppe mit diesen Holzbausteinen eine Mauer.

Experten befragen

---

1 Einige Schulkinder, die nachmittags in der Kindertageseinrichtung betreut werden, nehmen ebenfalls am Projekt teil.

Zurück an der Kinderbaustelle reflektieren Kinder und Fachkräfte den Unterrichtsbesuch: Was haben wir erlebt? Was haben wir erfahren und gelernt? Die Fachkraft fragt die Kinder: Was wollen wir als Nächstes bei unserer Kinderbaustelle tun? Welche Arbeitsschritte sind notwendig? Welche Materialien brauchen wir? Kinder und Fachkräfte beschließen, zunächst Ytongsteine, die in der Einrichtung vorhanden sind, zu zersägen, um Steine für die geplanten Mauern auf der Kinderbaustelle herzustellen. Mit einem Metermaß messen Kinder und Fachkräfte die benötigte Länge und Breite ab und zersägen die Steine. Die Kinder rühren nun Fliesenkleber an. In der Berufsschule haben sie beobachtet, dass die Auszubildenden die Steinschicht, auf die später Steine aufgemauert werden, zuvor säubern. Ein Kind holt deshalb einen kleinen Besen und fegt die Betonmauern, auf die nun die Ytongsteine gemauert werden sollen, ab. Dann tragen die Kinder Fliesenkleber auf den Beton auf und legen den ersten Ytongstein darauf. Wie in der Berufsschule gelernt, wird auch die Seite des Steins mit Fliesenkleber ausgespachtelt, bevor der nächste Stein daneben gemauert wird. Als die erste Mauer fertig ist, werden die Fugen ausgespachtelt.

Eigene Ideen umsetzen

Am nächsten Tag betrachtet die Projektgruppe die getrocknete Mauer. Toni wünscht sich: „Da soll ein Fenster rein!" „Wir hauen einen Stein wieder raus", schlägt Sebastian vor. „Ytongsteine kann man sägen!", berichtet Armin, der in der Werkstatt bereits mit Ytongsteinen gearbeitet hat. Er holt einen Fuchsschwanz und sägt den mittleren Ytongstein in der Mauer ein. Die anderen Kinder schlagen nun das entsprechende Stück Ytong mit Hammer und Meißel aus der Mauer heraus, sodass ein Fenster entsteht.

Dokumentation und Reflexion

Während des gesamten Projektverlaufs dokumentieren Kinder und Fachkräfte gemeinsam den Projektverlauf. In zahlreichen Planungs- und Reflexionsgesprächen dokumentieren die Fachkräfte die Aussagen der Kinder. Zudem fotografieren Kinder und Fachkräfte alle Projektaktivitäten. Die Fotos sind an einem Computer jederzeit zugänglich und können von Eltern, Kindern und Fachkräften genutzt werden, um miteinander über das Projekt ins Gespräch zu kommen.

Die Fotos werden nicht nur auf dem Computer öffentlich gemacht, sondern auch mit den dokumentierten Aussagen der Kinder und wichtigen Erkenntnissen aus dem Projekt (z. B.: „Der Fliesenkleber wird ohne Sand, nur mit Wasser angerührt und trocknet viel schneller als das Betongemisch.") in einer Projektdokumentationsmappe festgehalten. Während des Projekts gestalten Kinder und Fachkräfte gemeinsam diesen Ordner, der mit dem Projekt wächst. Während und nach Abschluss des Projekts kann er von Kindern, Fachkräften und Eltern genutzt werden, um sich gemeinsam an die Projektaktivitäten zu erinnern, über Erkenntnisse zu sprechen und Lernprozesse zu reflektieren.

Metakognitive Dialoge

Alle Aktivitäten werden in Gesprächen reflektiert. Dabei regen Fragen die Kinder dazu an, über die eigenen Lernprozesse nachzudenken und Lernwege zu reflektieren:

- Was haben wir gemeinsam herausgefunden?
- Wie haben wir das herausgefunden?
- Was hat dir Spaß gemacht, was hat dir keinen Spaß gemacht?
- Wie haben wir eine Antwort auf unsere Frage gefunden?

Einordnung der Thematik in einen größeren Zusammenhang

Im Rahmen des Projekts machen die Kinder Erfahrungen mit Anwendungen, Materialien und Werkzeugen, die sie in zukünftigen Situationen einsetzen können: Beispielsweise wissen die Kinder, wie man mit Sägen arbeiten kann oder wie man Messungen vornimmt. Das Thema des Projektes, das Bauen eines Hauses, findet sich in der Lebenswelt der Kinder: Sie konstruieren und bauen im Spiel und beobachten Bauarbeiten unterschiedlichster Art in ihrem Umfeld. Ihre Kenntnisse und im Projekt erworbenen Kompetenzen können sie hier einsetzen.

Darüber hinaus erweitern die Kinder im Rahmen der lernenden Gemeinschaft vielfältige soziale Kompetenzen, die ihnen in anderen Lernsituationen nutzen können: Sie lernen im Projekt, ihre eigenen Ideen, Wünsche und Meinungen zu formulieren und dabei gleichzeitig Rücksicht zu nehmen auf die anderen Kinder in der Gruppe. Sie tragen gemeinsam mit den Fachkräften und anderen Kindern die Verantwortung für die Kinderbaustelle.

Autonomie und soziale Mitverantwortung

Abschluss des Projektes

Bei einem Sommerfest wird der bisherige Stand der „Bauarbeiten" gefeiert. An diesem Tag haben alle Familienmitglieder und Freunde der Kindertageseinrichtung die Möglichkeit, die Kinderbaustelle zu begutachten. Die Kinder aus der Projektgruppe erzählen den Besuchern, wie sie die bisherigen Bauarbeiten durchgeführt haben und reflektieren somit noch einmal ihre Lernwege. Kinder, die zu Besuch in der Einrichtung sind, können gemeinsam mit den Projektkindern an einer Modellwand mit Zement, Spachtel und Steinen arbeiten. Hierbei können die Kinder aus dem Projekt ihre Kenntnisse einbringen und weiter vertiefen. Zum Abschluss des Sommerfestes singt die Projektgruppe einen selbst gedichteten „Baustellen-Song", den die Kinder mit Werkzeugen rhythmisch begleiten, z. B. durch Säge, Eimer und Schaufel, Kelle und Spachtel sowie Akkubohrer.

Nach dem Sommerfest und den anschließenden Sommerferien wird zunächst noch weiter an der Kinderbaustelle gearbeitet. Es wird ein Dach aus Sperrholz aufgesetzt. Durch die Sommerferien gibt es einen Wechsel in der Projektgruppe: Die älteren Kinder gehen inzwischen zur Schule, jüngere Kinder sind neu dazu gekommen und übernehmen die „Bauleitung". Es zeigt sich, dass es für die Kinder interessant ist, das Haus wieder auseinanderzunehmen, es zu zerlegen und die einzelnen Baumaterialien zu untersuchen: Die Kinder nehmen Dach und Mauersteine ab, zerlegen mit Hammer und Meisel die Betonwände, zerschlagen diese mit dem Hammer und entdecken den Draht in den Betonwänden und im Fundament. Das Projekt endet, als das Haus bis auf die Einzelteile zerlegt und untersucht ist.

6.6.4 Integrierte Bildungsbereiche und Projektaktivitäten

Sprache und Literacy

Bücher und Internet werden durch die Projektgruppe genutzt, um sich über Maschinen, Werkzeuge und Arbeitsprozesse auf einer Baustelle zu informieren.

In Gesprächen drücken die Kinder ihre Ideen, Meinungen und Erklärungsansätze sprachlich aus und stärken ihre Kommunikationsfähigkeit. Der Wortschatz wird durch den Umgang mit neuen technischen Wörtern erweitert (z. B. Spachtel, Beton, begradigen).

Medien

Medien wie Bücher, Internet und Computer werden genutzt, um Informationen für das Projekt zu sammeln. Fotos werden angefertigt, digital auf dem Computer abgespeichert und wieder aufgerufen. Im Umgang mit dem Computer lernen die Kinder verschiedene Funktionen des Computers kennen (z. B. Einsatz der Maus, Aktivieren und Einsetzen der Werkzeugleiste).

Mathematik

Im Rahmen des Projekts „Kinderbaustelle" machen die Kinder verschiedene Erfahrungen mit Raum und Form, einem Inhaltsbereich der mathematischen Bildung. Sie sprechen über Formen (z. B. viereckige Steine, rechteckige Mauern, quadratische Fenster), nehmen Messungen vor (z. B. bei der Anfertigung der Schalungen) und stellen sich die räumlichen Gegebenheiten auf der großen und „kleinen" Baustelle aus verschiedenen Perspektiven vor. Bei Messungen sowie beim Anrühren von Beton und Fliesenkleber verwenden die Kinder Mengenangaben und Zahlen.

Musik

Während des Sommerfests singen die Kinder einen selbstgedichteten „Baustellen-Song" und begleiten diesen rhythmisch mit ihren Werkzeugen. Das Thema der Baustelle sowie Materialien und Geräte werden genutzt, um die musikalischen Kompetenzen der Kinder zu nutzen und zu stärken.

6.7 Projektbeispiel 7: Turnen, spielen und experimentieren mit der schiefen Ebene

In Zusammenarbeit mit Kathrin Effenberger, pädagogische Fachkraft im Kindertagesheim St. Johannes Arsten, Bremen

6.7.1 Entstehung des Projektes – Themenfindung

Die Fachkraft erzählt den Kindern eine Geschichte mit der Handpuppe Karla, die Pflaster am Kopf und einen Verband am Bein hat: „Seht ihr, wie ich aussehe? Das ist gestern passiert: Nachmittags, als ich spazieren war. Ich gehe so die Straße entlang, weil ich meinen Freund besuchen will. In der Hand meinen Korb, den hier: mit Kugeln, Würfeln, Autos und Rollen. Was man eben so braucht. Die Straße ist ganz gerade, geht immer gerade aus. Deshalb habe ich auch gar nicht genau hingeguckt, bin einfach so gegangen. An der einen Stelle geht es ein bisschen bergab. Da kann man im Winter wundervoll Schlitten fahren, und im Sommer fahre ich da manchmal mit Rollschuhen. Also, ich kenne die Strecke, gehe so dahin, und auf einmal lagen da Blätter. Habe ich noch gesehen, mir aber nichts dabei gedacht. Und dann bin ich ausgerutscht. Wegen der Blätter. Die waren glatt und nass, da bin ich hingefallen. Und was passiert mit meinem Korb? Ja, der ist auch runtergefallen, ausgekippt – alles ist raus. Auf die Straße. Weil die eben gerade hier bergab ging, ist alles runtergerollt. Die Murmeln, Würfel, Rollen, Autos. Einfach alles. Und dabei ist mir dann aufgefallen: Manche Sachen waren furchtbar schnell, so schnell konnte ich gar nicht gucken, wie die weg waren. Und andere Teile sind nur ein kleines Stück gerutscht und dann einfach liegen geblieben. Was meint ihr, was ist wohl am schnellsten weg gewesen? Und was ist gar nicht weit gerollt?" Die Kinder überlegen und denken darüber nach.

Eine Geschichte als Ausgangspunkt

Wenn solche Geschichten erzählt oder auch Märchen vorgelesen werden, kann das auch als Ausgangspunkt für philosophische Betrachtungen genutzt werden. Im folgenden Kasten wird näher darauf eingegangen, was darunter zu verstehen ist.

Philosophieren mit Kindern

Philosophieren mit Kindern bedeutet, gemeinsam mit den Kindern kritische Denkprozesse zu vollziehen: Denn Philosophieren heißt Fragen stellen, nach Bedeutungen und Gründen suchen sowie sich die Folgen von etwas ausmalen („Was bedeutet ...?", „Warum ist ...?", „Was wäre, wenn ...?"). Gleichzeitig schließt Philosophieren Antworten geben und diese begründen ein. Daraus folgt, dass sich Philosophieren als Dialog darstellt bzw. als Diskussion, die zwischen den Kindern bzw. zwischen den Kindern und den Fachkräften geführt wird.

Als Ausgangspunkt des Philosophierens werden das Staunen der Kinder über Phänomene ihrer Lebenswelt und die sich daraus ergebenden Fragen genutzt. Philosophieren stellt für die Kinder eine gute Gelegenheit dar, ihre interessanten Ideen und ausgefallenen Vorstellungen zu Grundfragen des menschlichen Lebens zu entwickeln, beispielsweise zu Glück, Gerechtigkeit oder Liebe.

Eine zum Philosophieren notwendige Grundhaltung aus Sicht der Fachkraft zeichnet sich dadurch aus, dass nicht versucht wird, auf die Fragen der Kinder Sachantworten zu finden, die ein Gespräch vorschnell beenden. Vielmehr ist erforderlich, sich gemeinsam auf die Suche nach Antworten zu machen und dabei anzuerkennen, dass es auf eine Frage viele mögliche Antworten geben kann oder dass die Frage manchmal auch unbeantwortet bleibt.

Was sind die Ziele beim Philosophieren mit Kindern?

Durch das Philosophieren und das dazu notwendige Nachfragen, Nachdenken, Konzepte bilden und Ideen austauschen sollen die kognitiven Fähigkeiten der Kinder gestärkt werden, z. B. kreatives Denken oder die Nutzung von Worten, um Gedanken auszudrücken. Außerdem soll durch das Philosophieren die neugierige, auf Fragen stellen ausgerichtete Grundhaltung der Kinder erhalten und ausgebaut werden. Ein weiteres Ziel ist es, die Fähigkeit zu entwickeln, verschiedene Perspektiven einzunehmen und nachzuvollziehen. Zudem soll durch das Philosophieren eine Kultur des gemeinsamen kritischen Nachforschens und Nachdenkens etabliert werden.

Wie kann mit Kindern philosophiert werden?

Voraussetzung für das Philosophieren mit Kindern ist eine Atmosphäre, die sich dadurch auszeichnet, dass die Ideen der Kinder wertgeschätzt und aufgegriffen werden. Philosophieren kann einerseits als eine durch die Fachkraft initiierte Aktivität stattfinden, andererseits geht es aber auch darum, die Anregungen und Fragen der Kinder, die sich aus alltäglichen Gesprächen ergeben, aufzugreifen und sie „umgehend" mit den Kindern gemeinsam zum Ausgangspunkt philosophischer Betrachtungen zu machen. Die Aufgabe der Fachkräfte besteht darin, das Gespräch bzw. die Diskussion durch offene, herausfordernde Fragen anzuregen, zum Beispiel:

- Was denkst du darüber?
- Was findest du merkwürdig daran? Welche Fragen hast du dazu?
- Wie können wir mehr darüber herausfinden?
- Woher weißt du das?
- Was könnten andere Leute dazu wissen? Wen könnten wir fragen?
- Warum hast du das gesagt? Was meinst du damit?
- Kannst du dich an eine Situation erinnern, in der das passiert ist?

Mögliche Ausgangspunkte des Philosophierens:

- Fragen der Kinder, die sich aus ihrem Alltag ergeben
- Fragen und Themen, die durch Projekte oder andere Aktivitäten aufkommen
- Brainstorming: freies Sammeln von Begriffen, Vorschlägen und Aussagen ohne Vorgabe eines thematischen Ausgangspunkts; die Äußerungen werden zunächst nur gesammelt und nicht kommentiert, danach werden die Ideen diskutiert. (Z. B. „Erzählt mal, was geht euch gerade im Kopf herum?")
- Cluster bilden: Sammeln von Äußerungen zu einem bestimmten Thema. („Was bedeutet es, Freunde zu sein?")
- Bilder, die bestimmte Fragen aufwerfen oder anhand derer Fragen der Ästhetik diskutiert werden können
- Rätsel
- Gegenstände untersuchen („Was meint ihr, wozu ist das Ding gut?")
- Gedankenexperimente („Was wäre, wenn ...?")
- Geschichten, die beispielsweise ein offenes Ende haben („Was könnte weiter passieren?") oder die einen Konflikt beinhalten („Was könnte man tun, um ...?")

Wenn Geschichten erzählt oder Märchen vorgelesen werden, sind dies im Kindergartenalltag gute Gelegenheiten, um gemeinsam mit den Kindern zu philosophieren. Auch das gemeinsame naturwissenschaftliche Experimentieren kann als Ausgangspunkt für philosophische Betrachtungen genutzt werden.

Literatur:

Dittmann, K. (2008). *Philosophieren mit Kindern – Eine kurze Einführung in Konzeption und Methoden.* Zugriff am 1. Juli 2008 von http://homilia.de/download/pmk.pdf

Kleiner Denker – Große Gedanken. (2002). *GEO WISSEN.* Verfügbar unter http://www.geo.de/GEO/kultur/gesellschaft/777.html, Zugriff am 1. Juli 2008.

MacNaughton, G. & Williams, G. (2003). *Teaching young children: Choices in theory and practice.* Maidenhead: Pearson & Open University Press.

Schnabel, M. (2006). *Mit Kleinkindern philosophieren.* Zugriff am 3. Juli 2008 von http://www.familienhandbuch.de/cmain/f_Fachbeitrag/a_Erziehungsbereiche/s_1155.html

Nach dem Hören der Geschichte überlegen die Kinder gemeinsam, äußern ihre Ideen und legen die Gegenstände aus dem Korb in eine Reihenfolge. Das, was ihrer Meinung nach am schnellsten gerollt ist, wird nach vorne gelegt, das, was ihrer Auffassung nach am langsamsten gerollt ist, nach hinten gelegt. Dabei ergeben sich verschiedene Reihenfolgen und nicht alle Kinder sind mit diesen Reihenfolgen einverstanden. Die Kinder stellen eine Vermutung auf: Dass die Kugeln am schnellsten rollen, weil sie schwerer sind als die anderen Gegenstände und weil sie rund sind. Ein anderes Kind äußert, dass die kleinen Kugeln schneller rollen als die großen, dass aber der große Würfel schneller rollt als der kleine. Die verschiedenen Lösungsvorschläge der Kinder, also die in Reihenfolge gelegten Gegenstände, werden mit einer Digital- und mit einer Sofortbildkamera fest gehalten. Die Kinder haben Spaß daran und möchten nun auch selbst ausprobieren, wie sich die Gegenstände auf einer schiefen Ebene verhalten und welche am schnellsten ankommen. Deshalb beschließen alle gemeinsam, ein Projekt zu diesem Thema zu gestalten.

Dokumentation der Lösungsvorschläge

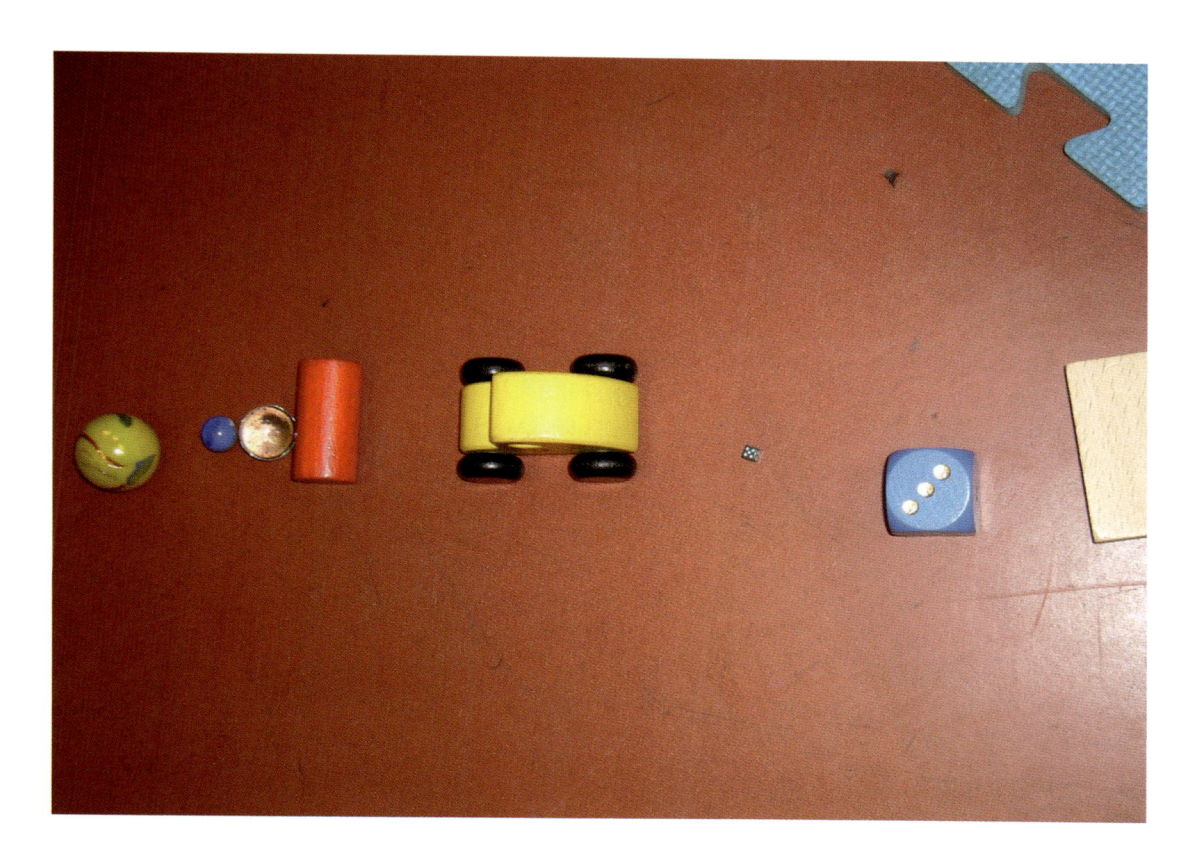

6.7.2 Planung und Vorbereitung des Projektes

Im weiteren Gespräch mit den Kindern werden die Ziele festgelegt: Die Kinder möchten ausprobieren und ihre Hypothesen überprüfen, wie sich die Gegenstände aus den verschiedenen Materialien und in verschiedenen Formen auf einer schiefen Ebene verhalten.

Technik als zentraler Bildungsbereich: Ziele und Bildungsaktivitäten

Als Grundlage für das Projekt liegen den Kindern die Materialien aus dem Korb vor: Würfel, Murmeln, Rollen, Autos und Räder in verschiedenen Größen, Gewichten und aus verschiedenen Materialien. Im Bewegungsraum bauen alle gemeinsam drei ähnliche schiefe Ebenen als Stationen auf. Die Untersuchung kann beginnen!

Dokumentation der Lösungsvorschläge

> **Bildungsziele im Bereich Technik**
>
> Die Kinder sammeln *Erfahrungen mit der Anwendung von verschiedenen Materialien und Formen*. Sie bauen verschiedene schiefe Ebenen und erleben die schiefe Ebene auch mit ihrem Körper beim Turnen. Ausgehend von diesen Erfahrungen vertiefen die Kinder ihr technisches Verständnis über die schiefe Ebene und lernen **Reibung** und **Kräfte** kennen. Diese *technischen Grundkenntnisse* werden anhand einer Waage weiter vertieft, die von den Kindern auch **nachgebaut** wird. In diesem Zusammenhang beschäftigen sich die Kinder auch mit dem Messen. Bei der Dokumentation ihres Projektes mit einer Sofortbild- und Digitalkamera lernen die Kinder auch etwas über die **Anwendung von technischen Geräten**.

6.7.3 Durchführung des Projektes

Hauptphase des Projektes

Untersuchungen an der schiefen Ebene

Überprüfung der Hypothesen durch Untersuchungen

Die Kinder verteilen sich auf die drei Stationen und beginnen damit, die verschiedenen Gegenstände oben auf die schiefe Ebene zu legen. Sie beobachten alle mit großer Aufmerksamkeit das Rollen und Rutschen. Sie probieren auch aus, was passiert, wenn man den Gegenständen noch ordentlich Schwung gibt: Mit Tempo werden die Murmeln und Würfel auf die schiefe Ebene geworfen. Ein Kind hat die Idee, zwei Gegenstände gleichzeitig loszulassen, um zu einem Vergleich zu kommen. Alle anderen haben nach subjektiver Einschätzung „die ist schneller" oder „langsamer" gerufen. Anschließend kommen die drei Kleingruppen wieder zusammen und erzählen, was sie beobachtet haben. Sie kommen dabei zu unterschiedlichen Ergebnissen: Einige Kinder benennen die große Murmel als schneller, andere die kleinere. Auch der Vergleich zwischen Würfel und Murmel fällt unterschiedlich aus. Deshalb beschließt die Gruppe, noch einmal gemeinsam auszuprobieren; dabei lassen immer zwei Kinder die Gegenstände gleichzeitig los. Das fällt einigen Kindern gar nicht so leicht, sie sind immer wieder versucht, Schwung zu geben. Die anderen Kinder übernehmen die Rolle der Schiedsrichter. Sie tragen die Ergebnisse zusammen: „Bauklötze bleiben einfach liegen, die kullern gar nicht." „Der große Würfel auch nicht. Es liegt zu viel Fläche auf, das bremst die Bewegung." „Kugeln liegen immer nur ganz bisschen auf, darum sind sie schneller. Darum bleiben sie auch nicht liegen wie der Würfel." „Größere Murmeln sind schwerer, ihr Gewicht zieht sie nach unten, deshalb rollen sie schneller und weiter."

Die Kinder legen die Gegenstände in eine Reihenfolge, so wie die Kinder es in ihren Versuchen beobachtet haben. Die Kinder holen die Fotos von ihren ersten Vermutungen wieder hervor: Sie vergleichen sie mit dem jetzigen Ergebnis, und beschreiben die Unterschiede und Übereinstimmungen. Einige Kinder haben zusätzlich zu den Fotos ihre Ergebnisse gemalt.

Für die jüngeren Kinder ist der Spaß an der Geschwindigkeit und das Beobachten der Bewegung vorrangig; es ist ihnen wichtiger, den Murmeln Schwung zu geben als zwei Gegenstände gleichzeitig loszulassen und miteinander zu vergleichen. Die Kinder beobachten nur einen Gegenstand genau und betonen deshalb unterschiedliche Ergebnisse: Diejenigen, die den Würfel beobachten, empfinden ihn als schneller, diejenigen, die die Kugel im Blick haben, empfinden diese als schneller.

Insgesamt zeigt sich, dass fast alle fünfjährigen Kinder in der Lage sind, nebeneinander rollende Gegenstände gleichzeitig zu beobachten und zu vergleichen. Dieses gelingt insbesondere dann, wenn nur eine Art Körper (z. B. Murmeln) zur Verfügung stehen.

Vertiefung der Versuche durch weitere schiefe Ebenen

An einem anderen Tag nehmen die Kinder nur Murmeln und Walzen, diesmal allerdings auf unterschiedlichen Ebenen: Die Kinder benutzen kleine Holzkeile. So entstehen drei verschiedene, schiefe Ebenen: Eine

Ebene mit einem Keil, eine mit zwei Keilen und eine dritte mit drei Keilen übereinander. Nun ist das Ergebnis ganz offensichtlich für die Kinder: Je schiefer die Ebene, desto weiter rollen die Murmeln. Die optimale, schiefe Ebene für einen langen Weg sind also die drei Keile übereinander. Das gleiche gilt für die Walzen. Auch die jüngeren Kinder können das jetzt erkennen, weil die Murmeln und Walzen ausrollen und liegen bleiben. Die Kinder können das Ergebnis jetzt länger und öfter betrachten, sodass bei diesen Versuchen auch die jüngeren Kinder Freude am Vergleichen haben.

Anschließend besprechen die Kinder ihre Ergebnisse. Zwei Kinder, Sören und Emily, haben bereits Vorerfahrungen und Vorstellungen vom Zusammenhang zwischen Gewicht, Geschwindigkeit und Form und können das auch verbalisieren. Sie beschreiben die Versuche noch einmal und begründen, warum die große Murmel schneller ist als die kleine: Sie ist schwerer. Sie können auch im Schlusskreis so davon berichten, dass die anderen Kinder sie verstehen.

Besprechen der Ergebnisse

Entwicklungsangemessenheit

In diesem Projekt werden die Lern- und Entwicklungsprozesse der Kinder individuell gestaltet. Je nach deren Kompetenzen gestalten sie ihre Aufgaben im Projekt unterschiedlich. Bei den großen schiefen Ebenen sind die jüngeren Kinder noch nicht in der Lage, Vergleiche vorzunehmen. Wenn die Ebenen jedoch kleiner sind und direkt nebeneinander liegen, dann nehmen auch die jüngeren Kinder Vergleiche vor. Es gelingt ihnen auf diese Weise zu beobachten, wie weit Murmeln und Walzen im Vergleich rollen. Bildungsprozesse entwicklungsangemessen zu gestalten, bedeutet, dass sie dem Entwicklungsstand des einzelnen Kindes in seinem Kontext entsprechen (und nicht dem eines durchschnittlichen „Normkindes" einer bestimmten Altersgruppe).

Turnen mit der schiefen Ebene

Beim Turnen bauen sich die Kinder selbst eine schiefe Ebene. Sie legen eine große Turnmatte, die sehr rutschig ist, auf einen Kasten und eine Bank. Nun können sie selber eine schiefe Ebene herunterrollen. Rolle vorwärts, seitlich und auf dem Rücken.

Die schiefe Ebene am eigenen Körper erfahren

Bevor die Matte auf die hochgestellte Bank gelegt wird, lassen die Kinder verschiedene Bälle, Tennis-, Medizinbälle und Luftballons hinunterrollen: Sie beobachten genau, dass die Bälle umso schneller rollen, je steiler die Bank ist. Anschließend wird eine Papprohre auf die Bank geklebt, sodass die Kinder durch diese Röhre kleine Kugeln werfen können. Zunächst probieren sie aus, welche Bälle durch die Röhre hindurchrollen. Tennisbälle sind zu groß, aber die Tischtennisbälle und die Murmeln passen durch. Auch im Garten der Einrichtung tragen einige Kinder Bretter, Holzbänke und Klötze zusammen und bauen daraus eine schiefe Ebene.

Auf der Suche nach schiefen Ebenen

Leonie entdeckt bei einem Spaziergang verschiedene schiefe Ebenen im Außengelände: die Rutsche und den Hügel, das Dach vom kleinen Haus und die Dachkonstruktion vom Kindergarten. Sie hält diese Beobachtungen mit einer Digitalkamera fest, um sie den anderen Kindern zu präsentieren.

Exkursion in das Universum® Science Center

Im Zusammenhang mit diesem Projekt besuchen die Kinder auch das Universum® in Bremen, ein Science Center (www.universum-bremen.de). Sie haben insbesondere Spaß an einer Sortiermaschine, die die Form einer Spirale hat. Sie geben oben verschiedenes Material in die Maschine, z. B. kleine Steine, Bohnen etc. Die schwereren Gegenstände erreichen eine höhere Geschwindigkeit und sammeln sich an der Außenseite der Schräge, sodass das Material in verschiedenen Kästen sortiert aufgefangen werden kann.

Bildungsorte öffnen und verknüpfen

In diesem Projekt werden verschiedene Lernorte vernetzt. Die Kinder besuchen ein Science Center in der Umgebung und können dort das, was sie in der Einrichtung gelernt haben, in einem anderen Kontext vertiefen. Auch die Eltern werden durch die fortlaufende Dokumentation und die tägliche Ausstellung von Bildern in das Projekt eingebunden. So können die Themen, die die Kinder in der Einrichtung behandeln, auch zu Hause fortgeführt werden.

Dokumentation und Reflexion

Während des gesamten Projektes findet eine fortlaufende Dokumentation durch Fotos und selbst gestaltete Bilder statt. An der Magnetwand werden jeden Tag die Dokumente der Kinder ausgehängt. So gelingt es auch jüngeren Kindern, ihren Eltern und Freunden zu zeigen, was sie gemacht haben. Eltern nehmen dies als Anregung, Fragen zu stellen und das Thema sowohl bei den Fachkräften anzusprechen als auch mit ihren Kindern weiter zu vertiefen. In einer Mappe, die auf einem Tisch vor dem Gruppenraum liegt, werden die Dokumentationen der vorherigen Aktivitäten chronologisch gesammelt und sind für die Eltern jeder Zeit einsehbar.

Dokumentation durch Fotos und Bilder

Nach den jeweiligen Aktivitäten setzen die Kinder sich zusammen, besprechen und reflektieren, was sie beobachtet und erlebt haben. Die Kinder tragen noch einmal alle ihre Ergebnisse zusammen und betrachten die Fotos, auf denen die Reihenfolgen abgebildet sind. Dabei zeigt sich, dass die glatten Kugeln jeweils am besten rollen, das sind in diesem Fall die Murmeln. Die Kinder fragen sich, warum das so ist und nehmen diese Frage mit nach Hause. Dort wollen sie, z. B. mithilfe der Eltern oder dem Internet, eine Erklärung dafür finden. Am nächsten Tag kommen alle wieder zu einem „Forschertreffen" zusammen und tragen ihre Antworten zusammen. In diesem Zusammenhang vertiefen die Kinder auch ihre lernmethodischen Kompetenzen, denn sie berichten sich gegenseitig, wie sie an Wissen gelangt sind. Neben dem Begriff der schiefen Ebene lernen die Kinder die Begriffe Hangabtriebskraft und Reibung kennen.

Die **schiefe Ebene** ist eine ebene Fläche, die gegen die Horizontale geneigt, also schief ist. Wie auch der Flaschenzug und der Hebel ist die schiefe Ebene eine einfache Maschine. Bei der schiefen Ebene kommen unterschiedliche Kräfte zur Geltung: Wird die schiefe Ebene zum Überwinden von Höhenunterschieden nach unten eingesetzt, treten Hangabtriebs- und (entgegengesetzt) Haftreibungskräfte (Reibung) auf. Auf einer schiefen Ebene werden also Gegenstände in Bewegung gesetzt und überwinden dabei die Reibungskräfte besser als auf einer Ebene. Durch die Hangabtriebskraft rollen z. B. Räder, Rollen, Walzen und Kugeln die Ebene hinunter. Entscheidend für die Geschwindigkeit sind dabei verschiedene Faktoren:

Einfache Maschinen

- Gewicht und Größe der rollenden Gegenstände,
- die Form der Gegenstände (Kugeln, Walzen, Räder, Würfel),
- Material und Oberflächenbeschaffenheit der Gegenstände (z. B. Holz, Glas, Plastik)
- der Neigungswinkel der Ebene,
- die Oberflächenbeschaffenheit der schiefen Ebene.

Die Murmeln rollen deshalb so weit und schnell, weil sie beim Rollen die Oberfläche nur ein bisschen berühren. Deshalb ist weniger Reibung entstanden und sie sind so weit gerollt, anders als die Würfel und Bauklötze, die eher liegen geblieben sind.

Reibungskräfte bewirken somit, dass Gegenstände abgebremst werden oder sich langsamer bewegen. Diese Kraft tritt immer dann auf, wenn sich bewegende Gegenstände/Oberflächen aneinanderreiben. Dabei spielt auch die Oberflächenbeschaffenheit eine Rolle. Rauere Flächen bewirken mehr Reibungskräfte als glatte Flächen.

Reibung als Kraft

Beim Überwinden von Höhenunterschieden nach oben, also wenn ein Gegenstand hochgehoben werden soll, wirkt die schiefe Ebene wie ein Hebel: Der Kraftaufwand, der hierzu geleistet werden muss, wird verringert, während der Weg sich verlängert.

Kapitel 6 | Projekte im Bildungsbereich Technik: Beispiele aus der Praxis

Einordnung der Thematik in einen größeren Zusammenhang

Positive Auswirkung von Reibung

In vielen Situationen ist Reibung unverzichtbar: Aufbauend auf diesem Prinzip funktionieren die Bremsen von Fahrrädern und Autos. Winterreifen bewirken mehr Reibung als Sommerreifen und verhindern oder reduzieren so übermäßiges Rutschen auf extrem glatten Oberflächen wie z. B. Schnee, nassem Laub oder Eis. Das ist nicht nur beim Bremsen, sondern auch beim Anfahren von großer Bedeutung. Ein Kind erinnert sich in diesem Zusammenhang an die Handpuppe Karla: Sie ist hingefallen, weil die Blätter nass waren und sie ausgerutscht ist!

Auch die Kinder meinen, dass Reibung und Bremsen sehr wichtig sind. Beim Fahrradfahren quietschen die Reifen, wenn man schnell bremst und manchmal sieht man dann sogar einen schwarzen Streifen auf der Straße. Anti-Rutsch-Socken sind praktisch, damit man nicht ausrutscht. Die Kinder lernen, dass Reibung nicht einfach gut oder schlecht ist, sondern es davon abhängt, was man gerade will.

Reibung kann nämlich auch hinderlich sein, z. B. wenn man eine schwere Kiste mit Spielzeug bewegen will. Da muss man viel Kraft aufwenden und unter Umständen schafft man es trotzdem nicht.

Die Kinder wollen das ausprobieren und zwar mit der pädagogischen Fachkraft. Sie soll sich in die Kiste setzen und die Kinder versuchen sie zu schieben! Jedes einzelne Kind versucht es, aber nur zwei Kinder schaffen es, die Kiste um zwei Zentimeter zu bewegen. Die Fachkraft überlegt gemeinsam mit den Kindern, welche Möglichkeiten es gibt, die Kiste doch noch zu bewegen.

Lovis schlägt sofort die Tennisbälle vor, „wie ein Rollbrett". Die Kinder schieben die Tennisbälle unter die Kiste und nun sind sie in der Lage, die Fachkraft in der Kiste hin und her zu bewegen. Ein anderes Kind will es mit Rundhölzern probieren: Es legt gemeinsam mit anderen Kindern sechs Rundhölzer unter die Kiste und auch damit lässt sich die Kiste problemlos schieben. Die Kinder stellen außerdem fest, dass die Konstruktion mit Tennisbällen viel wackeliger ist als mit Rundhölzern. Um auszuprobieren, was am allerleichtesten geht, bindet die Gruppe ein Gummiband an die Kiste. Die Kinder schieben sich gegenseitig und die Fachkraft mit der Kiste und vergleichen dabei, wann sich das Gummiband am weitesten dehnt. Das ist eindeutig dann der Fall, wenn keine Bälle oder Rundhölzer unter der Kiste sind. Die geringste Dehnung ist zu beobachten, wenn die Tennisbälle unter der Kiste liegen.

Positive Auswirkung von Reibung

Abschlussphase des Projektes

In der Abschlussphase des Projektes wird der gesamte Ablauf mit Beschreibungen und Fotos noch einmal zusammengefasst und vorgestellt. Bei einem Abschlussgespräch wird die Dokumentation betrachtet und Kinder und Fachkräfte tragen noch einmal zusammen, was sie erlebt, herausgefunden und gelernt haben.

Vertiefung des Themas im Freispiel und Bau einer Federwaage

Im Freispiel wollen die Kinder weiter an dem Thema forschen. Sie überlegen, wie sie den Versuch mit der Kiste auf eine andere Art und Weise nachmachen können. Ein Kind kommt auf die Idee, ein Gummiband an ein Holzbrett zu binden und zu versuchen, es über den Tisch zu ziehen. Das Gleiche soll dann noch einmal mit Bleistiften darunter probiert werden. Die Kinder fangen an und experimentieren: Sie ziehen das Holzbrett, ohne etwas darunter zu legen, und beobachten die Dehnung. Dann legen sie Buntstifte und Murmeln darunter und ziehen und beobachten wieder. Das Ergebnis ist das Gleiche wie beim letzten Mal: Das dünne Gummiband dehnt sich unterschiedlich stark, je nachdem, was und ob etwas unter dem Brett liegt. Die Fachkraft fragt, ob es Möglichkeiten gibt, die Vergleiche noch genauer vorzunehmen: Sören kommt auf die Idee, die Dehnung auszumessen. Dazu deckt die Gruppe den Tisch mit Tapetenrolle ab, zieht eine Startlinie und dann fangen die Kinder abwechselnd ganz langsam an zu ziehen, bis die erste Bewegung des Brettes zu sehen ist. An der Stelle, bis zu der das Band gedehnt ist, malen die Kinder einen Strich. Dadurch ist der Vergleich nicht nur über einen längeren Zeitraum zu sehen, die Strecke kann auch mit einem Lineal nachgemessen und das Ergebnis anschließend dokumentiert werden.

Mit der Waage experimentieren

Danach probieren die Kinder aus, was passiert, wenn man das Brett mit Gewichten beschwert. Die Kinder legen unterschiedliche Gegenstände auf das Brett und je nachdem, wie schwer der jeweilige Gegenstand ist, dehnt sich das Gummiband unterschiedlich stark.

Das ist auch das Prinzip, nach dem die Federwaagen funktionieren, die zum Beispiel auf Baustellen eingesetzt werden. An eine Metallfeder wird ein Gewicht gehängt und diese zeigt die Stärke der Dehnung an, die beim Hochheben des Gewichtes entsteht. Die Kinder wollen selbst eine Waage bauen: Mit einem Handbohrer werden Löcher in die Seiten von Brettern gebohrt, dann wird ein Haken in das Loch gedreht. In diesem Zusammenhang probieren die Kinder aus, welche Gummibänder am besten geeignet sind: Ganz dünne Bänder dehnen sich am meisten, die Unterschiede werden so besonders deutlich. Allerdings besteht die Gefahr, dass das Gummiband reißt. Ganz dicke Gummibänder sind zwar reißfester, aber bei nur geringen Gewichtsunterschieden ist die unterschiedliche Dehnung schwer zu beobachten. Es hängt also von der Aufgabenstellung ab, welches Band am besten geeignet ist.

Selbst eine Waage bauen

6.7.4 Integrierte Bildungsbereiche

Sprache und Literacy

In diesem Projekt äußern die Kinder ihre Ideen, sie beobachten genau und beschreiben das, was sie sehen. Sie diskutieren und reflektieren darüber, was sie gelernt haben. Die Kinder lernen neue Begriffe kennen, wie schiefe Ebene und Reibung. Beim Vergleichen verwenden sie Komparative wie schneller, weiter und höher und lernen die Bedeutung dieser Begriffe kennen.

Mathematik

Die Kinder beschäftigen sich mit verschiedenen Formen, z. B. Ball und Würfel, sie stellen Vergleiche an und üben auch das Messen, z. B.: Wie weit ist die Murmel gerollt?

Bewegung

Das Projekt bezieht auch den Bildungsbereich Bewegung ein. Die Kinder rollen und rutschen auf einer schiefen Ebene, sodass die schiefe Ebene für den gesamten Körper erfahrbar wird. Das (z. T. gleichzeitige) Loslassen der Gegenstände, die unterschiedlich groß sind, erfordert von den Kindern feinmotorische Kompetenzen, die sie durch solche Aktivitäten weiter entwickeln können.

7
Was es noch zu bedenken gibt: Übergreifende Perspektiven

7 Was es noch zu bedenken gibt: Übergreifende Perspektiven

7.1 Anregungen zur Vernetzung

Zusammenarbeit mit den Eltern

Familie als erster Bildungsort

Die ersten grundlegenden Bildungserfahrungen – auch in Bezug auf die technische Bildung – machen Kinder in ihren Familien. Pädagogische Fachkräfte werden dem Bildungsort Familie gerecht, wenn sie mit Eltern in einer Bildungs- und Erziehungspartnerschaft zusammenarbeiten, in der Kind, Eltern und Einrichtung an der Konstruktion von Bildungsprozessen beteiligt werden. Der Bildungsbereich Technik gibt viele Anknüpfungspunkte, Eltern aktiv in das Geschehen in der Kita einzubeziehen, etwa wenn Kinder im Rahmen von Projekten zu Hause Informationen einholen oder interessante Gegenstände mit in die Einrichtung bringen. Eine weitere Möglichkeit, sich aktiv mit Eltern auszutauschen, bieten Dokumentationen von abgeschlossenen Projekten, die die Kinder stolz den Eltern präsentieren. Kontinuierlich und über verschiedene Bildungsbereiche hinweg unterstützen Entwicklungsportfolios den Austausch. Fachkräfte und Eltern können sich mit deren Hilfe individuelle Bildungsprozesse des Kindes vergegenwärtigen und diese reflektieren.[1]

Gemeinwesenorientierung

Das Umfeld einbeziehen

Neben einer Verknüpfung der Bildungsorte Kindertagesstätte und Familie geht es auch darum, die Einrichtung für das soziale, kulturelle und wirtschaftliche Umfeld zu öffnen. Ein solches Lernen an allen Orten, die zur Lebenswelt von Kindern gehören, erleichtert den Kindern das Erschließen von Sinnzusammenhängen und hilft ihnen dabei, ihre gesamte Lebenswirklichkeit zu verstehen, z. B. bei Exkursionen zu Mitmach-Ausstellungen oder bei Besuchen von Expert/-innen, z. B. einer Ingenieurin.

Zusammenarbeit mit der Grundschule

Die Kinder auf ihre neue Rolle in der Schule vorbereiten

Der Übergang zur Grundschule ist für Kinder ein einschneidender und aufregender Schritt, dem sie in der Regel hoch motiviert entgegensehen. Dennoch ist die Einschulung für Kinder und Eltern auch mit Unsi-

---

1 Siehe Band 6: Portfolios im Elementarbereich der Reihe „Natur-Wissen schaffen"

cherheiten verbunden und fordert von ihnen die Übernahme neuer Rollen als „Schulkind" bzw. „Eltern eines Schulkindes". Für einen erfolgreichen Übergang von der vorschulischen Einrichtung zur Schule sind alle Beteiligten – das Kind, die Eltern, die frühpädagogische Einrichtung und die Schule – gefragt, und sie gestalten den Übergang am besten in engem Austausch und Kooperation.

Eine gute Ausgangsbasis für einen erfolgreichen Schulstart im Bereich Technik schafft die vorschulische Einrichtung gemeinsam mit dem Kind und den Eltern durch die Stärkung

- einer positiven Haltung zur Technik und von Entdeckerfreude,
- des Vertrauens in die eigenen naturwissenschaftlichen, technischen und methodischen Kompetenzen und
- von Kompetenzen, Hypothesen auszudrücken, mit anderen über technische Fragen zu kommunizieren und zu reflektieren.

Denn auch die Grundschullehrpläne der meisten Bundesländer und die Bildungsstandards, die die Kultusministerkonferenz für den Grundschulbereich formuliert haben, betonen die Bedeutung des gemeinsamen, entdeckenden Lernens und entsprechender allgemeiner, prozessbezogener Kompetenzen.

Basiskompetenzen in der Grundschule stärken

Stellt man das Kind und die Optimierung seines individuellen Bildungsprozess in den Mittelpunkt, dann geht es bei der Zusammenarbeit von elementarpädagogischer Einrichtung und Schule jedoch nicht darum, das Kind von der vorschulischen Kindertageseinrichtung „schulfähig" an die Grundschule zu „übergeben". Gefordert ist vielmehr die Abstimmung und Zusammenarbeit aller Beteiligten – Kind, Eltern, abgebende elementarpädagogische Einrichtung und aufnehmende Schule – sodass das Kind seine Bildungsbiografie in der Schule kontinuierlich und erfolgreich fortsetzen kann. Damit steht auch die Grundschule vor der Aufgabe, sich über den Lern- und Entwicklungsstand des Kindes zu informieren, es auf diesem Stand abzuholen und auf seinem weiteren Bildungsweg individuell zu unterstützen.

Fach- und Lehrkräfte tragen zur Kontinuität des Bildungsverlaufs bei, wenn sie sich kollegial und „auf gleicher Augenhöhe" über ihr jeweiliges Verständnis der technischen und sachkundlichen Bildung und über die Vorgaben der für sie maßgeblichen Bildungspläne austauschen. Einen nicht nur für Kinder, sondern auch für die Erwachsenen anregenden und interessanten Rahmen einer solchen Verständigung können *Projekte* mit abgeben, die Kindertagesstätte und Grundschule gemeinsam durchführen, oder auch gegenseitige *Besuche* der Schul- und Kindergartenkinder.

Übergreifende Projekte

Auf die Dokumentation und Reflexion *individueller* Bildungsprozesse ausgerichtet ist das Portfoliokonzept, das im Projekt „Natur-Wissen schaffen" entwickelt wurde. Für die Gestaltung des Übergangs vom Kindergarten zur Grundschule empfiehlt sich insbesondere das in diesem Rahmen vorgestellte Übergangsportfolio, das unter anderem die bisherige Bildungserfahrung des Kindes dokumentiert und den Lehrkräften ein individualisiertes Bild seines Lernprozesses, seiner Kompetenzen, Interessen und Stärken vermittelt.[1] Hierbei ist das Kind aktiver Gestalter seiner Bildungsdokumentation. Nicht nur Kompetenzen im Bereich Technik werden dokumentiert, sondern es sollen die gesamten Lern- und Entwicklungsprozesse des Kindes sichtbar und reflektierbar werden.

Übergangsportfolio: Band 6 der Reihe „Natur-Wissen schaffen"

Fortlaufende Dokumentationen individueller Bildungsprozesse sind einer Diagnostik vor der Einschulung vorzuziehen. Denn eine kontinuierliche Dokumentation liefert die Grundlage, um jedem Kind permanent eine optimale individuelle Unterstützung zu geben und seine Stärken zu stärken. Die Attestierung von Defiziten vor der Einschulung und gesonderte Förderprogramme grenzen Kinder dagegen leicht aus, entmutigen sie und untergraben ein positives Selbstbild.[2]

---

1 Siehe Band 6: Portfolios im Elementarbereich der Reihe „Natur-Wissen schaffen" die eingehende Darstellung verschiedener Dokumentationsmethoden
2 Fthenakis, 2007a

Kapitel 7 | Was es noch zu bedenken gibt: Übergreifende Perspektiven

7.2 Anregungen zum Umgang mit individuellen Unterschieden und Vielfalt

Allen Kindern gleiche Bildungschancen bieten

Jedes Kind ist anders und bringt seine individuelle Persönlichkeit mit in die Bildungseinrichtung. Der positive Umgang mit individuellen Unterschieden und Vielfalt setzt voraus, sie sensibel wahrzunehmen und bei der Planung und Gestaltung von Bildungsprozessen zu bedenken.[1] Dabei sind Unterschiede hinsichtlich des Lerntempos, besonderer Bedürfnisse, des kulturellen Hintergrundes und des Geschlechts zu berücksichtigen, um allen Kindern bestmögliche Bildungschancen zu geben.

Kinder mit unterschiedlichem Lerntempo

Kinder erobern sich die Welt der Technik in unterschiedlichem Lern- und Entwicklungstempo.

Diese Differenzen kann die Fachkraft zur Förderung für alle Kinder nutzen, wenn sie Kinder mit unterschiedlichem Lern- und Wissensstand zur Kooperation anregt. Denn auf der einen Seite ermutigt die Zusammenarbeit mit weiter entwickelten Kindern jüngere und weniger erfahrene Kinder dazu, Konzepte anzuwenden, über die sie alleine noch nicht verfügen. Auf der anderen Seite lernen die weiter entwickelten Kinder in kooperativen Lernsituationen nicht nur etwas über das entsprechende Konzept, sondern auch darüber, wie man es anderen nahebringen kann.[2]

Die individuelle Entwicklung von Kindern, die einen ausgeprägten Sinn und Interesse für Technik haben, fördert die Fachkraft angemessen durch komplexere Aufgaben und Fragen.

Erfolgserlebnisse ermöglichen

Bei Kindern mit geringeren Vorkenntnissen und geringerem Lerntempo ist darauf zu achten, ihnen Erfolgserlebnisse zu ermöglichen. Sie benötigen eventuell ein größeres Maß an Hilfestellung durch die Fachkraft oder erfahrenere Kinder. Die Fachkraft ermutigt diese Kinder durch die Wertschätzung ihrer persönlichen Lernfortschritte[3] und achtet auf besondere Kompetenzbereiche der Kinder, in denen sie einen guten Zugang zu dem Bildungsbereich Technik finden, etwa Stärken im sprachlichen Ausdruck, in der Motorik, im künstlerischen und musikalischen Ausdruck oder im ideenreichen Bauen und Konstruieren.

1 *Stremmel, 1997*
2 *Baker, 2006*
3 *Leff, 2004*

Kinder mit speziellen Bedürfnissen

Für Kinder mit körperlichen Beeinträchtigungen ist sicherzustellen, dass auch sie ausreichend Möglichkeit haben, technische und naturwissenschaftliche Phänomene sinnes- und körperbasiert zu erfahren sowie ihre Ideen zu symbolisieren und mit anderen zu teilen. Hier ist der Ideenreichtum der Fachkraft gefragt, Technik auf den verschiedenen Sinneskanälen erfahrbar zu machen und verschiedene Formen des Ausdrucks anzuregen. Kindern mit eingeschränkter Hör- oder Sprachkompetenz z. B. sollten Möglichkeiten der Symbolisierung von Ideen und der Kommunikation mit anderen angeboten werden, die den sprachlichen Kommunikationskanal unterstützen, z. B. durch den Bau von Modellen, durch Skizzen und Zeichnungen.

Bei allen Aktivitäten ist darauf zu achten, dass körperlich eingeschränkte Kinder Zugang zu interessanten Materialien haben und mit diesen in sicherer Umgebung hantieren können (z. B. auf ausreichendem Platz am Boden).

Kulturelle Diversität

Bildungsangebote im Bereich Technik bieten vielfältige Ansatzpunkte, den familiären und kulturellen Hintergrund der Kinder in der Einrichtung auf wertschätzende Weise sichtbar zu machen und einzubeziehen. Indem die Fachkraft diese Möglichkeiten nutzt, ermöglicht sie allen Kindern positive Erfahrungen mit Diversität, vermittelt Kindern aus Migrationsfamilien Sicherheit und Anerkennung ihrer Herkunftskultur und sorgt dafür, dass die technische Bildung in der Einrichtung an die Erfahrungswelt des Kindes angebunden und somit aus seiner Sicht anschaulich, lebendig und sinnhaft wird.

Kulturelle Aspekte von Technik

Der Einbezug des kulturellen Hintergrundes ist für eine erfolgreiche Bildungsgeschichte von Kindern – insbesondere, wenn sie nicht der deutschen Mehrheitskultur entstammen – von großer Bedeutung. Denn das grundlegende Prinzip der technischen Bildung im Elementarbereich, die Stärkung sinnhaften, verstehenden Lernens, ist nur dann umzusetzen, wenn das Bildungsangebot in der Einrichtung in Bezug zu den lebensweltlichen Erfahrungen des Kindes steht.[1] Es bietet sich an, in diesem Rahmen die Eltern aktiv zu beteiligen und in dieser Weise den familiären Hintergrund einfließen zu lassen, bspw. im Rahmen von Projekten.[2]

---

1 Lo Cicero, Fuson & Allexshat-Snider, 2003
2 Katz & Chard, 2000b, siehe Kapitel 5: Bildungsprozesse ko-konstruktiv gestalten: Projektmethode und metakognitive Gespräche

Die Fachkraft ermutigt Kinder aller Kulturen, ihre besonderen Erfahrungen und Konzepte einzubringen, z. B.: Bikulturell aufwachsende Kinder sind sich häufig unsicher und scheuen sich, ihre individuelle Meinung auszudrücken. Der ausdrückliche und wertschätzende Einbezug ihrer kulturell geprägten Erfahrungen vermittelt ihnen u. a., dass ihre Individualität und ihr familiärer Hintergrund eine interessante Bereicherung für alle anderen darstellen – gleichwertig mit den Erfahrungen der Kinder aus der Mehrheitskultur. Dies hilft ihnen dabei, ein positives Selbstbild aufzubauen.

Nicht-sprachlichen Ausdruck stärken

Die Fachkraft ermutigt diese Kinder, ihren Standpunkt selbstbewusst auszudrücken. Kindern, die in der deutschen Sprache noch unsicher sind, bietet sie zudem Möglichkeiten an, ihre Sicht nicht-sprachlich, also z. B. in Bildern, auszudrücken und anderen zu kommunizieren. Druck, die Herkunftssprache nicht zu verwenden (z. B. mit den Geschwistern), verunsichert bilinguale Kinder dagegen zusätzlich und bringt sie eher zum Verstummen als dazu, ihre Deutschkenntnisse zu entwickeln.

Sprachliche Kompetenzen sind bei allen Kindern – auch bei Kindern mit Deutsch als Erstsprache – ein wichtiger Bestandteil ihrer Fähigkeiten im technischen Bildungsbereich. Kinder mit Deutsch als Zweitsprache profitieren in besonderer Weise von einer Stärkung der Ausdrucksfähigkeit für technische Sachverhalte.

Von der wertschätzenden Thematisierung kultureller Vielfalt profitieren alle Kinder in der Einrichtung. Sie vermittelt ihnen nicht nur allgemeine positive Erfahrungen mit der Vielfalt verschiedener Kulturen, Sprachen und Lebensweisen.

Soziales Geschlecht (Gender)

Eine geschlechtersensible Erziehung ist schon in der Elementarpädagogik wichtig und notwendig. Selbst wenn man von angeborenen Unterschieden zwischen Mädchen und Jungen ausgeht, zeigen die Ergebnisse der Forschung, dass Geschlechtsunterschiede, wie wir sie heute vorfinden, zu einem großen Teil in der Sozialisation erworben werden. Glenda MacNaughton[1] beschreibt anschaulich, wie die Versuche eines Kindes, entgegen der traditionellen Geschlechterrolle Interessen zu entwickeln, zu Konflikten mit der Umwelt und mit sich selbst führen. Aus diesem Grund ist es sehr wichtig, die Sozialisationsbedingungen so zu gestalten, dass Mädchen und Jungen in ihrer Entwicklung nicht durch bestehende Geschlechterstereotype eingeschränkt werden. Die moderne Elementarpädagogik setzt sich deshalb zum Ziel, Kinder bei der Entwicklung einer eigenen Geschlechtsidentität ohne einengende Zuschreibungen zu unterstützen. Eine geschlechtsbewusste Pädagogik ist dabei nicht als fertiges Konzept mit Standardmethoden zu verstehen. Vielmehr geht es hier um eine pädagogische Grundhaltung.[2]

In den Bildungsplänen verschiedener Länder wird die Geschlechterthematik in unterschiedlicher Art und Weise thematisiert. Dabei wird sie in der

Geschlechterstereotype können die Entwicklung einschränken

Regel als Querschnittsaufgabe definiert, deren Umsetzung jedoch meist nicht genau definiert.[3] In der Ausbildung von elementarpädagogischen Fachkräften stellt die Genderkompetenz immer noch einen vernachlässigten Bereich dar.[4] Deshalb ist es nicht verwunderlich, wenn Fachkräfte die Geschlechterthematik in ihrem Alltag nur wenig reflektieren und kaum wissen, wie sie die Vorgabe des Gendermainstreamings in

1 MacNaughton, 2004
2 Niesel, 2008a
3 Niesel, 2008b
4 Gender Loops, 2008

ihrer pädagogischen Arbeit umsetzen können. Gerade wenn es um die frühkindliche Bildung in den Bereichen Naturwissenschaften und Technik geht, ist jedoch eine geschlechtersensible Pädagogik besonders wichtig. Denn hier gilt es vorzubeugen, damit die Mädchen ihr Interesse an diesen Bereichen nicht zunehmend verlieren.

Reflexion über bestehende Stereotype bzw. Rollenvorstellungen

Um Mädchen und Jungen zu ermutigen, Interessen auch entgegen bestehender Stereotype zu entwickeln, ist es für die Fachkraft zunächst einmal wichtig, sich selbst mit der Thematik auseinanderzusetzen. Sie beschäftigt sich damit, welche Vorstellungen in unserer Kultur darüber vorherrschen, wie Mädchen und Jungen sind oder wie sie sich verhalten sollten. Das Lesen von einschlägiger Literatur ist hier ein Weg. Hilfreich ist beispielsweise auch im Alltag auf gängige Formulierungen, wie zum Beispiel „typisch Mädchen" oder „typisch Junge", zu achten.[1] Darüber hinaus gilt es, den Blick für die unterschiedlichen Lebenswelten von Mädchen und Jungen zu schärfen. Dabei ist der beste Ausgangspunkt das eigene Erleben als Frau oder Mann. Hilfreich ist es beispielsweise sich vorzustellen, für eine Woche das Geschlecht zu wechseln[2]: Wie würde sich das eigene Leben verändern? Würde man vermutlich anderen Hobbies und Interessen nachgehen? Würde man sich in Bereichen mehr zutrauen, in denen man sich bisher wenig zugetraut hat?

Auf Formulierungen achten

Im Hinblick auf die naturwissenschaftliche und technische Bildung der Kinder gilt es genau zu beobachten, wo sich Unterschiede zwischen Mädchen und Jungen zeigen: Spielen Jungs zum Beispiel häufiger mit Werkzeugen als Mädchen? Werden Mädchen bei entsprechenden Aktivitäten vielleicht sogar durch andere Kinder abgewertet? Wo werden Jungen und Mädchen besonders für geschlechtstypisches Verhalten verstärkt bzw. gelobt? Wichtig ist dabei auch, die eigenen – nicht immer bewussten – Vorstellungen über die Eigenschaften von Mädchen und Jungen kritisch zu hinterfragen sowie auch das eigene Verhalten den Kindern gegenüber.

Jungen und Mädchen bei ihren Aktivitäten beobachten

Gestaltung der Interaktion zwischen Fachkraft und Kind

Auch wenn die pädagogische Fachkraft die Kinder zu Verhaltensweisen ermutigen möchte, die für das eigene Geschlecht *untypisch* sind, heißt das nicht, dass geschlechts*typisches* Verhalten gleichzeitig sanktioniert werden sollte. Mädchen und Jungen nehmen im Verlauf der Entwicklung ihrer Geschlechtsidentität ungefähr ab dem 3. Lebensjahr häufig besonders stereotype Verhaltensweisen an. Solche Verhaltensweisen sind als entwicklungsabhängig anzusehen und sollten weder bekräftigt noch „bestraft" werden.[3] Vielmehr geht es darum, den Kindern ein möglichst breites Spektrum an Möglichkeiten anzubieten und sie zu ermutigen, verschiedene Materialien zu explorieren und verschiedene Tätigkeiten auszuprobieren. Dabei können gezielt auch die Fähigkeiten gefördert werden, die bei Mädchen oder bei Jungen meist weniger gut ausgeprägt sind. Bei Jungen betrifft dies die sprachliche Ausdrucksweise, bei Mädchen ist es das räumliche Vorstellungsvermögen. Deshalb sollten Jungen dazu ermutigt werden, sich verbal zu äußern, während Mädchen z. B. bei Konstruktionsspielen oder beim Klettern bestärkt werden sollten. Es sollte gewährleistet sein, dass Mädchen qualitativ und zeitlich genauso viel Aufmerksamkeit bekommen wie Jungen, die in der Regel mehr Aufmerksamkeit von Erwachsenen auf sich lenken.

Jungen und Mädchen individuell fördern

Fachkräfte machen in der Praxis häufig die Erfahrung, dass vor dem Eintritt in die Schule Jungen und Mädchen gleichermaßen Interesse an Naturwissenschaften und Technik zeigen, wenn derartige Themen beispielsweise in einem gemeinsamen Projekt bearbeitet werden.[4] Dieses Interesse sollte systematisch gefördert werden. Da sich Mädchen häufig mehr für naturwissenschaftliche und technische Inhalte interessieren, wenn sie in einen sozialen Kontext eingebunden sind, kann man auf diese Weise leicht ihr Interesse an diesen Themen wecken. Gleichzeitig ist es wichtig, auch Jungen für die sozialen Aspekte von Naturwissenschaften und Technik zu begeistern. Bei der Beschreibung von Personen und Vorgängen ist darauf zu achten, dass Geschlechterstereotype vermieden werden bzw. dass bewusst *auch* Bezeichnungen verwendet

Auf Geschlechterstereotype achten

---

1 *Niesel, 2008a*
2 *vgl. Walter, 2005*
3 *vgl. Niesel, 2008a*
4 *vgl. Fischer, 2008*

werden, die den gängigen Stereotypen entgegenstehen (z. B. Krahnfahrerin, Physikerin, Krankenpfleger). Eine weitere Möglichkeit besteht darin, den Kindern den Zugang zu Spielmaterial, das traditionell der anderen Geschlechtsgruppe zugeordnet wird, zu erleichtern. Dabei kann es sinnvoll sein, den Kindern bestimmte Dinge vorzumachen (z. B. die Benutzung von Handwerkszeug und Geräten) und sie bei der Handhabung von Materialien anzuleiten. Die Fachkraft kann das Kind dabei aktiv, zum Beispiel durch Loben, verstärken. Ein solches Lob sollte allerdings nicht zu früh erfolgen, da sich gerade Mädchen nach dem erhaltenen Lob oft schnell wieder von dem jeweiligen Gegenstand abwenden.[1] Größere Projekte zu den Bereichen Naturwissenschaften und Technik umfassen oft verschiedene Tätigkeiten und Aufgaben. Im Rahmen solcher Projekte sollte darauf geachtet werden, dass Mädchen und Jungen die gesamte Palette des Angebots explorieren und sich hier nicht wiederum ausschließlich mit geschlechtstypischen Aspekten beschäftigen.

Gestaltung der Interaktionen der Kinder untereinander

Kinder beeinflussen sich im Zuge der Entwicklung ihrer eigenen Geschlechtsidentität untereinander zumeist einseitig in Richtung geschlechtstypischen Verhaltens. Eine wichtige Aufgabe der pädagogischen Fachkraft besteht deshalb darin, auch das Verhalten der Kinder untereinander zu beobachten. Besonders innerhalb einer ko-konstruktiven Elementarpädagogik ist dies relevant, denn hier ist die aktive Beteiligung des Kindes elementarer Bestandteil des pädagogischen Konzepts.

Mädchen und Jungen bevorzugen unterschiedliche Konfliktlösestrategien. Während Mädchen Meinungsunterschiede eher verbal austragen, versuchen Jungen sie eher durch körperliche Auseinandersetzung zu lösen. Mädchen ziehen sich in gemischt-geschlechtlichen Gruppen meist zurück, wenn Konflikte körperlich ausgetragen werden. Bei der Ko-Konstruktion von Bedeutungen dominieren deshalb die Meinungen der Jungen in gemischtgeschlechtlichen Gruppen.[2] Die Fachkräfte können hier ausgleichend eingreifen, indem sie aktiv die Meinungen der Mädchen stärken. In bestimmten Situationen kann es auch sinnvoll sein mit reinen Mädchen- und Jungengruppen zu arbeiten. So werden zum Beispiel Rollenspiele häufig von den Jungen dominiert. Sie nehmen stärkeren Einfluss auf die Auswahl der Geschichte als Mädchen und geben sich dabei selbst dominante Führungsrollen. Die Fachkraft kann hier eingreifen, indem sie zum Beispiel alternative Geschichten vorschlägt oder die Vorschläge der Mädchen bekräftigt.

1 *MacNaughton, in Vorbereitung; MacNaughton & Williams, 2003*
2 *MacNaughton, in Vorbereitung; MacNaughton & Williams, 2003*

Gerade im Rahmen von technischen Projekten ist es wichtig auf die Interaktion der Kinder untereinander zu achten. Da Projekte meist den Charakter von Gruppenarbeit haben, ist es besonders wichtig, dass Jungen und Mädchen dabei gleichermaßen Gelegenheit bekommen, ihre Ideen einzubringen und den Projektverlauf aktiv mitzugestalten. Auf jeden Fall sollte vermieden werden, dass ein Kind den abwertenden Bemerkungen anderer Kinder – sowohl des anderen als auch des eigenen Geschlechts – ausgesetzt wird, wenn es Dinge ausprobiert, die traditionell nicht der eigenen Geschlechtsrolle zugehören. Das kann bei den Mädchen das Erproben von Handwerkszeug sein, bei Jungen vielleicht das Experimentieren mit Parfüm, Schminke, etc.

Einsatz von Vorbildern

Kinder lernen durch das Beobachten von Vorbildern. Vorbilder können sowohl reale Personen aus Familie, Kindertageseinrichtung oder Bekanntenkreis sein als auch fiktive Figuren aus Büchern, Liedern, Bildern, Filmen und Fernsehen. In der Kindertageseinrichtung sind die pädagogischen Fachkräfte als Rollenvorbilder für die Kinder besonders wichtig. Das Kind orientiert sich daran, wie sich die Fachkraft in verschiedenen Situationen und unterschiedlichen Menschen gegenüber verhält und übernimmt selbst diese Verhaltensweisen. Auch ungewollt nimmt die Fachkraft deshalb Einfluss auf das Verhalten der Kinder – insbesondere der Kinder des eigenen Geschlechts – weil sie von ihnen als Rollenmodell wahrgenommen wird.[1] Im Dienste einer geschlechtersensiblen Erziehung kann die Fachkraft ihre Vorbildfunktion gezielt nutzen, um Kinder zu geschlechts*un*typischen Verhaltensweisen zu ermutigen. Das kann geschehen, indem sie sich zum Beispiel selbst in einem bestimmten Spielbereich positioniert. Wenn eine weibliche Fachkraft Mädchen zum Gebrauch von Werkzeug ermutigen möchte, ist es deshalb sinnvoll, dass sie sich selbst häufig im Werkstattbereich aufhält. Unmittelbaren Einfluss hat die Vorbildfunktion auch, wenn die Fachkraft bestimmte Tätigkeiten, wie zum Beispiel den Gebrauch von Werkzeugen, vormacht.

Sich der Rolle des Vorbilds bewusst sein

Ein spezifisches Problem beim gezielten Einsatz der Vorbildfunktion ergibt sich aus dem noch immer sehr geringen Anteil männlicher Fachkräfte in Kindertageseinrichtungen. Während weibliche Fachkräfte ihre Vorbildfunktion aktiv einsetzen können, um bei Mädchen das Interesse an Naturwissenschaften und Technik zu fördern, ist dies bei Jungen durch das Fehlen einer entsprechenden männlichen Fachkraft oft nicht möglich. Dies ist zum Beispiel wichtig, wenn Jungen Aspekte von Naturwissenschaften und Technik nahegebracht werden sollen, die nicht den gängigen Geschlechterstereotypen entsprechen. Allgemein wird dadurch erschwert, Jungen *und* Mädchen deutlich zu machen, dass Interessen und Aktivitäten nicht geschlechtsgebunden sind. Da männliche Vorbilder häufig auch im familiären Bereich fehlen oder selten anwesend sind, ist dies ein ernstzunehmendes Defizit.[2] Eine geschlechtersensible Pädagogik stößt in Kindertageseinrichtungen deshalb oft dort an ihre Grenzen, wo männliche Vorbilder benötigt werden. Ein langfristiges Ziel sollte deshalb darin bestehen, den Anteil an männlichen Fachkräften im Elementarbereich zu erhöhen.

Den Jungen fehlen oft männliche Vorbilder

---

1 vgl. Walter, 2005
2 vgl. Rohrmann, 2005

8
Kooperationen

8 Kooperationen

Die Entwicklung der Bände 2 bis 6 des Projektes „Natur-Wissen schaffen" erfolgte in im Rahmen eines Vier-Ebenen-Modells, das die Perspektiven aus Wissenschaft und Praxis berücksichtigt und zusammenführt. Dabei hat das Projekt „Natur-Wissen schaffen" vielfältige Unterstützung von Kooperationspartnern aus Wissenschaft und Praxis erfahren.

Das Vier-Ebenen-Modell beinhaltet die folgenden Schritte bei der Erarbeitung der Bände:

1. Ebene – Referentenentwurf
Die Mitarbeiterinnen und Mitarbeiter des Projektes „Natur-Wissen schaffen" erstellten Textentwürfe in den Teilprojekten. Sie überarbeiteten die Manuskripte mithilfe der folgenden Ebenen.

2. Ebene – Praxisperspektive durch erfahrene Fachkräfte aus den Piloteinrichtungen
Elementarpädagogische Fachkräfte aus 25 Piloteinrichtungen im gesamten Bundesgebiet lasen die Manuskripte des Projektes „Natur-Wissen schaffen" und beurteilten die Verständlichkeit und den praktischen Nutzen der Textentwürfe. Anregungen aus der Praxis wurden in die Manuskripte aufgenommen.

3. Ebene – Fachliche Perspektive durch Experten aus der Wissenschaft
Wissenschaftlerinnen und Wissenschaftler begutachteten die Manuskripte der Teilprojekte und bereicherten die Arbeit des Projektes „Natur-Wissen schaffen" durch ihr Fachwissen und ihre Erfahrungen. Hier beteiligten sich Expertinnen und Experten aus dem wissenschaftlichen Feld, Mitarbeiterinnen des Staatsinstituts für Frühpädagogik und die Mitglieder des Beirats des Projektes „Natur-Wissen schaffen".

4. Ebene – Lektorat
Durch ein gründliches Lektorat aller Manuskripte wurde die Verständlichkeit und Fachlichkeit der Textentwürfe abschließend sichergestellt.

Wissenschaftlicher Beirat des Projekts „Natur-Wissen schaffen"
Unser Dank gilt dem Beirat des Projekts, der die 1. Projektphase mit konstruktiven Hinweisen und kritischem Blick begleitet hat.
- Prof. Dr. Lilian Fried, Institut für Sozialpädagogik, Erwachsenenbildung und Pädagogik der frühen Kindheit, Universität Dortmund
- Prof. Dr. Hans-Werner Klusemann, Fachbereich Soziale Arbeit, Bildung und Erziehung, Hochschule Neubrandenburg
- Dr. Jef J. van Kuyk, Citogroep Niederlande, Arnheim
- Prof. Dr. Gisela Lück, Fakultät für Chemie, Didaktik der Chemie, Universität Bielefeld
- Prof. Dr. Kornelia Möller, Seminar für die Didaktik des Sachunterrichts, Westfälische Wilhelms-Universität Münster
- Stephanie Otto, Erzieherin, Bonn
- Prof. Dr. Manfred Prenzel, Leibniz-Institut für die Pädagogik der Naturwissenschaften an der Universität Kiel
- Xenia Roth, Referat Kindertagesstätten, Ministerium für Bildung, Wissenschaft, Jugend und Kultur, Rheinland-Pfalz, Mainz
- Wilfried Steinert, Schulleiter Waldhofschule Templin, Projektleiter NETZWERK Bildung für alle in Templin
- Prof. Dr. Gerwald Wallnöfer, Fakultät für Bildungswissenschaften, Freie Universität Bozen
- Dr. Ilse Wehrmann, Sachverständige für Frühpädagogik, Bremen

Kooperationspartner Staatsinstitut für Frühpädagogik

Wir danken dem Staatsinstitut für Frühpädagogik (IFP) unter der Leitung von Frau PD Dr. Fabienne Becker-Stoll für die vielen Impulse und anregenden Diskussionen und fachlichen Stellungnahmen. Ganz besonders möchten wir uns bei Frau Eva Reichert-Garschhammer, Abteilungsleiterin, und Frau Dagmar Winterhalter-Salvatore, wissenschaftliche Referentin, für die intensive und angenehme Zusammenarbeit bedanken.

Expertinnen und Experten

Wir danken den Expertinnen und Experten für ihre konstruktiven Rückmeldungen und Stellungnahmen zu den Manuskripten. Die fachlichen Expertisen und Anregungen haben maßgeblich dazu beigetragen, die Bände für die pädagogischen Fachkräfte weiter zu entwickeln. Die Verantwortung für die Inhalte liegt bei den Autoren der Bände.

- Dr. Kirsten Bohnen, Deutsches Museum, Bonn
- Dr. Irmgard M. Burtscher, Autorin und freiberufliche Referentin im Bereich Elementarpädagogik, Habach
- Prof. Dr. Lutz Fiesser, Institut für Physik und Chemie und ihre Didaktik, Universität Flensburg
- Dr. Susanne Koerber, Professur für Frühe Bildung (Vertretung), Pädagogische Hochschule Schwäbisch Gmünd
- Eva Reichert-Garschhammer, Abteilungsleiterin, Staatsinstitut für Frühpädagogik, München
- Dr. Karen Rieck, Leibniz-Institut für die Pädagogik der Naturwissenschaften an der Universität Kiel
- Dagmar Winterhalter-Salvatore, wissenschaftliche Referentin, Staatsinstitut für Frühpädagogik, München

Piloteinrichtungen

Für die Bereitschaft, sich einem intensiven Austausch zwischen Wissenschaft und Praxis zu stellen, danken wir den 25 Piloteinrichtungen. Besonders danken wir den Fachkräften, die die Materialien auf Praxistauglichkeit und Verständlichkeit überprüft haben.

- Kindertagesheim Borgfeld, Bremen
- Kindertagesheim Friedenskirche, Bremen
- Kindertagesheim Martin-Luther-Gemeinde, Bremen
- Das Entdeckerhaus, Kindertagesstätte Technologiepark e. V., Bremen
- Kindertagesstätte Heinrich-Seekamp-Straße, Bremen
- Kindergarten St. Achaz, München
- Kindertagesstätte Siepmannstraße, Dortmund
- Kindertagesstätte „Die mobilen Strolche", Bonn
- Kindertagesstätte Kaisersesch, Kaisersesch
- Kindertagesstätte St. Martin, Remagen
- Kindergarten Löwenzahn e. V., Königswinter/Vinxel
- Kindertagesstätte Mikado e. V., Königswinter
- Integrativer Kindergarten St. Monika, Lüdinghausen
- Kindertagesheim St. Johannes Arsten, Bremen
- Evangelische Kindertagesstätte Freilassing, Freilassing
- Kinderwelt Hamburg e. V., Hamburg
- Kinderhaus Seckenheim, Mannheim
- Kindergarten „Wilde Wiese" Hundham, Fischbachau
- Bonhoeffer Haus, Evangelische Kindertagesstätte und Hort, Überlingen
- Kindergarten Petersberg (Kindergartendirektion Neumarkt), Petersberg – Italien
- Kindertagesstätte „Burattino", Eggersdorf
- Ev. Kindertagesstätte der Kirchengemeinde Limbach/Kändler, Limbach/Oberfrohna
- Kindertagesstätte „Wilde Wiese", Lemgo
- Kindertagesstätte St. Thomas Morus, Rostock
- Kindertagesstätte Dom-Stifte, Naumburg

Weitere Informationen über die Piloteinrichtungen finden Sie auf unserer Homepage: www.natur-wissen-schaffen.de

Fünf Piloteinrichtungen des Projekts „Natur-Wissen schaffen" haben uns Kinderbilder und Zeichnungen zukommen lassen. Einige davon verwenden wir als Symbole und zur Illustration der Bände. Ein herzliches Dankeschön an alle Kinder und Fachkräfte in diesen Einrichtungen:
- Das Entdeckerhaus, Kita Technologiepark e. V., Bremen
- Kita Heinrich-Seekamp-Straße, Bremen
- KTH Borgfeld, Bremen
- KTH Martin-Luther-Gemeinde, Bremen
- KTH St. Johannes Arsten, Bremen

Kapitel 9 | Literatur

9
Literatur

9 Literatur

Anderson, C. W., Nagle, R. J., Roberts, W. A. & Smith, J. W. (1981). Attachment to substitute caregivers as a function of centre quality and caregiver involvement. *Child Development, 52*, 53–61.

Anderson, N. H. & Wilkening, F. (1991). Adaptive thinking in intuitive physics. In N. H. Anderson (Hrsg.), *Contributions to information integration theory* (S. 1–42). Hillsdale, NJ: Lawrence Erlbaum Associates.

Arbeitsstab Forum Bildung in der Geschäftsstelle der Bund-Länder-Kommission für Bildungsplanung und Forschungsförderung. (2001). *Empfehlungen des Forum Bildung*. Zugriff am 15. März 2008 von http://www.ganztagsschulen.org/_downloads/Forum-Bildung-Empf.pdf

Atkinson, J. & Braddick, O. (1989). Development of basic visual functions. In A. Slater & G. Bremner (Hrsg.), *Infant development* (S. 7–41). London: Lawrence Erlbaum Associates.

Baillargeon, R. (1994). Physical reasoning in young infants: Seeking explanations for impossible events. *British Journal of Developmental Psychology, 12*, 9–33.

Baillargeon, R. & Gelman, R. (1980). *Young children's understanding of simple causal sequences: Predictions and explanations.* Paper presented at the APA Meeting, Montreal.

Baker, A. (2006). Multiage mathematics: Scaffolding young children's mathematical learning. *Teaching Children Mathematics, 13*, 19–21.

Banks, M. S. & Salapatek, P. (1983). Infant visual perception. In M. M. Haith & J. J. Campos (Hrsg.), *Infancy and developmental psychobiology. Handbook of child psychology* (Vol. 2, S. 435–571). New York: Wiley.

Bayerisches Staatsministerium für Arbeit und Sozialordnung, Familie und Frauen & Staatsinstitut für Frühpädagogik (Hrsg.). (2007). *Der Bayerische Bildungs- und Erziehungsplan für Kinder in Tageseinrichtungen bis zur Einschulung* (2. Aufl.). Düsseldorf: Cornelsen Verlag Scriptor.

Berger, U. (2004). *Wie spült die Klospülung?* Freiburg im Breisgau: Family Media.

Bildungswerk der Bayerischen Wirtschaft e. V. (Hrsg.). (2007). *„Es funktioniert?!" – Kinder in der Welt der Technik*. München: Don Bosco.

Bodrova, E. & Leong, D. J. (2007). *Tools of the mind. The Vygotskian approach to early childhood education.* (2. Aufl.). Columbus: Merrill/Prentice Hall.

Brewer, W. & Samarapungavan, A. (1991). Children's theories vs. scientific theories: Differences in reasoning or differences in knowledge? In R. Hoffmann & D. Palermo (Hrsg.), *Cognition and the symbolic processes* (S. 209–232). Hillsdale, NJ: Lawrence Erlbaum Associates.

Bruner, J. S., Herrmann, T. & Aeschbacher, U. (2002). *Wie das Kind sprechen lernt.* (2., erg. Aufl.). Bern: Huber.

Bullock, M., Gelman, R. & Baillargeon, R. (1982). The development of causal reasoning. In W. J. Friedman (Hrsg.), *The developmental psychology of time* (S. 209–254). New York: Academic Press.

Carew, J. (1980). Experience and the development of intelligence in young children at home and in day care. *Monographs of the Society for Research in Child Development, 45*, S. 6–7, Serial No. 187.

Carey, S. (1991). Knowledge acquisition: Enrichment and conceptual change? In S. Carey & R. Gelman (Hrsg.), *The epigenesis of mind: Essays on biology and cognition* (S. 257–292). Hillsdale, NJ: Lawrence Erlbaum Associates.

Carey, S., Evans, R., Honda, M., Jay, E. & Unger, C. (1989). „An experiment is when you try it and see if it works." A study of junior high school students' understanding of the construction of scientific knowledge. *International Journal of Science Education, 11*, 514–529.

Carey, S. & Smith, C. (1993). On understanding the nature of scientific knowledge. *Educational Psychologist, 28*, 235–251.

Chen, Z., Sanchez, R. P. & Campbell, T. (1997). From beyond to within their grasp. Analogical problem solving in 10- and 13-month olds. *Developmental Psychology, 33*, 790–801.

Chen, Z. & Siegler, R. S. (2000). Across the great divide: Bridging the gap between understanding of toddlers' and older children's thinking. *Monographs of the Society for Research in Child Development, 65*.

Colberg-Schrader, H. (2003). Informelle und institutionelle Bildungsorte: Zum Verhältnis von Familie und Kindertageseinrichtung. In W. E. Fthenakis (Hrsg.), *Elementarpädagogik nach PISA. Wie aus Kindertagesstätten Bildungseinrichtungen werden können* (5. Aufl., S. 266–284). Freiburg: Herder.

Craft, A. (1997). *Can you teach creativity?* Nottingham: Education Now.

Deci, E. L. & Ryan, R. M. (1993). Die Selbstbestimmungstheorie der Motivation und ihre Bedeutung für die Pädagogik. *Zeitschrift für Pädagogik, 39*, 223–238.

Der Bundesminister für Frauen und Jugend Bonn (Hrsg.). (1993). *Übereinkommen über die Rechte des Kindes. UN-Konventionen im Wortlaut mit Materialien*. Düsseldorf: Livonia.

Der Kinder Brockhaus Technik. (2005). Mannheim: Brockhaus.

Derman-Sparks, L. (1992). Reaching potentials through antibias, multicultural curriculum. In S. Bredekamp & T. Rosegrant (Hrsg.), *Reaching potentials: Appropriate curriculum and assessment for young children* (S. 114–127). Washington, DC: National Association for the Education of Young Children.

Deutsche Unesco-Kommission (Hrsg.). (2007). *Kulturelle Vielfalt – Unser gemeinsamer Reichtum. Das Essener/Ruhr. 2010 Bellini Handbuch zu Perspektiven Kultureller Vielfalt*. Bonn: Deutsche Unesco-Kommission.

Dobson, V. & Teller, D. Y. (1978). Visual acuity in human infants: A review and comparison of behavioral and electrophysiological studies. *Vision Research, 18*, 1469–1483.

Donaldson, M. (1982). *Wie Kinder denken*. Bern: Huber.

Dornes, M. (2004). *Der kompetente Säugling: Die präverbale Entwicklung des Menschen*. (11. Aufl.). Frankfurt am Main: Fischer.

Duden Technik. (2004). (2., aktualisierte Aufl.). Mannheim: PAETEC, Bibliografisches Institut & F. A. Brockhaus.

Fischer, B. (2008). Überraschend selbstverständlich. Naturwissenschaft und Technik für Jungen und Mädchen. *Theorie und Praxis der Sozialpädagogik, 2*, 20–22.

Fritz, A. & Funke, J. (2002). Planen und Problemlösen als fächerübergreifende Kompetenzen. *Lernchancen, 25*, 6–14.

Fthenakis, W. E. (2000). Kommentar zum Projektansatz. In W. E. Fthenakis & M.R. Textor (Hrsg.), *Pädagogische Ansätze im Kindergarten* (S. 224–233). Weinheim: Beltz.

Fthenakis, W. E. (2003). Pädagogische Qualität in Tageseinrichtungen für Kinder. In W. E. Fthenakis (Hrsg.), *Elementarpädagogik nach PISA. Wie aus Kindertagesstätten Bildungseinrichtungen werden können* (5. Aufl., S. 208–242). Freiburg: Herder.

Fthenakis, W. E. (2004). *Der Bildungsauftrag in Kindertageseinrichtungen: ein umstrittenes Terrain?* Zugriff am 16.08. 2007 von http://www.familienhandbuch.de

Fthenakis, W. E. (2007a). Auf den Anfang kommt es an. Die Qualität von Bildungsprogrammen, die Dilemmata deutscher Bildungspolitik und Perspektiven der Entwicklung. *Betrifft: Kinder, 08-09*, 6–17.

Fthenakis, W. E. (2007b). Bildung neu konzeptualisiert. In C. Henry-Huthmacher, G. Erler & Konrad-Adenauer-Stiftung (Hrsg.), *Kinder in besten Händen: Frühkindliche Bildung, Betreuung und Erziehung in Deutschland. Eine Veröffentlichung der Konrad-Adenauer-Stiftung e. V.* (2., überarb. Aufl., S. 63–90). Sankt Augustin: Konrad-Adenauer-Stiftung.

Fthenakis, W. E., Eitel, A., Winterhalter-Salvatore, D., Daut, M., Schmitt, A. & Wendell, A. (2008). *Natur-Wissen schaffen. Frühkindliches Verständnis für Zahlen, Natur und Technik fördern. Band 1: Dokumentation des Forschkönige-Wettbewerbs.* Troisdorf: Bildungsverlag EINS.

Galinsky, E., Howes, C., Kontos, S. & Shinn, M. (1994). *The study of children in family child care and relative care: Highlights of findings.* New York: Families and Work Institute.

Gelman, S. A. & Kalish, C. W. (2006). Conceptual development. In D. Kuhn & R. S. Siegler (Hrsg.), *Handbook of child psychology, Vol.2: Cognition, perception, and language* (6. Aufl., S. 687–733). New York: Wiley.

Gender Loops. (2008). *Gender Mainstreaming Implementierungsstrategien für die Aus- und Fortbildung im Bereich der frühkindlichen Erziehung und für Kindertageseinrichtungen. Auswertungsergebnisse für den Projektzeitraum 01.10.2006 bis 31.03.2007.* Verfügbar unter http://www.dissens.de/de/forschung/genderloops.php, Zugriff am 07.04.2008.

Gibson, E. J. & Walker, A. S. (1984). Development of knowledge of visual and tactual affordances of substance. *Child Development, 55*, 453–460.

Gisbert, K. (2004). *Lernen lernen. Lernmethodische Kompetenzen von Kindern in Tageseinrichtungen fördern.* Basel: Beltz.

Glauert, E. (1998). Science in the early years. In I. Siraj-Blatchford (Hrsg.), *A curriculum development handbook for early childhood educators* (S. 77–92). Stoke on Trent: Trentham Books.

Goelman, H. & Pence, A. R. (1988). Children in three types of day care: Daily experiences, quality of care and developmental outcomes. *Early Child Development and Care, 33*, 67–76.

Golden, M., Rosenbluth, L., Grossi, M. T., Policare, H. J., Freeman, H. J. & Brownlee, E. M. (1978). *The New York City Infant Day Care Study.* New York: Medical and Health Research Association of New York City.

Göschel, M. & Kaiser-Zundel, E. (2007). Das Rad wird nicht neu erfunden, aber jedes Kind entdeckt es neu. *KiTa spezial, Sonderausgabe: Einstein, Newton & Co. – Natur und Technik in Kitas, 1*, 24–28.

Goswami, U. (1992). *Analogical reasoning in children.* Hove: Lawrence Erlbaum Associates.

Goswami, U. (2001). *So denken Kinder.* Bern: Huber.

Gronlund, G. & Engel, B. (2001). *Focused portfolios. A complete assessment for the young child.* St. Paul, MN: Redleaf Press.

Groot-Wilken, B. (2007). *Bildungsprozesse in Kindergarten und KiTa.* Freiburg im Breisgau: Herder.

Harlan, J. D. & Rivkin, M. S. (2004). *Science experiences for the early childhood years.* Upper Saddle River: Pearson.

Hasselhorn, M. (2006). Metakognition. In D. H. Rost (Hrsg.), *Handwörterbuch Pädagogische Psychologie* (3., überarb. und erw. Aufl., S. 480–485). Weinheim: Beltz PVU.

Hayne, H. & Rovee-Collier, C. (1995). The organization of reactivated memory in infancy. *Child Development, 66*, 893–906.

Helburn, S. (Hrsg.). (1995). *Cost, quality and child outcomes in child care centres. Technical report.* Denver, Colorado: Department of Economics, Center for Research in Economics, University of Colorado at Denver.

Hessisches Sozialministerium & Hessisches Kultusministerium (Hrsg.). (2007). *Bildung von Anfang an. Bildungs- und Erziehungsplan für Kinder von 0 bis 10 Jahren in Hessen.* Paderborn: Bonifatius.

Heuer, H. (1983). *Bewegungslernen.* Stuttgart: Kohlhammer.

Hoenisch, N. & Niggemeyer, E. (2003). *Bildung mit Demokratie und Zärtlichkeit: Lernvergnügen Vierjähriger.* Weinheim: Beltz.

Holloway, S. D. & Reichhart-Erikson, M. (1988). The relationship of day care quality to children's free-play behavior and social problem-solving skills. *Early Childhood Research Quarterly, 3*, 39–53.

Hope, G. (2004). *Teaching design and technology 3–11. The essential guide for teachers.* London: Continuum.

Howes, C. & Galinsky, E. (1995). Accreditation of Johnson & Johnson's child development center. In S. Bredekamp & B. A. Willer (Hrsg.), *NAEYC accreditation: A decade of learning and the years ahead* (S. 47–60). Washington: National Association for the Education of Young Children.

Huettel, S. A. & Needham, A. (2000). Effects of balance relations between objects on infants` object segregation. *Developmental Science, 3*, 415–427.

Huston, A. C. (1983). Sex-typing. In M. Hetherington (Hrsg.), *Handbook of child psychology: Socialization, personality, and social development* (S. 387–468). New York: Wiley.

Jampert, K., Zehnbauer, A., Leuckefeld, K. & Best, P. (2006). *Sprachliche Förderung in der Kita. Wie viel Sprache steckt in Musik, Bewegung, Naturwissenschaften und Medien?* Berlin: Verlag das netz.

Jugendministerkonferenz & Kultusministerkonferenz. (2004). *Gemeinsamer Rahmen der Länder für die frühe Bildung in Kindertageseinrichtungen.* Zugriff am 27. März 2008 von http://www.kmk.org

Katz, L. G. & Chard, S. C. (2000a). Der Projekt-Ansatz. In W. E. Fthenakis & M. R. Textor (Hrsg.), *Pädagogische Ansätze im Kindergarten* (S. 209–223). Weinheim: Beltz.

Katz, L. G. & Chard, S. C. (2000b). *Engaging children's minds: The project approach.* New York: Ablex.

Katz, L. G. & Chard, S. C. (1996). *The contribution of documentation to the quality of early childhood education.* Verfügbar unter http://www.ericdigests.org/1996-4/quality.htm, Zugriff am 06.09.2007.

Keil, F. C. (1994). The birth and the nurturance of concepts by domains: The origins of concepts of living things. In L. A. Hirschfeld & S. A. Gelman (Hrsg.), *Mapping the mind: Domain specificity in cognition and culture* (S. 234–254). New York: Cambridge University Press.

Kelly, V. (2004). Curriculum und Demokratie in den frühen Jahren. In W. E. Fthenakis & P. Oberhuemer (Hrsg.), *Frühpädagogik international. Bildungsqualität im Blickpunkt* (S. 105–115). Wiesbaden: Verlag für Sozialwissenschaften.

Kluge, N. (2006). Das Bild des Kindes in der Pädagogik der frühen Kindheit. In L. Fried & S. Roux (Hrsg.), *Pädagogik der frühen Kindheit: Handbuch und Nachschlagewerk* (1. Aufl., S. 22–33). Weinheim: Beltz.

Knauf, T., Düx, G., Schlüter, D. & Gärtner, P. (2007). *Handbuch pädagogische Ansätze: Praxisorientierte Konzeptions- und Qualitätsentwicklung in Kindertageseinrichtungen.* Berlin: Cornelsen Scriptor.

Krapp, A. & Weidenmann, B. (2001). *Pädagogische Psychologie: ein Lehrbuch.* (4., vollst. überarb. Aufl.). Weinheim: Beltz, PVU.

Krieg, E. (2004). *Lernen von Reggio: Theorie und Praxis der Reggio-Pädagogik im Kindergarten.* (2. Aufl.). Lage: Verlag Hans Jacobs.

Krist, H. (2006). Psychomotorische Entwicklung. In W. Schneider & B. Sodian (Hrsg.), *Enzyklopädie der Psychologie, Entwicklungspsychologie, Band 2: Kognitive Entwicklung* (S. 151–238). Göttingen: Hogrefe.

Krist, H., Natour, N., Jäger, S. & Knopf, M. (1998). Kognitive Entwicklung im Säuglingsalter: Vom Neo-Nativismus zu einer entwicklungsorientierten Konzeption. *Zeitschrift für Entwicklungspsychologie und Pädagogische Psychologie, 30*, 153–173.

Lamb, M. E., Hwang, C.-P., Broberg, A. & Bookstein, F. L. (1988). The effects of out-of-home care on the development of social competence in Sweden: A longitudinal study. *Early Childhood Research Quarterly, 3*, S. 379–402.

Langeheine, R., Häußler, P., Hoffmann, L., Rost, J. & Sievers, K. (2000). Veränderungen im Interesse an Physik über die Zeit: Altersdifferenzen oder epochale Effekte? *Empirische Pädagogik, 14*, 35–57.

Laucken, U. (1998). *Sozialpsychologie. Geschichte, Hauptströmungen, Tendenzen.* Oldenburg: BIS-Verlag.

Leff, R. (2004). Vive la difference! Gifted kindergartners and mathematics. *Teaching Children Mathematics, 11*, 155–157.

Lewkowicz, D. J. & Lickliter, R. (Hrsg.). (1994). *The development of intersensory perception: Comparative perspectives.* Hillsdale, NJ: Erlbaum.

Lind, K. K. (2005). *Exploring science in early childhood: A developmental approach* (4. Aufl.). Clifton Park: Thomson Delmar Learning.

Lindemann, H. (2006). *Konstruktivismus und Pädagogik. Grundlagen, Modelle, Wege zur Praxis.* München: Reinhardt.

Lo Cicero, A. M., Fuson, K. C. & Allexshat-Snider, M. (2003). Mathematizing children's stories, helping children solve word problems, and supporting parental involvement. In L. Ortiz-Franco, N. G. Hernandez & Y. De la Cruz. (Hrsg.), *Perspectives on Latinos.* (2. Aufl., S. 59–70). Reston, Va.: National Council of Teachers of Mathematics.

Macaulay, D. & Ardley, N. (2004). *Das Grosse Mammut-Buch der Technik.* London: Dorling Kindersley.

MacNaughton, G. (2004). Gender – neu gedacht in der Pädagogik der frühen Kindheit. In W. E. Fthenakis & P. Oberhuemer (Hrsg.), *Frühpädagogik international. Bildungsqualität im Blickpunkt* (S. 345–358). Wiesbaden: Sozialwissenschaften.

MacNaughton, G. (in Vorbereitung). *Interventionsmethoden in der Frühpädagogik.*

MacNaughton, G. & Williams, G. (2003). *Teaching young children: Choices in theory and practice.* Maidenhead: Pearson & Open University Press.

Mähler, C. (1999). Naive Theorien im kindlichen Denken. *Zeitschrift für Entwicklungspsychologie und Pädagogische Psychologie, 31*, 53–66.

McCartney, K. (1984). Effect of quality of day care environment on children's language development. *Developmental Psychology, 20*, 244–260.

McCartney, K., Scarr, S., Phillips, D., Grajek, S. & Schwarz, J. C. (1982). Environmental differences among day care centers and their effects on children's development. In E. Zigler & E. Gordon (Hrsg.), *Day Care: Scientific and social policy issues* (S. 126–151). Boston: Auburn house.

McCarty, M. E., Clifton, R. K. & Collard, R. R. (1999). Problem solving in infancy: The emergence of an action plan. *Developmental Psychology, 35*, 1091–1101.

Meltzoff, A. N. & Borton, R. W. (1979). Intermodal matching by human neonates. *Nature, 282*, 403–404.

Miller, C. F., Trautner, H. M. & Ruble, D. N. (2006). The role of gender stereotypes in children's preferences and behaviour. In L. Balter & C. S. Tamis-LeMonda (Hrsg.), *Child psychology – A handbook of contemporary issues* (2. Aufl., S. 293–324). New York: Psychology Press.

Miller, P. H. (1993). *Theorien der Entwicklungspsychologie.* Heidelberg: Spektrum.

Montada, L. (2002). Fragen, Konzepte, Perspektiven. In R. Oerter & L. Montada (Hrsg.), *Entwicklungspsychologie* (5. Aufl., S. 3–53). Weinheim: Beltz.

Mülders, B., Petersein, B., Schmahl, B. & Wilhelm, M. (2007). Ko-Konstruieren beim Dokumentieren. In C. Lipp-Peetz (Hrsg.), *Praxis Beobachtung. Auf dem Weg zu individuellen Bildungs- und Erziehungsplänen* (1. Aufl., S. 158–163). Mannheim: Cornelson Scriptor.

Näger, S. (2004). *Die Welt der tausend Sachen erforschen.* Freiburg: Herder.

National Association for the Education of Young Children. (1997). *Developmentally appropriate practice in early childhood programs serving children from birth through age 8.* Washington: naeyc.

Needham, A. (2000). Improvements in object exploration skills may facilitate the development of object segregation in early infancy. *Journal of Cognition and Development, 1*, 131–156.

Needham, A. & Baillargeon, R. (1997). Object segregation in 8-month-old infants. *Cognition, 62*, 121–149.

Neisser, U. (1987). *Concepts and conceptual development: Ecological and intellectual factors in categorisation.* Cambridge: Cambridge University Press.

New Zealand Ministry of Education. (2001). *Design and grafics in technology: A resource for teachers of years 1–8.* Wellington: Learning Media.

Newell, A. & Simon, H. A. (1972). *Human problem solving.* Englewood Cliffs, NJ: Prentice Hall.

Newton, D. (2005). *Teaching design and technology 3–11.* London: Paul Chapman.

Niesel, R. (2008a). Feigenblatt oder Wegweiser? Geschlechtsbewusste Pädagogik in Bildungsplänen. *Theorie und Praxis der Sozialpädagogik, 2*, 32–37.

Niesel, R. (2008b). Kinder sind niemals geschlechtsneutral. Die Kita als Erfahrungsraum des sozialen Geschlechts. *Theorie und Praxis der Sozialpädagogik, 2*, 12–14.

Nutbrown, C. (2004). Kinderrechte: Ein Grundstein frühpädagogischer Curricula. In W. E. Fthenakis & P. Oberhuemer, *Frühpädagogik International* (S. 117–127). Wiesbaden: Verlag für Sozialwissenschaften.

Oerter, R. & Dreher, M. (2002). Entwicklung des Problemlösens. In R. Oerter & L. Montada (Hrsg.), *Entwicklungspsychologie* (S. 469–494). Weinheim: Beltz.

Olsho, L. W., Koch, E. G., Halpin, C. F. & Carter, E. A. (1987). An observer based psychoacoustic procedure for use with young infants. *Developmental Psychology, 23*, 627–640.

Penfold, J. (1988). *Craft, design and technology: Past, present and future.* Stoke-on-Trent: Trentham Books.

Phillips, D., McCartney, K. & Scarr, S. (1987). Child care quality and children's social development. *Developmental Psychology, 23*, 537–543.

Popper, K. (2002). *Alles Leben ist Problemlösen.* München: Piper.

Pramling Samuelsson, I. & Carlsson, M. A. (2007). *Spielend lernen. Stärkung lernmethodischer Kompetenzen.* Troisdorf: Bildungsverlag Eins.

Preissing, C. (2003). Die Vielfalt wertschätzen – Vorurteilsbewusste Bildung und Erziehung im Kindergarten. In S. Weber (Hrsg.), *Die Bildungsbereiche im Kindergarten* (S. 87–105). Freiburg: Herder.

Rohrmann, T. (2005). Warum ich mir mehr Männer im Kindergarten wünsche. Ein Plädoyer für „Männliches" in der Kita-Arbeit. *Theorie und Praxis der Sozialpädagogik, 2*, S. 26–27.

Rübel, D. & Holzwarth-Reather, U. (2003). *Technik bei uns zu Hause.* Ravensburg: Ravensburger Buchverlag.

Rubenstein, J. & Howes, C. (1983). Social-emotional development to toddlers in day care: The role of peers and individual difference. In S. Kilmer (Hrsg.), *Advances in early education and day care* (S. 13–45). Greenwich: JAI Press.

Ruble, D. N. & Martin, C. L. (1998). Gender development. In W. Damon & N. Eisenberg (Hrsg.), *Handbook of child psychology, Vol.3: Personality and social development* (5. Aufl., S. 933–1016). New York: Wiley.

Schäfer, G. E. (2001). Frühkindliche Bildung. *Klein & groß, 9*, S. 6–11.

Schwarzer, C. & Posse, N. (1986). Beratung. In B. Weidenmann & A. Krapp (Hrsg.), *Pädagogische Psychologie: ein Lehrbuch* (S. 633–666). München: PVU, Urban & Schwarzenberg.

Siegler, R. S. (2001). *Das Denken von Kindern.* München: Oldenbourg.

Siraj-Blatchford, J. & MacLeod-Brudenell, I. (1999). *Supporting science, design and technology in the early years.* Buckingham: Open University Press.

Smith, A. B. (2004). Vielfalt statt Standardisierung: Curriculumentwicklung in Neuseeland in theoretischer und praktischer Perspektive. In W. E. Fthenakis & P. Oberhuemer (Hrsg.), *Frühpädagogik international. Bildungsqualität im Blickpunkt* (S. 71–87). Wiesbaden: Verlag für Sozialwissenschaften.

Sodian, B. (1998). Entwicklung bereichsspezifischen Wissens. In R. Oerter & L. Montada (Hrsg.), *Entwicklungspsychologie* (S. 622–653). Weinheim: PVU.

Sodian, B. (2002). Entwicklung begrifflichen Wissens. In R. Oerter & L. Montada (Hrsg.), *Entwicklungspsychologie* (S. 443–468). Weinheim: PVU.

Sodian, B. (2005). Entwicklung des Denkens im Alter von vier bis acht Jahren – Was entwickelt sich? In T. Guldimann & B. Hauser (Hrsg.), *Bildung 4- bis 8-jähriger Kinder* (S. 9–28). Münster: Waxmann.

Sodian, B. (2007). Entwicklung des Denkens. In M. Hasselhorn & W. Schneider (Hrsg.), *Handbuch der Entwicklungspsychologie* (S. 244–254). Göttingen: Hogrefe.

Sodian, B. (2008). Entwicklung des Denkens. In R. Oerter & L. Montada (Hrsg.), *Entwicklungspsychologie* (6., vollst. überarb. Aufl., S. 463–479). Weinheim: Beltz PVU.

Spelke, E. S. (1990). Principles of object perception. *Cognitive Science, 14*, 29–56.

Spelke, E. S., Breinlinger, K., Macomber, J. & Jacobson, K. (1992). Origins of knowledge. *Psychological Review, 99*, 605–633.

Spiegel, H. & Selter, C. (2004). *Kinder & Mathematik: Was Erwachsene wissen sollten.* Seelze-Velber: Kallmeyer.

Stamer-Brandt, P. (2007). Wo Kinder zu Experten werden. *Welt des Kindes, 4*, 8–11.

Stenger, U. (2001). Grundlagen der Reggiopädagogik: Das Bild vom Kind. *PÄD Forum, Sonderheft Reggio-Pädagogik, 3*, 181–186.

Stern, E. (2004). Entwicklung und Lernen im Kindesalter. In D. Diskowski & E. Hammes-Di Bernardo (Hrsg.), *Lernkulturen und Bildungsstandards: Kindergarten und Schule zwischen Vielfalt und Verbindlichkeit* (S. 37–47). Baltmannsweiler: Schneider.

Stewart, D. (1990). *The right to movement: Motor development in every school.* London: Falmer Press.

Stoltenberg, U. (2008). *Bildungspläne im Elementarbereich – ein Beitrag zur Bildung für eine nachhaltige Entwicklung?* Verfügbar unter http://www.bne-portal.de/coremedia/generator/unesco/de/Downloads/Arbeitsgruppen/AG_20Elementarbereich/Studie_20Prof._20Stoltenberg_20Universit_C3_A4t_20L_C3_BCneburg.pdf, Zugriff am 20.03.2008.

Stremmel, A. J. (1997). Diversity and the multicultural perspective. In C. H. Hart, D. C. Burts & R. Charlesworth (Hrsg.), *Integrated curriculum and developmentally appropriate practice: Birth to age eight* (S. 363–388). Albany: State University of New York Press.

Streri, A. (1987). Tactile discrimination of shape and intermodal transfer in 2- to 3-month-old infants. *British Journal of Developmental Psychology, 5*, 213–220.

Streri, A. (1993). *Seeing, reaching, touching: The relation between vision and touch in infancy.* New York: Harvester Wheatsheaf.

Sylva, K., Bruner, J. S. & Genova, P. (1976). The role of play in the problem-solving of children 3–5 years old. In J. S. Bruner, A. Jolly & K. Sylva (Hrsg.), *Play: Its role in development and evolution.* Harmondsworth: Penguin.

Sylva, K., Melhuish, E., Sammons, P., Siraj-Blatchford, I., Taggart, B. & Elliot, K. (2004). The effective provision of pre-school education project – Zu den Auswirkungen vorschulischer Einrichtungen in England. In G. Faust, M. Götz, H. Hacker & H.-G. Rossbach (Hrsg.), *Anschlussfähige Bildungsprozesse im Elementar- und Primarbereich* (S. 154–167). Bad Heilbrunn: Verlag Julius Klinkhardt.

Technischer Jugendfreizeit- und Bildungsverein. (2006). Spielend die Welt der Physik erforschen. *Kontexis, 18,* 12–13.

Textor, M. R. (1999). *Projektarbeit in Kindertageseinrichtungen: theoretische und praktische Grundlagen.* Verfügbar unter http://www.kindergartenpaedagogik.de/14.html, Zugriff am 04.09.2007.

Textor, M. R. (2005). *Projektarbeit im Kindergarten: Planung, Durchführung, Nachbereitung.* Norderstedt: Books on Demand.

Todt, E. (2000). Geschlechtsspezifische Interessen – Entwicklung und Möglichkeiten der Modifikation. *Empirische Pädagogik, 14,* 215–254.

van Kuyk, J. J. (2003). *Pyramide – die Methode für junge Kinder.* Arnheim: Cito.

Veidt, A. (1997). *Ganzheitlichkeit – eine pädagogische Fiktion? Zur Polarität von Element und Ganzheit bei Johann Heinrich Pestalozzi.* Wuppertal: Deimling.

Vosniadou, S. (1991). Conceptual development in astronomy. In S. M. Glynn, R. H. Yeany & B. K. Britton (Hrsg.), *The psychology of learning science* (S. 149–178). Hillsdale, NJ: Lawrence Erlbaum Associates.

Walter, M. (2005). *Jungen sind anders, Mädchen auch. Den Blick schärfen für eine geschlechtergerechte Erziehung.* München: Kösel.

Wang, S. & Baillargeon, R. (2003). *Reasoning about weight information in collision events in 10-month-old infants.* Unpublished manuscript.

Warneken, F. & Tomasello, M. (2006). Altruistic helping in human infants and young chimpanzees. *Science, 311,* 1301–1303.

Wellman, H. M. (1988). The early development of memory strategies. In P. Weinert & M. Perlmutter (Hrsg.), *Memory development: Universal changes and individual differences* (S. 3–29). Hillsdale, NJ: Lawrence Erlbaum Associates.

Wellman, H. M. & Gelman, S. A. (1998). Knowledge acquisition in foundational domains. In D. Kuhn & R. S. Siegler (Hrsg.), *Handbook of child psychology, Vol.2: Cognition, perception, and language* (S. 523–573). New York: Wiley.

Whitebook, M., Howes, C. & Phillips, D. A. (1990). *Who cares? Child care teachers and the quality of care in America. Final report of the National Child Care Staffing Study.* Oakland, California: Child Care Employee Project.

Wilkening, F. (1981). Integrating velocity, time, and distance information: A developmental study. *Cognitive Psychology, 13,* 231–247.

Wilkening, F., Huber, S. & Cacchione, T. (2006). Intuitive Physik im Kindesalter. In N. Birbaumer, D. Frey, J. Kuhl, W. Schneider & B. Sodian (Hrsg.), *Enzyklopädie der Psychologie. Band 2: Kognitive Entwicklung* (S. 823–859). Göttingen: Hogrefe.

Wilkening, F. & Krist, H. (2002). Entwicklung der Wahrnehmung und Psychomotorik. In R. Oerter & L. Montada (Hrsg.), *Entwicklungspsychologie* (S. 395–417). Weinheim: Beltz.

Willatts, P., Domminney, C. & Rosie, K. (1989). *How two-year-olds use forward-search strategy to solve problems.* Paper presented at the Biennial Meeting of the Society for Research in Child Development, Kansas City, MO.

Wustmann, C. (2003). Was Kinder stärkt. Ergebnisse der Resilienzforschung und ihre Bedeutung für die Praxis. In W. E. Fthenakis (Hrsg.), *Elementarpädagogik nach PISA. Wie aus Kindertagesstätten Bildungseinrichtungen werden können* (5. Aufl., S. 106–135). Freiburg: Herder.

Wustmann, C. (2007). Resilienz. In Bundesministerium für Bildung und Forschung (Hrsg.), *Auf den Anfang kommt es an: Perspektiven für eine Neuorientierung frühkindlicher Bildung; Bildungsforschung Band 16* (Unveränd. Nachdr. Aufl., S. 119–190). Bonn: BMBF.

Zitzlsperger, H. (1989). *Ganzheitliches Lernen. Welterschließung über alle Sinne mit Beispielen aus dem Elementarbereich.* Weinheim: Beltz.

9.1 Verzeichnis der Bildungspläne der Bundesländer

Baden-Württemberg
Ministerium für Kultus, Jugend und Sport Baden-Württemberg. (2006). *Orientierungsplan für Bildung und Erziehung für die baden-württembergischen Kindergärten: Pilotphase.* Weinheim: Beltz.

Bayern
Bayerisches Staatsministerium für Arbeit und Sozialordnung, Familie und Frauen (Hrsg.). (2007). *Der Bayerische Bildungs- und Erziehungsplan für Kinder in Tageseinrichtungen bis zur Einschulung* (2. Aufl.). Düsseldorf: Cornelsen Verlag Scriptor.

Berlin
Berlin. Senatsverwaltung für Bildung Jugend und Sport (Hrsg.). (2004). *Berliner Bildungsprogramm für die Bildung, Erziehung und Betreuung von Kindern in Tageseinrichtungen bis zu ihrem Schuleintritt.* Berlin: Verlag das netz.

Brandenburg
Brandenburg. Ministerium für Bildung, Jugend und Sport. (2004). *Grundsätze elementarer Bildung in Einrichtungen der Kindertagesbetreuung im Land Brandenburg.* (1. Aufl.). Potsdam: MBJS.

Bremen
Senator für Arbeit, Frauen, Gesundheit, Jugend und Soziales. Bremen. (2004). *Rahmenplan für Bildung und Erziehung im Elementarbereich.* Bremen.

Hamburg
Hamburg. Behörde für Soziales und Familie (Hrsg.). (2005). *Hamburger Bildungsempfehlungen für die Bildung und Erziehung von Kindern in Tageseinrichtungen.* Hamburg: Lütcke & Wulff.

Hessen
Hessisches Sozialministerium & Hessisches Kultusministerium (Hrsg.). (2007). *Bildung von Anfang an. Bildungs- und Erziehungsplan für Kinder von 0 bis 10 Jahren in Hessen.* Paderborn: Bonifatius.

Mecklenburg-Vorpommern
Mecklenburg-Vorpommern. Sozialministerium. (2004). *Rahmenplan für die zielgerichtete Vorbereitung von Kindern in Kindertageseinrichtungen auf die Schule: in der Fassung vom 1. August 2004.* Schwerin.

Niedersachsen
Niedersächsisches Kultusministerium. (2005). *Orientierungsplan für Bildung und Erziehung im Elementarbereich niedersächsischer Tageseinrichtungen für Kinder.* Hannover: Niedersächsisches Kultusministerium.

Nordrhein-Westfalen
Nordrhein-Westfalen. Ministerium für Schule, Jugend und Kinder. (2003). *Bildungsvereinbarung NRW: Fundament stärken und erfolgreich starten.* Düsseldorf: MSJK.

Rheinland-Pfalz
Rheinland-Pfalz. Ministerium für Bildung, Frauen und Jugend. (2004). *Bildungs- und Erziehungsempfehlungen für Kindertagesstätten in Rheinland-Pfalz.* Weinheim: Beltz.

Saarland
Saarländisches Ministerium für Bildung, Kultur und Wissenschaft. (2006). *Bildungsprogramm für saarländische Kindergärten.* Weimar: Verlag das netz.

Saarländisches Ministerium für Bildung, Kultur und Wissenschaft (Hrsg.). (2004). *Bildungsprogramm für saarländische Kindergärten: Handreichungen für die Praxis.* Saarbrücken: Ministerium für Bildung, Kultur und Wissenschaft, Saarland.

Sachsen
Sächsisches Staatsministerium für Soziales (Hrsg.). (2006). *Der sächsische Bildungsplan – ein Leitfaden für pädagogische Fachkräfte in Kinderkrippen und Kindergärten.* Weimar: verlag das netz.

Sachsen-Anhalt
Institut für Pädagogik. Projektgruppe Bildung: Elementar (2004). *Bildung als Programm für Kindertageseinrichtungen in Sachsen-Anhalt.* Halle (Saale): Projektgruppe Bildung: Elementar, Martin-Luther-Universität Halle-Wittenberg, Fachbereich Erziehungswissenschaften, Institut für Pädagogik.

Schleswig-Holstein
Ministerium für Bildung, Wissenschaft, Forschung und Kultur. Schleswig-Holstein (Hrsg.). (2004). *Erfolgreich starten: Leitlinien zum Bildungsauftrag von Kindertageseinrichtungen.* Kiel.

Thüringen
Thüringer Kultusministerium. (2006). *Thüringer Bildungsplan für Kinder bis 10 Jahre: Arbeitsfassung vom 11.08.2006.* Erfurt.

9.2 Deutscher Bildungsserver

www.bildungsserver.de

Der Deutsche Bildungsserver ist ein zentraler Wegweiser zu Bildungsinformationen im Internet. Er bietet grundlegende Informationen und Internetquellen. Als Meta-Server verweist er primär auf Informationen zum deutschen Bildungswesen, die von Bund und Ländern, der Europäischen Union, von Hochschulen, Schulen, Landesinstituten, außeruniversitären Forschungs-/Serviceeinrichtungen, wissenschaftlichen Fachgesellschaften, Bibliotheken, Dokumentationsstellen, Museen u. a. bereitgestellt werden.

Im Bereich Technik bietet der Bildungsserver beispielsweise interessante Verweise auf Projekte und Netzwerke im Bereich Technik in der Kita (http://www.bildungsserver.de/zeigen.html?seite=2641).

- Experimentieren in der Kindertageseinrichtung:
  http://www.bildungsserver.de/zeigen.html?seite=2570
- Projekte und Netzwerke im Bereich Naturwissenschaften/Technik in der Kita:
  http://www.bildungsserver.de/zeigen.html?seite=2641
- Praxishilfen zum Bereich Umwelterziehung:
  http://www.bildungsserver.de/zeigen.html?seite=2574